수용이론 읽기

수용소와 음악

일본 포로수용소
테레지엔슈타트
아우슈비츠의 음악

이경분 지음

성균관대학교
출판부

제1차 세계대전에 관한 영화로 2019년 개봉한 샘 멘더스(Sam Mendes) 감독의 〈1917〉이 있다. 특수 카메라 기법으로 이전에 없었던 차원에서 전쟁의 리얼리티를 만들어내 비평가들의 찬사를 받았다. 특히 우리에게는 아카데미 감독상, 작품상을 두고 봉준호 감독의 〈기생충〉과 경쟁한 영화로도 기억에 남아 있다. 무대는 제1차 세계대전의 서부 전선. 독일군의 함정에 빠진 아군(영국군)에게 공격하지 말 것을 알리는 문서를 전달하기 위해 두 명의 영국 병사가 참혹한 전쟁터를 통과하는 하루 동안의 이야기이다.

전쟁에서 음악이 어떤 역할을 하는지 궁금한 내게는 스탠리 큐브릭(Stanley Kubrick)의 흑백 영화 〈영광의 길(The Path of Glory)〉(1957)이 더 흥미롭다. 이 영화에서는 제1차 세계대전의 와중에 포로로 잡힌 독일 여성이 프랑스 군인들을 위한 오락에 동원된다. 이 여성이 부르는 서사적인 노래 〈충실한 후사르(Der treue Husar)〉가 프랑스 군인의 눈시울을 붉게 만든다. 바로 이 장면에서 같은 노래에 공감할

수 있는 인간들이 왜 서로 싸우고 죽이는지 의문을 제기하는 반전(反
戰) 영화의 의도가 그대로 드러난다.

제1차 세계대전 중 노래를 통해 적군이 무기를 내려놓고 잠시 친
구가 되는 프랑스 영화도 있다. 프랑스 감독 크리스티앙 카리옹(Ch-
ristian Carion)의 〈메리 크리스마스(Joyeux Noel)〉(2005)는 독일군과 영
국·프랑스 연합군이 1914년 성탄절 이브에 성탄 노래를 계기로 참
호에서 나와 하루 동안 정전협정을 맺고, 함께 평화로운 크리스마
스를 보내는 실화를 바탕으로 한 것이다. 이 역사적인 사건의 실존
성악가가 발터 키르히호프(Walter Kirchhoff, 1879~1951)였다. 유명한 바
그너 오페라의 테너였던 키르히호프는 독일군 전우들을 위해 크리
스마스 노래를 불렀다. 반대쪽 참호에서 노랫소리를 들은 프랑스
군인들은 참호 흉벽까지 올라와서 귀를 기울였고, 노래가 끝나자 프
랑스 군인들의 박수가 끊이지 않았다. 키르히호프는 앵콜송까지 불
렀다고 한다. 제1차 세계대전 초기이니까 가능한 일이었다. 하지만
이 소식이 알려지자, 각 군의 수뇌부는 이 '평화적인' 군인들을 모두
다른 곳으로 이동 배치시켜버렸다고 한다.

음악은 제1차 세계대전의 포로들에게도 중요한 역할을 했다. 우
리에게는 그리 잘 알려져 있지 않지만, 전쟁 중 동아시아에서도 독
일·오스트리아군과 영국·일본군이 싸웠다. 유럽 서부 전선에서는
전쟁이 길어지자 참호 속에서 미치거나 자살하는 군인들이 쏟아지
고, 독가스 살포와 화학전 같은 무시무시한 일들도 벌어졌다. 반면

중국 칭다오에서의 전투는 일찌감치 독일·오스트리아군의 항복으로 끝나고, 독일·오스트리아 포로는 일본 본토의 수용소로 이송되었다. 포로들은 전쟁이 끝날 때까지 포로수용소에서 연극과 스포츠를 즐기고, 오케스트라 음악을 연주하였다. 동아시아에서는 처음 있는 일이었다.

제1차 세계대전뿐 아니라 제2차 세계대전 시기의 나치 강제수용소에서도 거의 항상 음악은 동행했다. 단순히 노래나 하모니카 또는 아코디언 연주를 넘어서서 심포니 음악이 연주되는 경우도 있었다. 특히 체코 땅에 세워졌던 수용소 테레지엔슈타트(Theresienstadt)에서는 수준 높은 창작 음악도 초연되었다. 유대인을 가장 대규모로 가장 효과적으로 학살한 폴란드의 수용소 아우슈비츠(Auschwitz)에는 여러 개의 오케스트라가 있었다.

원래 이 책을 시작할 때의 가설은 일본 포로수용소에서 오케스트라 음악을 연주했던 독일·오스트리아 포로들의 경험이 20년 후 나치 강제 집단수용소 정책에 흘러 들어간 것은 아니었을까 하는 의문이었다. 제1차 세계대전 당시 독일군 포로 중에는 내셔널리스트가 많았으니, 전쟁이 끝나 귀향한 뒤 나치당원이 되고, 친위대(Schutzstaffel, 이하 SS) 대원이 되어 출세한 이들이 없지 않았을 것이다. 실제로 독일군 포로 가운데 귀국 후 일본 전문가가 되어 나치 독일과 일본이 정치적·문화적으로 가까워지는 데 기여한 사람도 있었으므로, 불가능한 일은 아니었다.

감히 이런 질문을 던지면서 그 흔적을 어떻게 찾을 수 있을지 고민하며 베를린의 연방아카이브로 갔다. 그곳에는 제1차 세계대전 중 일본 포로수용소의 독일군 자료 뭉치가 보존되어 있었다. 포로들이 독일 적십자사를 통해 받았던 가족의 송금 영수증부터 편지, 사진, 포로올림픽 포스터, 음악 프로그램 리플릿 등이 그대로 남아 있었다. 100여 년 전의 빛바랜 자료 속에서 포로들의 애환을 느낄 수 있었다.

하지만 나는 동시에 이 아카이브에서 내 가설이 와르르 무너지는 소리를 들어야 했다. 나의 실수인지 아카이브 직원의 실수인지 알 수 없지만, 착오로 받게 된 제1차 세계대전 자료 뭉치에는 영국과 뉴질랜드, 캐나다의 연합군 포로수용소 문서들이 가득 들어 있었다. 그 속에서 서구의 연합군 포로수용소에서도 일본 포로수용소 못지않게 활발하게 음악 활동이 전개되고 있었음을 확인했다. 그들은 교향악협회까지 만들어 오케스트라를 운영하며, 심포니 음악을 연주하고 있었다. 이 흔적들로 보건대, 제1차 세계대전 중의 포로 오케스트라는 일본 포로수용소만의 사건은 아니었던 것이다.

원래의 가설을 수정해야 했다. 그리고 음악 활동이 독특했던 수용소 세 군데를 선택하여 음악이 어떤 역할을 했는지를 탐구하는 쪽으로 연구의 방향을 바꾸었다. 제1차 세계대전 중 수준 높은 오케스트라 활동이 있었던 포로수용소는 여러 곳 있었지만, (서구의 연합군 포로수용소보다) 일본 포로수용소가 위치상 동아시아라는 지정학적 위치로 볼 때 더 독특하고 흥미로웠다. 또 원래 계획에는 없었지만, 제2차 세계대전 중 나치수용소 중에서도 음악 활동이 독특했던 체코의 테레지엔슈타트를 추가하였다. 나치수용소의 '선전 모델'이라는 기능 때문에 테레지엔슈타트에서는 다른 수용소에서는 생각할 수 없는 음악사적 사건들이 있었다. 일본 포로수용소의 음악이 전적으로 포로들의 자발적인 활동이었다면, 테레지엔슈타트에서는 수감자의 자발성과 나치에 의한 강제성이 혼재했다. 마지막으로 나치 강제 집단수용소 아우슈비츠는 살인 공장으로만 악명 높은 곳이 아니라, 유례없이 여러 개의 오케스트라가 경쟁적으로 조직되었던 수용소이기도 했다. 테레지엔슈타트에서는 나치의 강제성 속에 수감자의 자발성이 '허락'되었다면, 아우슈비츠에서 음악은 '명령된' 음악이었다.

세 수용소의 역사적 중요도는 유네스코 세계기록유산으로서의 가치가 대변한다. 테레지엔슈타트[1]와 아우슈비츠[2]는 이미 여기에 등재되어 있다. 일본 포로수용소(도쿠시마의 반도수용소)의 자료도 독일과 일본이 공동으로 등재하기 위해 준비 중이다.

지금까지 이 세 수용소에 대한 개별 연구들은 많았지만, 일본 포로수용소와 나치수용소를 함께 살펴보는 시도는 거의 없었다. 다소 위험한 조합이라 할 수 있는 이 연구 대상들을 함께 탐구하면서 기대되는 점은 음악의 역할과 이용 가치의 '최대치'가 적나라하게 드러나는 것이다. 각 수용소의 조건에 따라 차이는 있지만, 음악이 과연 이렇게 삶과 죽음 그리고 자유라는 본질적인 국면과 맞닿아 있었는지, 놀라울 정도다.

일본 포로수용소를 다룬 제1부에서 음악을 연주하는 포로들은 독일·오스트리아인이었고, 테레지엔슈타트를 다룬 제2부에서는 수감자 대다수가 체코와 독일의 유대인이었다. 아우슈비츠를 다룬 제3부에서 음악 연주를 명령하는 쪽은 나치 SS사령관이었고, 연주로 살아남은 수감자들은 폴란드, 프랑스, 그리스, 네덜란드, 이탈리아, 노르웨이 등 다양한 국적의 음악가들이었다. 음악은 직업적 살인자들에게도 심리적 위안을 주는 매체였을 뿐 아니라, 수감된 음악가들에게는 생존의 기회를 던져주던 생명의 동아줄이었다. 강제 이송된 90퍼센트 이상의 유대인들이 불구덩이에 던져진 지옥의 아우슈비츠에서도 음악가들은 음악 덕분에 살아남을 수 있었다.

폴란드 피아니스트 브와디스와프 슈필만(Władysław Szpilman)의 실화를 바탕으로 한 영화 〈피아니스트〉(2003)에서 슈필만이 나치 장교에 발각되었으나, 살아남을 수 있었던 것은 음악 덕분이었다. 실제로 음악을 사랑하는 나치 장교는 강제 수용소에서나 학살의 현장에서 어렵지 않게 만날 수 있었다. 영화 〈쉰들러 리스트〉(1993)에서도 유대인의 은신처가 발각되어 나치 병사들의 학살이 자행되는 순간, 옆방 피아노 앞에 앉아 바흐 곡을 치는 나치 장교가 나온다. 나치에 관한 영화에서 음악과 관련된 이야기가 자주 등장하는 것은 실제 나치군에 수준 높은 음악 애호가나 음악가가 많았던 것과 관련이 깊다.

음악을 아름다움의 상징이자 평화의 상징으로 여기는 단순한 생각은 이 책을 읽은 후 의문으로 바뀔 것이다. 음악이라는 매체가 폭력과 살인의 '백그라운드 뮤직'이 될 수 있음이 적나라하게 드러나기 때문이다. 하지만 음악은 거기서 멈추진 않는다. '음악=밥'처럼 음악은 생존 수단이 될 수 있었고, 동시에 처참한 지옥 바깥에 자유로운 세상이 있음을 알게 해주는 희망의 메시지가 될 수도 있었다. 수용소에서 음악은 거의 '모든 것'이 될 수 있었다.

이 책은 전쟁의 참화 속에서 나치에 의해 이름도 없이 사라진 수많은 음악가들을 기억하고자 하는 마음으로 씌어졌다. 역사상 유례없는 나치가 저지른 홀로코스트는 제2차 세계대전이라는 전쟁이 아니었다면, 일어나지 않았을 비극이다. 무슨 일이 있어도 다시는 전쟁이 일어나서는 안 된다는 메시지로서 이 책을 세상에 내보내고자 한다. 연구 단계부터 이 책이 나오기까지 도움을 주신 모든 손길에 감사드린다.

2021년 봄, 문형관 연구실에서
이경분

목 차

프롤로그 5

1. 일본 포로수용소의 음악

제1장 | 칭다오의 제1차 세계대전과 독일·오스트리아 포로 19

제2장 | 포로 음악가, 레퍼토리와 청중 37

제3장 | 유럽 포로들이 베토벤 9번을 '일본 초연'하다 59

제4장 | 관용적 포로 정책과 비인간적 포로 학대 65

제5장 | 영국 포로수용소의 음악 연주 75

제6장 | 관동대지진 시기의 나라시노수용소 81

제7장 | 일본 포로수용소에서 음악의 평화적 역할 92

2. 테레지엔슈타트의 음악

제1장 | 테레지엔슈타트의 인상과 실체 103

제2장 | 게토 수용소라 칭하는 이유 109

제3장 | 거짓 공장 테레지엔슈타트에서의 삶 113

제4장 | 테레지엔슈타트의 음악 문화 활동의 변천사 129

제5장 | 절정기의 레퍼토리, 연주 단체, 청중, 인기 음악 146

제6장 | 테레지엔슈타트의 뛰어난 작곡가들 168

제7장 | 테레지엔슈타트 게토 수용소에서 음악의 역할 183

3. 아우슈비츠의 음악

제1장 | 살인 공장 아우슈비츠 201

제2장 | 살인자와 음악 232

제3장 | 아우슈비츠의 수용소 오케스트라들 251

제4장 | 아우슈비츠의 여성 음악가들 265

제5장 | 살인 공장의 레퍼토리, 나치가 원하는 음악 277

제6장 | 아우슈비츠에서 음악의 역할 287

제7장 | 수용소 제국의 음악 315

에필로그 319

주·참고문헌·찾아보기 324

총서 '知의회랑'을 기획하며 427

1

일본

포로수용소의

음악

Orchester Konzert

am 4 März 1917 im Offiziersspeisesaal Abends

BEETHOVEN-ABEND

Leitung: Dr.Vogt

Symphonie № 5
in Cmoll Werk 67 . . . . .
Allegro con brio
Andante con moto
Allegro · Allegro

Konzert № 5
für Klavier mit Orch. in Es dur Werk 73
Allegro
Adagio un poco mosso
Allegro (Rondo)
(Klavier: Dr. Will)

Ludw. v. Beethoven 1770 · 1827

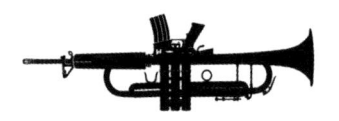

100 여 년 전 발발했던 제1차 세계대전은 주로 서구 강대국의 전쟁이라는 생각에 동아시아에 사는 우리는 그리 관심이 없다. 하지만 당시 일본은 영국 편에 서 있었고, 중국 산둥반도에 진출하기 위해 칭다오에 주둔한 독일군을 몰아내야 했다. 전쟁의 중심지인 유럽과 멀리 떨어져 있어서 전쟁이 격렬하진 않았지만, 독일·오스트리아의 동맹군과 영국·일본 연합군은 1914년 칭다오에서 전투를 벌였다.

전쟁이 있으면 포로가 생기기 마련이고, 포로가 있으면 포로수용소가 세워진다. 포로수용소가 존재한다는 건, 그 안에는 어느 정도 일상이 존재한다는 의미다. 지루한 일상을 견디기 위해 포로에겐 정신적·육체적 자극이 필요했다. 그래서 거의 모든 포로수용소에 음악, 스포츠와 같은 오락은 늘 있어 왔다. 하지만 일본 포로수용소에서는 아코디언 반주에 맞춰 노래하는 정도가 아니라, 베토벤, 모차르트, 바그너의 음악이 오케스트라로 연주되었다. 특히 도쿠시마의 반도수용소에서는 베토벤 9번 교향곡이 동아시아에서 초연되기도 했다.

어떻게 이런 일이 가능했는가. 포로들의 수준 높은 음악 활동이 제1차 세계대전 시기 일본 포로수용소만의 독특한 현상이었는가. 당시는 근대화의 정도가 곧 국력의 서열을 의미하던 시기였다. 얼마 전만해도 근대화의 '스승' 위치에 있던 독일이 '제자'라 여기던 일본의 포로가 된 것이다. 이로 인해 일어나는 독특한 현상은 무엇이었는가. 이제 우리에게 잘 알려져 있지 않은 일본 포로수용소에서 독일·오스트리아 포로들의 음악 활동에 대해 살펴보고자 한다.

제 1 장

━━━

칭다오의 제1차 세계대전과
독일·오스트리아 포로

1. 칭다오전투와 포로의 발생

1914년 제1차 세계대전이 발발했을 때 제국주의 후발 주자였던 독일이 동아시아에 조차지로 보유한 곳은 산둥반도의 칭다오였다. 중국대륙으로 진출하고자 했던 일본은 칭다오에서 독일을 몰아낼 기회를 잡기 위해 영국(연합군) 편에 섰고, 곧 독일에 전쟁을 선포하였다. 당시 동아시아 근해에서 순찰하던 방호순양함의 오스트리아 해군이 독일군과 연합함에 따라 약 5천 명의 독일·오스트리아 동맹군과 3만여 명의 일본·영국 연합군이 칭다오에서 전투를 벌였다.[1] 하지만 수적으로 열세였던 독일·오스트리아군은 초기에 가능한 한 적에게 큰 손실을 끼치고 재빠르게 항복한다는 전략을 썼다.

　전쟁 개시 3개월만인 1914년 11월 7일, 독일 장군이 항복을 결정했고, 약 4천7백 명의 독일·오스트리아 군인이 일본군의 포로가 되었다.[2] 일본군의 피해는 육전에서 전사자 416명, 부상자 1,542명, 해전에서 전사자 295명, 부상자 46명이었다. 반면 독일·오스트리아군의 피해는 전사자 189명, 부상자 50명이었다. 일본 측 전사자는 총 711명, 부상자 총 1,588명(총 사상자 2,299명)으로, 독일·오스트리아군 총 사상자 239명에 비해 약 10배나 많았다.[3]

얼마 전까지 일본의 '스승'으로 모셔지던 독일이 이제 일본의 '포로'가 된 셈이었다. 당시 동아시아에서는 근대화의 정도가 곧 국력의 서열을 의미했다. 근대화의 스승인 독일이 '제자' 일본에게 패한 상황은 충격적이었다. 특히 전쟁이 있기 전 일본에 거주하면서 선망의 대상이 되었던 독일인 약 천 명 가운데 칭다오전투에 징집되었다가 포로가 된 예비역은 118명이었다.[4]

일본군은 유럽 포로들을 일본 본토로 이송하여 열두 개의 간이 수용소(주로 빈 사찰)로 분산 수용하였다. 그러나 얼마 지나지 않아서 비좁은 공간 문제로 포로들의 불만이 높아졌다. 이러한 간이 시설로는 포로들의 불만을 잠재울 수 없음을 인식한 일본 군부는 여섯 개의 대규모 포로수용시설을 건설하였다. 수용소는 구루메(久留米), 반도(板東), 아오노가하라(青野原), 나고야(名古屋), 나라시노(習志野), 니노시마(似島)에 세워졌다.

이 가운데 음악 활동과 관련해서 특기할 만한 대규모 수용소는 후쿠오카현(福岡県)의 구루메와 도쿠시마현(德島県)의 반도 그리고 도쿄 근처 지바현(千葉県)의 나라시노수용소였다. 이 세 수용소는 모두 천 명 이상의 포로가 수용된 곳이었다. 이 중에서 구루메는 1914년 10월에 설치된 최초의 대규모 시설이었다. 여섯 개 수용소 중 가장 많은 인원수를 수용했으며, 수용 기간도 가장 길었다.[5] 나라시노수용소도 1915년부터 1920년까지 약 4년 반의 기간 동안 천여 명의 포로들이 수용되어 수준 높은 음악 활동을 할 수 있었다.

반면 반도수용소는 구루메와 나라시노에 비해 늦게 세워져(1917년) 이전에 설치되었던 마루가메(丸亀), 마츠야마(松山), 도쿠시마의 소규모 간이 수용소 포로들을 통합한 곳이다. 포로들에게 가장 처우가 좋았던 수용소로 알려진 곳이 바로 반도수용소였다.[6] 구루메에서 고통 받았던 일부 포로들이 반도수용소로 이송되기를 바랐다는 문서도 있을 정도다.[7] 이렇게 '평화적인 수용소'의 대명사로서 알려져 있는 반도수용소의 자료는 현재 일본 지자체(도쿠시마현과 나루토시)가 유네스코 세계기록유산으로 등재하기 위해 준비 중에 있다.[8]

다른 한편, 나라시노수용소는 상하이오케스트라의 콘서트마스터가 포로로 있었던 곳으로, 음악 연주의 수준 차원에서 흥미로운 경우이며, 1923년 관동대지진 당시 조선인 학살 장소로서도 의미심장한 공간이다.[9]

2. 일본 본토의 모범 수용소 반도와
   최악의 수용소 구루메

독일·오스트리아군 포로에 대한 처우는 각 수용소의 일본인 소장에 따라 차이가 있었다. 앞서 언급했듯이, 포로수용소 가운데 가장 '모범적인' 수용소로 명성이 높았던 곳은 시코쿠섬 도쿠시마현의 변두리에 위치한 반도수용소(1917~1920)였다. 이곳에서는 독일 포로들의 상황을 잘 이해해주던 수용소 소장 마츠에 도요히사(松江豊寿)가 포로들에게 다양한 문화생활과 생산 활동을 누릴 수 있도록 적극 배려하여 다른 수용소보다 포로들의 만족도가 높았다.[10]

반면 가장 '악명 높은' 곳은 구루메수용소(1915~1920)였다.[11] 규슈에 위치한 구루메는 최고 1,300여 명을 수용했던 대규모 수용소였는데, 일본군과 포로들의 관계가 여섯 개의 수용소 중에 최악이었다.[12]

그 이유는 일차적으로 구루메 연대로 구성된 일본 육군 제18사단이 칭다오에서 독일·오스트리아군으로부터 가장 큰 타격을 받았기 때문이었다.[13] 칭다오전투에서 발생한 약 2천 명의 일본군 사상자는 구루메 주민의 아들과 남편이거나 제18사단 병사의 동료였으므로, 이들이 독일군에 좋은 감정이 있을 리가 없었다. 함부르크에 있었던 독일포로위원회(Ausschuss für deutsche Kriegsgefangene, Hamburg)에 전달된 내부 보고서는 시종일관 구루메를 일본 내 '최악의' 수용

반도수용소 도면(1919)

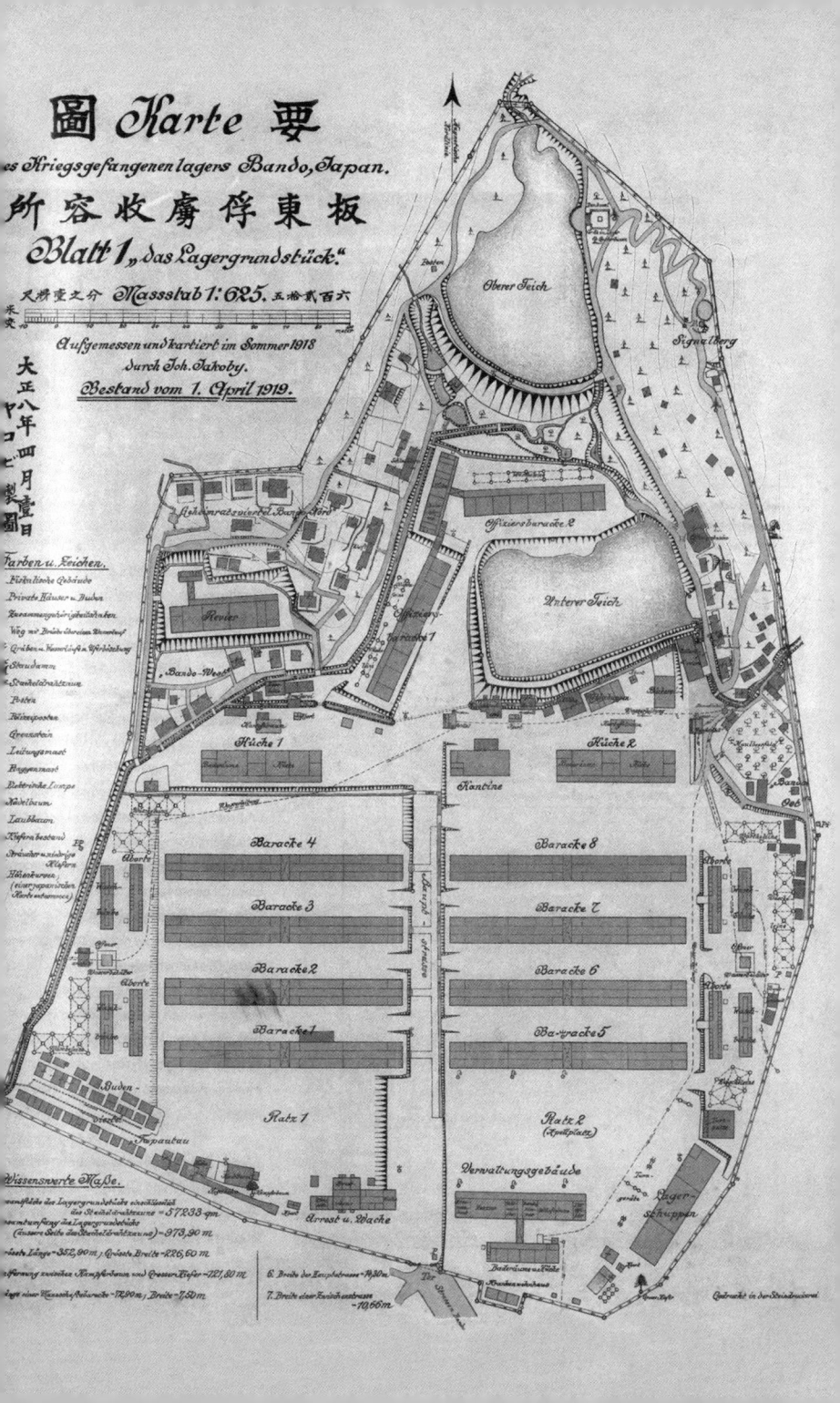

소로 표현하고, '적대적인' 일본 장교에 대해 자주 언급한다.[14] 또 이 보고서는 수용소 소장이 독일·오스트리아 포로들의 막사생활이 좀 더 나아지도록 개선할 맘이 있었으나 구루메 주민들은 여전히 포로들에게 복수하기를 원했고, 결국 구루메수용소의 분위기는 다른 수용소와 비교가 되지 않을 정도로 적대적이었다고 적고 있다. 수용소 소장의 묵인 하에 일본군이 독일 포로들을 폭행한 일도 있었다고 한다.[15]

3. 포로들의 일상

1907년 제2차 헤이그 만국평화회의에서 결의된 『헤이그 육상전 법규』에 따라 일본도 1912년 1월 13일 『육전 법규 관례에 관한 조약』을 공포하였다. 이 조약은 장교들을 제외한 병사에게는 강제 노동을 시킬 수 있었지만, 노동의 대가로 매월 급료 외에 별도의 임금을 지불하도록 했다. 물론 포로들이 자기 필요에 의해 스스로 밭을 경작하고, 닭, 돼지 등 가축을 키우거나 축사 및 축구장, 정구장, 정자 등을 건축하는 노동은 여기서 제외되었다.

포로들은 계급에 따라 매달 받는 소액의 급여로 수용소 생활에서 필요한 것들을 일본인 판매자에게서 구매하였다. 따라서 포로수용소가 있던 지역은 지역경제의 붐을 경험하였다. 포로수용소를 유치하기 위한 지자체의 노력이 있었을 정도로 포로들로 인한 '지역경제 활성화'는 특히 반도수용소의 경우 매우 성공적이었다. 이는 포로들이 소비하는 물품으로 인한 일본 상인의 경제적 이득뿐만이 아니었다. 1918년 3월 8일부터 19일까지 12일간 포로들의 전시회가 개최되었을 때, 인구 5,755명에 불과한 작은 마을에 방문자는 마을 인구수의 약 10배에 달하는 50,103명이었고, 마을 전체의 경제적 효과는 기대 이상이었다.[16] 또한 구루메수용소의 경우 포로들로 인한 소비가 매년 22만 엔 이상이었는데, 이 액수는 1918년 구루메시 전체 예산 21만8천 엔보다 더 높은 것이었다.[17]

각 수용소 소장의 태도에 따라 포로들의 만족도와 활동 범위가 달랐지만, 일본 군부는 기본적으로 포로들에게 강제 노동을 요구하지 않았다. 포로들은 이전의 병영생활 체계를 어느 정도 유지할 수 있었다. 하지만 원래 군인생활에서 필수적인 군사훈련이 생략되었으므로, 포로들은 철조망 안에서의 지루함을 극복하기 위해, 스스로 교양이나 취미를 위한 자유시간을 확보하여 의미 있는 일상을 영위하고자 했다. 한 병사의 일기장에는 포로의 일상을 알 수 있는 기록이 남아 있다.

"1914년 12월 9일. 오늘 전쟁 포로들의 일과표가 공식적으로 효력을 가지게 되었다. 이것은 포로생활의 지루함을 이기기 위해서 우리 스스로가 제시한 것이었다. 6시에 당번 하사의 기상 점호(하사들은 7시 30분 기상). 곧이어 아침식사 (…) 9시부터 현역은 자유연습, 예비역은 시합. 12시 점심식사. 오후에는 정신적인 일을 위한 자유시간. 오후 6시 저녁식사, 오후 9시 취침. 하사들은 항상 더 늦게 취침함."[18]

이 기록에 의하면, 현역 하사관과 예비역 병사의 지침에 약간 차이가 있는 것으로 보이지만, 독일·오스트리아 군대에서의 계급과 서열은 수용소에서도 거의 그대로 적용되었다. 포로가 된 현역 군인은 독일군이 3,500여 명, 오스트리아군이 300여 명이었고, 포로가 된 예비역 군인은 900명 이상이었다.[19] 포로들의 급여는 장교와 병사의 계급에 따라 차등 지불되어 높은 급여를 받는 장교에 비해 급여가 낮은 병사들은 늘 빈곤에 시달렸다.[20] 반면 칭다오로 긴급 소집되기 전까지 일본이나 중국 등 동아시아에서 직업을 가지고 있었던 예비역 포로는 직장에서 따로 휴직급여가 지불되었으므로, 장교 계급과 함께 수용소의 부유층에 속했다.

오후의 자유시간에 포로들은 취미생활을 하거나 교양을 습득하기 위해 또는 귀국 후의 직업을 미리 준비하기 위해, 각자가 잘 할 수 있는 코스를 제공하거나 자신에게 부족한 것은 다른 포로에게서 배웠다.[21] 중국어, 영어, 일본어, 불어 등의 어학코스나 철학, 생물학, 기하학, 음악사 등의 강연도 있었다. 또한 악기를 가르치거나 배웠고, 합창단을 결성하여 함께 연습하였다.[22]

특히 반도수용소에서는 포로 1,019명 중 303명이 전쟁 전 동아시아 여러 지역에서 활동하던 상인이었다.[23] 그래서인지 여기서는 중국어 학습과 중국 관련 강의가 큰 인기를 끌었다. 중국어 그 자체뿐만 아니라 중국의 오랜 역사와 풍부한 문화, 철학, 예술 등에 매력을 느끼는 사람이 많았던 것이다. 1917년 5월부터 12월까지 반도수용소에서의 '중국의 밤' 강의는 35회나 진행되었고 수강생은 300명이었으니, 상인 그룹 전체가 참여했다고 해도 과언이 아니었다.[24]

물론 일본어코스도 있었는데, 중국어에 대한 관심에 비하면 일본어에 대한 관심은 빈약했다. 전체 포로 중에 일본어 회화가 조금이라도 되는 포로는 52명이었고, 일본어를 매우 잘하는 포로는 두 명에 불과했다. 예비역이 되기 전 일본에서 난방시설과 엘리베이터를 취급하는 회사의 사장으로 있으면서 일본어에 능숙했던 쿠르트 마이스너(Kurt Meisner)는 반도수용소에서 자신이 만든 일본어 교재를 200부 인쇄하여 포로들을 가르치기도 했다. 하지만 일본 군부는 독일·오스트리아 포로들이 일본어를 공부하는 것을 탐탁지 않게 생각했다. 일본인과 포로들 간에 상호 커뮤니케이션이 생기는 것을 경계했기 때문이다. 하지만 수용소 운영과 포로 통제를 위해 고급 통역관 역할을 맡았던 포로에게는 장교 대우에 상응하는 특혜를 주기도 했다.[25]

다른 한편, 1918년 11월 전쟁이 끝날 즈음이긴 하지만, 나라시노 수용소의 포로 칼리지 '시간표'를 보면, 전문기술대학이라 할 정도로 강도가 높고 집중적이다. 이 커리큘럼은 포로들이 귀환을 준비하면서 미래의 직업을 염두에 두고 공부한 내용들로 보인다. 포로 칼리지의 교장 업무는 실제로 독일에서 박사학위를 받은 프리드리히 하크(Friedrich Hack, 1887~1949)[26]와 요하네스 위버샤르(Johannes Ueberschaar, 1885~1965)[27]가 맡았다. 과학과 기술, 기계와 관련된 전문

[표-1] 나라시노수용소의 포로 칼리지 시간표[28]

Montag(월요일)	Dienstag(화요일)	Mittwoch(수요일)
6-7 Algebra (대수학)	6-7 Untffz. Unt. (하사관 수업)	6-7 Untffz. Unt. (하사관 수업)
$7\frac{1}{4}$-$8\frac{1}{4}$ Maschinenkunde (기계학)	$7\frac{1}{4}$-$8\frac{1}{4}$ Elektr. Kunde (전기학)	$7\frac{1}{4}$-$8\frac{1}{4}$ Franzosisch (불어)
$8\frac{1}{4}$-$9\frac{1}{4}$ Geometrie (기하학)	$8\frac{1}{4}$-$9\frac{1}{4}$ Maschinenkunde (기계학)	$8\frac{1}{4}$-$9\frac{1}{4}$ Techn. Mechanik (기술공학)
$9\frac{1}{4}$-$10\frac{1}{4}$ Untffz. Unt. (하사관 수업)	$9\frac{1}{4}$-$10\frac{1}{4}$ Geometrie (기하학)	$9\frac{1}{4}$-$10\frac{1}{4}$ Physik (물리학)
$10\frac{1}{4}$-$11\frac{1}{4}$ W. (상동)	$10\frac{1}{4}$-$11\frac{1}{4}$ Chem.Technologie (화학 기술학)	$10\frac{1}{4}$-$11\frac{1}{4}$ Untffz. Unt (하사관 수업)
오후 3-4 Masch. Elemente (기계 요소학)	오후 3-4 Masch. Elemente (기계 요소학)	오후 3-4 darst. Geometrie (화법 기하학)
오후 4-5 darst. Geometrie (화법 기하학)	오후 4-6 Musik (음악)	오후 4-6 darst. Geometrie (화법 기하학)

직종에 필요한 수업 내용이 다수를 차지한다. 즉, 대수학, 물리, 기계학, 기술공학, 전기학, 기하학, 화법 기하학, 기계 요소학, 기술공학, 화학 기술학 등이 개설되어 있는데, 특히 화법 기하학은 가장 비중이 높은 과목(4시간)이고, 다음이 기하학, 기계학, 기계 요소학(각각 2시간)이다. 그 외 불어(1시간)와 음악(2시간)이 화요일 오전과 오후의 교양과목에 속한다.

이외에도 나라시노수용소의 포로 하인리히 함(Heinrich Hamm)의 1918년 4월 16일자 일기는 언어 공부와 음악 등의 취미 활동이 수용소 포로들의 일상이 되었음을 잘 보여준다.

> "일본인 예비군들이 일장기를 들고 수용소 앞을 행진하며 지나갔다. 종일 긴 언어 수업, 음악 연습, 부분적으로는 뛰어난 실내악 음악. 그 외 목재 작업. 특히 라우벤(정자) 집짓기를 위해 나무 판대기 만들기. 사라진 목재 때문에 성가시게 되었음. 여러 가지 벌을 받았다."[29]

특히 모범적이었던 반도 포로수용소 내에는 빵집, 인쇄소, 이발소, 도서관, 오케스트라, 합창단, 연극그룹, 테니스장, 체조장 등 일상생활에서 볼 수 있는 거의 모든 것이 존재하였다. 반도수용소의 포로 총 1,019명 가운데 직업군인은 99명에 불과했다.[30] 나머지 약 90퍼센트가 예비역 포로였던 점은 수용소 내의 다양한 문화적 활동에 결정적 역할을 했다. 당시 이들 가운데엔 중국 상하이, 인도네시아, 필리핀, 일본 등지에 거주했던 상인, 기술자, 교수, 교사, 음악가 등 본래 직업을 가진 지식인과 중상층이 많았으므로, (일본 측의 통제 하에) 수용소에서 자신의 전문성을 발휘하여 하나의 '작은 마을 공동체'를 형성하는 데 기여하였다.[31]

포로들은 소위 '철조망 병(Stacheldraht-Krankheit)'이라는 무료함에 시달렸으므로,[32] 포로들의 교육 활동과 취미 활동이 매우 중요했음은 두말할 필요조차 없었다. 포로들의 전반적인 문화 활동 중 스포츠와 연극, 음악은 인기 있는 취미 활동이었다. 음악 활동에 집중하기 전에 균형 잡힌 이해를 위해 먼저 스포츠와 연극에 대해서 짧게 서술하고자 한다.

4. 포로들의 다양한 정신적·육체적 활동

스포츠 활동

운동은 지루한 수용소 생활에서 정신적·육체적 건강을 위해서도 포로들이 선호하는 중요한 활동이었다. 각 수용소에는 다양한 스포츠 단체가 만들어져 있었다. 각 단체를 중심으로 축구, 테니스, 하키, 체조 경기 등이 개최되었다. 요컨대 구루메수용소에는 1919년 7월까지 열세 개의 스포츠 단체가 있었고,[33] 반도수용소에는 열

1917년 10월에 개최된 구루메의 스포츠 주간 포스터
(© 베를린 연방아카이브 R67/1805, 196)

한 개가 있었다.[34]

축구, 테니스, 하키 등과 같은 운동을 위해서는 축구장, 테니스코트 등 넓은 운동장이 필요했고, 볼링, 레슬링, 체조 경기 등을 위해서는 실내 체육관 및 볼링 레일, 평행봉과 같은 기구들이 필요했는데, 포로들이 이를 스스로 계획하고 만들었다. 관대하기로 유명한 반도 수용소 소장의 경우, 포로들을 위한 축구장을 마련하기 위해 수용소 앞 토지를 농부에게 빌릴 수 있도록 적극적으로 힘을 써주기도 했다. 이에 대한 포로들의 감사 표현이 포로 잡지 『디 바라케(*Die Baracke*)』에 남아 있다.[35]

각 수용소에서는 체조, 테니스, 축구 등 각종 대회가 있었지만, 음악도 함께하는 문화체육제도 개최되었다.[36]

포로들의 스포츠 활동은 일차적으로 포로들의 건강을 위한 것이었지만, 포로들의 스포츠 경기를 일본인도 견학하는 경우가 있었다. 예를 들면, 1918년 6월 1일 일본인 교사와 학생이 반도수용소 내로 들어와서 축구, 테니스, 체조 경기 등을 견학하였다.[37] 또한 당시 초등학생이었던 한 목격자는 처음으로 구루메수용소에서 포로의 휠김나스틱(Wheel Gymnastics) 광경을 보고 매우 인상 깊었다고 회고하기도 한다.[38]

그 외 포로들은 일 년에 한두 번 소풍을 가기도 하고, 수영을 하기도 하였다. 지루한 수용소 내에서만 갇혀 있었던 포로들에게 수용소 바깥으로 나가는 일은 매우 기대되는 일이었지만, 자주 행해지지는 않았다.[39] 포로들을 엄격하게 다룬 구루메수용소의 경우에는 소풍을 갈 때에도 총칼을 찬 일본군의 엄격한 감시 하에 행군을 해야 했다.[40]

하지만 관대했던 반도수용소의 경우는 마츠에 소장이 포로 장교에게 모든 과정을 일임하여, 소풍을 스스로 계획·지휘하게 했고, 그 책임까지 맡겼다.[41] 따라서 다른 수용소에서는 행해지지 않았던 수영대회도 반도수용소의 포로들에게는 가능했다. 물론 종전 이후인 1919년 8월 13일에 개최된 행사였고, 해안으로 간 여름 소풍에서 치러진 경기였다.[42]

또한 일본 주민들과의 교류가 다른 수용소보다 활발했던 반도수용소의 포로들은 일본인 무술협회에 초청되기도 했다. 전쟁은 끝났지만 포로들이 귀국을 위해 대기 중이던 1919년 11월 9일, 대일본무덕회 도쿠시마 지부가 개최한 '독일무술연구 연무회'에는 열한 명의 독일 포로가 레슬링, 복싱, 펜싱을 시범해 보여주었다. 또한 독일 무도를 배우고 싶다는 일본 측의 요청이 수용되어 일본인 무도가 두 명이 포로들에게 직접 훈련을 받기 위해 2주간 수용소로 파견되는 일도 있었다.[43]

연극 활동

일본군은 포로들의 연극 활동을 기본적으로 허락하였지만, 밝고 명랑한 연극과 코미디는 권장했던 반면, 비극은 금지했다. 구루메수용소에서 공연된 희극 〈위험한 결혼선물(Das verhaengnisvollen Hochzeitsgeschenk)〉(1915년 9월 29일)[44]이나 반도수용소의 〈셜록 홈즈(Sherlok Holmes)〉(1918년 1월)[45]처럼 웃음을 동반하는 코미디 연극이 인기를 끌었다.[46]

포로들이 직접 창작한 자작 연극도 있었다. 구루메수용소의 해군병 살레브스키(Salewsky)가 직접 만든 〈거인 아이(Das Riesenkind)〉와 〈오 여자들이여(O diese Weiber)〉(1915년 9월 1일) 등이 무대에 올랐다.[47]

다른 한편, 유명한 고전 연극도 시도되었다. 하인리히 폰 클라이스트(Heinrich von Kleist)의 〈깨어진 항아리(Der zerbrochene Krug)〉, 고트홀트 에프라임 레싱(G. E. Lessing)의 〈바른헬름의 민나(Minna von Barnhelm)〉,[48] 헨리크 입센(Henrik Ibsen)의 〈혼령(Geist)〉과 〈사회의 기둥(Die Stuetzen der Gesellschaft)〉, 〈전화의 비밀(Das Geheimnis des Telefons)〉,[49] 프리드리히 실러(Friedrich von Schiller)의 〈도둑떼(Die Raeuber)〉와 〈발렌슈타인의 병영(Wallensteins Lager)〉, 윌리엄 셰익스피어(William Shakespeare)의 〈말괄량이 길들이기(Der Widerspenstigen Zaehmung)〉, 구스타프 프라이탁(Gustav Freytag)의 〈기자들(Die Journalisten)〉 등이 공연되었다.[50]

이 공연 목록을 보면, 비극을 금지한 일본군의 명령이 반드시 지켜진 것은 아니었음을 알 수 있다. 입센의 작품들과 실러의 작품은 희극보다는 비극에 가까운 진지한 고전 연극에 속한다. 또한 1919년 2~5월에는 반도수용소 포로들이 괴테의 비극 〈에그몬트〉와 인형극

반도수용소의 연극 〈에그몬트〉 포스터
(© 베를린 연방아카이브 R67/1805, 113)

Egmont

ein Trauerspiel
von Goethe

〈파우스트 박사〉을 공연하였다.[51] 특히 〈에그몬트〉는 6일간 연속 공연되었다. 1919년은 이미 전쟁이 끝난 후이고 포로들은 귀국 준비를 위해 수용소에서 대기 중이었으므로, 더 이상 문화 활동에 있어서는 일본군의 간섭을 받지 않았으리라 추측된다.

포로들은 배우, 소품, 무대장식 등을 모두 자체적으로 해결했다. 하지만 여성 배우는 구할 수 없었으므로, 그 배역은 주로 나이가 어린 예쁘장한 청년 포로가 맡았다. 남성이 여성으로 분장하였으므로, 연습과정에서부터 웃음을 자아냈다. 연극은 준비과정 자체만으로도 자주 명랑한 분위기를 만들어낼 수 있었다.

제 2 장

—

포로 음악가,
레퍼토리와 청중

포로들이 모여서 노래를 하고, 아코디언을 연주하면서 춤을 추거나 합창을 하는 정도의 음악 연주는 거의 모든 포로수용소에서 있을 수 있는 일이다. 하지만 일본 포로수용소의 독특한 점은 앞서 언급했듯이, 수용소 특성상 일반적으로 상상하기 힘든 수준 높은 교향곡이나 현악사중주 등의 레퍼토리를 연주했다는 점이다. 물론 영국군이 운영했던 런던의 알렉산드라 팰리스(Alexandra Palace)수용소나 스코틀랜드의 스톱스(Stobs)수용소 등에서도 오케스트라가 있었고, 심포니가 연주되기도 했다(자세한 것은 제5장에서 다룸).

일본 포로수용소에서 시작한 음악 연주가 4~5년 동안 베토벤 9번 교향곡 연주회로까지 발전하게 된 첫 번째 동기는 "포로들의 최고의 적인 지루함"이었다.[52] 포로들이 직접 인쇄한 『엥겔오케스트라의 탄생과 발전(Das Engel-Orchester 1914~1919. Seine Entstehung und Entwicklung)』

에서 밝히고 있듯이, 저녁마다 어둡고 좁은 공간에서 서로 부대끼는 고통을 완화하기 위해 포로들은 민요나 군가를 불렀고, 기타나 하모니카, 만돌린, 피리가 반주를 담당했다. 그러다가 바이올린이 있으면 좋겠다는 의견이 많아짐에 따라 일본 악기점에서 바이올린을 주문하여 구매할 수 있게 되었으며, 연주자도 나타났다. 독일과 오스트리아 포로들의 최대 명절인 성탄절에는 모든 일본 포로수용소에서 자체 조직한 음악 단체의 연주를 들을 수 있었다.[53]

1. 일본 포로수용소의 음악가들

남자들뿐이었던 일본의 포로수용소에서 1918년 베토벤 9번 교향곡이 초연된 것은 놀라운 일이었다. 합창에는 여성파트가 필요한데, 남자들만 있었던 반도 포로수용소에서 어떻게 이것이 가능했는가. 그리고 리하르트 슈트라우스(Richard Strauss)의 〈죽음과 정화〉, 안톤 부르크너(Anton Bruckner)의 7번 교향곡과 같은 전문적인 레퍼토리를 어떻게 대다수가 군인들로 구성된 오케스트라가 해낼 엄두를 내었는가. 이들은 누구였고, 악기와 악보는 어떻게 구했으며, 청중은 누구였는가.

먼저 포로수용소의 음악가들은 크게 세 부류로 나눌 수 있다.

첫째, 포로 중에는 전문 음악인들이 있었다. 무엇보다 전쟁 이전에 '상하이오케스트라'에서 활동하던 멤버들을 들 수 있다. 여기엔 상하이오케스트라의 콘서트마스터였던 한스 밀리에스(Hans Millies),[54] 제1바이올린주자였던 파울 엥겔(Paul Engel), 비올라주자 막스 가라이스(Max Gareis),[55] 요하네스 프뢰페너(Johannes Proefener) 등이 있었다. 이 중 가장 활발하게 활동한 음악가는 밀리에스와 엥겔이었다.[56]

밀리에스는 나라시노수용소 오케스트라의 지휘자 겸, 수준 높은 현악사중주단의 리더였고, 엥겔은 반도수용소에서 '엥겔오케스트라'를 만든 지휘자로서 체계적인 오케스트라 활동을 주도했다.[57]

여기에 더해 오케스트라의 직업 음악가들보다는 한 단계 수준이 낮다고 볼 수 있지만, 전문 음악가로 볼 수 있는 군악대장(Hoboist)도 있었다. 독일 군악대장은 정규 음악교육을 이수해야만 했다. 구루메수용소 카펠레를 이끈 오토 레만(Otto Lehmann)[58]과 리하르트 니취케(Richard Nitschke),[59] 반도수용소에서 베토벤 9번 교향곡 초연을 지휘한 헤르만 한젠(Hermann Hansen),[60] 나라시노수용소에는 독일 전함 재규어(Jaguar)의 군악대장이었던 보스트만(Wostmann) 그리고 나고야수용소에서는 빌헬름 프레취(Wilhelm Fretsch)가 군악대장으로서 각각 수용소 악단을 이끌었다.

둘째, 포로 중에는 취미로 음악을 했던 수준 높은 음악 애호가들이 있었는데, 이들의 역할도 중요했다. 구루메수용소에서 지휘자로 활동한 카를 폭트(Karl Vogt)와 같이 변호사였거나 기술자, 교사, 상인 또는 헤르트링(Haertling)과 같은 귀족 출신의 장교 등 중상류 계층의 포로들이 이에 해당한다. 이들은 음악을 기본 교양으로 여기고, 평소에 음악 연주를 즐기던 수준 높은 실력자들이었다. 특히 폭트와 헤르트링은 음악 애호가를 넘어, 수용소의 오케스트라를 지휘할 정도로 음악적 역량이 탁월했다. 구루메의 경우엔 군악대장이었던 레만이 유흥음악을 연주하는 수용소 카펠레를 지휘한 반면, 음악 애호가였던 폭트와 헤르트링은 수준 높은 심포니 오케스트라를 지휘했다.

나라시노수용소에서는 합창지휘자로서 슈투트가르트 출신의 음악 애호가 알퐁스 벨더(Alfons Waelder)가 60명으로 구성된 남성합창단을 지도하면서 뛰어난 합창음악을 이끌어내는 역할을 했다.[61] 구루메수용소의 폭트나 벨더처럼 거의 전문가 수준에 속하는 음악 애호가 부류에는 반도수용소의 빌리 베르너(Willy Werner)도 포함된다. 1911년 칭다오 독일학교(Gouvernements-Schule)의 교사였던 베르너는 칭다오의 그리스투스교회의 오르가니스트로 활동하다가 참전하여 포로가 되었다. 그는 도쿠시마(MAK)오케스트라의 부지휘자 겸 엥겔 오케스트라의 부지휘자였으므로, 엥겔이 솔리스트로 바이올린을 연주할 때 대신 오케스트라를 지휘하곤 했다.[62]

이 밖에도 이름을 다 나열할 수 없을 정도로 수많은 아마추어 수준의 음악 애호가들이 있었다. 베토벤, 슈베르트, 슈만, 브람스, 멘델스존, 바그너 등 19세기의 유명한 음악가가 모두 독일인이었던 것처럼, 독일어권에서는 음악이 민족공동체의 연대감을 결속시키는 동시에 시민의 교양을 상징하는 예술이었다. 악기 연주와 합창 운동에 참여했던 음악 애호가들에 의해 오케스트라 연주와 합창단 운영이 가능했다.

셋째, 초보 음악가들이 있었다. 이들은 수용소의 무료함을 쫓기 위해 처음으로 음악 연주에 흥미를 가지고 악기를 배우기 시작한 포로들이었다. 물론 이들은 재능 여부, 경험 여부에 따라 실력 차이가 매우 컸다. 이들은 음악에 정통한 장교나 전문 음악가에게서 이론과 실기를 배웠다. 이들의 미숙한 연주 소리에 여기저기서 음악을 좋아하지 않는 포로들의 불평이 터져 나왔던 것도 사실이었다.[63]

2. 악보, 악기의 조달

수용소라는 (원래 음악과 무관한) 제한된 공간에서 연주회를 개최하기 위해서는 넘어야 할 장벽도 많았다. 연주할 음악가뿐 아니라 악보, 악기, 곡목 선정 및 연주회 조직에 필요한 행정 업무 등 다양한 조건이 갖추어져야 했다. 포로들은 연주에 필요한 악보를 직접 그려서 쓰기도 했지만, 도쿄, 상하이, 오사카 등지에 주문하거나 일본과 중국에 거주하는 독일 기업인과 가족들 그리고 자선 단체들에 우송을 부탁하곤 했다. 예를 들면, 나라시노수용소에 있었던 하인리히 함은 요코하마에 거주하고 있던 홀츠베르거(Holz-berger)라는 독일 민간인으로부터 합창곡 악보집을 받았다는 기록을 일기에 남기고 있다(1915년 9월 16일자). 또한 포로들은 베토벤 9번 교향곡 합창 〈환희의 송가〉 여성 성부를 남성이 부를 수 있도록 직접 편곡하기도 했는데, 이들은 이 어려운 작업을 마다하지 않았다.[64]

연주에 필요한 악기는 구매 또는 대여하거나 기부를 받았다.[65] 예를 들면, 피아노는 고베에서 200엔에 구매한 경우가 있는가 하면,[66] 피아노 연습을 하고자 했던 포로 세 명은 돈을 합쳐 업라이트 피아노를 대여하고 연습하기도 했다.[67]

특히 규모가 커진 반도수용소의 엥겔오케스트라에서는 임시방편으로 피아노로 대체해왔던 성부를 악보대로 연주하고자 악기 구입을 위한 모금 활동도 있었다. 비올라 11엔, A-클라리넷 26엔, 트럼펫 15엔, 또 A-클라리넷과 B-클라리넷을 192엔 30센으로 도쿄, 고베, 상하이 등지에서 구입하였다는 기록이 있는가 하면,[68] 그 외 비용이 지나치게 많이 들어 부담이 되는 악기는 도쿄의 자선 단체와 고베의 람제거(H. Ramseger) 씨의 도움으로 발트호른 두 대, 콘트라베이스 두 대 등을 대여했다는 기록도 보인다. 하지만 엥겔오케스트라는 일본에서는 파곳과 팀파니를 구할 수 없다고 여겨 결국엔 이를 포기하였다.[69]

그런가 하면 포로들이 수용소에서 직접 악기를 만들기도 했다. 바이올린, 첼로, 기타 등은 직접 식당에서 나오는 나무 상자나 목재

토막을 가지고 전문 목수였거나 목공에 소질이 있는 포로가 실물을 모델 삼아 만들어내곤 했다. 예를 들면, 기타를 잘 만들었던 나라시노수용소의 아마추어 음악가 하인리히 함은 기타를 만들어 (포로들과) 물물교환을 하거나, (수용소 일본 관리에게) 팔았다는 기록이 있다.[70]

또 같은 수용소의 크리스찬 포겔팽어(Christian Vogelfaenger)의 일기에도 바이올린 연주자들이 시거 상자로 두 번째 바이올린을 만들었는데, 소리가 꽤 괜찮았다고 기록되어 있다.[71] 그렇다 하더라도 연주곡목에 따라 달라지는 다양한 악기를 모두 구하기에는 역부족이었다. 이런 경우 피아노나 오르간이 부족한 악기를 대신하여 연주되었다.[72] 앞서 언급했듯이 반도수용소의 엥겔오케스트라는 구할 수 없던 팀파니와 파곳 성부를 다른 악기로 대체했다.[73]

이런 열악한 악기 사정으로 수용소 오케스트라의 음색이나 연주 테크닉의 수준은 독일 대도시 전문 오케스트라와 큰 차이가 있었으리라 추측된다. 그럼에도 불구하고 엥겔오케스트라 연주회의 리뷰를 보면, "고국의 오케스트라 연주 수준에 가깝다"라는 찬사도 없지 않다.[74]

특히 반도수용소의 경우에는 연주 후 수용소 신문 『디 바라케』에 비평도 실려 있어서 연주회에 대한 청중의 반응도 엿볼 수 있다. 예를 들면, 『디 바라케』는 1917년 12월 9일 연주회에 관해서 몇 가지 미숙한 점을 언급한다. 그러면서도 "전체적으로 보면 대다수 청중이 각자 뭔가를 얻었으리라 확신하는 연주회"였으며, 슈베르트

의 〈미완성〉 교향곡을 들을 수 있게 해준 오케스트라에 감사한다고
도 적혀 있다.[75] 또한 1918년 2월 7일 연주회에 대해서는 "모든 청
중에게 정말 아름다운 저녁이었다"[76]라는 찬탄이, 1918년 7월 7일
연주회에 대해서는 "힘찬 박수와 앙코르를 받았다"[77]는 기록이 있
다. 그런가 하면 1919년 5월 18~19일 연주회에 대해서는 "마지막 프
로그램인 카미유 생상스의 〈죽음의 무도〉를 위해 직접 만든 실로폰
이 사용되었으며, 큰 박수를 받았다"[78]는 기록도 눈에 띈다.

3. 포로 음악회의 프로그램

음악 활동은 반도, 구루메, 나라시노수용소뿐 아니라, 그 외 다른 세
개의 수용소에서도 행해졌다. 모든 수용소에는 처음부터 끝까지 포
로들이 자진해서 만든 오케스트라와 기악 앙상블 그리고 남성합창
단이 있었다. 여기서는 여섯 개 수용소의 음악 프로그램 가운데 '모
범적 수용소'로 유명했던 반도와 '최악의 수용소'로 알려진 구루메
그리고 상하이오케스트라 콘서트마스터가 포로로 있어서 수준 높
은 음악 연주가 가능했던 나라시노의 경우만을 살펴보고자 한다.

반도수용소의 프로그램
가장 나중에 설립된 반도수용소에서는 32개월(2년 8개월)간 콘서트가

100회 이상 개최되었다.[79] 즉, 한 달에 평균 세 번 이상 연주회가 열렸다. 반도수용소에는 여러 개의 오케스트라, 기악 및 성악 앙상블이 있었다. 음악가의 이름을 딴 '엥겔(Engel)오케스트라', '슐츠(Schulz)오케스트라', 지역명을 딴 '도쿠시마(Tokushima, 德島)오케스트라'[80] 등이 결성되어 있었다. 그 외에도 만도린악대, 관악대, 해군악대, 합창단 등이 활동하였다.[81] 1917년 반도에서 있었던 연주회의 일부만 소개하면 다음과 같다.

[표-2]의 프로그램에서 가장 많이 등장하는 음악가는 베토벤, 모차르트, 멘델스존, 베버, 슈트라우스 등으로, 독일·오스트리아 음악가가 압도적이다.[82] 물론 푸치니, 마스카니 등의 이탈리아 작곡가, 러시아 음악가 모츠코브스키, 프랑스 음악가 생상스도 포함되어 있지만, 연주 빈도는 매우 낮다.[83] 하지만 제1차 세계대전이 진행되는 중에 적국인 프랑스 음악가의 작품이 연주되었다는 점은 흥미롭다. 음악은 국경을 초월하며, 음악가의 국적은 중요하지 않다는 기존 관념이 적용되는 듯하다. 그럼에도 불구하고 독일·오스트리아 음악가에 대한 압도적인 집중도는 어느 정도 포로들의 독일 민족주의적 성향을 암시한다. 만약 프랑스 포로들이었다면 프랑스 음악이 연주회 프로그램에서 보다 높은 비중을 차지했으리라 추측된다. 이런 민족주의적 성향은 전쟁 초기 러시아군과의 대결에서 독일군이 승리한 탄넨베르크(Tannenberg)전투를 기념하는 연주회(1917년 8월 28일)에서도 엿볼 수 있다.[84]

[표-2] 반도수용소의 연주회 정보(1917)

(자료출처: 베를린 독일연방아카이브(Berlin-Lichterfelde): BArch, R 67/1805) [85]

번호	자료 R67/1805	일시	연주자	연주회 명칭	프로그램
1	191쪽	1917. 6. 17.	오케스트라 슐츠	세 번째 연주회	비르츠(Wirz), 파라디스(Paradis), 하이저(Heiser), 팔(Fall), 주페(Suppe)
2	190쪽	1917. 7. 1.	도쿠시마 오케스트라	—	Schleth(슈레트), 마스카니, 케겔(Kegel), 팔, 바이써(Weißer)
3	188~189쪽	1917. 7. 8.	파울 엥겔 지휘	세 번째 연주회	주페, 발트토이펠(Waldteufel), 모차르트, 슈트라우스, 모츠코브스키(Moszkowski)
4	15쪽	1917. 7. 10(화).	파울 엥겔 지휘	실러 연극 〈도적떼〉의 음악	멘델스존의 아탈리아(Athalia) 중 〈승직자의 전쟁행진곡〉
5	183~184쪽	1917. 8. 28.		*탄넨베르크 승전 3주년 기념 콘서트	—
6	181~182쪽	1917. 9. 30(일).	파울 엥겔 지휘	네 번째 콘서트	멘델스존, 베토벤, 베리오(Beriot), 모차르트, 샤르벤카(Scharwenka), 티쎈(Thiessen), 베버
7	14쪽	1917. 10. 11.	도쿠시마 오케스트라	열한 번째 콘서트	첼러(Zeller), 오베르(Auber), 프리데만(Friedemann), 콤자크(Komzak), 타이케(Teike), 마이어베어
8	178~179쪽	1917. 10. 21.	파울 엥겔 지휘	람제거 부부를 위한 연주회	람제거, 베버, 베토벤
9	22~23쪽	1917. 11. 11(일).	도쿠시마 오케스트라, 수용소합창단	실러 생일 연주회	롬베르크(Romberg)의 〈종의 노래〉
10	294쪽	1917. 11. 23.	도쿠시마 오케스트라	열두 번째 연주회	스웨덴행진곡(1808), 베버, 생상, 슈트라우스, 푸치니, 에르틀(Ertl)
11	6~10쪽	1917. 12. 2.	장소: 바라크1	실내악	하이든, 베토벤, 모차르트
12	176~177쪽	1917. 12. 9.	파울 엥겔 지휘	제1회 심포니 콘서트	라이네케(Reinecke), 베토벤, 슈베르트, 리스트
13	16~17쪽	1917. 12. 25.	도쿠시마 오케스트라	성탄절 콘서트	죄더만(Sodermann), 라이네케, 폴크만(Volkmann), 자이델(Seidel), **한젤
14	25~26쪽	1917. 12. 30.	—	제1회 실내악의 밤	멘델스존-바르톨디

특히 베토벤 9번 교향곡 가운데 〈환희의 송가〉의 작가인 프리드리히 실러(Friedrich Schiller, 1759~1805)와 관련하여 이 표에서 특기할 만 한 점은 1917년 11월 11일 연주된 안드레아스 롬베르크(Andreas Romberg, 1767~1821)의 오라토리오 〈종의 노래(Das Lied von der Glocke)〉이다. 이는 수용소합창단과 도쿠시마오케스트라가 프리드리히 실러의 생일(11월 10일)을 기념하기 위해 연주한 것이다. 롬베르크는 19세기 초만 하더라도 베토벤, 모차르트, 하이든과 같은 위상의 음악가로 존경받았지만, 사후에는 잊혀진 작곡가가 되었다. 하지만 그의 작품 가운데 유일하게 〈종의 노래〉는 20세기 초까지 생명력을 가지고 연주되었는데,[86] 그 흔적이 일본의 반도수용소에도 남겨진 점이 흥미롭다. 이 곡은 나라시노나 구루메수용소 음악 프로그램에는 보이지 않는다. 반도수용소의 포로 중에는 실러를 추앙하는 애호가가 있었던 것으로 생각된다.[87]

[표-2]에는 들어가 있지 않지만, 무엇보다 반도수용소 포로들이 일본 음악사에 기여한 점은 일본 최초로 베토벤 9번 교향곡 전곡을 연주했다는 사실이다(1918년 6월 1일).[88] 따라서 반도수용소라는 장소는 일본의 서양 음악 수용사에서 중요한 사건이 되었다. 당시 일본과 독일의 신문은 이러한 반도수용소의 활발한 음악 활동을 내세워 일본에서의 포로생활이 "안락한" 것이었으며, 일본 포로수용소가 인간적이고 '휴머니즘적인' 분위기였다는 긍정적인 보도로 일관했다.[89]

이러한 입장은 2013년 브리기테 크라우제(Brigitte Krause)의 독일어 다큐멘터리 〈원수/형제(Feinde/Brüder)〉[90]에서나 2006년 일본에서 히트했던 일독 합작영화 〈수염들의 낙원(バるとの樂園)〉에 그대로 반영되어 있다. '수염들의 낙원'이라는 표현이 말해주듯이, 당시 일본 포로수용소가 독일·오스트리아 포로들의 '낙원'이었다는 인상을 풍기고 있다.[91]

구루메수용소의 연주 프로그램

반면 포로들의 원성이 높았던 구루메의 경우는 위의 영화에 많이

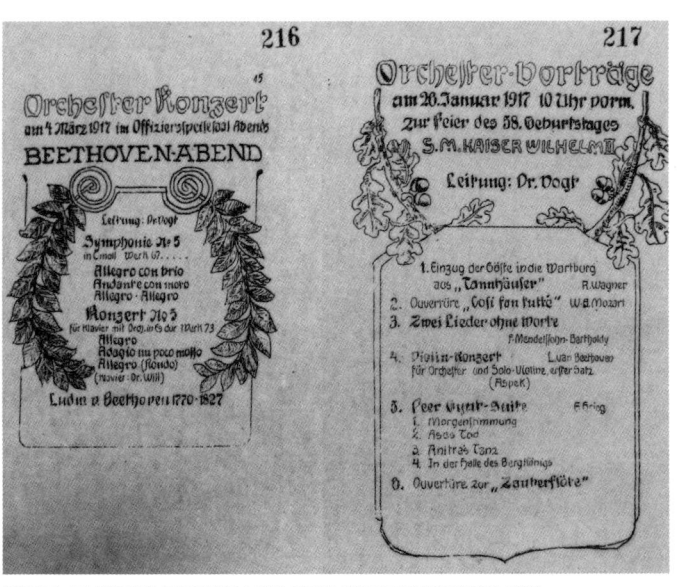

구루메의 〈베토벤의 밤〉 프로그램 포스터(© 베를린 연방아카이브 R67/1805, 208)

반영되지 않았다. 구루메의 독일·오스트리아 포로들은 일본에서 포로들이 좋은 대우를 받으며 '즐거운 포로생활'을 하고 있는 것처럼 보도하는 독일 매체에 대해서도 불만이 많았다. 물론 독일 매체에게만 잘못이 있는 것은 아니었다. 포로들의 편지는 일본군의 검열을 통과한 것만 고향의 가족에게 전달되었으므로, 일본군이 의도하는 수용소 이미지에 부합되는 것만 검열을 통과하였고, 좋은 내용만 독일에 전달되었기 때문이었다. 하지만 실제 구루메에서는 1915년 가을 독일·오스트리아 포로들이 적대적인 일본군에 대항해 폭동을 일으킬 정도로 긴장감이 극대화되기도 했다.[92] 이 폭동은 10월 4일 구루메 제48연대 일본군 70여 명이 투입되어 진압된다.[93]

일본군은 다양한 방식으로 구루메의 독일 포로들을 분노케 했다. 포로들에게 일부러 오랫동안 소포나 우편물을 전달하지 않는 일은 예사였다. 구체적인 사례 하나만 들어보자. 포로 가운데 독일제국 총리의 조카였던 한 독일 장교는 부친에게 '독일정부가 장교 월급을 올려주길 바란다'는 내용의 편지를 썼다. 그러나 이 편지는 수용소 검열을 통과하지 못했다. 독일제국에 보내는 급여에 대한 불만사항은 결과적으로 현지 수용소를 관할하는 일본제국에 대한 모욕이라는 의미에서였다. 그리고 그 장교 포로는 일본제국의 이미지에 손상을 끼쳤다는 이유로 오랜 기간 감금되는 고충을 겪어야만 했다.[94]

그럼에도 불구하고 구루메수용소의 음악 활동은 반도수용소 못지않게 활발했다. 구루메에서도 클래식을 연주하는 '심포니 오케스

트라', 대중적인 음악을 연주하는 '수용소 밴드' 그리고 '실내악단'
과 '합창단' 등 여러 개의 음악 단체가 있었다. 구루메의 연주회 횟
수는 1915년부터 1918년까지 31개월 동안 총 136회로, 매달 평균
4회의 연주회가 있었다.[95] 약 5년간 총 200회를 넘었다고 한다.[96]
이는 반도수용소의 음악적 활약 못지않은 것이다. 현재 소장하고
있는 구루메수용소의 약 150회 연주회 프로그램을 분석한 결과, 가
장 많이 연주된 작곡가는 베토벤, 바그너, 모차르트, 요한 슈트라우
스다.[97]

반도수용소의 레퍼토리와 마찬가지로 [표-3]에서도 베토벤, 슈트
라우스, 모차르트, 바그너, 하이든, 멘델스존, 슈베르트 등 독일·오
스트리아 음악가가 절대적인 우위를 점하고 있다.[98] 전체 연주 프로
그램을 비교했을 때, 구루메수용소의 프로그램은 반도수용소의 것
과 달리 '바그너 음악의 집중도'가 눈에 띈다. 구루메에서는 〈파르
시팔〉, 〈탄호이저〉, 〈마이스터징어〉, 〈발퀴레〉, 〈지그프리트〉 등
의 하이라이트를 '바그너의 밤' 연주회에서 자주 들을 수 있었다.[99]

[표-3]에서 잘 드러나듯이, 구루메수용소 내 여러 개의 음악 단체
는 각각 역할이 정해져 있었고,[100] 수준 높은 예술음악은 주로 '심
포니 오케스트라'가 연주했다. 이미 언급되었듯이, 이것을 가능하
게 한 지휘자는 독일 장교 헤르틀링(Georg von Hertling)과 예비역 카
를 폭트였다.[101] 이전에 도쿄에서 변호사로 일했던 폭트는 바그너
음악 애호가였다. 구루메의 연주 프로그램에서 바그너 음악의 비중

[표-3] 구루메수용소의 음악 프로그램(1917)

(자료출처: Bundes Archiv Berlin-Lichterfelde: BArch, R 67/1805)

번호	자료 R67/1805	일시	연주자	연주회 명칭	프로그램	비고
1	217쪽	1917년 1월 26일	폭트 지휘	카이저 빌헬름 2세 탄신 축하 연주회	바그너, 모차르트, 멘델스존, 베토벤, 그리그	
2	216쪽	1917년 3월 4일	폭트 지휘	*베토벤의 밤	베토벤 심포니 5번, 피아노 협주곡 5번	장교 식당
3	215쪽	1917년 3월 22일	—	오케스트라 콘서트	—	목요일 장교 식당
4	214쪽	1917년 4월 6일	폭트 지휘		바그너 음악극 〈파르시팔〉의 '봉헌축제' 일부분	
5	269쪽	1917년 4월 8일	—	콘서트	슈베르트, 바그너, 도나트(Donath), 글라쓰만(Glaßmann), 폴슈테트(Vollstedt), 넬(Nehl), 블란켄부르크(Blankenburg)	부활절
6	268쪽	1917년 4월 28일	—	50번째 콘서트	베르디, 켈러 벨라(KélerBéla), 그리그, 슈트라우스, 베커(Becker), 비게(Bigge), 지데(Siede), 슈라이너(Schreiner), 블란켄부르크	
7	213쪽	1917년 5월 4일	폭트 지휘	오케스트라 행사	베토벤, 헨델, 모차르트, 하이든	
8	212쪽	1917년 6월 13일	폭트 지휘	오케스트라 콘서트	슈만, 그리그, 하이든, 폴크만(Volkmann), 베버	장교 식당
9	211쪽	1917년 8월 7일	자이쓰 지휘	오케스트라 콘서트: 리하르트 바그너의 밤	바그너 〈니벨룽엔의 반지〉 일부분	화요일
10	237쪽	1917년 8월 17일	—	오스트리아 황제 생일 축하 공연: 류트에의 노래	멘델스존	
11	267쪽	1917년 10월 14일	레만 지휘	증원된 수용소 카펠레의 콘서트	바그너, 차이코브스키, 마스카니, 달베르(d'Albert)	일요일
12	210쪽	1917년 10월 24일	폭트 지휘	오케스트라 콘서트	베토벤, 옌젠(Jensen)	장교 식당, 수요일
13	209쪽	1917년 11월 30일	폭트 지휘	오케스트라 콘서트	슈베르트, 모차르트	금요일
14	266쪽	1917년 12월 2일	—	75번째 콘서트	치러(Ziehrer), 베토벤, 드리고(Drigo), 페더러(Federer), 레하르, 링케(Linke), 슈트라우스	
15	208쪽	1917년 12월 20일	빌(Dr. Will)	**세 번째 실내악의 밤	베토벤, 드보르작	목요일
16	233쪽	1917년 12월 25일		성탄 축하연주	류트 음악	

이 (베토벤 다음으로) 높은 것은 '바그너리안(Wagnerian)'이었던 폭트의 기여라 할 수 있다.

반면 성탄절, 부활절, 황제축일 등 고향의 축제 분위기를 북돋우는 음악은 해군 군악대장 오토 레만(Otto Lehmann)이 이끄는 소위 '수용소 카펠레(die Lagerkapelle)'가 주로 맡았다. 레만은 오락음악과 군악대의 레퍼토리를 넘어서 1910년 전후 최신 독일악단의 상황을 잘 아는 전문 음악가였으며 구루메의 활발한 음악 활동에 기여한 인물이다.[102]

또한 [표-3]에 나오지는 않지만, 대중적인 음악밴드로서는 '오스트리아 카펠레(die Österreichische Kapelle)'가 있었다. 이 밴드의 악기 구성(첼로, 바이올린, 아코디언, 양금, 드럼과 큰 북 등)으로 보아 민요나 행진곡, 집시음악 등 대중적인 장르를 연주하여 민속적인 분위기를 연출했던 9인조 밴드로 보인다.[103]

포로들의 음악 연주에는 창작 음악도 포함된다. 반도수용소의 포로 음악가 한젠이 직접 창작한 음악도 연주했듯이([표-2]의 **참조), 구루메수용소에서도 레만을 비롯한 포로들의 창작 음악이 음악 활동의 한 부분을 이루었다. 또 반도수용소의 지휘자 엥겔도 간단한 행진곡을 자주 작곡하였다. 예를 들면, 1917년에 칭다오 전우들을 위한 〈칭다오 투사들에게(Den Tsingtau-Kaempfern)〉 행진곡을 작곡하였고, 1918년 11월 1일 아침 콘서트를 위해 슈테허 대위에게 헌정한 〈슈테허 대위 행진곡(Hauptmann Stecher Marsch)〉을 작곡하여 초연했다.[104]

구루메수용소의 오스트리아 카펠레

반면 나라시노의 콘서트마스터 한스 밀리에즈(Hans Millies)는 행진곡보다 예술가곡을 작곡했다. 하지만 포로의 창작 음악은 심포니나 협주곡, 오페라 등의 큰 장르보다는 노래나 행진곡과 같은 간단한 음악에 국한되었다.[105]

나라시노수용소의 음악

창작 음악과 관련해서 나라시노수용소의 경우는 조금 특별하다. 바이올리니스트 한스 밀리에스가 자신의 창작곡만으로 연주회를 가졌기 때문이다. 1917년에 있었던 밀리에스의 창작곡 연주회 곡목은 총 일곱 곡으로 모두 서정가곡이다. 〈그대를 보지 못할 때(Als ich dich kaum gesehn)〉, 〈편지를 쓰리라(Einen Brief soll ich schreiben)〉, 〈흑갈색의 소녀(Ein schwarzbraunes Madel)〉, 〈민요조로(Im Volkston)〉, 〈하프의 소녀(Lied des Harfenmadchens)〉, 〈달빛(Mondlicht)〉, 〈두 눈을 감고(Schliesse mir die Augen beide)〉 등이다.[106]

당시 동아시아 최고의 오케스트라인 상하이오케스트라의 콘서트마스터였던 밀리에스는 일본 포로수용소의 전문 음악가들 중에서도 가장 대표적인 음악가였다. 나라시노에서 그는 '수용소 오케스트라(Lager Orchester)'를 만들어 지휘하였고, '현악사중주단'도 결성하여 수준 높은 음악을 연주했다. 음악 애호가 하인리히 함은 밀리에스의 뛰어난 음악 실력에 압도되어 그에게서 카리스마를 느꼈다거나 현악사중주단의 탁월한 음악에 빠져 자신도 모르게 열중했다고 일기장에 기록하고 있다.[107]

그 외에 나라시노에도 여러 개의 음악 단체가 있었다. 쉐퍼가 이끌었던 '쉐퍼 카펠레(Schaefer Kapelle)'가 대중적인 음악을 담당했고, 알퐁스 벨더(Alfons Waelder)가 지휘했던 남성합창단은 수준 있는 합창 음악으로 인기가 높았다.

현재 남아 있는 나라시노수용소의 음악 콘서트와 음악이 포함된 연극 프로그램 총 스물여섯 개를 분석해보면,[108] 나라시노에서 자주 연주된 작곡가는 멘델스존, 베토벤, 슈베르트, 하이든, 모차르트, 바흐, 바그너, 헨델, 슈만, 요한 슈트라우스, 프리드리히 질허 등으로 다른 수용소와 마찬가지로 독일 음악가의 비중이 압도적이다. 그 외에 그리그, 베르디, 시벨리우스, 비제, 드보르작이 레퍼토리의 한 부분을 장식했다.

또 한 가지 나라시노수용소의 프로그램에서 두드러지는 것은 요한 슈트라우스나 프란츠 레하르(Franz Lehár)를 비롯한 유흥적이고 대중적인 곡의 연주 빈도수가 저조한 점이다. 물론 남아 있는 일부 프로그램만으로 전체를 예단할 수는 없다. 실제로 유흥적 음악은 더 자주 연주되었으리라 추측된다.

4. 포로 음악의 청중

포로들은 기회만 있으면 연주회를 개최했다. 음악회의 종류도 '바그너의 밤', '베토벤의 밤', '가곡의 밤', '오페레테의 밤', '실내악의 밤', '심포니 연주회', '야외 연주회', '연극 음악' 등 다양했다. 이러한 연주회의 청중은 일차적으로 동료 포로들이었다.[109] 포로수용소 내의 연주회는 특별한 축제일이나 자선 음악회 등의 경우에는 무료였지만, 대체로 입장료를 지불해야 했다.[110] 프로그램도 프린트해서 판매하는 경우가 있었다. 반도수용소의 독일 포로의 급여는 장교 및 사관의 경우 매월 40~100엔 범위에서 현금으로 지불되었고, 하사관은 12엔, 병졸은 9엔의 현금이나 현물로 지급되었다.[111] 따라서 하사관 이하 병졸은 경제적 어려움을 호소하는 경우가 많았다. 수용소 내의 음악회 청중도 경제적 사정과 무관하지 않았다.

수용소 내 연주회에는 종종 일본 장교, 일본군이 참석하는 경우도 있었다.[112] 또한 가끔은 일본의 높은 귀빈을 위해 일본 측이 포로의 연주를 요청하는 경우도 있었다. 예를 들면, 1918년 8월 중순 반도수용소의 엥겔오케스트라는 일본제국의 황태자(도쿠가와) 방문 때 연주를 해달라는 요청을 받고 준비하고 있었다. 그러나 막상 당일이 되자 아무리 기다려도 황태자가 나타나지 않아 연주회는 무산되고 말았다. 그런데 며칠 뒤(8월 19일) 갑자기 예고도 없이 황태자와 수행원들이 나타났다. 이에 포로들은 미리 준비했던 프로그램으로 즉석에서 연주했다는 일화가 전해진다.[113]

이 밖에도 『헤이그 육상전 법규』가 일본 포로수용소에서도 잘 지켜지고 있는지 감독하러 온 시찰단을 위해 연주하는 경우도 있었다. 엥겔오케스트라는 1918년 7월 9일 시찰하러 온 스위스 의사 파라비치니(Dr. Paravicini)를 위해 연주했는데, 모래 바람이 심하게 불어서 엥겔오케스트라 최악의 연주였다고 한다.[114]

1918년 11월 11일 종전되기 이전 시기에 일본 주민이 청중이 되는 경우는 수용소 전시회처럼 특별한 행사 때뿐이었다. 예를 들면, 반도수용소 근처의 절에서는 1918년 3월 9일부터 19일까지 포로들이 만든 공예품과 그림들을 전시하여 일본인들에게 선보이는 전람회가 개최되었다. 포로의 수용소 카펠레는 좋지 않은 날씨에도 불구하고 매일 오전 또는 오후에 일본인 방문객들을 위해 연주했다.[115]

하지만 독일·오스트리아제국이 항복한 1918년 11월 11일 이후부터 유럽으로 이송되기까지(1919년 12월말) 마지막 1년 간, 포로들은 법적으로 더 이상 포로 신분이 아니었으므로, 일본 측의 제안으로 학생과 일본 주민을 위한 연주회를 자주 개최하였다.[116] 예를 들면, 구루메수용소의 오케스트라는 구루메 여고생들을 위해 베토벤 심포니 2악장과 3악장을 연주하였고(1919년 12월 3일), 구루메 시 에비수좌(久留米市本町恵比寿座)에서 일반인을 위해 공연하기도 했다.[117]

또한 반도수용소 포로들은 1919년 10월 10일부터 4일 간 도쿠시마 시의 신토미좌(新富座)에서 음악뿐 아니라 연극 등의 다양한 프로그램으로 일반인을 위해 공연했다. 원래 3일 공연이었지만, 반응이 좋아 하루 더 연장 공연까지 하였다.[118] 이런 경우 포로들은 일본 청중에게 잘 알려진 세토구치 도우키치(瀬戸口藤吉)의 일본 군가 〈군함행진곡〉을 종종 프로그램에 포함시키기도 했다.[119]

포로 음악회의 일본 청중은 도쿄나 오사카의 연주홀에서 볼 수 있는 엘리트 청중과는 전혀 다른 계층이었다. 외국인의 라이브 연주는커녕 평소 서양 음악을 접할 기회조차 가지기 어려운 지방 변두리의 일본인들이었다. 나라시노수용소의 일본 장교인 다나카는 독일 포로들의 연주에서 바이올린 소리를 처음 들었다고[120] 할 정도이니 시골 주민은 두말할 필요도 없을 것이다.

포로들이 수용소 내에서 연주했던 음악을 기억하는 일본인의 증언도 있는데, 평소 수용소 주변의 밭에서 일하던 사람들이었다.[121]

또한 엥겔오케스트라 단원들이 도쿠시마시 회관에서 일본인들을 위한 정식 연주회를 마치고 수용소 방향으로 행진하면서 행진곡을 연주하던 날(1919년 3월 22일), 주변의 일본인들이 거리로 쏟아져 나와 음악에 귀를 기울였다는 기록도 있다. 소도시의 일본인들에게 포로의 음악 연주는 오리지널 서양 음악을 라이브로 들을 수 있는 소중한 기회였다.[122]

제 3 장

유럽 포로들이 베토벤 9번을 '일본 초연'하다

다시 강조하면, 반도수용소의 포로들이 일본의 서양 음악 수용사에 기여한 사건은 일본 최초로(1918년 6월 1일) 베토벤 9번 교향곡 전곡을 연주하였다는 사실이다.[123] 이것은 단순히 최초라는 의미에만 머물지 않는다.

1910년대 일본의 지방 변두리에서 베토벤이나 바그너 등의 '오케스트라 음악'이 울려 퍼졌다는 사실은 매우 각별하다. 대한제국보다 훨씬 빨리 서양문물을 받아들여 러일전쟁에서 승리했고, 대만과 조선을 식민지로 가진 일본제국에서도 서양 음악은 일본 대중에게 여전히 낯설었다. 지금은 세계 어느 지역보다 한국과 중국 그리고 일본에서 클래식 음악이 교양의 상징으로 융성하고 있지만, 당시에는 동아시아 대도시의 소수 엘리트 계층을 제외하고서 서구 클래식 음악을 접하기는 어려웠다. 동아시아에서 가장 먼저 근대화한 일본에서

조차 서구적 의미의 전문 심포니 오케스트라가 결성되기 전이었다.

일본에서 최초로 서구적 의미의 전문 교향악단이라 할 수 있는 신교향악단(약칭 신향)이 창설된 것은 1926년이었다. 더욱이 신향이 상하이오케스트라나 하얼빈오케스트라와 겨룰 수 있게 된 것은 1930년대 후반 독일 망명 음악가 요제프 로젠슈토크(Joseph Rosenstock)가 지휘자로 부임한 이후라 할 수 있다.[124]

그나마 영국인, 미국인, 프랑스인 등 서구인들이 많이 거주했던 국제 도시 상하이의 '상하이오케스트라'와 하얼빈을 중심으로 백계 러시아인들이 만든 '하얼빈오케스트라'가 동아시아에서 서구적 의미의 오케스트라였다.[125] 상하이에서는 1907년부터 독일 지휘자 부크(Rudolf Buck)가 영입된 후, 점차 심포니 음악도 연주할 수 있는 기반이 닦였고, 1908년 연차 보고서에 베토벤 교향곡 세 곡을 연주했다는 기록이 있다.[126]

하지만 청중은 주로 상하이 조계의 서양인들이었다. 이런 사정은 1923년 4월 바이올리니스트 프리츠 크라이슬러(Fritz Kreisler)가 상하이를 방문했을 때도 변하지 않았다. 그는 자신의 연주회(2회 개최)에 중국인이 보이지 않았던 것을 나중에 알게 되었다고 한다. 중국에서 연주 여행을 하면서도 정작 중국인을 위해 연주한 적이 없었다는 사실을 깨달은 크라이슬러는 이후 중국인의 간곡한 연주 요청이 들어왔을 때, 중국인을 위한 특별 연주회를 베이징에서 개최했다고도 한다.[127]

물론 그렇다고 당시 일본인이나 한국인, 중국인이 서양 음악을 전혀 들을 수 없었다는 말은 아니다. 메이지 시기 일본은 영국, 독일, 프랑스 출신의 유럽 음악인들을 초빙하여 해군악대, 육군악대를 육성하였다. 이들은 주로 행진곡이나 〈기미가요〉 또는 바그너, 베토벤의 오페라 서곡 등을 브라스 밴드 버전으로 연주했다. 1905년부터 도쿄 히비야공원에서는 일본 육군과 해군 군악대가 일반 시민을 위해 정기적으로 연주했다.[128]

또한 일본의 식민지가 되기 전 13년이란 짧은 기간 동안 존재했던 대한제국도 1901년 독일 군악대 출신으로 일본에서 군악대 교사의 경험이 있었던 프란츠 에케르트(Franz Eckert)를 초빙하여 근대식 군악대를 육성했다. 이 군악대는 1904년부터 하절기 매주 목요일마다 서울 탑골공원에서 공개 연주하곤 했다. 궁정의 고위관료나 외국인뿐 아니라 일반인들도 브라스 밴드 버전으로나마 서양 음악을 접해볼 수 있는 기회였다.[129]

중국의 서양 음악 수용은 대한제국보다 더 빠르다. 1885년 톈진에서 중국 소년들로 구성된 취주악대가 만들어졌고, 1890년부터는 현악기를 추가하여 작은 관현악단으로 발전하였다.[130] 이러한 활동을 가능하게 한 사람은 톈진의 영국인 총세무사 로버트 하트(Robert Hart)였다. 그는 베이징에서도 악단을 만들어 중국 음악가를 육성했다. 이후 중국의 군악대 음악가들 대다수가 '하트악단' 출신이 될 정도로 그는 1910년대 중국의 서양 음악 수용에서 중요한 역

할을 맡는다.[131]

하지만 1910년대 상하이, 베이징, 하얼빈, 도쿄, 오사카, 경성 등 동아시아의 대도시에서 베토벤 9번 교향곡이나 부르크너 7번 교향곡을 라이브로 들을 기회는 아직 없었다. 물론 앞서 언급했듯이, 중국에서 가장 먼저 서양 음악이 유입된 국제도시 상하이에서 1910년대에 베토벤 9번 교향곡이 연주되긴 했다. 하지만 이는 전곡 연주가 아니었다. 상하이에서 전문 오케스트라가 베토벤 9번 전곡을 초연한 것은 그로부터 한참 뒤인 1936년 4월 4일 상하이오케스트라에 의해서였다.[132]

사실 동아시아에서 베토벤 9번 교향곡 전곡의 초연은 중국보다 일본이 빨랐다. 기록을 찾아보면, 1924년 11월 29일부터 3일간 도쿄음악학교의 학생오케스트라에 의해 시도되었다.[133] 하지만 정식 오케스트라에 의한 초연은 독일 음악가 요제프 쾨니히(Joseph Koenig)의 지휘 하에 신교향악단이 1927년 5월 6일 제8회 정기 연주회에서 시도했다.[134] 또한 일본인 지휘자로서는 처음으로 고노에 히데마로(近衛秀麿)가 1928년 12월 19일 신교향악단의 제40회 정기 연주회에서 이 곡을 전곡 연주했다.[135]

그러나 이 두 연주회는 신교향악단이 결성된 지 1~2년 만에 실행된 연주였고, 아직 아마추어 수준이었다고 할 수 있다. 1936년부터 본격적인 오케스트라로 성장하기 시작한 신교향악단은 1937년 5월 5일 제179회 정기 연주회에서 유대인 지휘자 요제프 로젠슈토크[136]

의 지휘로 베토벤 9번을 전곡 연주하였다.[137]

신교향악단은 주로 도쿄의 일본청년관이나 히비야공회당에서 연주회를 열었으며, 국내 연주 여행도 자주 떠났다. 특히 오사카의 아사히회관은 거의 도쿄 다음으로 빈번히 연주회가 개최되던 곳이다. 고베(고베청년회관), 나고야, 교토 등도 신교향악단이 종종 찾는 도시였다. 반면 마츠에(松江), 돗토리(鳥取), 요코하마, 센다이, 히로시마, 시즈오카 등 1930년대 지방 중심지나 중소 도시에서는 간헐적으로 신교향악단의 연주회를 접할 수 있었다.[138] 이처럼 1900년대 초반 일본의 서양 음악 수용은 주로 대도시 중심이었다. 음악 교육역시 마찬가지 상황이어서 1910년대 일본 최고의 음악 전문 교육도도쿄, 오사카 등 대도시를 중심으로 이뤄지고 있었다.

당시 일본에서 서양 음악은 엘리트, 상류층, 귀족 등의 전유물로서 '교양의 상징'으로 받아들여졌다. 이런 맥락에서 지방 소도시의 변두리 일반인들이 유럽 포로들이 연주하는 서양 음악을 접했다는 것은 일본의 서양 음악 수용사는 물론 동아시아 차원에서도 매우 독특한 사건이라 할 수 있다.[139]

당시 시코쿠 반도에서 서양 악기를 연주할 수 있는 사람이 극소수였다는 사실은 1919년 3월 독일 포로들과 일본 주민이 함께 꾸민 '화양대연예회(和洋大演藝會)'의 공동 프로그램을 통해서도 알아볼 수 있다. 1부 음악, 2부 춤으로 구성된 이 연예회에서는 일본인과 독일 포로들이 교대로 연주했는데, 일본인으로 서양 악기를 연주한 사람

은 다나카 히로시(田中博)가 유일했다.[140]

　물론 구루메나 반도수용소의 유럽 포로들이 연주하는 음악을 듣기 위해 대도시의 음악 애호가가 이 변두리로 오는 경우는 드물었지만, 그렇다고 아예 없지는 않았다. 예를 들면, 영국에서 유학했던 음악학자 도쿠가와 요리사다(德川賴貞, 1892~1954)는 반도수용소의 독일 포로들이 연주한 베토벤 교향곡 9번을 직접 들었다고 회고한다.[141] 특히 그는 이 연주에 자극 받아 1924년 학생오케스트라로서는 일본에서 처음으로 도쿄음악학교 학생들이 이 곡을 연주할 수 있도록 적극 지원하기도 했다.

　이 시기는 일본인이 일방적으로 서양 음악을 배우려고 했을 뿐, (지금까지 연구한 바로는) 독일·오스트리아 포로들 중에서 일본 악기나 일본 음악 또는 중국이나 인도네시아 등 여타의 아시아 음악을 배우고자 한 이는 한 명도 없었다. 이는 어쩌면 당연한 일이었다. 당시는 작곡가 드뷔시 정도가 인도네시아의 '가믈란 음악'을 높이 평가하고, 자신의 음악 창작을 위한 정신적 자극으로 삼았을 뿐이다. 아무래도 포로들 가운데서 시대를 앞서가는 음악가를 기대하는 건 무리인 시기였다.

제 4 장

관용적 포로 정책과
비인간적 포로 학대

그런데 일본 군부는 왜 이처럼 포로들에게 음악, 연극, 스포츠 등의 문화 활동을 허락하는 관용적 정책을 시행했는가. 이는 제2차 세계 대전 시기 미군과 오스트레일리아군 등에 시행된 비인간적인 포로 정책과는 큰 차이를 보인다. 그 이유를 어떻게 설명할 수 있는가.

일본 군부가 태평양 전쟁에서 포로들을 가혹하게 대우해 원성을 샀던 사실은 잘 알려져 있다.[142] 특히 포로들을 착취하여 건설한 타이-버마 철도는 〈콰이강의 다리〉(1957)[143]나 〈전쟁이 끝날 때까지(To the end of wars)〉(2001)[144]라는 영화에서 보듯이 강제 노역과 학대로 '죽음의 철도'라는 말이 생길 정도로 악명이 높았다.

〈콰이강의 다리〉는 일본의 버마 점령과 콰이강의 다리라는 실제 소재로 만들어졌지만, 영화적 허구이다. 반면 철도 건설에 강제 동원되었던 스코틀랜드 포로들의 실제 체험담을 바탕으로 한 영화

〈전쟁이 끝날 때까지〉는 역사적 사실에 근접한 영화다. 공포의 철도 건설에 투입된 전쟁 포로와 노동자들의 수는 연구자마다 제각각이지만, 하루 10시간 이상의 강제 노동과 기아와 질병 그리고 비인간적인 조건 속에서 수만 명이 희생되었던 것은 사실이다(일본 우익은 부정함). 연합군 포로 가운데 영국, 오스트레일리아, 네덜란드, 미군 등 연합군 포로 총 12만6백여 명이 철도 건설의 와중에 사망하였고, 영국군의 희생이 가장 컸다.[145] 전후 이들을 죽음으로 몰고 갔던 일본 철도연대와 포로수용소를 담당했던 일본인은 BC급 전범으로 처형되었다.

태평양전쟁 시기 일본군의 포로 정책은 제1차 세계대전의 관용적 포로 정책과는 극명하게 대조된다. 제1차 세계대전 중 일본 포로수용소의 독일·오스트리아 포로 약 4,700명 가운데 사망자는 모두 87명뿐이었다.[146] 이 숫자에는 1919년 전 세계적으로 유행했던 스페인독감의 희생자도 포함되었다. 가장 많은 희생자가 생긴 곳이 나라시노수용소로 총 스물다섯 명이었다[147] 이들의 죽음은 포로 학대와는 무관한 것이었다. 수용소에서는 매번 죽은 포로를 위한 장례식을 거행했는데, 동료 포로들뿐만 아니라, 수용소의 일본 사령관도 참석했다.[148] 구루메수용소에는 죽은 열한 명의 사망자를 위한 비석이 현재까지 남아 있다.

제1차 세계대전 시기 반도수용소에서의 풍부한 문화생활은 태평양전쟁 시기 동남아시아의 영미 포로들에게는 상상조차 할 수 없는 일이었다. 이토록 달라져버린 포로 정책의 배경에 대해 살펴보자.

1. 관용적 포로수용소 정책의 배경

일본은 1914년 11월 독일·오스트리아 군인들이 일본군의 포로가 되자 이들 적군의 재빠른 항복에 놀랐다. 무엇보다 자신들이 군사적 모범으로 초빙해 가르침을 받았던 스승과도 같은 독일군이 포로가 된 것에 적잖은 혼란을 겪었다.

포로들이 칭다오에서 일본 본토로 이송되어 도착하자 이상한 광경이 벌어졌다. 각 기차역에는 독일·오스트리아 포로들을 마중 나온 인파들로 붐볐다. 마치 축제와도 같은 분위기였다. 독일인에 대한 일본인의 긍정적인 이미지 덕분에 포로들은 마치 승리하고 돌아온 군인처럼 환영을 받았다.[149] 일본의 한 매체는 독일·오스트리아 포로들이 도쿄역에 도착하자 구경나온 수많은 인파로 북적이는 광경을 다음과 같이 보도하였다.

> "도쿄 행 열차에 탔던 포로들은 도쿄역에서 환호하는 환영의 풍경을 보았다. 역에는 열차의 도착을 기다리며 모여 있던 엄청난 인파의 남녀가 있었고, 선생에 인솔되어 나온 학생들이 모여 있었다. (…) 포로들의 정렬이 끝났을 때, 갑자기 기모노를 입은 젊

은 일본 여성이 화관을 품은 채 인파를 헤치고 나와 포로들에게 접근하였다. 그리고 온화한 미소를 지으면서 작은 꽃다발을 주위의 포로 한 명 한 명의 손에 쥐어주었다. (…) 즐거운 듯 꽃을 모두 나누어준 후, 그 여성은 가볍게 인사를 하고 인파 속으로 사라졌다. 기분이 좋아진 독일 포로들이 꽃다발을 잘 살펴보니 뭔가 메시지가 적혀 있는 메모가 들어 있었다. 포로들에 대한 그 일본 여성의 환영 행위는 그녀가 과거 독일인 부부에게 받았던 친절에 보답하기 위한 것이었다고 한다.”[150]

이는 일본 군부에게는 쉽지 않은 상황이 야기되었음을 의미한다. 독일·오스트리아 포로들에게 전쟁의 승리자가 자신들임을 분명히 하면서도, 동시에 일본 국민으로부터 존경 받는 유럽 포로들을 가혹하게 대하지 않는 '신사적인' 일본 정부의 모습도 보여주어야 했다. 만약 독일·오스트리아 포로들을 태평양전쟁 시기 연합군 포로를 대하듯 비인간적으로 대우했다면, 무엇보다 일본 국내 여론이 나빠졌을 것이다.

따라서 제1차 세계대전 중 포로들이 활발한 음악 활동을 누릴 수 있었던 건 그들에게만 유익한 것이 아니었다. 일본 군부가 포로의 음악 활동을 지원한 배경은 두 가지로 요약된다. 첫째, 포로들이 음악에 전념하면 수용소 내의 분위기가 좋아지고, 포로의 탈영이나 자살, 범죄 등을 미연에 방지해 일본 포로수용소에 대한 이미지를 개선할 수 있다는 점이었다. 이는 결국 일본 군부에게 유익한 처사였다.

수용소에서는 실제로 포로들 간의 폭행과 집단 구타 사건이 종종 일어났다. 예를 들면, 구루메수용소의 경우 '재귀어' 소속 해군 빌리 안드레아(Willy Andrea)는 1917년 1월 28일 열여덟 명의 동료 포로들에게 집단으로 구타당했다. 이에 그는 자신을 다른 수용소로 보내달라고 청원했지만, 일본군은 이를 거절해버린다.[151] 아오노가하라수용소의 경우는 더욱 심각했다. 여기에는 오스트리아 포로들이 다수 수용되었는데, 오스트리아·헝가리제국령의 이탈리아 출신 군인도 여기에 함께 포로로 있었다. 문제는 1915년 5월 그동안 중립을 지키던 이탈리아가 독일·오스트리아 동맹국에 전쟁을 선포하며 연합군 편이 되면서 시작되었다. 원래 오스트리아 군인으로 출정했던 이탈리아인 포로들은 갑자기 적군이 되어버렸고, 적군이 독일·오스트리아군들과 같은 장소에서 포로 생활을 하는 기이한 상황이 연출되었다. 이런 와중에 한 이탈리아 포로가 폭탄을 제조해 독일·오스트리아 포로들을 위협하는 일이 벌어진다. 여기에 맞서 독일 포로들이 그를 포함한 이탈리아인 다섯 명을 집단 폭행하며 생명까지 위협하는 살벌한 분위기가 조성되기도 했다.[152]

두 번째 배경으로, 포로의 음악 활동은 일본의 수용소 실태를 조사하기 위해 방문하는 적십자나 국제기구 시찰단의 긍정적인 평가를 이끌어낼 수 있다는 점이었다. 일본의 포로 정책이 얼마나 인도적인지 보여주고, 일본이 서구적 의미에서 손색없는 '문명국'임을 인정받기 위해, 음악은 효과적인 수단으로 활용되었다.

러일전쟁의 승리로 제국의 힘을 과시하기는 했지만, 제1차 세계대전 중 일본은 유럽 국가의 동맹국이 되는 제2차 세계대전 때와 달리 아직 열강의 반열에 올라서기 전이었으므로, 우선 서구와 대등한 인정을 받는 것이 중대 목표였을 것이다.[153] 유럽 열강과 같은 제국의 반열에 들어서기 위해 일본은 외적으로 '문명국'의 이미지가 필요했다. 다시 말해 '아시아의 졸부' 같은 인상을 불식시키기 위해 보다 인간적이고 관대한 '선진국의 이미지'를 선전하고자 했다. 제1차 세계대전 시기 아직 불확실한 일본의 국제적 위상은 이후 제2차 세계대전 시기 독일, 이탈리아와 3국 동맹을 맺을 때와는 근본적으로 달랐다. 이것이 포로 정책의 차이를 결정짓는 중요한 배경 가운데 하나라 할 수 있다.[154]

2. 본토와 외지, 공간적 위치에 따른 차별화 정책

그런데 제1차 세계대전 직후 일본군이 시베리아로 출정하면서 관리하게 된 포로수용소에서는 일본 본토의 수용소들과는 전혀 다른 양상들이 발견된다. 이것은 또 어떻게 해석해야 하는가.

동시베리아 하바롭스크의 크라스나야 레치카(Krasnaja Rechka)수용소에는 제1차 세계대전 중 약 1,300명의 독일·오스트리아 포로들이 미군의 관리 하에 수용되었다. 이들은 원래 1917년 12월 러시아 혁명군의 포로가 되었다가[155] 1918년 11월부터 미군의 관리 하에 들어가게 된 것이다. 1918년 인도적 지원을 목적으로 이 수용소를 방문한 스웨덴 정부 대표의 보고서에 따르면, 오스트리아·헝가리군 장교 947명과 병사 226명, 독일군 장교 27명과 병사 108명, 불가리아 장교 1명, 터키 하사관 1명으로 총 1,310명의 포로가 있었다.[156] 여기서는 장교 포로의 수가 압도적으로 많은 것이 특징이었다.

하지만 3개월 후인 1919년 1월 미군의 시베리아 철수가 결정되자, 1918년부터 시베리아 출병 중이던 일본군이 1919년 6월 미군으로부터 수용소 관리를 인계받는다. 그런데 미군에게 양도받은 시베리아와 블라디보스토크의 포로들을 관리하는 일본군의 태도는 반도나 나라시노수용소에서 보던 것과 전혀 달랐다.[157]

1919년부터 1922년까지 크라스나야 레치카수용소에서 일본군이 보여준 포로 정책은 "감옥보다 더 지독한" 것이었다.[158] 더구나 불만이 고조된 상황에서 80명의 포로가 탈출을 시도하였고, 그중 헝가리군(패전 이전에는 오스트리아군) 세 명이 체포되었는데, 일본군이 바로 이들을 사살해버린 탓에 헝가리와의 국제적 문제로까지 비화되었다.[159] 이 사건은 1920년 3월 4일 발생했는데, 이미 전쟁은 끝난 상태였으며, 일본 본토의 독일·오스트리아 포로들은 모두 귀환한 후였다.

일본 본토와 외지 시베리아에서의 포로 정책이 달랐던 까닭은 무엇일까. 혹시 포로수용소가 위치했던 '장소'와 연관성이 있긴 않을까. 태평양전쟁 당시 가혹한 처우를 받은 연합군 포로들은 모두 일본 본토가 아닌 '외지'에 위치한 수용소 소속이었고, 시베리아 출정군의 독일·오스트리아 포로들에 대한 학대도 '외지'에서 일어난 일이었다. 반면 제1차 세계대전 중 칭다오전쟁에서 붙잡힌 독일·오스트리아 포로들은 일본 '본토'에 수용되었다. 이러한 사실은 위치에 따라 포로 정책이 달라졌을 가능성을 암시한다.

본토에서의 관용적인 포로 정책과 전혀 다른 면을 보여주는 사례는 또 발견된다. 바로 시베리아 헝가리 포로 구출 운동에서다. 1919년 시베리아에서는 러시아혁명과 내전으로 오스트리아·헝가리 포로들의 귀환 작업이 거의 불가능한 상태였다. 특히 패전으로 오스트리아제국이 해체되면서 헝가리공화국이 독립하는 과도기였다. 원래 오스트리아제국의 군인으로 전투에 투입되었던 헝가리 포로들은 헝가리의 독립으로 인해, 이제 오스트리아군에서 제외되었다. 빈 당국은 러시아에 억류된 포로들에 관한 모든 정보와 권한을 가지고 있었지만, 더 이상 자국의 병사가 아닌 헝가리 포로들을 구제하기 힘들다는 태도였다. 이러한 사정으로 시베리아의 헝가리 포로 약 5만 명이 국제적 미아가 되는 상황이 벌어졌다.[160]

이들을 구하기 위해 헝가리 적십자단을 비롯하여 미국 YMCA, 스웨덴, 덴마크 적십자단이 구출 운동을 벌이는 도중, 1919년 11월 세계적십자 대표가 시베리아 출정에 가장 많은 병력을 파견한 일본 군에게도 헝가리 포로 구출 협조를 타진하였다. 하지만 일본군 측 은 이동 수단 부족, 수용 시설 부족, 관리 인원 부족 등의 이유로 거절하였다. 또한 1920년 3월 제네바 적십자회의 때도 또다시 일본 육 군에게 헝가리 포로 구출의 기회가 주어졌지만, 일본군의 반응은 부 정적이었다. 일본군 관리 하에 포로의 귀국이 이뤄진다면 전 세계 적으로 일본군의 '인도적인 프로파간다'가 큰 효과를 볼 것이라는 조언이 있었음에도 불구하고, 일본 육군성은 이러한 문제에는 별다 른 관심을 보이지 않았다.[161]

시베리아에서의 비관용적인 포로 정책과 헝가리 포로 구출 과정 에서 보여준 소극적 자세, 그리고 인도적 문제에 대한 일본의 무관 심은 겉으로 보기에 일본 본토에서의 관용적인 포로 정책과 대조적 이다. 그러나 이후 드러나는 태평양전쟁 시기의 정책과 연장선상에 보면 그리 이상하지도 않다. 본토에서의 관용적인 포로 정책도 휴 머니즘 원칙이나 평화 추구의 동기에서 나온 것이 아니었기 때문이 다. 오히려 제1차 세계대전 시기 본토와 외지에서 각각 노정된 일본 의 포로 정책은 마치 동전의 양면과 같은 형국이라 할 수 있다.

태평양전쟁의 와중이던 1942년, 식민지 조선인과 일본인이 함께 살고 있던 대도시 경성에서는 포로 정책의 또 다른 경향이 확인된 다. 싱가포르 함락으로 영국군과 오스트레일리아군 포로의 분산 수 용을 위해 약 천 명의 연합군 포로가 한반도로 들어온다.[162] 이들 중 일부는 경성 청파동 3가에 세워진 포로수용소에서 1942년 9월 5일부터 3년간 억류되었다. 1945년 9월, 해방되어 이들이 귀국할 때의 인원은 영국군 141명, 오스트레일리아군 15명, 미군 장교 2명으로 총 158명이었다.[163] 미국 국립문서정보국(NARA)의 자료에는 경성 수용소에서의 연합군 포로에 대한 처우가 "비교적 양호(generally fair)"했다고 보고되어 있다.[164] 경성 한복판에서 영·미 포로들을 국외 수용소의 포로들처럼 비인간적으로 대우하기는 어려웠으리라 추정된다.[165] 이렇게 일본 본토나 경성에서의 경우로 미루어 보건대, 결국 포로 대우에서 일본의 인도적인 태도 여부는 수용소가 외부에 쉽게 노출되는 장소인가 그렇지 않은가와 밀접한 관계가 있어 보인다.

제 5 장

영국 포로수용소의
음악 연주

관용적인 포로 정책의 결과로 허용되는 포로들의 연극, 스포츠, 음악 활동 등이 제1차 세계대전 당시 일본 포로수용소만의 특징은 아니었다. 영·미군에게 포로가 된 독일·오스트리아 군인들도 영국 포로수용소 내에서 일본 포로수용소와 비슷한 문화 활동을 전개했다.

베를린의 독일연방아카이브에는 100여 년 전 일본 포로수용소에서 독일·오스트리아 포로들이 남긴 연주회 프로그램, 사진, 편지, 문서뿐만 아니라, 영국군이나 미국군에게 포로가 된 독일·오스트리아 포로들의 자료도 보관되어 있다. 이 자료는 모두 청구기호 R67/1803로 분류된 "서류철: 영국과 미국(Mappe: England und Amerika)" 속에 들어 있다.[166]

보존되어 있는 서류 총 258점 가운데 음악 활동에 국한하여 살펴보면, 일본 포로수용소에서 보았던 연주회 프로그램과 비슷한 자료들을 꽤 발견할 수 있다. 바그너의 〈탄호이저〉 중 '바르트부르크 행진곡(Einzug der Gaeste auf Wartburg)', 주페(Suppe)의 〈시인과 농부〉 서곡, 리스트의 〈헝가리 무곡〉 2번 등 잘 알려진 곡들이 프로그램으로 선호되었다.

하지만 영국의 포로수용소에는 군인 포로뿐 아니라, 전쟁 전 영국에서 직업인으로 살았던 독일·오스트리아제국의 (나이가 많아 전투에 투입되지 않은) 민간인 남성도 수감되어 있었다. 이들은 전쟁 발발과 함께 적국의 국민이 되어버렸으므로, 가족과 분리되어 수감될 수밖에 없었던 것이다. 일본과 다르게 영국은 군인으로 참전했다가 포로가 된 독일·오스트리아군을 위한 '군인수용소(Militärlager)'와 민간인을 위한 '시민수용소(Zivillager)'를 같은 장소에 나란히 붙여서 운영했다. 따라서 군인 포로와 민간인 포로는 서로 문화 활동을 공유하며 협력했다. 예를 들면, 연주회가 개최되는 장소는 포로수용소였지만, 연주회를 개최하는 주체는 시민수용소 멤버들이었다. 이러한 사정은 음악을 연주할 수 있는 애호가 층이 젊은 포로들로만 이루어진 일본의 포로수용소보다 훨씬 두텁고 다양했음을 시사한다.

독일연방아카이브에 보존되어 있는 "서류철: 영국과 미국" 가운데 219점으로 가장 많은 자료를 남긴 곳은 지중해에 위치한 몰타(Malta)수용소였다. 그다음으로 많은 자료(105점)를 남긴 맨 섬(Isle of Man)의 더글라스(Douglas)수용소와 노컬로(Knockaloe)수용소에서도 음악 연주 활동이 활발했다. 더글라스수용소에는 '콘서트협회'가

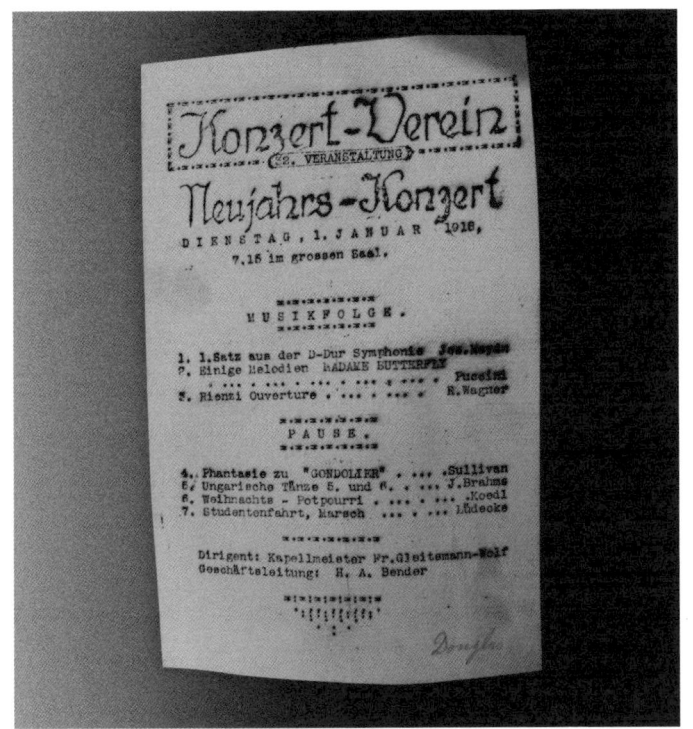

더글라스수용소의 콘서트협회 새해 연주회(1918, © 베를린 연방아카이브 R67/1803)

있어서 정기적으로 심포니 음악 연주회를 개최하였다. 슈베르트의 〈미완성〉교향곡, 멘델스존의 〈헤브리덴(Hebriden)〉서곡 등 심포니를 연주한 기록이 남아 있다.[167]

또한 노컬로수용소에서의 연주회도 꽤 수준이 높았던 것으로 보인다. 1917년 12월 음악회 프로그램을 보면, 바그너, 슈베르트 등 연주 프로그램 상으로는 일본 포로수용소와 비교해도 거의 차이가 없다.

영국의 포로수용소에서도 일본의 포로수용소에서처럼 콘서트의 명칭이 다양했다. 예를 들면, '대(大)심포니 콘서트(Grosses Symphonie Konzert)', '민속적 콘서트(Volkstumliches Konzert)', '대중적 콘서트(Populaeres Konzert)', '솔로의 밤(Solisten Abend)', '위대한 솔리스트 콘서트(Grosses Solisten Konzert)', '바그너의 밤(Wagner-Abend)' 등이 그러하다.[168]

음악 활동과 관련해서 영국 포로수용소와 일본 포로수용소의 차이를 만드는 것은 무엇보다 민간인의 존재 여부로 보인다. 영국군이 통제하는 포로수용소는 민간인 포로와 군인 포로를 구역별로 나누어 수용했지만, 음악회의 기획, 연주자와 청중의 동원 등 모든 측면에서 양자가 서로 협업하여 공동으로 음악회를 주최할 수 있었다. 이는 영국 포로수용소가 문화 활동 차원에서 일본 수용소보다 더 유리했던 지점으로 읽힌다.

예를 들면, 스코틀랜드의 스톱스(Stobs)수용소에서 '군인수용소 스톱스(Militär-Lager Stobs)'와 '민간인수용소 스톱스(Zivil-Lager-Stobs)'가 각각의 문화 행사를 개최하면서 상호 협력했던 사실은 수용소에서 발간한 신문 『스톱시에이드(Stobsiade)』 1916년 5월 10일자 자료를 통해서도 확인할 수 있다.

1916년 4월 19일 저녁 7시에 개최된 〈리하르트 바그너 콘서트〉에는 민간인수용소의 현악 오케스트라와 군대오케스트라가 합동으로 연주회를 꾸민 흔적이 있다. 〈리엔치〉 서곡, 〈방황하는 홀란드

스톱스수용소의 〈리하르트 바그너 연주회〉
(1916, © 베를린 연방아카이브 R67/1803)

KRIEGSGEFANGENEN — LAGER STOBS

MITTWOCH
DEN
19 APRIL 1916

RICHARD WAGNER = KONZERT

AUSGEFÜHRT VON DEN BEIDEN
LAGER - STREICHKAPELLEN,
DER
MILITÄRLAGER
STREICH - KAPELLE
SOWIE
SÄNGER u CHOR v. A. u. B. LAGER

LEITER E. BEU.

ANFANG 7. UHR

인〉,〈로엔그린〉등 바그너 음악만으로 꾸민 수준 높은 프로그램은
포로 중에 여러 명의 전문 음악가가 있어서 가능했다.

런던 알렉산드라 팰리스(Alexandra Palace)수용소의 경우, 포로들은
콘서트협회를 결성하여 연주 활동을 전개했다. 연주자 인원은 총
45명으로 체임버오케스트라 규모였다. 콘서트협회의 짜임새는 일
본 포로수용소보다 더 전문적인 체계를 갖추고 있었다. 지휘자, 콘
서트마스터, 연주 단원뿐 아니라 경영 책임자, 명예 회원, 편곡자,
운영위원회 등 전문적인 오케스트라 조직의 모양새를 보여준다. 반
도수용소의 엥겔오케스트라도 '운영위원회'가 있어서 오케스트라
조직을 체계적으로 이끌어가고 있었지만, 인력 풀은 영국수용소에
비해 매우 열악했던 것이 사실이다.[169]

영국 포로수용소에서의 음악 활동에 대해서는 보다 자세한 연구
가 필요하지만, 적어도 여기선 베토벤 9번 교향곡의 초연과 같은 음
악적 사건은 기대하기 힘들다. 이 곡의 영국 초연은 이미 1825년 3월
21일 런던에서 이루어졌기 때문이다.[170]

지금까지 일본 포로수용소와 영국 포로수용소 내의 음악을 종합
해보면, 독일·오스트리아 포로들 가운데 수준 높은 클래식 음악이
어느 정도로 퍼져 있었는지 상상할 수 있다. 유럽과 아시아를 막론
하고 독일·오스트리아 포로들이 철조망 속에서도 열정적으로 음악
활동을 전개했던 것은 '독일인은 음악적 민족'이라는 소문을 쉽게
받아들이게 한다.[171]

제 6 장

—

관동대지진 시기의
나라시노수용소

일본 포로수용소(특히 반도수용소)에서 유럽 포로들의 활발한 문화 활동으로 얻어진 긍정적 평가는 일본인들이 메이지 시대부터 염원해 왔던 '선진국 진입'을 과시하는 사례로서 그들의 자부심에 기여하였다. 하지만 1920년 유럽 포로들이 귀환한 지 약 3년이 지난 1923년 9월 1일 관동대지진이 발생하자, 지바현의 나라시노수용소는 전과 달리 비인간적인 범죄 장소로 사용된다. 전쟁 포로들에게 관대한 정책을 펼쳤던 장소가 조선인 학대의 장소로 탈바꿈한 것이다. 이 사실은 어떻게 바라보아야 할까.

1. 관동대지진 시기 희생양이 된 조선인

1923년 9월 1일 오전 11시 58분, 도쿄 지역에 매그니튜드 7.9의 대지진이 일어났다. 10만여 명의 사망자가 발생한 이 지진으로 도쿄 일대는 일순간 혼란과 무질서로 빨려들어갔다. 당시 중국에서 미술 공부를 마치고 일본을 거쳐 귀국하던 독일화가 오토 부르크하르트(Otto Burchardt)는 요코하마에서 지진을 겪고, 귀국 후 『보시세자이퉁(Vossische Zeitung)』(1923년 10월 9일자)에 "일본 지진을 목격한 한 베를린 사람"이라는 제목의 기사를 투고했다.[172]

이 기사는 "일본 정부가 관동 지역의 약탈을 억제하고 질서를 유지하기 위해 군인들을 보냈다"고 적고 있는데, 이들이 처음 한 일은 "조선인들이 불을 질렀고, 우물에 독을 탔으며, 바로 이들이 약탈자"라는 말을 퍼뜨리는 것이었다고 서술한다. 그 결과 어디서든 조선인만 나타나면 "짐승 같은 무리들이 조선인을 마구잡이로 잔인하게 죽였다"는 것이었다. 학살과 만행이 심각한 상황으로 치닫자, 결국 군인들은 어쩔 수 없이 '보호감금(Schutzhaft)'을 위해 조선인들을 여러 군사 시설로 이송했는데, 그 숫자가 약 1만5천 명 정도였다고 한다.[173]

부르크하르트가 언급한 1만5천 명의 조선인이 이송된 군사 시설에 나라시노수용소가 포함되는지의 여부는 이 신문 기사로 알 수는 없다. 그의 목격 장소는 요코하마였고, 조선인의 군사 시설 수용은

목격자로부터 전해 들은 내용이었으며, 그 인원의 정확성도 확신할 수 없다.[174]

1923년 10월 13일자 『독립신문』 165호 1면 톱기사에서는 "군에서 동포 1만1천인 별도 수용 후 우타가와 강가(宇田川 河畔)에서 기관총으로 사살. 참절도살(慘絶屠殺)된 자 6~7천인"으로 보도하고 있다.[175] 여기서도 정확한 수용소의 이름이 나오지 않아서 나라시노 수용소가 포함되는지, 정확하게 몇 명이 사살되었는지 자세한 것은 알 수 없다. 중요한 것은 『독립신문』도 군의 개입을 주장하고 있는데, 부르크하르트와 같은 관점이다.

현재까지 한국과 일본학계는 관동대지진 당시 학살된 조선인 수를 6,661명으로 보고 있다. 그 근거는 1923년 12월 5일자 상하이에서 발간된 『독립신문』의 보도에 따른 것이다.[176] 또한 학살의 주체는 일본 육군, 경찰과 민간 조직인 자경단이었고, 이들은 상호 협조하였다고 본다. 왜 이런 일이 일어나게 되었을까.

한반도에서는 1919년 3.1운동의 충격으로 조선총독부가 식민지 정책을 '문화정치'로 전환하고 있을 때였다. 일본인들이 조선인에 대한 유언비어를 쉽게 믿었던 배경에는 3.1운동으로 인한 조선인의 '폭발적 민족주의'와 이에 대한 일본인의 두려움이 있었을 것으로 생각된다.[177] 권력자에 대한 민주적이고 대규모의 저항 운동은 당시 일본인에게는 낯선 것이었다.

1923년 관동대지진 참사가 발생하자 위기의 시기 내부 단결이

절실해졌다. 시민들의 불만과 두려움이 정부로 향하지 않도록 시선을 밖으로 유도할 수 있는 외부의 적이 필요했다. 일본 내무성에서는 9월 3일 각 지방관청에 다음과 같은 전문을 보냈다.

"도쿄 부근의 지진을 이용해 조선인은 각지에서 방화하고 부정한 목적을 수행하려 한다. 현재 도쿄 시내에서 폭탄을 소지하고 석유를 뿌려 방화하는 자가 있다. 이미 도쿄 산하는 일부 계엄령을 시행하고 있기 때문에, 각지에서 충분히 세밀한 주의와 시찰을 강화하고 조선인의 행동에 대해 엄밀한 단속을 가할 것(9月 3日 午前 8時 15分, 「吳鎭守府宛打電」, 各地方長官宛, 內務省警保局長出)."[178]

조선인은 사회주의자가 많다는 소문에 휩싸였으며, 부당한 일을 당해도 자기 권리를 주장하기 힘든 식민지인의 처지였기 때문에, 쉽게 희생양이 될 수 있었다. 대상에 대한 두려움과 멸시가 혼합되어 광기로 치달은 심리 상태의 민간인 자경단은 대지진으로 인한 불행의 원인을 조선인에게 돌리며, 일본에 체류 중이던 조선인들을 무차별 학살했다.

2. 조선인 학대의 장소가 된 나라시노수용소

부르크하르트에 따르면, 일본인은 자고 있던 조선인들에게 총을 쏘아댔고, 누군가가 일어서면 다시 피바다가 되는 발단으로 삼았으므로, 1만5천 명 가운데 살아남은 자는 별로 없었다고 한다.[179] 하지만 이 수용 시설의 내부 사정 역시 다른 독일 목격자의 말을 전해 듣고 기술된 것이었으므로, 정확도에 문제가 있다.[180] 다만 수많은 조선인이 학살당했다는 것과 당시 유럽인들도 살기등등한 일본군을 두려워할 만큼 살벌한 분위기였다는 것은 사실이다.

지금까지 알려진 바대로는 유럽 포로들을 수용했던 포로수용소 가운데 1923년 조선인을 수감한 곳은 지바현의 나라시노수용소가 유일하다. 반도나 구루메수용소는 시코쿠와 규슈에 위치하여 대지진의 직접적인 영향을 받지 않았다. 1923년 9월 5일 이후 나라시노수용소는 조선인, 중국인들을 '보호 수감한' 장소로서는 최대 규모였다.[181]

나라시노수용소의 정확한 조선인 수용 인원은 알려지지 않았지만, 사건 발생 11년 후 1934년 9월 『삼천리』에 게재된 조선인 기자 이상협의 기사에 따르면, 나라시노수용소에는 약 2~3천 명의 조선인들이 수용되었다고 한다.[182] 일본군 자료와 일본 정부 자료는 약간의 차이가 있지만 대체로 3,050~3,200명 사이로 보인다.[183]

조선인들에 대한 무자비한 학살을 부추기거나 살인을 방조했던 일본 군부와 경찰이 피해자들을 '보호'한다는 명분으로 행한 조치였다. 당시 학살에서 살아남은 전호엄(全虎嚴)은 "가메이도 경찰서에서 9월 6일 아침 5시 군에 의해 500여 명이 나라시노로 보내졌고, 그곳에서 26일까지 있다가 이후 아오야마의 조선인수용소를 거쳐 9월 29일 귀가했다"고 전한다.[184] 그의 회고에 따르면, 9월 6일 새벽에 갑자기 가메이도경찰서에서 조선인들을 나라시노로 이송한 이유는 국제적십자 및 기타 기관에서 조사단이 파견된다는 소식 때문이었다고 한다.[185]

재일교포 역사학자 강덕상의 연구에 따르면, 나라시노수용소가 조선인(중국인 포함)을 '보호 수감'하게 된 경위는 육군 제1사단 사령부의 계엄령 제3호(1923년 9월 4일 오후 4시)의 "조선인은 나라시노 구(舊) 포로수용소에 수용한다"에 따른 것이었다 한다.[186]

명목상으로는 일본인 폭도들로부터 조선인들을 '보호'한다는 것이었지만, 실제로는 일본 정부가 보낸 군인들은 자경단과 함께 이 수용소를 조선인 학살에 기여하는 공간으로 이용하였다.[187] 강덕상에 의하면, 나라시노수용소에서 조선인들은 '전시 포로'처럼 취급되었다.[188] 당시 중국 정부는 나라시노수용소에서 학살당한 중국인 피해자 명단을 이미 파악하고 배상 받았지만, 당시 조선인은 나라가 없었으므로, 정부 격인 조선총독부가 이에 대해 제대로 조사하고 배상을 요구해야 했지만, 그렇게 할 리가 없었다.[189]

이렇게 조선인 학살 사건의 전모는 정확하게 다 밝혀지지 않았지만, 일본 군대가 나라시노수용소의 조선인 학살에 관여한 사실은 당시 지바현 마을 주민의 일기에서도 드러난다. 자경단의 일원이던 일기의 주인은 조선인 학살에 가담한 사실을 아래와 같이 적고 있다.

"9월 7일, 오후 4시경. 바라크(수용소 막사)로부터 조선인을 내줄 터이니 데리러 오라는 연락이 있다고 하여, 급히 집합해서 주망자에게 받으러 가기로 했다. 밤중에 조선인을 받으라며 각 구에 배당하고 (…) 공동으로 세 명을 받아 절 안의 정원에 보초를 섰다.

8일. 또 조선인을 데리러 가다. 9시경에 이르러 2인을 받아 오다. 모두 5인(…)에게 구덩이를 파게 하여 앉히고 목을 베기로 결정 (…) 구덩이 속에 넣어 묻고 작업 끝 (…)

9일 밤에 또 전부 출동. 12시 지나 또 조선인 1인을 붙잡아왔다는 소식이 있다."[190]

위의 일기에서 "바라크로부터 조선인을 넘겨받았다"는 서술은 나라시노수용소 막사에서 조선인을 데리고 왔다는 의미다. 다시 말해서, 수용소를 관리하는 일본군 측이 조선인을 골라 살인하도록 내주었다는 의미이다.[191] 강덕상의 조사·연구에 따르면, 이런 식으로 나라시노수용소에서 희생당한, 확인된 조선인 수는 열여섯 명이었다.[192] 하지만 최소 수용 인원(3,079명)과 석방 인원(2,925명) 간의 차이는 154명이다. 적어도 154명이 사라졌다는 의미다.[193] 조선인 가운

데 사회주의자 및 '불령선인(不逞鮮人)', 병든 자 등이 따로 불려 나와 살해되었을 것으로 추정된다. 실제로 나라시노수용소에 조선어를 잘 이해하는 스파이를 투입하여 사상이 '불온한 자'를 색출하고 따로 분리시켜 살해했다는 주장도 있다.[194]

조선인에 대한 군대의 적극적인 학살 개입을 밝혀낸 것도 나라시노 지역 일본인 교사들이 1976년에 만든 '향토사연구회'의 업적이었다. 자경단 멤버의 일기를 바탕으로 연구한 결과는 다음과 같이 요약된다.

"나라시노의 기병연대는 대지진 직후에 도쿄 방면 등으로 출동해서 조선인을 학살했다. 9월 5일 그 주둔지 가까이에 조선인 '보호'를 위해 수용소가 설치되었고, 조선인이 압송되어 왔는데, 수용소에서는 헌병이 사상 조사를 하고, 수상하다고 판단된 조선인을 군대가 살해하고, 또 인근의 주민에게 살해하게 했다."

그리고 이런 학살은 "나라시노 이외에서는 확인되지 않는다"고 덧붙인다.[195] 향토사연구회는 지바현의 마루야마에서 다른 마을의 자경단이 와서 두 명의 조선인을 내놓으라고 협박했으나, 마을 사람들이 거부했던 사실도 밝혀냈다.[196]

조선인 학살은 1차냐 2차냐에 따라 시기와 양상이 다른데, 초기 혼란 속에서 자행된 1차 학살은 '무차별 살해'였던 반면, 이후 나라

ドイツ捕虜オーケストラの碑

第一次世界大戦（1914-1918）の際、日本は連合国側に立って参戦し、中国・青島のドイツ租借地を占領しました。捕虜となった約5000名のドイツ兵は、板東（徳島県鳴門市）、久留米（福岡県久留米市）など、各地の捕虜収容所に収容されました。

習志野収容所は、大正4年（1915）9月にここ東習志野に開設され、最も多いときには1000名ほどのドイツ兵、オーストリア兵が生活していました。

武士の情けを知る収容所長・西郷寅太郎大佐（隆盛の嗣子）の下でオーケストラ活動が許され、彼らはベートーヴェンのヴァイオリン協奏曲やモーツァルト「魔笛」、グリーク「ペール・ギュント」、ヨハン・シュトラウス「美しく青きドナウ」などを演奏しました。その望郷の調べは敵味方の恩讐を越えて、当時の習志野の人々の耳に珍しく響いたのです。

急逝した西郷所長の後を継いだ山﨑友造所長も温情ある管理を忘れず、彼らは、大正8年（1919）のクリスマスの朝、習志野を後にして懐かしい故郷へと向かいました。

平成20年11月
習志野市教育委

나라시노시의 포로 오케스트라 비석 (2017, ⓒ 이경분)

시노수용소에서 자행된 2차 학살은 '차별적 살해'라 할 수 있다. 나라시노의 기병 제14연대가 조선인 가운데 '사상이 불온한 자'를 '선별'하여 살해하거나 살해하게 했기 때문이다.[197] 2차는 시기적으로도 훨씬 늦게(9월 7일 이후) 자행되었고, '계획적'이었으며, '군대'가 관여했다는 것이 1차 학살과 근본적으로 다른 점이다.[198] 또한 2차 학살 때에는 특정 조선인뿐 아니라, 중국인 유학생 지도자, 일본인 사회주의자들도 함께 살해되었다. 대지진 참사의 고통으로 격분한 군중들이 광적인 흥분 상태에서 조선인들과 중국인들을 '무차별적'으로 살해한 초기와 달리, 특정인을 골라서 처치하는 방식이었다.

현재 일본 역사 교과서는, 조선인들이 방화하고 독을 타고 절도와 강도와 강간을 벌인다는 유언비어에 현혹되어 광포해진 일본인들이 집단적 광기에 사로잡혀 조선인을 학살했다면서 그 책임을 민간에 돌리거나 사건을 우발적인 것으로 축소하고 있다. 하지만 당시 여러 목격자들의 일기와 인터뷰, 신문 등의 자료는 학살에 민간인뿐 아니라 군대와 경찰이 조직적으로 관여하고, 나아가 정부의 지침이 있었을 가능성도 보여주고 있다.[199]

만약 나라시노수용소에 독일·오스트리아 포로들이 수용되어 있었을 당시 관동대지진이 일어났다면, 사태는 어떻게 진행되었을까. 참사의 원인을 포로들에게 돌리고, 이들을 혼란과 위기의 희생양으로 삼아 학살할 수 있었을까. 아마 그랬다면 곧바로 국제적 비난이 쏟아지고 상황은 시끄러워졌을 것이니, 그런 일은 아예 시도조차 되지 않았을 것이다.[200]

제 7 장

———

일본 포로수용소에서
음악의 평화적 역할

일본 반도수용소는 '평화'의 상징으로 여겨진다. 여기에 기여한 것이 바로 1918년 6월 1일에 있었던 베토벤 9번 교향곡의 '일본 초연'이었다. 반도수용소의 포로들이 귀국하기 전, 포로 대표 쿠르트 마이스너는 마츠에 소장을 비롯해 일본군에게 감사 인사를 전하며 베토벤 9번의 4악장 가사 '모든 사람은 형제다'를 언급하기도 한다. 이 일화는 영화 〈수염들의 낙원〉에 고스란히 담겨 있다. 이렇게 현대 일본에서 베토벤 9번 교향곡은 평화를 상징하는 음악이자, 반도수용소의 이미지와 결합된 휴머니즘을 표상하는 곡으로 받아들여지고 있다.[201]

물론 구루메수용소의 경우를 통해 이미 확인되었듯이, '반드시' 음악이 포로와 일본군 간의 평화를 의미하지는 않는다. 악명 높은 구루메에서도 음악 활동은 반도수용소 못지않게 활발했고, 나아가 구루메 포로들도 베토벤 9번 교향곡을 전곡 연주하였지만, 이 사실은 종종 무시된다. 구루메수용소에서는 1918년 7월 9일 이 곡의 1·2·3악장을 연주했고, 1919년 12월 3일 구루메여고에서 진행된 일본인들과의 교환 연주회에서는 2악장만 따로 연주하기도 했다.[202] 구루메에서 헤르트링의 지휘로 교향곡 전곡이 연주된 것은 반도 수용소보다 늦은 1919년 12월 5일이었다.

현재도 도쿠시마 현 나루토(반도의 현재 명칭) 시에서는 1972년 건립된 '독일하우스(Deutsches Haus Naruto)'에서 매년 6월 첫 번째 일요일에 이 역사적인 초연을 기념하는 '베토벤 9번 연주회'가 열린다. 1982년 5월 15일 나루토시 문화회관에서 첫 연주회가 시작된 이래, 매년 이 교향곡을 연주하는 전통이 만들어진 것이다.[203] 2018년에는 일본 초연 100주년 기념행사도 개최되었으며,[204] 유네스코 세계문화유산 등재를 추진하는 등 일본에서 반도수용소의 베토벤 교향곡 9번 초연은 그 사회적 의미가 매우 크다. 매해 12월이면 일본 전국 각지에서 이 곡을 연주하는 '다이쿠(第九) 현상'이 '연말 관습'으로 자리 잡았을 정도다.[205]

이에 비해, 마찬가지로 베토벤 9번 교향곡 전곡이 연주되었고, 다양한 문화 활동 측면에서도 반도에 뒤지지 않았던 구루메에서는 포로들이 해방되는 마지막 날(1919년 12월 말)까지 독일군과 일본군이 끝내 '원수 관계'를 벗어나지 못했다. 그곳에서 피아노를 연주했던 포로 에리히 피셔(Erich Fischer)에 따르면, 일본군과 독일 장교들은

기회가 있을 때마다 서로가 서로를 괴롭힐 궁리만 했다고 한다.[206]

나라시노수용소 역시 음악 연주는 수준급이었고, 독일어를 이해했던 유학파가 소장으로 있으면서 일본군과 독일 포로간의 관계가 좋았던 축에 속했지만, 1923년 관동대지진 당시 조선인 학살과의 연관성에서 보듯, 반도수용소처럼 평화적인 이미지를 내세울 수 없는 처지였다.

이렇게 구루메와 나라시노수용소에서 포로 음악의 양상은 반도수용소의 그것과는 다소 동떨어진 느낌이다. 그럼에도 불구하고 놓치지 말아야 하는 것은 일본 수용소에서 포로들의 음악이 '자발적인' 활동이었다는 점이다. 그 음악은 일차적으로 포로들 자신을 위한 것이었다. 이는 앞으로 다루게 될 나치 강제 집단수용소에서의 포로 음악과는 질적으로 다르며, 그 역할에 있어서도 상당한 차이를 보인다.

일본 포로수용소에서 포로 음악의 역할을 몇 가지로 정리해보면, 첫째, 구루메의 경우 포로들의 음악 활동은 악화일로에 있던 독일군과 일본군 간의 나쁜 관계로 인해 팽배해진 수용소 내의 긴장감을 완화하는 역할을 했다. 포로들이 음악에 몰두하면서 포로들 간의 상호 신경질적인 관계를 완화하였고, 폭력 사고의 위험도 줄일 수 있었다.

둘째, 음악은 멀리 있는 가족과 고향을 향한 그리움에 사무치는 포로들에게 고향의 친근한 분위기를 조성해주는 정서적 도구였다.

예를 들면, 부활절, 성탄절은 물론, 독일 황제(빌헬름 2세)나 오스트리아 황제(프란츠 요제프)의 탄신일 등 축일에 연주되는 음악은 포로들의 향수를 달래며, 고향의 느낌을 선사해주었다.[207]

셋째, 음악은 이별의 안타까움을 심리적으로 위로해주었다. 다른 수용소로 이송되거나, 먼저 떠나는 포로가 있을 때, 남은 포로들은 연주회를 통해 서운함을 표현하면서 서로를 달래주었다.[208] 특히 1919년 말, 패전으로 인해 오스트리아·헝가리제국이 붕괴되고, 독립한 헝가리가 새 국가 건설의 혼란에 처하면서 헝가리 포로들의 송환 절차가 미뤄지는 사태가 벌어졌다. 이때 포로들은 마지막까지 애를 끓이며 수용소에 남게 된 헝가리 포로들을 위로하는 연주회도 개최하였다

넷째, 음악은 자선 도구로도 중요했다. 나라시노수용소 관련 자료 중에는 각각 합창 지휘자와 연극 감독으로 활동하며 기여했던 알퐁스 밸더(Alfons Waelder)와 마르푸케(Marfuke)에게 헌정한 자선 연주회 프로그램이 남아 있다. 연주회를 통해 거둬진 수익금은 그동안 수고했던 지휘자와 감독에게 귀국 자금으로 주어졌다. 또한 1918년 시베리아와 블라디보스토크에 위치한 러시아 포로수용소의 독일·오스트리아 포로들의 열악한 상황이 알려지면서 일본 본토의 포로들이 자선 연주회를 개최하여 그 수익금을 러시아의 동료들에게 전달하기도 했다. 독일 적십자사 문서들 중에는 톈진에 있는 '시베리아펀드'를 통해 시베리아 포로에게 송금해 달라는 전보나 편지가

다수 포함되어 있다.[209]

다섯째, 일본 측의 입장에서 음악은 중요한 선전 도구였다. 일본에 거주하고 있던 독일·오스트리아인 가족을 비롯하여, 지멘스 일본지부장 드렌크한(Drenkhahn)과 고베의 음악 애호가 람제거 등은 수용소를 자주 방문해 여러 가지 물품을 전달하거나 포로들의 상황과 요구를 독일 적십자사와 국제기관 등에 전달하곤 했다.[210] 이때 포로들의 음악 연주는 일본의 관용적 포로 정책을 상징적으로 보여주는 수단으로 활용되었다. 이로써 서구 '선진' 제국의 대열에 끼어들고자 했던 일본은 『헤이그 육상전 법규』에 따라 포로들이 인도적인 대우를 받고 있음을 선전할 수 있었다.

물론 '인도적 이미지'를 선전하려는 전략은 일본 본토처럼 사람들의 눈이 많은 곳에서는 시도되었으나, 그렇지 못한, 예를 들어 시베리아처럼 멀리 떨어져 있는 수용소에서는 작동하지 않았다. 러시아 내전과 오스트리아·헝가리제국의 붕괴로 야기된 정세 혼란 속에서 아직 헝가리 정부의 외교력이 닿지 못했던 크라스나야 레치카 수용소에서의 헝가리 포로들에 대한 일본군의 학대는 이런 맥락에서 이해될 수 있다.

다른 한편, 시베리아의 헝가리 포로 구출 운동은 '인도적 이미지'를 선전할 수 있는 좋은 기회였지만, 일본 군부는 비용 부족 등을 이유로 이를 거절했다. 이는 본토의 관용적 포로 정책의 목적이 선전에만 있지 않았다는 것을 의미한다. 일본 입장에서 시베리아의 헝가리 포로는 본토의 유럽 포로에 비해 이용 가치가 그리 높지 않았을 것이다. 사실 본토의 유럽 포로들에게서 얻는 경제적·문화적·교육적·군사적 이익은 적지 않았다. 예를 들면, 기술자였던 독일 포로들이 일본의 공장에 파견되어 기계 수리는 물론 생산력까지 제고시키는 기술을 전수했고, 농업 분야에선 서구적 농법과 함께 치즈, 맥주, 소시지 등을 만드는 방법을 전수하기도 했다. 또한 학생들은 그들로부터 스포츠, 음악 등 다양한 분야에서 지도를 받았을 뿐 아니라, 일본 장교나 수용소 경비병들도 독일어와 독일 군대의 체계 및 합리적 업무 방식 등을 배웠다. 무엇보다 수용소가 있는 지역의 경제적 이득은 무시하기 힘들었다. 이러한 실제적 이득이 관용적 정책 실행의 또 다른 동기였다고 할 수 있을 것이다. 바로 이렇게 지배자가 포로들에게서 배운다는 점이 유럽의 연합군 포로수용소들과 달랐던, 일본 포로수용소의 특징이었다.

여섯째, 포로들의 음악은 일본의 서양 음악 문화에도 영향을 미쳤다. 포로였지만 엥겔과 같은 전문 음악가는 일본 청소년들에게 악기 레슨을 해주었고,[211] 구루메의 지휘자 폭트는 일본 음악가들에게 팀파니 제작법과 연주법을 전수해주었다. 또한 귀국할 때 사용하던 악기를 그대로 양도하여 대도시가 아닌 지방에서 '처음으로' 일본 청소년 악단이 결성될 수 있는 계기도 제공해주었다. 포로의 음악 활동이 일본 근대 음악사에 미친 영향은 일본의 '다이쿠 현상'으로까지 비약될 수 있을 것이다.

나라시노수용소에서 전쟁의 비참함에 대해 성찰을 얻은 포로들도 있었지만,[212] 이들의 경험은 도리어 제2차 세계대전에서 일본과 독일이 동맹을 맺는 토대로 작용하기도 했다. 제1차 세계대전 시기 포로들이 수용소에서 배운 일본어와 일본 문화에 대한 정보는 1920년대부터 독일어로 서술되고 출판되기 시작했고, 이는 1930년대 일본과 독일의 문화 교류뿐 아니라, 외교 관계에도 긍정적인 영향을 미쳤다.[213] 결과적으로 일본 포로수용소에서의 음악 활동은 포로들과 일본 양측 모두에게 긍정적인 경험이었다.

바로 이 경험과 제2차 세계대전 시기 나치의 강제 집단수용소에서 연주되었던 음악 사이에 존재하는 연관성 여부가 필자가 가졌던 최초의 문제의식이었다. 제1차 세계대전 당시 일본 포로수용소에 수감되었던 젊은 독일·오스트리아 군인들이 1940년대에 나치 SS의 고위 관료가 된 뒤, 과거 경험을 되살려 나치수용소를 관리하는 중요한 도구로써 음악을 활용했을지도 모른다는 가설은 그렇게 세워졌다. 하지만 프롤로그에서 고백했듯이, 서구 연합군 포로수용소의 자료들이 필자의 손에 들어오게 됨으로써, 이 가설은 가설로 끝나고 말았다.

테레지엔슈타트의

음악

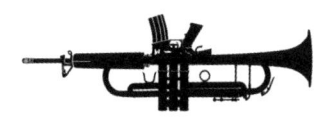

제 2차 세계대전 중 수천 개의 나치 강제 수용소(KZ)와 게토 가운데 가장 수준 높은 음악이 연주된 곳은 체코의 테레지엔슈타트였다. 물론 현재 폴란드에 위치한 아우슈비츠 강제 집단수용소도 음악 연주로 유명했다. 아우슈비츠에도 여러 개의 오케스트라가 있었고, 다양한 밴드가 있었다. 하지만 초연된 창작 음악의 수준이나 문화적 다양성 차원에서 테레지엔슈타트가 보다 정교하고 뛰어났다. 무엇보다 20세기 체코 음악사의 주요 작품 다수가 이곳에서 탄생했다.

테레지엔슈타트에 감금된 음악가들에게 음악은 고통과 비참함으로부터 자기 존재를 지켜나갈 수 있는 유일한 피난처였다. 그러나 마지막까지 작곡하고 연주했건만, 음악은 죽음에서 이들 모두를 지켜주지는 못했다. 1944년 가을 테레지엔슈타트의 음악가 대다수는 아우슈비츠로 강제 이송되어 가스실에서 살해당한다. 끝내 육신은 연기와 함께 사라졌지만, 음악은 남아서 이들이 실재했던 진정한 음악가임을 증명하고 있다. 당시 테레지엔슈타트에선 어떻게 이런 일이 가능했는가. 왜 나치는 수감자의 음악 · 문화생활을 지원했는가. 이제 제2차 세계대전 중 가장 독특했던 '게토 수용소'의 음악 활동과 그 내막을 추적해보려 한다.

제 1 장

━

테레지엔슈타트의
인상과 실체

독일 드레스덴에서 남쪽으로 94킬로미터, 프라하에서 북쪽으로 60킬로미터 거리에 위치한 체코의 테레지엔슈타트는 독일뿐 아니라 폴란드의 아우슈비츠로도 연결되는 교통의 요지였다. 아우슈비츠나 마즈다넥(Majdanek)처럼 넓은 벌판에 나란히 막사들을 배치해 수용소를 새로 조성하지 않고, 이미 있던 시설을 재활용했다. 원래 이곳은 18세기 말 합스부르크제국을 지배하던 오스트리아 황제 요제프 2세(마리아 테레지아의 아들)가 세운 군사 주둔지 겸 요새 도시였다.

나치수용소로 사용된 것은 1941년 11월부터 1945년 5월 8일 독일이 항복하고 소련군에 의해 해방되기까지 약 3년 6개월간이었다. 공간을 조감해보면, 크게 게슈타포의 형무소 지역(요새 쪽)과 수감자들이 모여 사는 수용소(위수 도시 쪽)로 되어 있다. 수용소 쪽엔 병사들이 사용했던 낡은 병영과 시청이나 법원 같은 큰 건물들이 있었는

베드르지흐 프리타, 〈테레지엔슈타트의 거주 환경〉

데, 외관상 오래되고 전통적인 유럽식 건물들과 다를 바 없었다.

실제로 필자가 2017년 여름 테레지엔슈타트를 방문했을 때, 베를린 근처의 오라니엔부르크(Oranienburg)수용소나 부헨발트(Buchenwald) 그리고 아우슈비츠수용소와는 전혀 다른 이곳의 '전원적' 풍경에 잠시 멍했던 기억이 난다. 쏟아지는 햇빛과 맑고 파란 하늘을 배경에 둔 채, 빨간 지붕의 벽돌로 지어진 중부 유럽식 건물들은 목가적인 마을 풍경 속에 평화로운 인상마저 내뿜고 있었다. 물론 이는 표피적인 인상일 뿐이다. 자세히 살펴보면서, 우람한 건물과 18세기에 군사적 목적으로 지어진 요새와 병영 사이로, 시체를 불태웠던 오븐이 놓인 곳, 수감자들을 목매달아 죽였던 사형장 그리고 죽음의 감옥까지, 인간적인 삶이 불가능했던 비좁고 더러운 공간들에 시선을 빼앗겼다.

1939년 3월 15일 독일이 체코를 점령한 후, 게슈타포 최고위 간부이자 체코 부총독에 오른 라인하르트 하이드리히(Reinhard Heydrich)는 1940년 6월 테레지엔슈타트 요새를 게슈타포 형무소로 사용하기로 결정했다. 이 형무소에는 주로 나치에 저항하는 체코인들이 고문 받고 수감되었다. 그 후 1941년 10월 SS 고위 간부들은 테레지엔슈타트를 보헤미아와 모라비아 유대인을 수용하는 '대기 수용소'로 활용하기로 결정하였고, 1941년 11월 24일부터 체코 주민들이 사는 이 마을에 유대인들을 강제로 몰아넣었다.[1]

원래 거주하고 있던 테레지엔슈타트 주민들은 1942년 2월 16일 철거 명령을 받아 모두 떠나야했다.[2] 시간이 흐를수록 수감자 숫자는 점점 늘어났고, 상황은 갈수록 끔찍해졌다. 애당초 약 7천 명이 거주하던 테레지엔슈타트는 1942년엔 5~6만 명에 육박하는 인원으로 빽빽이 채워졌다.[3]

테레지엔슈타트로 강제 이송되어 온 수감자들의 숫자는 1945년 4월 20일 전까진 총 14만1천여 명이었다.[4] 그러나 이날 이후 거세지는 연합군의 공격을 피해 아우슈비츠, 베르겐-벨젠(Bergen-Belsen), 부헨발트 등지에서 SS와 함께 수감자 1만5천여 명이 상대적으로 안전했던 테레지엔슈타트로 역이송되어 왔다.[5] 이 숫자를 모두 합치면 총 15만6천 명이 되지만, 이후 2주 남짓 있다가 해방되므로, 테레지

엔슈타트의 공식 수감자 숫자에서는 제외되곤 한다.[6]

테레지엔슈타트의 별칭은 '노인 수용소'다.[7] 총 14만1천여 명 중 노인이 총 7만 명 이상으로 반 이상이었다. 수감자의 평균 연령도 65세였다. 이는 1942년 1월 20일 나치들의 반제회의(Wannsee Konferenz)에서 테레지엔슈타트에 '명망 있는 노인층'을 집중 수용한다는 결정에 따른 것이었다.[8] 원래 보헤미아와 모라비아 유대인을 수용할 장소 정도로만 여겨졌던 테레지엔슈타트는 유대인 문제의 최종 해결을 결정한 이 회의를 통해 기능 전환을 겪는다. 즉, 폴란드의 아우슈비츠 같은 강제 노동 수용소가 아니라, 65세 이상의 유대인, 제1차 세계대전의 상이군인, 공로십자훈장 1등급을 받은 유대인 등 노년층 유대인을 수용하도록 했다.[9] 나치는 제1차 세계대전에서 독일을 위해 싸워 공로를 세운 애국자 원로 유대인이나 사회적으로 명망이 있는 유대인들을 곧바로 가스실로 보내지는 못했다. 대내외적인 저항을 우려했기 때문이다. 나치는 이들을 우대한다는 듯 위세를 세우면서 마치 '고급 양로원'에라도 들어가게 해주는 것처럼 노년의 유대인들에게 전 재산을 대가로 요구했다.

이로 인해 이후 테레지엔슈타트는 다양한 분야의 유명인들, 지식인, 상류층 인사들이 몰려 있는 독특한 수용소가 되었다. 화학자, 의사, 판사, 변호사, 화가, 시인, 사진사, 작가, 올림픽 금메달리스트, 심리학자, 수학자, 사민당 정치가, 재즈 음악가, 작곡가, 피아니스트, 연극배우, 감독 등 직업도 다양했다. 나치들은 이런 점을 이용하여 나치수용소가 유대인에게 '살기 좋은 곳'임을 선전하기 위해, 테레지엔슈타트를 마치 '할리우드 세트'[10]와 같은 '모형물 도시'(1943-44년)로 특화하는 시도도 했다.

히틀러는 나치가 유대인을 얼마나 잘 대우하고 있는지 허위 선전하기 위해 1944년 8월에서 9월까지 다큐멘터리 영화 〈테레지엔슈타트, 유대인 거주지의 다큐멘터리(Theresienstadt. Ein Dokumentarfilm aus dem jüdischen Siedlungsgebiet)〉도 촬영했다. 때문에 1944년 초부터 가을까지 이곳 수감자들에게 제공된 음식이나 의복 등의 보급은 여타의 수용소에 비해 월등히 좋았다. 영화에서 아이들은 천진난만한 모습으로 어린이 오페라 〈부룬디바르(Brundibar)〉를 연주하였고, 수용소 카페에서는 파벨 하스(Pavel Haas)의 관현악곡이 연주되었다. 영상만 보면 속아 넘어가기 십상이었다. 더구나 수감된 아이들의 그림이 대거 발견되어 세계적으로 전시되면서 감동까지 자아냈으니, 당시 테레지엔슈타트가 그나마 살만한 곳이었다는 착각과 오해를 불러일으켰던 것이 사실이다.[11]

그러나 테레지엔슈타트에 아우슈비츠와 같은 가스실은 없었지만, 수감자 대다수가 유대인이었던 이곳도 기아와 질병 그리고 형무소에서 죽은 사람이 3만3천여 명에 달했다.[12] 1944년 가을까지 테레지엔슈타트의 수감자 8만8천여 명이 '절멸 수용소' 아우슈비츠와 트레블링카(Treblinka)로 이송되어 대부분 그곳의 가스실에서 살해되었고, 그중 3천5백여 명만이 살아남았다.[13]

탈출한 수감자는 약 800명. 스웨덴 정부와 덴마크 정부가 국제적 십자의 도움으로 나치 SS와 거래하여 1944년 11월부터 1945년 5월 초까지 테레지엔슈타트의 스웨덴과 덴마크 수감자 약 1,650여 명이 석방될 수 있었다. 마침내 1945년 5월 8일 소련군이 테레지엔슈타트를 해방시켰을 때 생존자는 16,800여 명뿐이었다.[14]

이런 학살의 결과를 볼 때, 테레지엔슈타트는 절멸 수용소로 가는 일종의 '대기 수용소'였음은 분명하다. 하지만 외형적으로만 보면, 테레지엔슈타트는 아우슈비츠와 같은 강제 수용소의 형태가 아니라 기존하는 한 지역에 사람들을 몰아넣고 '자치제'를 통해 관리 감독하는 '게토'라 할 수 있다. 실제로 당시 나치들과 생존자들이 테레지엔슈타트를 게토라 칭했고, 지금도 일반적으로 게토라 칭해진다. 하지만 테레지엔슈타트 수감자 총 14만1천 명 가운데 11만8천여 명이 살해되었으니(80퍼센트가 희생됨), 나치의 '강제 집단수용소 KZ (Konzentrationslager)'이라 해도 과언은 아닐 것이다. 이 책에서는 테레지엔슈타트가 게토의 형태이지만, 강제 집단수용소의 실체를 강조하는 의미에서 '게토 수용소'로 칭하고자 한다.

제 2 장

───

게토 수용소라 칭하는 이유

제1차 세계대전 중 일본 본토의 포로수용소처럼 제2차 세계대전 중의 나치수용소에서도 (질적·양적 차이가 있었지만) 대부분 음악 연주가 있었다. 죽음과 학살의 장소에 거의 항상 음악이 있었던 것은 나치수용소의 특징이었다. 여러 개의 오케스트라가 있었던 '살인 공장' 아우슈비츠도 특별하지만, 음악가들이 많아 수준 높은 음악 문화가 가능했고, 뛰어난 '창작 음악'이 초연되었던 테레지엔슈타트는 나치수용소 가운데서도 가장 독특한 곳이다.[15]

이렇게 많은 지식인, 예술가, 유명인들이 모여 수준 높은 문화 활동이 가능했던 까닭에 테레지엔슈타트에 대한 서술은 쉽지 않다. 위험하기까지 하다. 테레지엔슈타트와 아우슈비츠에서 살아남은 작가 H. G. 아들러(H. G. Adler)도 말했듯이, 표면적인 현상 뒤에 짓누르는 끔찍한 잔인함을 놓칠 수 있기 때문이다.[16]

특히 오페라 공연과 피아노 연주회, 수용소 카페에서의 스윙 재즈 연주 등에 집중하여 서술하다 보면, 자칫 당시 처참했던 수감자들의 비인간적인 상황이 (의도와 다르게) 미화되거나 추상화되어버릴 수 있다. 아우슈비츠와 트레블링카와 같은 '절멸 수용소'에서는 나치의 잔인함과 비인간적인 면이 상대적으로 '직접적'이고 적나라하게 드러났다면, 테레지엔슈타트에서는 수감자 스스로 착각할 정도로 나치의 의도가 애매모호하게 감춰졌으며, 지배와 운영의 목적이 은밀한 방식으로 작동했다.

나치는 테레지엔슈타트의 실체가 드러나지 않도록 미화함으로써 효과적인 프로파간다에 성공했다. 이 성공은 무엇보다 음악 문화 활동이 기여한 바 크다. 1942년부터 수감되었던 아들러가 (학자적 관점에서) 자세히 관찰한 것도 희생자들이 환상에 젖어 나치가 만든 무덤에 스스로 들어가게 만드는, 나치의 세련된 속임수였다.[17] 나치의 의도를 꿰뚫어 보았던 아들러는 게토라는 명칭이 나치의 '위장 명칭'이며, 테레지엔슈타트는 강제 집단수용소(이하 'KZ')의 '특수한 형태'라고 주장하였다. 또한 카를-헤닝 바흐만(Karl-Henning Bachmann)과 같은 독일 학자를 중심으로 테레지엔슈타트를 'KZ'로 칭해야 한다는 의견이 있다.[18] 그 이유로는 첫째, 테레지엔슈타트는 아우슈비츠와 같은 학살 수용소로 가는 임시 수용소 역할을 했다는 점이다. 즉, 죽음의 가스실로 가는 시간을 잠시 연장한 것일 뿐, 그 목적은 절멸의 'KZ'와 다를 것이 없다는 것이다. 둘째, 나치가 테레지엔슈타트를 '살기 좋은 게토'라고 선전한 것은 속임수였는데, 게토라는 명칭을 사용하면 이런 속임수에 넘어가기 쉽다는 차원에서다. 이렇게 착각과 오해를 방지하기 위해서 'KZ'로 칭해야 한다는 주장은 설득력이 있다.[19]

그렇다고 테레지엔슈타트를 'KZ'라 칭하는 것에 무리가 없지 않다. 테레지엔슈타트의 수감자들은 아우슈비츠에서처럼 줄무늬 죄수복을 입지 않았고, 남녀가 엄격하게 구별되어 수감되었던 아우슈비츠와 달리 서로 왕래가 가능했으며, 자주 가족은 함께 살 수 있었다. 유대인 자치제를 통한 일상의 영위도 매일 SS의 존재를 눈으로 보는 아우슈비츠와 달랐다. 특히 이곳에서 행해진 음악 연주, 연극 공연, 낭독회, 학술 강연회 등의 문화 활동은 질적·양적으로 아우슈비츠와 같은 'KZ'에서는 거의 불가능한 수준이었다.[20]

이처럼 유례없이 독특한 문화 활동이 존재함과 동시에 전체 수감자 80퍼센트의 학살이 공존하는 특수성을 반영하기 위해 필자는 테레지엔슈타트를 '게토 수용소'라 칭하고자 한다. 음악 활동을 중심으로 서술되는 이 책은 의도하지 않게 (마치 테레지엔슈타트 아이들의 그림처럼) 착각과 오해를 야기할 위험에 노출될 수 있으므로, 나치의 숨은 의도에 대한 경각심을 놓치지 않도록 경고하는 의미로 이 용어를 사용하고자 한다. 외형적으로 게토의 형태였지만, 그 뒤엔 학살이 그림자처럼 붙어 있음을 강조하고자 한다.

'게토 수용소'라는 용어 사용의 가장 중요한 의도는 나치 선전 시

베드르지흐 프리타, 〈필름과 현실〉

스템의 궤도에서 탈피하는 것이다. 이 책은 거의 음악 문화 활동에만 집중하여 서술하므로, 나치가 80년 전에 만들어놓은 선전 전략에 여전히 휘말려들 위험이 큰 것이 사실이다. 이런 어려움 때문에 테레지엔슈타트의 음악 활동에 대한 서술은 날카로운 칼날 위에 서 있듯 긴장과 신중함이 동반되는 일이다.

나치는 테레지엔슈타트 수감자의 문화 예술 활동을 적극 지원하였지만, 그것은 단지 목적을 위해 죽음의 시간을 조금 화려하게, 조금 늦추어준 것에 불과했을 뿐이다. 그러니 기아와 질병, 전염병과 탈진, 비위생적 시설과 대량 학살이라는 차원에서, 이곳 역시 다른 'KZ'와 질적으로 크게 다르지 않았다. 이런 의미를 '게토 수용소'라는 명칭에 담아보고자 한다.

제 3 장

거짓 공장
테레지엔슈타트에서의 삶

1. 착각을 위한 유대인 자치 행정제

수용소의 실상이 드러나지 않도록 나치가 공을 들여 성공적으로 '위장'한 곳이 테레지엔슈타트였다. 이곳에서 나치의 속셈이 잘 작동한 배경에는 수감자들의 '유대인 자치 행정제'가 있었다. 이는 의식주를 비롯하여, 보건 위생, 아이 돌봄 등 일상의 모든 것을 유대인 스스로 알아서 해결하는 것을 의미했다. 이는 외형적으로 일반적인 'KZ'와는 다른 점이었다. 즉, 나치는 일선에서 수감자들을 직접 관리하고 통제하지 않는다. 표면적으로 명망 있는 유대인 장로가 수용소 공동체의 대표로 선임되어 일상의 모든 것을 자치적으로 관장하는 것처럼 보인다. 하지만 실제로는 SS소장이 유대인 대표와 임원들을 임명했고, 이들은 주인에게 목줄 잡힌 개에 불과했다.

테레지엔슈타트 게토 수용소는 인구 밀도가 높고, 출입구가 통제되었으며, 외부 세계와 단절되었고, 위생 시설이 형편없어 악취나는 가난한 마을 공동체와 비슷했다. 내부 VIP그룹이나 특혜 받는 전문가 계층과 그 아이들은 상대적으로 나은 식량과 덜 비좁은 잠자리를 제공받아 생활 환경이 가난한 일반 유대인 수감자보다 좋은 편이었다. 미흡한 수준이지만 수용소 법정도 있었고, 수용소 카페도 있었으며, 수용소 화폐, 수용소 은행, 병원, 도서관 등 유럽의 일반적인 소도시에서 볼 수 있는 것들이 존재했다.[21] 하지만 이 시설물들의 용도는 수감자의 삶을 안락하게 하는 실용성에 있지 않고, 보여주기 위한 선전성에 초점이 맞추어져 있었다.[22] 이는 할리우드 영화 〈트루먼 쇼(The TrumanShow)〉(1998)에서 주인공 아이(짐 케리 분)가 태어나서 경험한 도시 전체가 세트장이었던 것에 비유될 수 있다. 하지만 무엇보다도 〈트루먼 쇼〉의 세트장에서는 볼 수 없는 시설물이 테레지엔슈타트에는 존재했는데, 바로 시체 소각로였다. 〈트루먼 쇼〉의 진실은 어디에나 설치되어 있는 카메라였다면, 테레지엔슈타트의 진실은 높은 사망률이었다. 특히 1942년에는 매일 2분의 1의 사람이 질병과 기아 등으로 죽어나갈 정도였으므로,[23] 그해 9월 7일부터 시체를 태우는 소각로가 직접 운영되었던 것이다.[24]

좁은 공간에 수많은 사람들이 수감되어 있는 곳이므로, 혼란을 줄이고 일상을 질서정연하게 운영하기 위해 많은 행정력이 필요했으며, 노동력이 필수적이었다. 수감자들은 모든 일을 자체적으로

해결해야 했으므로, 각자 육체적인 작업을 배정받았다.[25] 예를 들면, 프라하방송국 지휘자였던 카렐 안체를(Karel Ancerl, 1908~1973)은 1942년 10월 테레지엔슈타트에 도착한 후, 처음에는 석탄을 운반하는 일을 했고, 이후 목재 하차장에 배정되었으며, 나중에는 요리사 일을 했다고 한다.[26]

또 프라하콘서바토리 출신의 성악가 카렐 베르만(Karel Berman, 1919~1995)은 1943년 3월 5일 프라하에서 출발하는 수송 열차에 짐짝처럼 끼어서 테레지엔슈타트에 도착했는데, 이름 대신 'CV1002번' 이라는 새로운 아이덴티티로 게토 수용소의 쓰레기 수거장에서 일했다. 그러다가 성악가로 발탁되었고, 이후 오페라 앙상블의 정식 단원으로 활동했다.[27] 또한 1942년에 도착한 여성 피아니스트 에디트 슈타이너-크라우스(Edith Steiner-Kraus, 1913~2013)와 1943년에 도착한 알리스 헤르츠-좀머(Alice Herz-Sommer)는 화강암석에서 운모를 갈아내는 작업에 투입되었다.[28] 프라하에서 바이올린을 전공한 로뮐드 쥐스만(Romuald Sussmann)도 낮에는 야채가 든 자루를 옮기는 작업을 하였으므로 손이 거칠었지만, 비올라를 연습도 하지 않고 잘 연주했다고 한다.[29]

이밖에도 동화작가이자 시인이었던 일제 베버(Ilse Weber, 1903~1944)는 1942년 2월 6일 테레지엔슈타트에 도착하여 어린이 병동의 간호사 일을 맡았다.[30] 함부르크 출생의 연극배우이자 연출자인 케테 슈타르케(Kaethe Starke, 1905~1990)는 1943년 6월 23일 함부르크에서 게토 수용소로 강제 이송되어 처음에는 청소일을 하다가 이후 도서관 사서로 일하며 테레지엔슈타트에서 끝까지 살아남았다.[31] 또한 1944년 1월 테레지엔슈타트에 도착한 유명한 재즈 피아니스트 마르틴 로만(Martin Roman)은 에릭 포겔이 그를 알아보기 전까지 도로 청소부로 일하였다.[32] 루이 암스트롱 등과 같이 독보적인 재즈 음악가와 함께 연주했던 로만은 〈게토 스윙〉 밴드의 리더가 되자 미국식 빅밴드 모델에 따라 게토 수용소 밴드를 재구성하였다. 이후 얼마 지나지 않아 아마추어 밴드였던 〈게토 스윙〉은 전문 재즈 밴드로 변신하였다.[33]

이미 언급했듯이 유대인 자치 행정제 위에서 나치 SS소장은 모든 것을 좌우하고 삶과 죽음을 결정하면서 명령하고 통제했다. 유대인 자치제 대표에게는 SS의 명령을 실행하는 정도의 자유가 있었다. 다시 말하면, 유대인 대표는 SS의 통제 하에서 명령을 따르는 하수인 역할을 할 수밖에 없었고, 그렇다고 목숨이 보장되는 것도 아니었다.

첫 번째 유대인 대표는 법률가 야콥 에델슈타인(Jakob Edelstein, 1903~1944)이었고, 두 번째가 사회학자 파울 엡슈타인(Paul Eppstein, 1902~1944) 박사, 세 번째이자 마지막 대표는 오스트리아 출신의 유대교 랍비였던 벤야민 무르멜슈타인(Benjamin Murmelstein, 1905~1989)이었다. 에델슈타인은 1944년 아우슈비츠의 가스실에서 살해당했고,[34] 엡슈타인은 탈주 혐의로 테레지엔슈타트 형무소에서 1944년

9월 27일 총살당했다.[35] 반면 1944년 9월부터 1945년 5월 수용소 해방까지 유대인 자치 행정체제를 이끌었던 무르멜슈타인[36]은 끝까지 살아남아 증언을 남겼다.

하지만 무르멜슈타인은 테레지엔슈타트 게토 수용소 역사와 관련해서 가장 문제적인 인물 중 한 명일 것이다. SS권력자에게 매우 협조적이어서 기아에 허덕이는 수감자들에게 가차 없이 살인적인 노동을 강요하여 원성을 샀던 인물이다.[37] 하지만 홀로코스트에 대한 역사적인 영화 〈쇼아(Shoah)〉를 만든 프랑스 감독 클로드 란츠만(Claude Lanzmann)이 2012년에 발표한 다큐멘터리 〈마지막 부당한 자(Le Dernier des injustes)〉를 보면, 무르멜슈타인의 행위를 눈에 보이는 것만으로 평가할 수 없음을 깨닫게 된다. 이 영화에서 외적으로 비도덕적이고 수감자들에게 매정하게 보이는 무르멜슈타인의 친나치 협력이 더 많은 유대인의 생명을 살리려던 그의 은밀한 계산이었음이 드러난다.[38]

무르멜슈타인의 경우에서도 보듯이, 테레지엔슈타트에서는 겉으로 보이는 것만으로 그 전모와 실체를 파악하기란 거의 불가능한 일이다. 더욱이 SS지도부는 테레지엔슈타트수용소의 정책을 여러 번 바꾸었고, 각 시기마다 실제 지옥을 경험한 생존자들의 증언도 각각 엇갈린다. 다시 말해, 테레지엔슈타트는 나치가 성공적으로 학살의 현실을 숨기고, 거짓과 착각과 허상에 도취되도록 만든 '거짓이 넘쳐나는' 수용소였다. 외부 시찰단뿐 아니라, 문화 활동에 참

테레지엔슈타트 형무소의 교수대
(2017, ⓒ 이경분)

여했던 생존자들도 무엇이 진실인지, 실제와 환상을 구별하기 어려울 정도였다고 한다. 아우슈비츠가 '살인 공장'이라면, 테레지엔슈타트는 '거짓 공장'이라 해도 과언이 아닐 것이다.

수감자 가운데 한 명인 작가 H. G. 아들러는 테레지엔슈타트에서 지속적인 삶이 가능하다고 착각하도록 수감자들을 세련되게 관리한 나치의 속셈을 꿰뚫어 본 생존자다. 이런 관찰이 가능했던 것은 그가 가능한 한 '문화 활동'을 피하고, 단순 노동에 종사하면서 테레지엔슈타트 수용소의 현실을 착각과 환상이 아니라 현실로서 직시하고자 했기 때문이라 한다. 수감 시절부터 자신이 경험하고 관찰한 것을 글로 쓸 계획을 가졌던 그가 역사적 증언을 담은 책 『테레지엔슈타트 1941~1945』(1955)를 출판할 수 있었던 것도 우연이 아니었다.

아들러는 수감자로서 경험한 게토 수용소의 삶에서 가장 큰 변수는 '강제 이송'이었다고 한다. 수용소의 삶은 수감자들에게 참기 어려운 나날이었지만, 특히 동부로 가는 죽음의 운송 열차가 오면 매번 수감자들의 삶이 온통 뒤흔들리는 '위기'가 왔다고 한다. 그동안 함께 일하고 활동했던 사람들이 한 차례씩 차출되어 사라지면, 일상의 공백은 다시 메꾸어져야 했고, 다시 일상이 제대로 돌아가게 되기까지 '절름발이'의 삶이 반복될 뿐이었다.[39]

2. 테레지엔슈타트의 문화생활

테레지엔슈타트 게토 수용소에서는 음악회, 연극 공연, 강연회, 낭독회, 캬바레, 스포츠, 독서회, 회화 등의 다양한 종류의 문화생활이 있었다. 문화 활동은 주로 저녁 식사 후 취침 전까지의 저녁 시간, 즉 자유시간에만 허락되었다. 대부분 수감자들은 질병과 배고픔, 처참한 환경에서도 문화 행사에 대해 높은 관심을 보였다. 언제 어디서든 기회가 되는 대로 수감자들은 정신적인 문화 활동에 참여하려 했다. 그렇게라도 하지 않으면 도저히 게토 수용소의 삶을 참아낼 수 없었기 때문이었다.

젊은이들이 좋아하는 스포츠를 제외하고 대부분 연극, 레뷰, 캬바레, 오페라 등이 인기 장르였다. 연극은 몰리에르, 고골, 셰익스피어, 쇼, 호프만슈탈 등 유명 작가의 것이었는데, 경력이 많지 않은 젊은 배우들이 대부분이어서 오페라보다는 인기가 없었다.[40]

오페라는 주로 피아노 반주로 연주되었지만, 반응이 좋아서 자주 반복되었다. 물론 게토 수용소 초기부터 음악 연주가 허락된 것은 아니었다. 처음에는 악기 소지도 금지되었고, 음악가들은 몰래 모여서 연주해야 했던 적이 있었다. 그러다가 1943년 수용소 미화 작업이 필요할 무렵, SS는 오히려 창작을 명령하고 적극적으로 지원했다. 하지만 나치는 그런 와중에도 연습 도중의 음악가들을 절멸 수용소로 강제 이송해버리는 행위도 서슴지 않았다. 합창 연습의 예를 들면, 베르디의 〈레퀴엠〉을 연습하던 도중에 합창단 단원들이 아우슈비츠로 강제 이송되어버리는 경우가 잦아서 과연 초연이 가능할지 회의가 들 정도였다. 결국 지휘자 라파엘 쉐히터(Rafael Schächte, 1905~1945)가 나치로부터 공연 때까지 합창 단원들을 떼어놓지 않는다는 약속을 받아내고서야 제대로 공연할 수 있었다.[41] 그러나 나치는 음악가 대신 그 가족들을 강제 이송하였고, 마지막 공연이 끝난 후에는 합창 단원들마저 모두 가스실로 보내고 말았다.

음악에 대해서는 나중에 자세하게 서술하기로 하고, 1942년 11월 28일(토요일)의 전체 프로그램을 통해 테레지엔슈타트 문화생활의 윤곽을 그려보고자 한다.

[표-1] 테레지엔슈타트의 문화 프로그램(1942년 11월 28일)[42]

번호	장소(건물명)	시간	강연자/단체	제목	장르 분야
1	B: V, 룸: 118	14시	슈타인 박사	결막염과 각막염	강연: 의학
2	룸 100	16시 45	H. G. 바인베르크	물질의 구성 요소	강연: 물리학
3	룸 118	20시 30	츠데넥 엘리네크	덫의 코미디	연극
4	B: IV	18시 15	엘리넥	덫의 코미디	연극
5	E: VII, 룸 32	15시 30	존	캬바레	캬바레
6	같음	18시 30	토른	3개의 유머	
7	Q 307	16시		연극 〈대문과 죽음〉	연극 초연
8	L 203	17시		다채로운 시간	오락
9	L 514	15시 30		신의	낭독
10	L 316	18시 15	존	캬바레	캬바레
11	B:V, 룸88	18시		다채로운 시간	오락

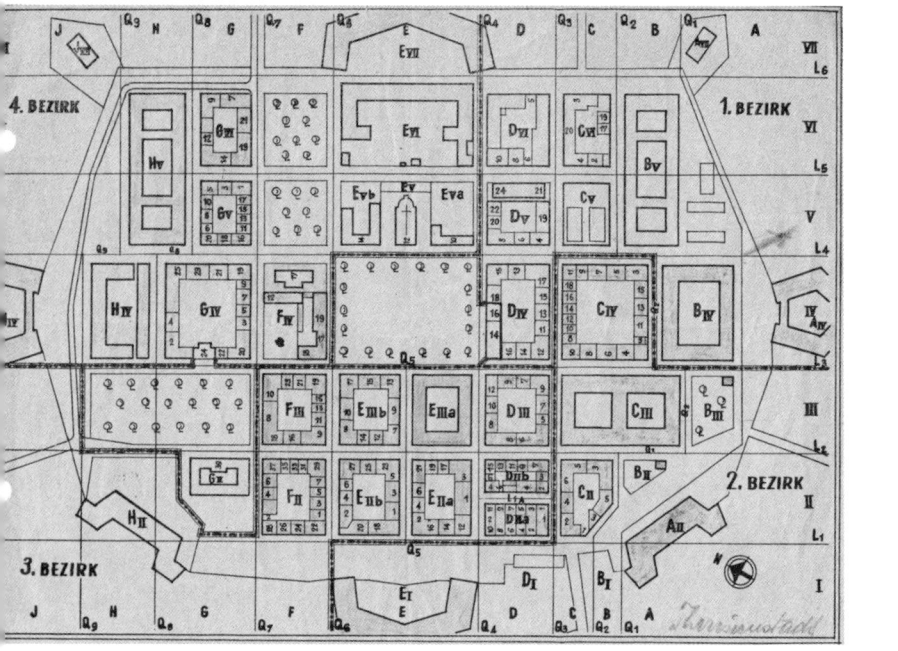

테레지엔슈타트 게토 수용소의 도면(1940)

수용소 미화 작업이 시작되는 1943년에는 문화 활동의 프로그램이 양적·질적으로 더욱 풍부해지고, 수감자들의 참여도도 높아진다. 1943년 11월 1~7일 한 주 동안 열여덟 건의 연극이 공연되었고 4만여 명이 관람했다. 같은 기간 열 건의 연주회, 레뷰(revue), 강연, 캬바레, 어린이 프로그램 등이 개최되었다.[43] 수감자들은 SS가 이러한 문화 활동을 장려하는 것이 수감자들을 위한 것이 아님을 잘 알면서도, 문화적으로 고양되어 적극적으로 참여했다.

3. 거짓 영화 〈테레지엔슈타트〉 제작

테레지엔슈타트 수감자의 삶이 외적으로 가장 '(상대적으로) 화려하게' 변화하는 것은 국제적십자 시찰단의 시찰과 프로파간다 영화 제작이 있었던 1944년이다. 선전 영화를 만들게 된 건 전 유럽에서 유대인이 사라지는 현상에 대해 국제적인 의문이 점차 커지고 있었기 때문이었다. 나치는 이를 무마할 뭔가가 필요했다. 이에 수용소의 현실을 숨기고, 대대적으로 거짓을 퍼뜨릴 목적으로 다큐멘터리 영화 제작을 명령했다.

영화감독으로 지명된 쿠르트 게론(Kurt Gerron, 1897~1944)은 유명 배우이자 감독으로 베르톨트 브레히트(Bertolt Brecht)와 쿠르트 바일(Kurt Weill)의 〈서푼짜리 오페라(Die Dreigroschenoper)〉(1928)에서 티거 브라운과 〈매키 매서의 모리타트(Die Mori tat von Mecki Messer)〉를 불러 가수로도 대성공을 거둔 인물이었다. 이후 마를레네 디트리히(Marlene Dietrich, 1901~1992)가 주연한 〈푸른 천사(Der blaue Engel)〉(1930)에서 마술사 키퍼트(Kiepert) 역으로 더욱 유명해졌다. 1943년 테레지엔슈타트에 강제 이송된 게론은 인기 캬바레 〈카루셀(Karussell)〉의 운영자로 활동했다.

게론은 원래 영화 제목을 '유대인 지역에 관한 영화(judische Siedlungen)' 또는 짧게 '테레지엔슈타트'로 칭했다고 한다.[44] 하지만 아이러니한 비공식적 제목 〈퓌러가 유대인에게 도시 하나를 선물하다

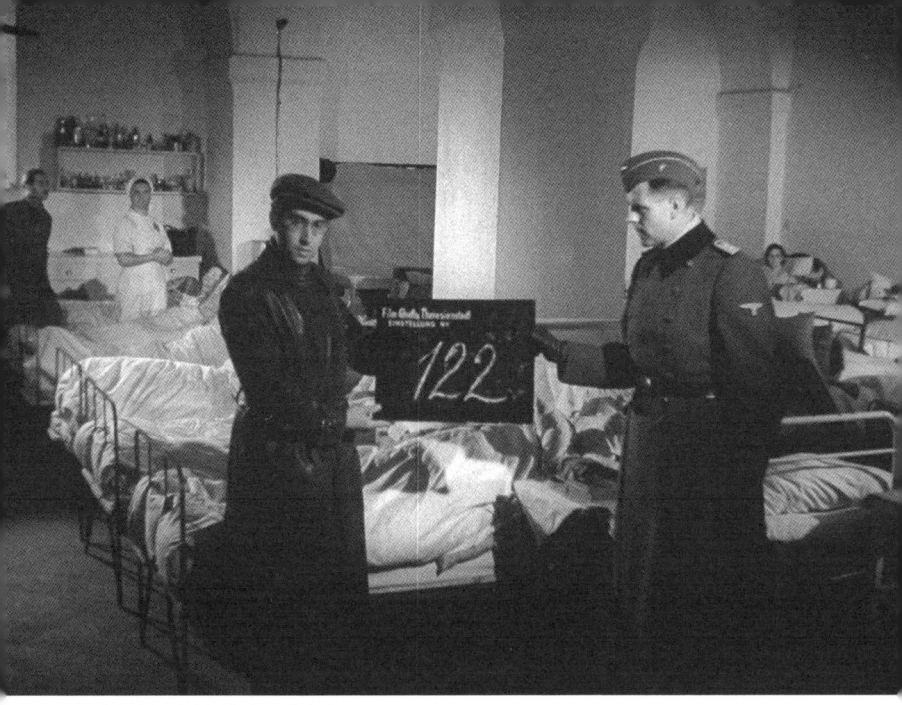

선전 영화 〈테레제엔슈타트〉 촬영 커트

(Der Führer schenkt den Juden eine Stadt)〉가 지금까지도 더 잘 알려져 있다.[45] 이 제목은 유대인들이 얼마나 편안하고 행복하게 잘 살고 있는지 선전하려는 나치의 의도를 그대로 드러내면서, 나치 희생자에 대한 조롱의 극치를 보여준다.[46] 유대인의 입장에서는 '거짓 그 자체'였다.

영화에는 야윈 사람이나 시체, 병든 사람은 당연히 보이지 않는다. 특히 샤워 장면에서는 뒤에서 촬영한, 통통한 육체를 가진 남성들의 나체가 나오는데, 이들은 수용소에 온지 얼마 되지 않은 수감자들이었다.[47] 출연자들에게는 일시적으로 보다 나은 음식이 배급되었고,[48] 연주자들은 검은 양복도 받았지만, 그들의 형편없던 신발은 그냥 화분으로 가려서 처리했다고 한다. 영화에는 축구 장면, 기계로 물건을 만들거나 재봉틀로 의류를 만드는 장면, 프라하, 본, 베를린의 유명 지식인들이 강연회에 앉아 있는 장면 등이 나오는데, 전쟁 시기 독일 시민들의 일상과 크게 다르지 않는 모습이 연출되었다.[49]

특히 수용소 카페 하우스 장면이 인상적이다. 카페는 무대를 설치하여 연주홀처럼 만들어졌고, 지휘자는 (나중에 살아남아 동유럽의 대표적인 지휘자가 된) 카를 안체를이었다. 곡목은 마찬가지로 수감자 파벨 하스의 〈스트링 오케스트라를 위한 음악〉이었다. 영화 속 연주자들이나 잘 차려입은 청중들은 외형상 여느 도시의 일반적인 연주회 풍경을 만들어내고 있다. 실제로 연주회에는 허름한 옷의 청중은 입장할 수 없었으며, 특별히 명망 있는 인사가 아닐 경우, 상이군인이나 허약자도 제외되었다고 한다.

하지만 테레지엔슈타트의 실상은 영화와 전혀 달랐다. 이 게토 수용소는 평소에도 움직이기 힘들 정도로 비좁은 공간에 사람들이 꽉 들어찬 상태의 암울하고 절망적인 환경이었다. 수감자였던 화가 베드르지흐 프리타(Bedřich Fritta)의 그림이 병자와 기아에 허덕이는 사람들로 넘쳐났던 테레지엔슈타트의 실체를 증언한다.

이 그림은 SS의 명령으로 선전 그림을 그리는 사무실 소속의 화가 프리타가 나치 몰래 종이와 연필로 그린 것이다. 그는 이런 그림

베드르지흐 프리타, 〈테레지엔슈타트의 현실〉50

들을 몰래 외부로 보내 수용소의 진실을 밝히려고도 했지만, 1944년 7월 17일에 발각되고 만다. 이 사건에 가담했던 프리타를 포함한 총 다섯 명의 화가들은 테레지엔슈타트 형무소에 감금되었고, 고문을 받았다. 약 석 달 후에는 아우슈비츠로 이송되어 가스실에서 살해 당했다.51

반면 감독 쿠르트 게론은 수용소의 실제와 전혀 다른 '거짓 영화' 를 만드는 것이 자신과 동료들의 생명을 구하는 일이라는 희망을 가 졌다. 이 영화의 배경 음악도 수용소 음악가들이 직접 연주하였다. 외부에 공개될 영화이므로, SS의 명령에 따라 삽입곡은 모두 유대인 작곡가의 것으로 선정되었다. 멘델스존-바르톨디, 쟈크 오펜바하, 파벨 하스, 한스 크라사, 숄롬 세쿤다(Sholom Secunda, 1894~1974),[52] 아돌프 다우버(Dol Dauber, 1894~1950) 등의 작품이었다.[53] 하지만 영화 촬영이 끝나자, 나치는 영화에 참여한 스태프들과 영화에 등장하는 거의 모든 어린이들과 출연진을 아우슈비츠와 트레블링카로 보내 죽게 했다.[54]

이 거짓 영화는 게론이 죽은 후 프라하에서 선전 목적에 따라 편집되었고, 1945년 3월 28일 완성되었다.[55] 물론 이 시기 소련군의 빠른 진격으로 아우슈비츠 등지에서 나치들의 피난이 본격화되었으므로, 영화는 제대로 공개되지 못하였다. 하지만 내부 관람은 이루어졌다. SS지도부가 1945년 영화 완성 후 관람했고, 1945년 4월 6일 국제적십자 시찰단이 테레지엔슈타트를 방문했을 때도 이 영상이 공개되었다. 원래 총 90분 분량의 영상은 현재 20분 정도만 남아 있다.[56]

제 4 장

—

테레지엔슈타트의
음악 문화 활동의 변천사

거짓 선전 영화에서 보듯이, 카페 하우스가 연주홀 역할을 맡아 수준 높은 창작 음악이 초연되기도 했다. 이런 식의 수용소 카페 연주회는 아마도 나치 강제 집단수용소를 통틀어 가장 독특한 사건일 것이다. 1942년 12월 개장된 수용소 카페는 차를 마시기 위한 곳이 아니라 음악을 연주하고 듣는 곳이었으며, 나아가 선전을 위한 곳이었다. SS의 명령에 따라 재즈 음악가들은 아침 열 시부터 저녁 여덟 시까지 쉬지 않고 음악을 연주해야 했다.[57] 하지만 게토 수용소에서 수감자들의 음악 활동은 처음에 SS가 금지했다가 허락한 것이고, 그 후에는 명령에 따른 이행으로 성격상의 변화를 겪게 된다. 이러한 추이는 테레지엔슈타트가 나치 프로프간다에서 점점 더 중요해지는 내부 사정과 직접적인 관계가 있다.

홍미롭게도 수감 음악가들이 살아생전에 직접 게토 수용소에서 작성한 문서가 남아 있다. 「테레지엔슈타트 음악사 개요(Kurzgefasste Abriss der Geschichte der Musik Theresienstadts)」라는 제목의 짧은 글의 작성자는 한스 크라사, 요제프 슈트로스(Dr. Josef Stross), 기데온 클라인(Gideon Klein, 1919~1945), 파벨 리벤스키(Pavel Libensky)였고, 작성 시기는 1943년 10월이다. 1943년 10월은 수용소의 음악 활동사에서 중요한 전환 시점이라 할 수 있는데, 국제적십자 시찰단 방문(1944)을 준비하기 위해 수용소 미화 작업이 시작되는 즈음이기 때문이다.

이 문서가 작성된 이유를 직접적으로 알 수는 없지만, 객관적인 톤의 보고서 같은 인상을 준다. 프리타와 같은 화가들이 나치 몰래 남겼던 그림과는 달리, 이 문서에서는 게토 수용소의 처참한 현실에 대한 언급이나 진실을 은밀하게 남기고자 하는 의도는 엿볼 수 없다. 오히려 유대인 자치 행정제에서 적십자 시찰단의 방문을 준비하기 위해 게토 수용소의 음악 활동 현황 보고서를 요청했을 가능성이 크다.

이 문서에는 1943년 10월 이후의 상황은 서술되어 있지 않으므로, 다른 생존자의 증언과 인터뷰 및 관련 도서를 참조하여 수용소의 전체 음악사(1941~1945)를 네 시기(초기, 중기, 절정기, 말기)로 나누어서 서술하고자 한다.

1. 초기, 금지에서 허락으로(1941년 11월~1942년 11월)

음악 활동이 조직화되기 전인 초기는 비합법적 시기와 합법적 시기
가 있었다.

비합법적 즉흥적 연주회(1941년 12월~1942년 3월)

테레지엔슈타트수용소에 사람들이 처음 이송되어 오기 시작하는
1941년 11월부터 전혀 조직되지 않은 형태로 간헐적인 음악 활동이
있었다. 운 좋게 악기를 가지고 있었던 사람들이 장소에 구애받지
않고 비공식적으로 삼삼오오 모여 들키지 않도록 망을 보면서 즉흥
적으로 연주했다. 1941년 12월 17일 테레지엔슈타트에 강제 이주한
성악가 헤다 그랍-케른마이어(Hedda Grab-Kernmayer, 1899~1989)의 증
언에 따르면, 배고픔에 허덕이며 비참하고 비인간적 상황에서 오히
려 문화적·정신적 활동의 욕구가 더욱 강해졌다고 한다.[58] 처음에
는 몇 명이 은밀하게 모여 노래와 낭독 등의 프로그램을 자치 행정
제의 허락 없이 몰래 진행했다. H. G. 아들러에 따르면, 1941년 12월
28일 즉흥적으로 꾸며진 '동료의 밤'이 개최되었는데, 당시 악기 소
유는 금지되었다고 한다.[59] 그러다가 1942년 3월 12일 유대인 대표
의 묵인 하에 춤과 시 낭독, 노래 등으로 꾸며진 첫 '문화의 밤'이 많
은 수감자들의 참여로 성공적으로 개최되었다.[60]

합법적 연주회의 시작(1942년 4월~11월)

첫 '문화의 밤'이 성공한 이후 유대인 자치 행정제는 문화 활동을 공식적으로 허락하였다. 1941년 11월 30일 테레지엔슈타트로 강제 이주된 지휘자 라파엘 쉐히터는 이 시기 아카펠라 합창단을 조직했다. 밴드마스터의 아들로 1905년 루마니아에서 출생한 쉐히터는 프라하콘서바토리에서 피아노를 전공했던 전문 음악가였다. 합창단의 레퍼토리는 민요, 오페레타 송, 아리아, 유행가 등 다양했다. 테레지엔슈타트에는 여성, 남성, 혼성합창단이 있어 서로 경쟁했다. 악보 자료가 없어서 기억을 더듬어 악보를 만들거나 기데온 클라인과 같은 작곡가들이 편곡한 악보를 사용했다. 오페라 〈팔려간 신부〉를 합창만으로 엮은 연주회를 1942년 11월 28일 처음 개최했는데, 이후 35회나 반복될 정도로 성공적이었다.[61] 합창단 지휘로 쉐히터는 테레지엔슈타트의 유명 인사가 되었다.

2. 중기, 명령된 음악(1942년 12월~1943년 9월)

중기는 카페 하우스의 개장 시기와 자유시간조직부의 전문화 시기로 나눌 수 있다.

'자유시간조직부'의 신설과 카페 하우스의 개장(1942년 12월~1943년 2월)

1942년 12월은 테레지엔슈타트의 음악 활동에서 첫 번째 중대 전환기였다. 이때부터 나치의 허락 하에 '공개적'으로 음악 연주를 할 수 있게 되었고, '레크레이션'이라는 의미의 '프라이차이트게슈탈퉁(Freizeitgestaltung, 이하 자유시간조직부)'이 설립되어서 조직적으로 수감자들의 문화 활동을 지원하였다. 자유시간조직부는 산하에 연극, 음악, 스포츠, 강연, 도서의 총 5개 분과를 두고 활동했다.[62] 그전까지는 개별적·자발적으로 느슨하게 음악 활동이 이루어졌다면, 이제는 정식으로 유대인 자치 행정제의 지원을 받을 수 있었다. 예술가들은 자유시간조직부에 직접 신청서를 제출하고, 등록이 허가되면 정식으로 활동할 수 있었다. 등록된 예술가는 최대 276명이었고, 보다 나은 숙식의 제공과 함께 힘든 노동에서 제외되는 혜택이 있었다.[63]

이 시기 가장 중요한 사건은 게토 수용소 '카페'의 개장이었다.[64] 이때 망가진 피아노도 한 대 구할 수 있어서 수리한 후 연주회 악기로 사용되었다. 콘서트 장소도 이전에는 막데부르크 병영의 큰 홀이나 뜰 또는 바라크 구역이나 좁은 방 정도였다면, 이제는 카페에서 구색을 갖추어 연주할 수 있었다. SS의 명령으로 카페에서는 음악이 계속되어야 했는데, 레덱(Ledec)오케스트라와 재즈사중주단, 프뢸리히(Froehlich)[65] 현악사중주단과 〈게토 스윙〉이 집중적으로 연주했다.

베드르지흐 프리타, 〈보드빌 극장〉

테레지엔슈타트수용소에서 흥미로운 것은 독일제국에서 금지된 음악과 장르가 허락된 것이다. 구스타프 말러의 음악뿐 아니라, 재즈도 허락되었다. 수용소 카페에서는 재즈 음악이 오후 두 시부터 여덟 시까지 쉬지 않고 '과잉' 연주되었다.[66] 초기의 〈게토 스윙〉 밴드는 클라리넷주자 프리츠 바이스(Fritz Weiss)가 이끄는 일곱 명의 앙상블로서 음악적 레뷰 〈청소년 금지(Für Jugendliche verboten)〉 공연에 참여했다. 파벨 콘(Pavel Kohn), 고케스(Gokkes)와 에리히 포겔

(Erich Vogel)은 트럼펫, 프리츠 타우식(Fritz Taussig)은 트럼본, 보단스키(Vodnansky)는 알토 색소폰, 돈데(Donde)는 테너 색소폰, 파벨 리벤스키는 더블베이스, 네틀(Nettl)은 피아노, 프렌타 골드슈미트(Frenta Goldschmidt)는 기타를 맡았다. 바이스는 또 자신의 이름을 딴 '바이스 오중주단'도 결성하였는데, 게토 수용소 내의 '최고 재즈 밴드'의 명성을 얻었다.[67]

이 시기 피아노 반주로 개최된 아리아의 밤, 가곡의 밤, 에디트 슈타이너-크라우스(Edith Steiner-Kraus)의 피아노 콘서트가 개최되었다. F. E. 클라인의 지휘로 오페라 〈리그레토〉가 연주회 형식으로 공연되었으며, 쉐히터의 합창 음악과 카렐 피서(Karel Fischer, 1893~1944)[68] 가 지휘하는 유대교 합창 음악도 계속 연주되었다. 또한 1942년 10월 27일 테레지엔슈타트에 도착한 빈 필하모닉 오케스트라의 오보이스트 아르민 티롤러(Armin Tyroler, 1873~1944)도 오보에를 위한 실내악 연주에 합류했다.[69]

자유시간조직부의 전문화(1943년 3월~9월)

1943년 3월에 테레지엔슈타트 내부의 행정 조직 변동이 있었고, 1943년 9월까지는 죽음의 이송이 (약 7개월간) 중단된 시기로 비교적 안정적인 분위기였다. 이는 하인리히 힘믈러(Heinrich Himmler)가 1943년 2월 2일 테레지엔슈타트에서 동부로 가는 죽음의 이송을 당분간 유예하라는 지시를 내렸기 때문이었다.[70] 이 시기 자유시간조직부는 보다 세분화되고 전문화되어서 음악 활동을 체계적으로 지원하였다. 음악 분야의 책임자는 한스 크라사였고, 그 산하에 다시 네 명의 장르별 간사가 있었다. 성악[71]은 라파엘 쉐히터, 기악은 기데온 클라인, 카페 음악은 요제프 슈트로스 박사, 악기 행정은 파벨 리벤스키였다.[72] 이들이 바로 앞에서 언급했던 「테레지엔슈타트 음악사 개요」의 작성자들이다.

자유시간조직부의 음악 분야 책임자 크라사를 비롯하여 간사들은 테레지엔슈타트의 VIP신분은 아니었지만,[73] 간부로서 약간의 특혜를 받았다. 이들은 강제 노동에서 제외되었고, 수감 전 자신의 직업 영역에서 활동할 수 있었으며, 능력 발휘와 음악 분야의 매끄러운 진행을 위해 1944년 여름까지 동부로의 강제 이송에서 제외되었다. 하지만 이런 보호도 1944년 10월 16일 '예술가 강제 이송' 때 끝나게 된다. 테레지엔슈타트에서 아우슈비츠로의 마지막 강제 이송 시기 자유시간조직부의 간부와 예술 엘리트 대다수가 아우슈비츠의 가스실에서 살해되었다.[74]

이 시기 음악 문화를 풍부하게 한 단체는 호로비츠 오케스트라, 바이스 오중주단, 피아노와 바이올린의 이중주단(쿠르트 마이어와 오토 자틀러), 〈게토 스윙〉 밴드,[75] 쉐히터의 합창단, 피셔의 유대회당 합창단 등이었다. 쉐히터는 모차르트의 〈피가로의 결혼〉과 스메타나의 〈키스〉를 합창단과 연습했고, F. E. 클라인이 〈토스카〉를 지휘했는데, 이중 배역으로 구성했다.

또한 이 시기에는 전문 피아니스트의 활약이 두드러졌다. 유명 피아니스트로서 1943년 7월에 도착했던 알리스 헤르츠 좀머을 비롯하여, 기데온 클라인, 카를로 타우베(Carlo Taube, 1897~1944),[76] 베르나르트 카프(Bernard Kaff, 1905~1944),[77] 르네 게르트너-가이링어(Renee Gaertner-Geiringer, 1908~1945), 에디트 슈타이너-크라우스, 줄리엣 아라니(Juliette Aranyi, 1912~1944) 등이 피아노의 밤을 개최했다.[78]

또한 악기 사정이 좋아진 덕에 심포니 오케스트라도 모습을 갖추어 카렐 안체를의 지휘로 4개월 연습 후 1943년 9월에 첫 연주회를 개최할 수 있었다.[79] 지휘자 중 가장 탁월한 능력을 보였던 안체를의 오케스트라는 1년 정도 유지되었다. 반면 「테레지엔슈타트 음악사 개요」에서 언급되지 않았지만, 카를로 타우베의 오케스트라는 수용소에서 가장 먼저 결성되어 가장 오래 지속되었던 오케스트라다. 1943년 10월 6일 강제 이송되어 온 코펜하겐왕립오케스트라 지휘자였던 페터 도이취(Peter Deutsch, 1901~1965)가 합류하여, 타우베와 함께 주로 가벼운 음악을 연주했다.[80]

이 시기의 인기 있던 작품은 루돌프 프로이덴펠트의 지휘로 1943년 9월 게토 수용소에서 초연되었던 한스 크라사의 〈부룬디바르〉이다. 이는 제5장에서 자세하게 다룰 것이다.

3. 절정기, 선전 목적이 만들어낸 놀라운 문화적 성과

(1943년 10월~1944년 10월)

절정기에는 미화 작업과 선전 영화 촬영의 시기로 나누어 서술하고
자 한다.

국제적십자단의 방문을 위한 미화 작업

「테레지엔슈타트 음악사 개요」가 작성된 것은 1943년 10월로, 이때
부터 1944년 10월 마지막 강제 이송 전까지는 테레지엔슈타트에서 음
악과 문화생활의 '최고 절정기'라 할 수 있다.[81] 이 시기 큰 변화의 배
경엔 무엇보다 게토 수용소의 '미화 작업'이 있었다. 이는 SS의 명령
과 적극적인 지원에 의한 것으로, 이전과 다른 외적 변화를 초래했다.

앞서 언급했듯이, 수용소 미화 작업은 1943년 10월 덴마크 정부
가 나치에게 450여 명의 덴마크 유대인의 행방을 문의한 것에서 출
발했다. 코펜하겐의 대기업가 오베 마이어(Ove Meyer), 모리츠/멜라
니 오펜하임(Morits & Melanie Oppenhejm), 덴마크 함대 사령관 부인 클
라라 폰 슐츠(Clara von Schultz), 암스테르담대학 교수 다비드 코헨
(David Cohen), 덴마크 상임 랍비 막스 프리디거(Max Friediger) 등 명망
있고 부유한 덴마크 유대인들이 테레지엔슈타트로 이송되었지만,
이후 소식이 끊어져버렸기 때문이다. 덴마크 정부는 자국민의 행방
을 궁금해 하며, 직접 방문하고자 나치제국에 허가를 요청하였다.

이미 나치의 끔찍한 살인 행위에 대한 소문이 돌고 있었으므로, 유럽 유대인 운송 조직의 총책임자였던 아돌프 아이히만(Adolf Eichmann)은 소문이 진실이 아님을 보여주기 위해 결국 정식 방문 허가를 결정할 수밖에 없었다.

'1944년 4월 이후 방문'이라는 조건을 내걸었던 SS는 이 방문을 준비하기 위해 대대적인 수용소 미화 작업을 명령하였다. 1943년 12월 본격적인 작업이 시작되어 수감자들은 직접 페인트칠과 거리 청소는 물론, 꽃밭과 놀이터도 만들어야 했다. 광장에 밴드가 연주할 수 있도록 음악 정자를 세우고, 수용소 카페를 단장하였다. 명령에 따라 도서관과 연극 무대 등이 있는 마을회관 같은 공간도 꾸몄다. '할리우드 영화 세트장'을 만드는 작업과 비슷했다. 모든 것이 진짜처럼 보였지만, 그것은 오로지 보여주기 위한 장치로서 중요할 뿐, 평소 거주자의 삶과는 거리가 먼 것이었다.[82] 이런 가운데 음악을 비롯한 문화 활동이 장려되어, 배고픔과 왕성한 음악회와 강연회 등이 공존하는 기이한 상황이 연출되었다.[83] 아이러니하게도 성악가 헤다 그랍-케른마이어는 1944년 여름 테레지엔슈타트를 '유럽의 완전한 낙원'이라 했을 정도였다.[84]

미화 작업은 나치 측에서 볼 때 대성공이었다. 1944년 6월 23일 방문한 국제적십자 시찰단은 테레지엔슈타트의 겉모습에 속아 넘어가 긍정적인 보고서를 제출했을 뿐 아니라, 두 번째 시찰 수용소로 원래 계획에 있었던 아우슈비츠 방문은 아예 포기해버렸다. 조금만 더 들여다보았다면 번지르르한 겉모습 뒤에 숨겨져 있는 심각한 상황을 알 아챌 수 있었으나 적십자 대표단의 스위스 출신 27세 의사 마우리체 로셀(Maurice Rossel)은 기만을 진실로 여겼다. 학자들 사이에서는 그가 반유대적 성향을 가졌던 것은 아닌지 의문도 제기되었다.[85]

거짓 영화 제작

하지만 나치의 이러한 기만적 성공 뒤 얼마 가지 않아서 테레지엔 슈타트를 비롯해 나치수용소에 대한 끔찍한 실상이 외부에 알려지 게 되었다. 앞서 언급했듯이 베드르지흐 프리타 등의 화가들이 수 용소의 비참한 실상을 그린 그림이 밖으로 유출되어 이슈가 된 것 이다. 이에 SS는 7월 17일 주동자를 색출하였다.

그로부터 채 일주일이 지나지 않은 1944년 7월 23일에는 소련군 이 가장 먼저 해방시킨 폴란드 루블린의 마즈다넥(Majdanek)수용소 에서 시체 더미가 발견되고, 가스실에서 자행된 유대인 학살의 참 상이 드러났다. 그해 8월에는 서방의 기자들이 그곳을 직접 방문하 여 진상을 매체에 보도하기 시작했다. 이런 보도는 나치 측에 불리 할 수밖에 없었다. 나치가 〈테레지엔슈타트〉라는 프로파간다 영화 제작을 추진한 것도 이런 상황에서 뭔가 국제적 의심을 불식시킬 수 있는 강력한 시각적 선전물이 필요했기 때문이었다.

영화 제작은 신속하게 실현되었다. 이미 국제적십자 시찰단이 속아 넘어갈 정도로 잘 꾸며졌던 수용소 외관은 촬영 세트로서 손

테레제엔슈타트 나치 선전 영화 촬영팀

색이 없었고, 수감자들의 공연이나 음악 연주도 이미 수준급으로 훈련되어 있었으므로,[86] 이 상태를 영화로 담아내는 일은 (처음부터 준비하는 것보다) 그리 힘든 일이 아니었다. 영화 촬영을 위해 (적십자 시찰단 방문 7주 후) 1944년 8월 16일 프라하의 〈주간뉴스〉팀이 테레지엔슈타트에 도착한 것도 이를 잘 설명해준다.[87]

영화 제작을 위해 음악가들은 더 바빠졌다. 지휘자 페터 도이취가 선정한 배경 음악을 그의 지휘 하에 수감자 음악가들이 전부 감당해야 했다. 또한 영화에 포함될 장면으로서의 음악 연주는 따로 준비해야 했다. 이전부터 연습해오던 파벨 하스의 〈현악 오케스트라를 위한 습작〉도 촬영하기 전에 다시 연습해야 했다. 앞서 언급했듯이, 카를 안체를의 지휘로 카페에서 초연되던 장면은 영상으로 남았고, 그 속엔 1944년 아우슈비츠에서 살해되기 전 파벨 하스와 청중석 유명인들의 최후의 모습이 담겨 있다. 또한 테레지엔슈타트의 인기 공연이었던 어린이 오페라 〈부룬디바르〉도 영상에 담겨져 가스실에 사라진 아이들의 마지막 모습을 전해주고 있다.

4. 말기(1944년 11월~1945년 5월)

영화 촬영이 끝난 후, 1944년 9월 28일부터 10월 28일까지 한 달간 테레지엔슈타트수용소의 마지막 강제 이송이 이루어졌다. 수용소에서 가장 인기 있었던 어린이 오페라 〈부룬디바르〉의 아이들과 영화 출연진 및 스태프, 기데온 클라인, 한스 크라사, 파벨 하스, 빅토르 울만 등 작곡가와 연주가들 등 총 18,400명이 절멸 수용소 아우슈비츠로 강제 이송되었다.[88] 쉬히터의 합창단, 카렐 안체를[89]의 오케스트라, 프뢸리히의 사중주단, 기데온 클라인의 피아노트리오, 피아노오중주단 등 쟁쟁한 음악가들이 사라졌으므로, 이후 테레지엔슈타트 수용소의 창의적인 음악 활동은 거의 끝났다고 해도 과언이 아닐 것이다.[90]

이런 분위기 속에서 SS는 1944년 12월 13일 유대인 자치 행정체

[표-2] 1944년 12월 13일~19일 주간 프로그램[92]

일자	시간 요일	18시	19:30	19:45	
	월	카페 음악			
	화	카페 음악		노동자를 위한 밤	모차르트의 밤
12월 13일	수	카페 음악		노동자를 위한 밤	
~	목	카페 음악		노동자를 위한 밤	
12월 19일	금	카페 음악			
	토	카페 음악			
	일	카페 음악	유쾌한 밤		

제의 재편을 명령하였는데, 그 결과는 자치 행정부의 간소화였다.[91] 하지만 대부분의 음악가들이 사라진 와중에도 SS의 명령에 따라 '자유시간조직부'는 해체되지 않았다. 1945년 봄에 또다시 적십자단 방문이 예정되어 있었으므로, 수감자의 문화적 선전 가치는 여전히 중요했기 때문이다.

하지만 이제 음악 프로그램은 매우 간소해졌다. 1944년 12월 13일 공고된 주간 프로그램을 보면, 이전의 수준 높은 예술 음악 대신 주로 오락 음악이 메인을 차지했다. 수용소 카페에서는 매일 저녁 6시부터 8시까지 재즈를 비롯한 오락 음악이 요일에 상관없이 지속적으로 연주되었고, 화·수·목요일에는 노동자를 위한 프로그램이 개최되었다. 특별 프로그램은 12월 17일 일요일 '유쾌한 밤'과 12월 19일 화요일 '모차르트의 밤'이 전부였다. 성악가 헤다 그랍 케른마이어,

피아니스트 에디트 슈타이너-크라우스, 알리스 헤르츠-좀머 등과 같이 테레지엔슈타트에 남았던 소수의 예술 음악가들을 중심으로 '모차르트의 밤'과 같은 음악회가 간헐적으로 개최되는 상황이었다.

또한 수감자는 모두 노역에 동원되었으므로, 연주회는 하루 노동이 끝난 후 19시 반 또는 19시 45분에 개최되었다. 이전의 20시 통행금지 원칙이 더 이상 지켜지지 못했으리라 추측할 수 있다. 이 시기엔 주당 70시간 강제 노동이 이루어졌는데, 노동력 착취가 극에 다다른 상황이었으므로,[93] 이제 일상의 조정이 필요했다.

독일의 패배가 확실해지는 시기, 오히려 테레지엔슈타트는 나치에게 매우 중요한 수용소가 되었다. 다수의 유명 유대인을 보유하고 있는 나치 측은 부족한 전쟁 물자를 얻기 위해 유명인들을 돈이나 전쟁 물자(트럭 등)와 맞교환하는 협상을 국제유대인협회와 개시하였다. 즉, 테레지엔슈타트의 유명 수감자들을 거금을 받고 '팔 수' 있게 된 것이었다. 그 결과 1945년 2월 SS측에 의해 선정된 1,200명의 주요 유대인이 스위스를 향해 떠날 수 있었다.[94] 또한 1945년 4월 15일 테레지엔슈타트에 남아 있던 덴마크 유대인들도 스위스로 떠났다. 그 사이 SS소장의 명령에 따라 수감 음악가들은 1945년 4월 6일 유대인 교환의 사전 조율 목적으로 방문하는 적십자단을 위해 남은 인원으로 음악 연주를 해야 했다.

하지만 소련군의 빠른 진격으로[95] 1945년 4월 20일 전후로는 오히려 아우슈비츠나 마즈다넥 등 절멸 수용소의 수감자들이 테레지엔슈타트로 역(逆)이송되는 사태마저 일어났다.[96] 테레지엔슈타트 수감 음악가들은 절멸 수용소에서 온 이들로부터 나치가 그곳에서 무슨 일을 저질렀는지 진실을 들었지만, 상상을 초월하는 일이었으므로 대부분 쉽게 믿지 못했다.[97]

SS와 적십자는 협의 끝에 1945년 5월 5일 적십자가 게토 수용소를 운영하는 데 합의한다. 하지만 5월 8일 소련군이 도착함으로써 테레지엔슈타트의 수감자들은 해방을 맞게 된다.

제 5 장

절정기의 레퍼토리,
연주 단체, 청중, 인기 음악

1941년 11월 설립되어 1945년 5월 소련군에 의해 해방된 테레지엔
슈타트 게토 수용소에서 음악 활동이 가장 활발했던 기간은 대략
1943년 10월부터 1944년 10월까지였다.[98] 이 시기 음악 활동의 한
단면을 통해 당시 사정을 더 구체적으로 상상해보자.

1. 레퍼토리

이 시기엔 적십자 방문단 환대를 위해 음악회를 준비하면서 악기와
악보, 보면대 등 필수적인 물품들의 지원이 원활했다. 당시 문화적
활동이 얼마나 풍성했는가는 1944년 2월 14일부터 2월 20일까지 일
주일 간의 연주회 프로그램을 통해서도 엿볼 수 있다.

[표-3] 테레지엔슈타트수용소 연주회 주간 프로그램(1944년 2월 14일~20일)[99]

날짜	시간	프로그램 및 연주자
2. 14(월)	18時	피아노트리오(W. 레더러, H. 타우식, P. 콘)
	18時	타우베 오케스트라(콘서트마스터 프뢸리히)
2. 15(화)	17時	〈토스카〉(지휘 F. E. 클라인)
	17時 30분	요제프 하이든의 〈천지창조〉(지휘 K. 피서)[100]
2. 16(수)	18時	바흐 연주회(피아노 에디트 슈타이너-크라우스)
2. 17(목)	18時	브람스와 드보르작의 피아노사중주곡 연주(기데온 클라인, K. 프뢸리히, 로뮬드 쥐스만, F. 마르크)
2. 18(금)	18時	쇼팽의 밤(C. S. 타우베)
2. 19(토)	18時	가곡의 밤(성악 H. 그랍-마이어, 피아노 반주 E. 라이너)
	19時	지휘자 콘(V. Kohn)과 그의 오케스트라
2. 20(일)	10時 30분	타우베오케스트라
	16時 30분	요한 슈트라우스의 오페레타 〈박쥐〉(지휘 한스 호퍼)
	17時 30분	베르디의 〈레퀴엠〉(지휘 R. 쉐히터)

[표-3]은 대중음악, 연극, 강연, 캬바레 등을 제외한 클래식 연주회만을 발췌한 것이다. 한 주에 총 12회 공연이 열릴 정도로 풍성했다. 월요일과 화요일 저녁 연주회가 각기 다른 장소에서 2회, 수요일, 목요일, 금요일엔 각 1회, 토요일은 2회, 일요일은 아침부터 저녁까지 총 3회의 연주회가 개최되었다. 피아니스트 알리스 헤르츠-좀머의 회상에 따르면, 어떤 날은 하루에 네 번의 연주회가 열린 적도 있었다고 한다.[101]

예술 음악 레퍼토리는 빅토르 울만이 1943년~1944년에 쓴 것으로 알려진 총 26개의 (독일어) 비평문을 통해 일부 확인할 수 있다.[102]

여기에다 여러 생존자들의 증언을 보완해서 살펴보면, 주로 하이든, 바흐, 베토벤, 모차르트, 슈만, 슈베르트, 브람스, 요한 슈트라우스, 후고 볼프 등의 독일 음악가와 푸치니, 베르디, 비발디, 쇼팽, 드보르작, 스메타나 등 일차적으로는 당시 독일이나 유럽 여느 도시의 음악회 레퍼토리와 크게 다르지 않음을 확인할 수 있다. H. G. 아들러는 테레지엔슈타트에서 바흐 이래 거의 모든 대가들의 음악이 연주되었다고 확신한다.[103]

하지만 눈에 두드러지는 차이점도 다음 네 가지로 정리할 수 있다. 첫째, 무엇보다도 바그너 음악이 전혀 연주되지 않았다는 점이다. 나치제국에서 히틀러의 바이로이트(Bayreuth) 축제 지원을 통해 바그너 사운드가 가지는 정치적 함의를 생각하면 당연한 일일 것이다.

둘째, 위의 레퍼토리에는 없지만, 독일제국에서 금지된 작곡가가 수용소에서 연주되기도 하였다. 멘델스존과 말러가 대표적인 예이다.[104] 1943년 여름 수감된 음악가 힐데 아론손-린트(Hilde Aronson-Lind)가 구스타프 말러의 연가곡 〈죽은 아이들을 기리는 노래(Kinder-totenlieder)〉를 연주했고,[105] 카를 피셔의 지휘로 멘델스존의 오라토리오 〈엘리아스〉가 80명의 수감 합창단과 성악가들에 의해 공연되었다.[106]

셋째, 테레지엔슈타트 음악 레퍼토리의 매우 중요한 특징은, 울만의 비평문에서도 많은 부분을 차지하는데, 체코 음악가들의 작품이 자주 연주되었다는 점이다. 체코 작곡가, 체코 연주가의 수감 비중이 높았던 테레지엔슈타트의 음악적 사건에서 체코 음악가가 선호된 것은 청중의 입장에서도 쉽게 이해된다. 전체 수감자 가운데 체코인이 7만5천여 명이었다. 독일·오스트리아인을 합친 57,669명에 네덜란드, 덴마크, 폴란드, 헝가리인을 모두 합친 수보다 많았으므로 자연스러운 일이라 할 수 있다.[107]

스메타나, 야나첵, 드보르작, 요세프 수크, 요세프 포에스터(Josef Bohuslav Foerster), 카렐 지라크(Karel Jirak, 1891~1972), 빌렘 브로데크(Vilem Blodek, 1834~1874), 비테슬라브 노박(Vitezlav Novak, 1870~1949) 등 수용소와 상관없는 체코 음악가의 작품뿐 아니라 테레지엔슈타트에 수감되었던 빅토르 울만, 파벨 하스, 한스 크라사, 기데온 클라인, 카렐 라이너(Karel Reiner, 1910~1979), 지그문트 슐(Sigmund Schul, 1916~1944)[108]의 작품도 연주되었다.

넷째, 수감된 독일계 체코 작곡가들의 창작 활동이 매우 활발했고, 음악적 성과도 뛰어났다는 점이다. 특히 수감된 작곡가들의 작품이 수감 연주자에 의해 초연되는 경우는 제2차 세계대전 시기 나치수용소에서 보기 드문 광경이었다. 파벨 하스의 〈현악 오케스트라를 위한 습작〉, 〈중국 시에 의한 네 개의 가곡〉이나 한스 크라사의 〈현악삼중주를 위한 춤〉과 현악사중주를 비롯하여 기데온 클라인의 피아노 소나타, 현악사중주, 그리고 지그문트 슐의 〈디베르멘토 에브라이코〉, 빅토르 울만의 피아노 소나타, 오페라 〈아틀란티스의 황제〉 등이 수감자들에 의해 초연 또는 초연을 위해 연습되었다.

[표-4] 에디트 슈타이너-크라우스의 '피아노의 밤' 프로그램[109]

연주회 타이틀	프로그램	비고
슈베르트의 밤	슈베르트: 피아노 소나타 D장조 슈베르트: 여섯 개의 가곡 슈베르트: 피아노 소나타 A단조	찬조 출연: 마리온 포도리어(Marion Fodolier), 카를 베르만 또는 쿠르트 프로인트(Kurt Freund)
피아노의 밤	슈만: 〈크라이스아나〉 빅토르 울만: 피아노 소나타 6번(초연) 브람스: 피아노 소나타 F단조	

테레지엔슈타트에는 울만의 피아노 소나타를 초연한 피아니스트가 총 세 명이나 수감되었다. [표-4]의 〈피아노의 밤〉 프로그램에서 보듯이, 아루투어 슈나벨(Artur Schnabel, 1882~1951)의 제자 에디트 슈타이너-크라우스는 (슈만, 브람스, 슈베르트 외에도) 빅토르 울만이 테레지엔슈타트에서 작곡한 피아노 소나타 6번을 초연하였다.[110]

에디트 슈타이너-크라우스와 함께 살아남아, 희생당한 20세기 체코 음악사의 중요 인물들에 대해 생생한 증언을 남긴 알리스 헤르츠-좀머(1903~2014)[111]와 1944년 아우슈비츠에서 살해된 헝가리 피아니스트 줄리엣 아라니(Juliette Aranyi, 1911~1944)[112]도 각각 빅토르 울만의 피아노 소나타 3번(1940)과 4번(1941)을 헌정 받았다.

에디트 슈타이너-크라우스는 테레지엔슈타트에 들고 온 악보 가방을 분실하여 바흐,[113] 모차르트, 브람스, 쇼팽, 스메타나의 곡을 모두 외워서 연주했다고 한다. 알리스 헤르츠-좀머도 마찬가지로

베드르지흐 프리타, 〈강제 이송〉

쇼팽 에튀드 스물네 곡을 전곡 외워서 연주했고, 베토벤 피아노 소나타 독주회를 20회 정도 개최하여 총 100회 이상 콘서트를 했다고 한다.[114] 이 둘은 아우슈비츠로 이송되지 않고, 살아남아서 20세기 체코 음악사에서 중요한 인물이 되었다.[115]

반면 줄리엣 아라니는 울만이 자신의 피아노 협주곡(op. 25, 1939)과 피아노 소나타 3번(1940)을 헌정한 피아니스트로 1942년 7월 2일 테레지엔슈타트로 이송되어 온 후, (에디트 슈타이너-크라우스나 알리스 헤르츠-좀머와 달리) 그리 활발하게 연주 활동을 하지 않았다. 자유시간

조직부의 연주회 〈피아노의 밤〉과 〈모차르트의 밤〉에서 연주한 흔적이 남아 있는 정도다.[116] 아라니는 1944년 10월 6일 아우슈비츠 가스실로 강제 이송되어 살아남지 못했다.[117]

창작 음악에서 독보적이었던 빅토르 울만, 파벨 하스, 한스 크라사, 기데온 클라인 등에 대해서는 6장에서 자세하게 다룰 것이다.

2. 연주 단체

테레지엔슈타트의 연주 단체는 솔리스트 외에, 피아노 트리오, 피아노사중주, 오페라 앙상블,[118] 합창단, 어린이 앙상블, 오케스트라, 스윙 밴드 등 다양했다. 테레지엔슈타트의 오케스트라는 그때그때 필요에 의해 결성되는 오페라 오케스트라, 스트링 오케스트라, 경음악 오케스트라 등 여러 개가 활동했는데, 그 중심을 이루었던 네 개는 각각 레덱(Egon Ledec, 1889~1944)[119] 오케스트라, 호르비츠(Lucian Horwitz)오케스트라, 타우베오케스트라 그리고 카렐 안체를 현악 오케스트라였다.[120]

오케스트라의 멤버는 겹치는 경우가 대부분이었다. 타우베오케스트라의 콘서트마스터로 언급된 카렐 프뢸리히는 테레지엔슈타트의 네 개 오케스트라 모두에서 콘서트마스터였다. 자유시간조직부의 전문 음악가로 등록된 그는 타우식, 로뮤알드 쥐스만, 프리드리히 마르크와 함께 '프뢸리히 현악사중주'의 멤버였고, 기데온 클라인, 프리드리히 마르크와는 피아노 트리오 등의 실내악 그룹을 결성하여 활발하게 음악 활동을 전개했다.[121]

이것은 프뢸리히뿐만이 아니었다. 청소년 바이올리니스트 파울 클링(Paul Kling, 1929~2005)도 연주가로서 바빴는데, 타우베오케스트라와 현악 오케스트라, 오페라 오케스트라, 피아노 트리오 등에 참여하였다.[122] 위의 프로그램에는 나와 있지 않지만, 클링은 기데온 클라인, 프리드리히 마르크의 팀에서 브람스 피아노 트리오(op. 8)와 베토벤 피아노 트리오(op. 70/2)를 연주했다.[123]

테레지엔슈타트의 현악사중주단은 '프뢸리히사중주단' 외에도, '레덱사중주단', '호로비츠사중주단' 등 적어도 세 개가 활동했다. 그중에서 호로비츠사중주단은 얼마 가지 않아 해체되었던 반면, 레덱사중주단은 수용소 최초의 사중주단으로서 1944년 10월 강제 이송 전까지 테레지엔슈타트에서 최장 기간 연주 활동을 이어갔다.[124]

물론 테레지엔슈타트 게토 수용소의 사운드는 클래식 음악만이 아니었다. 특히 카페 하우스의 개장 이후, 재즈 음악가들이 중요한 역할을 했다. 처음에는 오후 두 시부터 여덟 시까지 가벼운 음악이 연주되었지만, 나중에는 오전 열 시부터 오후 여덟 시까지 쉬지 않고 음악이 연주되어야 했다. 카페에서 클라리넷주자 프리츠 바이스가 이끄는 바이스 오중주단, 게토 스윙 그리고 호로비츠오케스트라가 재즈 음악과 유흥 음악을 마라톤처럼 연주했다.

1944년 테레지엔슈타트 음악 활동 절정기의 레퍼토리, 연주회 횟수 및 그 시간과 연주 단체를 종합해보면, 테레지엔슈타트가 오히려 연합군의 폭격으로 폐허가 된 독일의 도시보다 더 풍요로웠으리라 상상할 수 있다. 특히 1944년이 되면 독일 본토의 대도시 베를린, 함부르크, 쾰른, 드레스덴 등에는 하루가 멀다 하고 연합군의 폭격이 있었고, 연주회 도중에도 공습경보가 울리면 방공호로 피신해야 했으므로, 연주회는 대체로 공습이 적은 낮 시간대에 개최되었다. 더욱이 오케스트라 단원 가운데 총을 들 수 있는 남자 음악가들은 거의 전선으로 징집되었으므로, 음악가의 수도 줄었고,[125] 연주홀이 폭격되는 경우도 잦아서 연주회 개최 빈도 자체가 크게 줄었다. 반면 테레지엔슈타트에서는 공습과 폭격에 대한 두려움이 없었고, 통행금지 전까지 저녁 연주회도 가능했다.[126] 나치의 선전 목적을 위해 SS의 명령에 따라 이루어진 1944년의 테레지엔슈타트의 음악 활동은 이렇게 역사적 아이러니가 되었다.

3. 테레지엔슈타트의 청중

테레지엔슈타트에서는 SS가 청중으로 참석하는 경우도 있었지만, 원칙적으로 수감자들을 청중으로 하는 프로그램이었으므로, 다른 나치수용소에서와는 전혀 다른 차원의 음악 문화가 가능했다. 물론 전체적으로는 SS의 명령에 의해 음악 활동이 지원되었고, 적십자사 시찰단의 방문처럼 특별한 사정이 있는 경우 SS가 〈부룬디바르〉나 〈호프만의 이야기〉 등 특정 곡목의 연주를 명령하는 경우도 있었다. 하지만 평소에는 제한적인 상황과 조건에서도 수감 음악가들의 욕구와 수감 청중들의 욕구를 어느 정도 반영할 수 있었다.

따라서 테레지엔슈타트의 인기곡들은 수감 음악가들이 SS의 유흥을 위해 연주해야했던 아우슈비츠와 사뭇 다른 양상을 보인다. 물론 수용소 카페에선 재즈 음악이나 경음악이 종일 배경 음악으로 흘러나왔지만, 연주회의 진지한 음악 청중에게 인기곡은 한스 크라사가 작곡한 어린이 오페라 〈부룬디바르〉나 스메타나의 〈팔려간 신부〉 또는 베르디의 〈레퀴엠〉이었다. 〈부룬디바르〉는 55회 재연되었고, 〈팔려간 신부〉의 합창곡과 〈레퀴엠〉은 각각 35회와 15회 이상 반복되었다. 또한 에디트 슈타이너-크라우스의 바흐 연주회는 16회 재연되었고, 알리스 헤르츠-좀머는 100회의 클래식 음악 연주회를 개최하였다.

테레지엔슈타트 청중의 문화적 욕구는 음악뿐이 아니었다. 연극 공연을 살펴보면, 1943년 11월 첫 주에만 약 4만 명의 관객이 참여한 기록이 있고,[127] 1944년 7월과 8월엔 주간 강연회도 수십 개가 개최되었다.[128] 작곡가 빅토르 울만도 음악에 대해 강연했는데, '말러와 쇤베르크(Mahler und Schoenberg)', '오페라의 발전(Entwicklung der Oper)', '20세기의 음악가(Musiker des 20. Jahrhunderts)' 등 대부분이 지적 청중을 위한 주제였다.[129] 이는 테레지엔슈타트에 존재했던 지적이고 정신적인 것에 대한 소비 욕구와 청중의 수준을 말해준다. 또한 수감자의 약 절반을 차지했던 노년층 유대인 가운데 유럽의 명망 있는 교양 시민 계층의 청중이 다수 있었음을 암시한다. 에디트 슈타이너-크라우스와 알리스 헤르츠-좀머의 다음과 같은 증언도 같은 맥락이다.

> "(테레지엔슈타트) 청중은 아주 특별했다. 그들은 암스테르담, 프라하, 빈, 바르샤바, 베를린 등지에서 연주회를 찾았던 사람들이다. 이들은 연주회에 와서 음악을 들으면 무엇을 잘했는지 또는 못했는지 아는 사람들이었다. 노년층인데다 병들고 굶주려 약했으므로 연주회에 올 때에는 다른 사람의 도움이 필요했다. 하지만 음악은 그들의 양식이었고, 동시에 우리의 양식이었다."[130]

이로써 테레지엔슈타트의 청중은 유행가를 선호했던 아우슈비츠의 청중과는 전혀 달랐으리라 유추해볼 수 있다. 아우슈비츠의 청중인 SS가 유행가 레퍼토리에 영향을 미쳤던 반면, 테레지엔슈타트에서는 유럽의 교양 시민 계층의 음악 애호가들이 (테레지엔슈타트 선전 영화에도 나오는) 한스 크라사의 〈부룬디바르〉를 최고 인기곡으로 만들었다. 이제 그 내용을 자세하게 살펴보자.

4. 인기 음악 〈부룬디바르〉

이미 언급되었듯이, 1943년에서 1944년에 걸쳐 55회나 연주될 정도로 인기가 높았던 어린이 오페라 〈부룬디바르〉 덕분에, 작곡가 한스 크라사는 어린이들뿐만 아니라, 게토 수용소 내 성인 청중들에게도 잘 알려진 유명인이 되었다. 1938년 완성된 〈부룬디바르〉는 30~40분가량의 짧은 곡으로, 한스 크라사가 테레지엔슈타트에 들어오기 직전인 1941년 11월 프라하의 유대인 고아원에서 초연되었다.

제대로 된 악기도, 초연 악보도 없었던 수용소에서 한스 크라사는 1943년 피아노 버전의 악보를 근거로 기억을 더듬어서 '수용소 버전'의 〈부룬디바르〉를 다시 만들었고, 함께 게토로 들어온 아이들과 1943년 9월 23일 테레지엔슈타트에서 초연했다. 이때 지휘자는 프라하 초연 당시의 지휘자 루돌프 프로이덴펠트였다.[131] 그는 프라하의 유대인 고아원 원장의 아들로서 고아원을 중심으로 체코 반파쇼 예술가 그룹을 이끌던 인물이었다.

오페라의 내용을 간단하게 요약해보자. 병든 어머니에게 꼭 필요한 우유를 구하려고 페피체크와 아니카 남매는 시장에 나갔지만, 돈이 없었다. 그런데 시장에서 부룬디바르가 음악으로 돈을 벌고 있었다. 이를 본 아이들도 노래를 불러 돈을 벌고자 하지만, 부룬디바르는 경쟁자인 이들을 내쫓아버린다. 쫓겨난 아이들은 두려움에 떨며 거리에서 밤을 지새우고, 아침이 되자 어디서 왔는지 동물들이 아이들을 도와준다. 고양이와 개와 참새가 마을의 아이들을 모아왔고, 함께 노래를 부르며 돈을 번다. 하지만 아이들이 딴 곳에 정신이 팔려 있을 때, 부룬디바르는 아이들의 돈을 훔친다. 결국 돈이 없어진 것을 알게 된 아이들이 모두 힘을 합쳐서 부룬디바르를 몰아내는 데 승리한다. 드라마는 어른 부룬디바르는 나쁜 사람이고, 아이들은 선한 사람이라는 이분법적 구도를 따른다. 선이 악을 이긴다는 단순한 주제로, 아이들은 약하지만 힘을 모았을 때, 나쁜 어른을 물리칠 수 있다는 이야기다.

〈부룬디바르〉의 서사는 약자들이 연대해서 권력자에 저항하면 승리한다는 메시지를 담고 있으므로, 나치가 선전 목적으로 장려하기에는 적당하지 않을 수도 있었다. 더구나 유대인 수감자들의 입장에서 보면, 악인 부룬디바르는 히틀러를 상징한다고 해도 과언이 아니었다. 그럼에도 1943년 9월 수용소 초연 이래 약 1년 6개월간 55회(월별 최소 3회)나 공연되었을 뿐만 아니라 외부 시찰단을 위한 선전용으로 적극적으로 활용되었다. 무엇보다 국제적십자 대표단에게 '보여 주기용'으로서 매우 성공적이었다. 거짓 선전 영화에도 이 공연 모습이 들어 있다.

그러나 나치는 훈련이 잘 된 아이들에게 지속적인 공연을 허락하지 않았다. 공연 뒤 아이들 대부분을 가스실로 보내버렸으므로, 지휘자와 오케스트라는 매번 새로 도착한 아이들과 다시 연습해서 공연해야 했다. 이미 언급했듯이, 1944년 가을에는 아이들뿐 아니

부룬디바르 공연 포스터(1943)

라, 자유시간조직부 간부였던 한스 크라사를 비롯해서 오페라 지휘자, 오케스트라 음악가, 연출진이 거의 모두(총 18,400여 명) 마지막 죽음의 강제 이송 열차를 타고 끝내 아우슈비츠로 보내졌다. 알리스 헤르츠 좀머의 아들 라파엘(1937~2001)[132]도 〈부룬디바르〉의 출연진으로 노래했지만, 피아니스트인 엄마 덕분에 살아남아, 50회 공연을 반복할 수 있었던 예외에 속한다. 그는 테레지엔슈타트의 아이들 총 1만5천여 명 가운데 생존한 130명 중의 한 명이다.[133] SS였던 아돌프 아이히만은 이렇게 아이들과 연출진, 음악가들이 모두 사라져버렸음에도 1945년 4월 6일 국제적십자 시찰단의 방문에 맞춰 또다시 〈부룬디바르〉 공연을 요청했다고 하니, 나치의 선전에서 〈부룬디바르〉가 얼마나 중요한 역할을 했는지 짐작할 수 있다.

그런데 나치의 입장에서 하필 내용상 수감자들에게 잘못된 시그널을 줄 수 있는 이 오페라를 애호하며 활용한 까닭은 무엇이었을까. 또 이 오페라의 선전 가치가 높았던 이유는 무엇일까.

다른 일례로서 수용소에서 창작된 오페라 가운데 빅토르 울만의 〈아틀란티스의 황제〉는 1944년 3월 초연을 위한 리허설 도중에 SS에 의해 금지되었다. 오페라에 권력자 히틀러에 대한 비판이 들어 있다고 여겨졌기 때문이다(이에 대해서는 제6장에서 자세히 다룬다). 그렇다면 〈부룬디바르〉의 경우엔, SS가 이 곡을 통해 수감자들로 하여금 히틀러에 대한 저항감을 일깨우는 교육적 효과를 감지하지 못했거나 크게 신경 쓰지 않았다고 추정해볼 수 있다. SS에게는 아이들의 순수함을 이용해 국제적십자 시찰단에게 좋은 인상을 남기고, 자신들의 관대함을 효과적으로 호소할 수 있다는 측면이 더 중요했을 것이다. 실제로 어린아이들이 즐겁게 노래하는 〈부룬디바르〉의 음악은 명랑하며 동화적 분위기를 연출한다. 모던하고 심각한 내용의 〈아틀란스의 황제〉보다 '인간적인 수용소'를 선전하는 데 더 효과적인 〈부룬디바르〉는 SS가 이 아이들을 정말 가스실에서 살해한다는 것을 상상하기 힘들게 만드는 작품이었다. 나치들은 〈부룬디바르〉가 외부 시찰단에게 미칠 심리적 허점을 노렸으리라.

5. 테레지엔슈타트의 노래

현재 〈부룬디바르〉 못지않게 테레지엔슈타트의 노래로 잘 알려진 것은 동화작가 일제 베버의 〈비갈라〉와 〈테레지엔슈타트를 방황하다〉이다. 전문 음악가는 아니지만, 일제 베버(Ilse Weber)는 1942년 2월 6일 프라하에서 테레지엔슈타트로 강제 이송된 후, 어린이 병동의 간호사로 일하면서 많은 시와 노래를 남겼다. 1944년 10월 둘째 아들 토미와 테레지엔슈타트 아이들과 함께하기 위해 그녀는 자발적으로 죽음의 열차를 탔다.[134] 아우슈비츠에 도착하자마자 바로 가스실에서 아이들과 함께 살해되었다. 반면 남편 빌리 베버(Wili Weber)는 아우슈비츠로의 강제 이송에서도 살아남았다.[135] 일제 베버가 쓴 시와 스케치와 노래가 오늘날까지 알려지게 된 것은 그녀의 남편 빌리가 아우슈비츠로 이송되기 전, 일제가 쓴 테레지엔슈타트 작품들을 그곳에 숨겨 두었기 때문이다. 해방 후 그는 테레지엔슈타트로 가서 그녀의 작품과 편지를 찾아내 공개하였다.[136]

테레지엔슈타트의 상황을 염두에 두고 일제 베버의 시 〈노인의 강제 이송〉을 읽으면, 절멸 수용소로의 강제 이송에서 풍기는 죽음의 악취가 가득하다. 도무지 이해할 수 없는 상황 속에서 죽음을 목전에 둔 노인들의 마지막 말은 "왜?"였다.

> 눈물에 가려 아무것도 보지 못하는 눈으로
>
> 아픔 없이는 걸을 수 없는 발로
>
> 그들은 그렇게 간다
>
> 또다시 자녀들과 분리되었고
>
> 마지막 가진 것마저 빼앗겼지만
>
> 그렇게 말없이 걸어간다
>
> 끔찍함으로 뭉개진 가슴 속에서
>
> 전능하신 이를 향한 절망의 탄식은
>
> 왜?...[137]

테레지엔슈타트의 아이들을 잠재우는 베버의 자장가 〈비갈라〉에도, 집에서 쫓겨나 강제 수용된 신세를 노래하는 〈테레지엔슈타트를 방황하다〉에도 죽음의 검은 그림자는 드리워져 있다. 기타 반주로 진행되는 단순한 노래지만, 이 두 곡은 테레지엔슈타트 음악가들의 작품 못지않게 테레지엔슈타트를 상징하는 유명한 노래가 되었다.

〈비갈라(Wiegala)〉

비갈라, 비갈라, 바이어
바람이 라이어를 탄다
푸른 갈대를 감미롭게 연주하고
나이팅게일은 자기 노래를 부른다
비갈라, 비갈라, 바이어
바람이 라이어를 탄다

비갈라, 비갈라, 베르네
달이 가로등처럼
어두운 하늘 천막에 걸쳐
세상을 내려다보네
비갈라 비갈라 베르네
달이 가로등처럼

비갈라, 비갈라, 빌레
세상이 얼마나 조용한지!
소리 없는 감미로운 고요함에
잘 자라 내 아기, 너도 자거라
비갈라, 비갈라, 빌레
세상이 얼마나 조용한지![138]

4분의 3박자의 이 노래는 엄마가 아이를 재우는 잔잔한 멜로디의 자장가다(E단조). 하지만 일제 베버가 아이들과 살았던 환경을 염두에 두고 해석해보면, 수용소 위에 드리워진 '어두운 하늘 천막'은 아이들과 수감자들을 싸고 있는 죽음으로 상상할 수 있다. 일제 베버가 테레지엔슈타트 시기에 이미 아우슈비츠의 가스실에 대한 실상을 알고 있었는지는 알 수 없지만, 수용소라는 환경에서 진공 상태처럼 소리 하나 나지 않는 고요함은 죽음의 상태를 암시한다고 볼수 있다. 죽음이 늘 함께하는 테레지엔슈타트의 일상에서 차라리아이가 감미로운 고요함 속에서 편안하게 잠자는 듯 고통 없이 죽는 것을 바라는 엄마의 마음인 듯하다.

〈테레지엔슈타트를 방황하다(Ich wandre durch Theresienstadt)〉

테레지엔슈타트를 걷는
내 가슴은 납처럼 무거워
이 길이 끝나는 곳
그곳은 바로 요새 앞

거기 다리에서 멈추어 서서
골짜기를 바라보네
얼마나 계속 걸어가고 싶었는지

얼마나 집에 가고 싶었는지!

집으로! 이 얼마나 놀라운 단어인가
네가 내 가슴을 무겁게 하는구나
내 집에서 쫓겨나
이제 집 없는 내 신세

침울하고 지쳐서 돌아서는데
얼마나 힘들었는지
테레지엔슈타트, 테레지엔슈타트
언제 이 고통이 끝날까
언제 우리는 다시 자유인이 될까?[139]

4분의 4박자로 된 이 노래는 D장조 '유절 가곡' 형식 속에 테레지엔슈타트의 삶의 빈곤, 지친 몸, 고통, 부자유와 수감 이전의 삶에 대한 동경을 소박하고 담담한 톤으로 담고 있다. 집이라는 평범한 단어가 테레지엔슈타트에서는 상상조차 힘들 정도로 '놀라운 단어'가 될 수 있었다. 자신의 집에서 쫓겨나 테레지엔슈타트라는 낯선 곳에서 넘쳐나는 낯선 사람들과 부대끼며, 먹을 것도 부족하고 몸을 뉘일 공간도 비좁았지만, 이런 삶의 결핍보다 더 힘든 것은 항상 죽음의 그림자가 어른거리는 불안함이었다. 젊은이, 중장년, 노인

할 것 없이, 몸과 맘이 피폐한 상황에서 병든 아이들은 더욱 열악한 상황이었다.

　노랫말은 언제 고통이 끝나고 다시 자유인이 될지 질문하는 것으로 끝나지만, 멜로디는 질문하는 톤이 아니라 대답하는 톤으로 끝난다. 물음은 진짜 물음이 아니라 수감자라면 모두 말하지 않아도 짐작하는 것이었다. 실제로 일제 베버가 다시 자유인이 되는 것은 아우슈비츠의 굴뚝에서 연기로 나와 하늘로 흩어질 때였다. 일제 베버는 불안해하는 아이들 곁에서 어머니처럼 위로해주고 끝까지 함께했다. 아우슈비츠의 가스실 앞에서도 노래와 행동으로 인간의 존엄을 보여주었다.

　태어난 연도와 출생지는 다르지만, 일제 베버의 사망지와 사망 연월은 파벨 하스, 한스 크라사, 빅토르 울만, 라파엘 쉐히터 등의 음악가들과 똑같이 '아우슈비츠, 1944년 10월'이었다.

베드르지흐 프리타, 〈테레지엔슈타트 장례식〉

제 6 장

——

테레지엔슈타트의
뛰어난 작곡가들

다른 나치수용소에도 작곡가들이 수용되고 살해되었지만, 작곡가들이 창작한 작품이 초연되거나 젊은 음악가가 수용소 내에서 수준 높은 훈련으로 독창적 작곡가로 성장하는 일은 아마도 테레지엔슈타트 외에는 보기 드물 것이다.[140] 테레지엔슈타트의 작곡가는 기데온 클라인, 파벨 하스, 한스 크라사, 지그문트 슐,[141] 카렐 라이너,[142] 제임스 시몬(James Simon, 1880~1944)[143] 그리고 가장 놀라운 창작품을 남긴 빅토르 울만 외에도 연주자 에곤 레덱이나 프륄리히, 여성 시인 일제 베버 등이 자신의 창작 욕구를 작품으로 승화시켰다. 또한 재즈 음악가와 캬바레, 레뷰 음악가도 창작을 했지만, 여기서는 지면을 고려하여, 파벨 하스, 한스 크라사, 빅토르 울만, 기데온 클라인 네 명만을 자세히 다루고자 한다. 왜냐하면 이들이 남긴 작품은 죽음과 수용소를 넘어서 오늘까지 음악사적 의미가 있으며, 테레지엔슈타트의 독특한 음악적 성과를 대변하기 때문이다.

테레지엔슈타트의 음악가들은 비인간적이고 상상을 초월하는 환경에서도 음악을 창작하였고 함께 연주하였으며 나치의 명령에 따라 다큐멘터리 영화 촬영에 동원되었지만, 이용 가치가 소멸하자 1944년 가을 거의 모두가 아우슈비츠로 가는 죽음의 이송 열차에 올라타야 했다. 아우슈비츠 도착 직후, SS의 '선별'에 따라 삶과 죽음의 운명이 결정되었다. 하스, 크라사, 울만은 곧바로 가스실에서 학살당했지만, 클라인은 아우슈비츠에서는 살아남았으나 퓌르스텐구루베(KZ Furstengrube)수용소의 탄광 강제 노역에 배정되었다가 1945년 1월에 죽었다.

가스실로 향하기 전 이들은 모든 소지품을 빼앗겼는데, 그렇다면 작품은 어떻게 남겨지게 되었을까.

테레지엔슈타트의 음악가들은 아우슈비츠로 떠나기 전에 자신의 악보 뭉치를 동료 수감자에게 넘기거나 아우슈비츠로 가지고 갔다. 우선 그 동료 수감자가 우연히 살아남은 경우 악보는 후세까지 전해질 수 있었다. 울만이 자신의 테레지엔슈타트 작품 다수를 남길 수 있었던 까닭은 테레지엔슈타트 도서관장으로 살아남은 에밀 우티츠(Emil Utitz, 1883~1956)[144] 박사에게 자신의 모든 문서와 악보를 위탁했기 때문이었다. 그러나 악보를 아우슈비츠에 가지고 간 음악가의 경우엔 그 자신은 물론 작품도 연기와 함께 사라져버렸다. 물론 운이 좋다면, 테레지엔슈타트에서 살아남은 동료 연주자가 그 초연 악보를 보존하여 알려지기도 했다.

1. 파벨 하스

파벨 하스(1899~1944)의 이름은 2002년 체코에서 설립된 유명 현악 사중주단이 '파벨 하스 사중주단(Pavel Haas Quartet)'으로 주목을 받으면서 음악 애호가들 사이에 널리 알려지게 되었다. 이들의 앨범은 여러 번 '그라모폰 어워드(Gramophone Awards)'를 시상했으며, 2007~2008년 유럽연합 콘서트홀 조직(ECHO, European Concert Hall Organization)이 파벨 하스 사중주단을 '떠오르는 별'로 칭송했을 정도로 그 실력을 인정받았다. 파벨 하스 사중주단이라는 이름은 무엇보다도 파벨 하스가 20세기 체코 현악 음악사에서 가장 중요한 작곡가라는 의미도 있지만, 동시에 그가 아우슈비츠의 가스실에서 살해된 나치 희생자라는 사실도 떠올리지 않을 수 없게 한다.[145]

체코 제2의 도시인 브르노 출생의 파벨 하스는 어릴 적부터 작곡가가 되려는 꿈을 키워오다가 제1차 세계대전이 끝난 후, 20대에 야나첵의 수제자가 되었다. 이후 프리랜서로 오케스트라 음악 〈슬픈 스케르초〉, 현악사중주 2번(op.7), 관악오중주(op.10), 피아노를 위한 모음곡(op.13), 오페라 〈돌팔이(Charlatan)〉(op.14), 현악사중주 3번(op.15), 〈오보에와 피아노를 위한 모음곡〉(op.17) 등을 작곡하였다.

하스는 1941년 12월 2일 테레지 엔슈타트로 강제 이송된 후,[146] 처음에는 가족 걱정에 병들고 낙담하였으나[147] 같은 시기 테레지엔슈타트로 이송된 기데온 클라인의 작품을 보고 용기를 얻어 다시 작곡을 시작하였고, 이로써 1944년 10월까지 약 3년 동안 게토의 힘든 시간을 견뎌낼 수 있었다. 수용소에서 그는 다른 음악가들을 위해 적어도 여덟 곡을 작곡했는데, 남성합창단을 위한 히브리어 합창곡

파벨 하스

〈애통하지 말지어다(Al s'fod)〉(1942), 지휘자 카렐 안체를을 위한 〈현악 오케스트라를 위한 습작〉(1943),[148] 성악가 카렐 베어만을 위한 〈중국 시에 의한 네 개의 가곡〉(1944),[149] 피아니스트 베르나르트 카프를 위한 〈옛 스타일의 파르티타〉[150] 등이 있다. 이 중에서 〈옛 스타일의 파르티타〉은 소실되었지만, 앞에서 언급한 〈현악 오케스트라를 위한 습작〉은 거짓 선전 영화 〈테레지엔슈타트〉에서 카를 안체를의 지휘로 들을 수 있다.

영화 〈테레지엔슈타트〉에서 연주가 끝나고 수용소 카페의 무대 앞에서 작곡가가 인사하는 장면이 나오는데, 죽기 약 2개월 전 파벨

베드르지흐 프리타, 〈게토 수용소의 카페 하우스〉

하스의 마지막 모습이다.[151]

    하스는 아우슈비츠로 출발하기 전에 자신의 작품을 다른 동료에게 맡겼던 기데온 클라인이나 빅토르 울만과 달리 자신의 악보를 가지고 떠났다. 당시에는 아우슈비츠에서 가스실을 운영하며, 유대인들을 살해한다는 사실이 테레지엔슈타트의 수감자들 사이에 알려져 있지 않았다. 동쪽의 절멸 수용소로 가는 것은 매우 위험하다는 것을 알았을 뿐, 정확하게 어떤 일이 자신을 기다리고 있는지, 아우슈비츠의 진정한 참상은 알려지지 않은 상태였다. 떠난 사람 중에

되돌아온 사람은 없었지만, 테레지엔슈타트에서도 죽음은 일상에 널려 있었으므로, 악보를 가지고 가는 것이 안전할지, 두고 가는 것이 안전할 지 판단하기 힘든 상황이었으리라 추측된다.

하스는 1944년 10월 아우슈비츠에 도착하자 의사 요제프 멩겔레(Josef Mengele, 1911~1979)에 의해 가스실로 보내진다. 그의 죽음과 함께 작품도 사라져버렸다. 하지만 다행히 그의 성악 작품을 초연했던 성악가 카렐 베르만은 살아남았고, 〈중국 시에 의한 네 개의 가곡〉의 악보도 보존하고 있었다. 또한 지휘자 카렐 안체를도 살아남아서 하스의 작품을 재구성해내는 데 기여했다. 파벨 하스의 테레지엔슈타트 작품은 현재 두 작품을 제외하고 모두 후세에 살아남게 되었다.

테레지엔슈타트 시기의 대표작이라 할 수 있는 〈현악 오케스트라를 위한 습작〉은 테레지엔슈타트의 암울하고 절망적인 상황에서도 희망적이고 발랄하게 시작한다. 그러다 죽음의 그림자가 긍정적인 톤을 덮어버려 황량하고 스산한 회색이 되기도 하지만, 다시 발랄하고 희망찬 톤으로 되돌아온다. 남성합창을 위한 〈애통하지 말지어다〉나 베르만이 하스에게 부탁하여 완성한 〈중국 시에 의한 네 개의 가곡〉에도 가족을 그리워하는 맘이 담겼지만, 절망하고 원망하는 톤이 아니라 삶의 에너지와 저항의 힘을 느낄 수 있다.

오늘 죽을지 내일 살아 있을지 언제 어떻게 될지도 모르는 상황에서, 또한 자신의 작품이 사라지게 될지 후세에 전해질지 알 수 없는 불확실하고 고통스런 삶 속에서도 음악을 계속 창작한 이유는 무엇일까.

2. 한스 크라사

한스 크라사(1899~1944)는 테레지엔슈타트에서 '가장 유명한 작곡가'였는데, 이미 언급했듯이 어린이 오페라 〈부룬디바르〉 덕분이었다.[152] 프라하의 변호사 집안에서 출생한 크라사는 프라하의 콘서바토리에서 알렉산더 쳄린스키(Alexander Zemlinsky, 1871~1942)의 제자로 작곡을 전공하였고, 1923년 파리의 국제현대작곡가 연주회에 요제프 수크와 함께 체코 현대 음악의 대표자로 참가할 정도로 20대에 이미 작곡가로서 탄탄한 길을 걸었다. 1927년에는 파리와 시카고에서 지휘자 직을 제안 받았으나, 크라사는 프라하에서 활동하고자 거절하였다.[153] 만약 이때 미국으로 건너갔다면, 그의 운명은 완전히 달라졌을 것이다. 1932년에 발표한 칸타타 〈땅의 주인(Die Erde ist des Herrn)〉과 1933년 오페라 〈꿈에서의 약혼(Verlobung Im Traum)〉으로 작곡가 크라사는 프라하 음악계와 비평계로부터 많은 관심을 받았다.

1939년 3월 15일 독일에 의해 점령당한 프라하에서 크라사는 반파쇼 예술가 그룹에 참가한다. 1942년 8월 10일 테레지엔슈타트로

한스 크라사

강제 이주되기 전까지 유대인 고아원에서 어린이 합창단을 만들어 음악으로 반파쇼 저항 운동을 함께했다. 이때 함께한 그룹의 지도자 루돌프 프로이덴펠트와 합창 지휘자 라파엘 쉐히터 그리고 아이들이 모두 테레지엔슈타트로 강제 이주되었으며, 수용소 내에서 함께 음악 활동을 이어갔다.

앞서 언급되었듯이, 한스 크라사는 〈부룬디바르〉의 성공에 고무되어 수용소에서 〈현악삼중주를 위한 춤(Tanz für Streichtrio)〉(1943), 〈바리톤, 비올라, 첼로를 위한 세 개의 가곡(Drei Lieder für Bariton, Klarinette, Viola und Violoncello)〉(1943), 현악사중주, 〈실내 오케스트라를 위한 서곡(Ouverture für kleines Orchester)〉(1943~44), 〈현악삼중주를 위한 파사칼리아와 푸가(Passacaglia und Fuge für Streichtrio)〉(1944) 등을 작곡했다. 이 작품들의 장르는 테레지엔슈타트 이전 시기와 달리, 모두 실내악에 머물고 있는데, 수용소의 제한된 악기 상황이 반영된 것이라 추측할 수 있다.

크라사의 음악은 구스타프 말러와 체코 작곡가 비테슬라브 노박(Vitězslav Novak, 1870~1949)[154]의 영향을 받아 서로 대조적인 요소들이 공존하며 긴장감을 형성하는 특징이 두드러진다. 그러나 죽음이 코

앞에 다가왔을 때 작곡한 그의 작품에서 죽음의 그림자는 직접 드러나지 않는다. 파벨 하스의 음악처럼 죽음의 영향을 벗어난 듯하다.

3. 빅토르 울만

테레지엔슈타트의 작곡가 중에서 빅토르 울만(Viktor Ullmann, 1898~1944)은 가장 풍부한 작품 세계와 모던한 음악 언어를 가진 작곡가일 것이다. 빈에서 성장했던 울만은 쇤베르크에게서 가르침을 받아 제2의 빈악파와 친밀했던 덕분에 1920년 프라하로 가서 쇤베르크의 스승 알렉산더 쳄린스키가 감독으로 있는 새독일극장에서 그의 조수로 일할 수 있었다. 1927년 쳄린스키가 베를린의 크롤오페라극장의 상임 지휘자로 떠날 때, 울만은 자신의 길을 가게 된다. 이후 방랑의 시기가 시작된다. 1927년부터 1928년 사이 체코의 우스티나트라벰에서 오페라 지휘자로 잠깐 일하다가 다시 프라하로 가서 음악 교사로 활동했다. 1930~31년에는 취리히의 극장 지휘자로 일하다가 그만두고, 1931년부터 히틀러가 총통이 되는 1933년까지 슈투트가르트의 한 인지학 책방에서 일하며 루돌프 슈타이너(Rudolf Steiner, 1861~1925)가 창시한 인지학에 심취한다.[155] 하지만 나치의 핍박으로 더 이상 책방 운영이 불가능해지자 울만은 프라하로 돌아와서 작곡에 다시 몰두하기 시작한다. 1935년 알로이스 하바

(Alois Hába)에게서 4분음 테크닉을 배우고, 오페라 〈반그리스도의 추락(Der Sturz des Antichrist)〉[156]도 작곡하였다. 가곡, 피아노 소나타, 피아노 협주곡, 오페라 등 1942년 5월 8일 테레지엔슈타트로 강제 이송되기 전 7년간 약 50곡을 작곡했다. 그중 출판된 악보를 친구 알렉산더 바울린(Al-exander Waulin)에게 맡긴 덕분에 프라하의 대학도서관에 보존될 수 있었다.[157]

빅토르 울만

울만은 테레지엔슈타트로 강제 이송되기 전에 프라하에서 하스, 크라사 등 유대인 음악가들과 하우스콘서트를 통해 서로 안면을 익혔는데, 테레지엔슈타트에서 모두 다시 만나게 되었다. 울만은 육체적 노동 대신 수용소의 연주회 행사 보고 업무와 비평 그리고 현대음악연주회(Studio fuer Neue Musik)를 조직하는 등,[158] 음악과 관련된 업무에 배정되었으므로, 창작에 몰두할 수 있었다.[159]

울만은 테레지엔슈타트의 외적 어려움과 궁핍함에서도 2년 5개월 정도의 수감 시간 동안 최소 스물다섯 곡을 작곡했다. 피아니스트 알리스 헤르츠-좀머에 따르면, 그는 매우 수줍은 성격으로 사람

들과 어울리기보다 혼자서 일하는 성격이었다고 한다.[160]

울만은 테레지엔슈타트에 수감되어 있는 동안 본질적인 것을 깨달았는데, 예를 들면, "음악의 형식을 통해 소재를 제거하는 것의 중요함을 자각했다"고 한다.[161] 이는 그 자신이 소재에 얽매이지 않는 성숙한 단계로 올라섰음을 의미한다. 이러한 성찰은 왕성한 창작력으로 표출되었다.

게토 수용소에서 탄생한 울만의 작품 가운데 양적으로는 성악곡이 가장 많다. 이 중 특별히 중요한 곡은 오페라 〈아틀란티스의 황제〉(1943)다. 1944년 3월 초연을 위해 리허설까지 했지만, 이때 참관했던 SS가 히틀러를 비판하는 작품으로 평가를 내리고 공연 직전에 금지해버렸다.[162] 그 후 이 작품은 1975년 암스테르담에서 비로소 초연되었고, 테레지엔슈타트기념관에서 1995년 5월 23일 초연 리허설 51년 만에 처음 연주되었다.[163]

오페라 〈아틀란티스의 황제〉는 4장으로 된 단막극으로 연주 시간은 약 1시간 정도의 짧은 작품이다. 대본은 테레지엔슈타트에 수감되었던 젊은 천재 시인이자 화가인 페터 킨(Peter Kien, 1919~1944)이 썼다.[164] 오페라의 부제는 '죽음의 거부(Die Tod Verweigerung)'이고, 주인공은 황제와 죽음이다. 수용소에서 일상이 되어버린 부조리한 죽음이 등장인물로 설정되어 있다.

줄거리는 황제가 전쟁을 선포하였지만(1장), 병사들 사이에 이상한 전염병이 퍼져 죽는 사람이 없게 된다(2장). 더구나 두 병사가 가까이서 싸우지만 상대방이 여성임이 드러나게 되자 둘은 사랑에 빠져서 싸우지도 않게 된다(3장). 계속 전쟁을 명령하는 황제 앞에서 반란이 일어나고, 파업하고 있던 죽음은 황제가 먼저 죽는다는 것을 전제로 파업을 종료한다. 그리고 황제는 죽음의 작별 인사를 건넨다(4장). 이렇게 황제가 패배하였으므로 오페라는 죽음이 황제를 데리고 가는 것으로 막을 내린다.[165]

1944년 죽음이 만연했던 나치수용소의 현실에서 히틀러의 죽음을 상상하는 이런 대본이 '현대적 음악 언어'로 창작되었던 사례는 테레지엔슈타트 외에는 없을 것이다.[166]

울만은 아우슈비츠로 이송되기 전 자신의 작품을 동료 수감자 에밀 우티츠 교수에게 부탁했다.[167] 울만은 아우슈비츠 가스실에서 살해되었지만, 우티츠는 살아남았다. 우티츠가 테레지엔슈타트 도서관에 은밀하게 숨겨두었던 울만의 악보도 건재하여, 스위스 도르나흐(Dornach)의 괴테아움(Goetheaum)에 보존되었다가 2002년부터 바젤의 파울 자허 재단(Paul Sacher Stiftung)의 도서관에서 관리하고 있다.[168]

4. 기데온 클라인

빅토르 울만이 테레지엔슈타트 수감 이전에 이미 많은 작품을 작곡

기데온 클라인

했고 독창적인 음악가로 인정을 받았다면, 1919년생이었던 기데온 클라인(1919~1945)은 22세의 나이로 테레지엔슈타트 게토 수용소에 수감된 이후, 독창적인 작곡가로 성장한 경우이다.[169] 클라인은 체코의 한 음악을 사랑하는 가정에서 태어나 어렸을 때부터 피아노에 재능을 보였고, 1931년 프라하콘서바토리에서 피아니스트 빌렘 쿠르츠(Vilem Kurz, 1872~1945)의 제자가 된다. 1939년 유대인이라는 이유로 여러 가지 제약을 받으면서 비합법적 하우스콘서트에서 피아니스트로 연주하던 클라인은 1941년 12월 4일 테레지엔슈타트로 강제 이주했다. 1945년 1월 27일 퓌르스텐구루베수용소에서 강제 노역 중 사망했을 때, 그의 나이 겨우 25세였다.[170]

클라인은 테레지엔슈타트에서 처음에는 아이들을 돌보는 일을 하다가 라파엘 쉐히터, 카렐 안체를, 한스 크라사, 파벨 하스, 카렐 베어만, 빅토르 울만 같은 선배 음악가들과 함께 활동하며 자유시간 조직부의 음악 파트 중 기악부의 간사로 일했다.[171] 1944년 10월까지 약 3년간 클라인은 작곡가로서 자신에게 필요한 것을 빠른 속도로 흡수했다.

초기에는 다락방에서 몰래 숨어서 피아노 연주를 했으나, 1942년 음악 연주가 공개적으로 허락되자 피아니스트로서 실내악 연주에 참여했다.[172] 알려진 바로는 피아노 리사이틀에서 바흐를 연주했고, 브람스의 피아노 사중주곡을 카렐 프뢸리히, 베드리히 마렉, 로뮬라드 쥐스만과 함께 연주하였다.[173] 또 야나첵, 요셉 숙, 바흐의 작품 연주 외에도 합창과 오페라 그리고 연극을 위해 피아노 반주를 했다.

클라인은 수용소로 오기 전에 프라하에서 알로이스 하바에게서 잠깐 배운 적이 있었지만, 혼자 습작 차원에서 작곡하는 정도였다.[174] 하지만 게토 수용소에서 스스로 작곡법을 터득하여 독학으로 작품을 썼다. 피아노 소나타(1943), 〈현악사중주를 위한 판타지와 푸가〉, 현악삼중주(1944)[175] 등 그의 주요 작품이 모두 테레지엔슈타트에서 작곡된 것이다.

현악삼중주는 테레지엔슈타트에서 탄생한 그의 최후 작품이다. 이 작품은 클라인 생존 시 연주된 적이 없고, 사후에 출판되고 초연되었다. 놀랍게도 이 음악은 그냥 들어서는 인간을 학대하고 죽음의 공포가 일상이었던 테레지엔슈타트에서 탄생한 것이라고 상상하기 힘들 정도로 밝다. 비애의 톤이 나타나는 느린 2악장엔 죽음의 그림자가 드리워진 듯하지만, 곡의 끝부분에선 맑고 아름다운 세계에 대한 희망적 톤이 지배적이다. 고통 속에서도 음악을 통해 비참

한 현실을 뛰어넘을 수 있음을 보여주는 놀라운 작품이다.[176]

또한 클라인은 수용소 합창단을 위한 성악곡을 다수 작곡하거나 편곡했다. 그중 히브리어 자장가를 편곡한 〈자장가〉가 유명하다. 엄마가 아이를 재우는 자장가는 죽음이 만연한 수용소에서 일반적으로 죽음을 연상하는 노래로 여겨지는 경향이 있었다.

앞서 언급된 일제 베버의 자장가 〈비갈라〉는 자장가 특유의 3박자에 온화한 선율로 되어 있으며, 기타 반주의 독일어 노래이다. 반면 기데온 클라인의 〈자장가〉는 피아노 반주의 히브리어 예술 가곡에 속한다. 클라인의 〈자장가〉도 엄마가 우는 아이를 달래면서 '자장자장(히브리어로 'lailah lailah')' 부드럽게 어르는 3박자 노래이지만, 보통 자장가처럼 낮고 편안한 선율이 아니라 높고 긴장 어린 선율이 맴도는 예술적인 노래이다. 나치는 유대인을 인간이 아닌 짐승처럼 취급하였지만, 클라인은 '유대인의 언어'로 인간의 존엄을 부각시키면서 나치가 틀렸음을 보여준다.

제 7 장

—

테레지엔슈타트 게토 수용소에서
음악의 역할

1. 선전 수단으로서의 음악

테레지엔슈타트에서 음악 활동은 SS의 의도에 따라 큰 틀이 정해졌
지만, 독특한 음악 문화의 창출은 음악가들이 한정된 조건을 최대
로 활용한 결과라 할 수 있다. 초기의 즉흥적이고 비조직적인 연주
회[기]가 SS의 허락을 받아 자유시간조직부를 통해 지원되었고,
1942년 12월 수용소 카페의 개장은 공식적으로 테레지엔슈타트에
서 재즈 음악과 오락 음악이 양적으로 확대되는 결과를 낳았다[승].

무엇보다 가장 활발하고 수준 높은 음악 문화가 성취된 때는 나
치가 테레지엔슈타트수용소를 '모범적 쇼 캠프'로 외부에 공개하기
전후와 영화 촬영 시기였다. 다시 말해, 게토 수용소 음악 활동의 하
이라이트는 수용소를 외부에 보이기 위해 미화 작업을 하고, 그 결

과를 영상으로 이미지화하던 시기였다. 나치가 선전 목적으로 명령·지원·장려하면서 수용소 음악은 꽃을 피웠다[전]. 이는 일차적으로 수용소 음악이 취향이나 문화적 행위 그 자체가 아니라 나치의 목표 달성을 위한 수단이자 선전 가치를 지닌 핵심 매체였음을 의미한다. 1944년 9월 나치는 목적을 성취하자 정작 독창적이고 뛰어난 음악적 성과에는 아무런 관심도 없었던 속내를 고스란히 드러냈다. 결국 나치는 예술가들을 가스실에서 죽이기 전에 최대한 이용한 것뿐이었다[결].

음악의 '음악 외적 가치'는 일차적으로 수감된 음악가들의 입장에서도 마찬가지였다. 연주자들에게 음악은 제한적이기는 하지만, '생존의 가치'를 지니는 수단이었다. 음악을 연주하는 동안만은 죽지 않는다는 믿음이 마음에 안정을 주었다. 더욱이 음악을 풀타임으로 연주하는 예술가로서 자유시간조직부에 정식 회원으로 등록되면, 숙식 환경이 조금이라도 더 나았고 힘든 육체적 노동을 면하게 되었으므로, 일반 수감자보다 생존 가능성이 높았다.[177] 더욱이 음악가들에게 수용소에서의 음악 행위는 수감된 상태이기는 하나 원래 자신의 직업을 계속 이어가는 것이었으므로, 정신 건강에도 도움이 되었다. 처참한 환경에서나마 자신의 가치를 확인할 수 있었기 때문이다. 이렇게 죽음의 수용소에서 음악이 생존 가치를 가지는 것은 나치수용소의 특징 중 하나였다.

다른 한편으로 음악은 청중에게도 생존 가능성을 높여주는 데 기여했다. 특히 정신적인 측면에서 그랬다. 예를 들면, 테레지엔슈타트에서 인기 합창곡은 총 35회 연주되었던 스메타나의 〈팔려간 신부〉였는데, 그 첫 가사 "왜 우리는 기뻐하지 못하는가"를 부를 때 연주자의 눈이나 청중의 눈에 모두 눈물이 고였다고 한다. 이 곡을 듣던 한 청중은 "당당함과 기쁨"을 느꼈으며, 고통 속에서도 "희망과 용기"를 가질 수 있었다고 회고한다.[178]

이처럼 음악을 통해 심리적인 안정이나 용기를 얻는 것은 육체적·정신적 자포자기를 피하고 생존 욕구를 잃지 않으며 인내심을 가지는 데 도움이 될 수 있었다. 성악가 베르만도 성악가들이 노래를 통해 청중에게 참아낼 힘을 주고자 했다고 회고한다.[179] 생존자 피아니스트 알리스 헤르츠-좀머도 "수천 명이 죽어 나가고 수천 명이 절멸 수용소로 보내졌지만, 인간의 고유한 존엄을 지키고 인간 속에 있는 선을 기억하도록 연주했다"고 회고한다.[180]

그러나 이런 회상을 무색케 하는 에리히 포겔(Erich Vogel, 1896~1980)과 같은 생존자의 증언도 있다. 이전에 딕시랜드 캄보에서 트럼펫 연주자였던 포겔은, 테레지엔슈타트에서는 프리츠 바이스 오중주단의 멤버이자 동시에 1944년부터는 마르틴 로만이 이끄는 '게토 스윙' 멤버로 활약했다. 그는 "우리의 압제자들이 우리를 단순히 도구로 본다는 사실을 생각하지 못했다"[181]고 고백한다. 당시 음악가들은 오로지 음악에 집착하며 "우리가 좋아하는 재즈 음악을 연주할 수 있는 것에 행복해 했다"고 회고한다.[182] 나치제국에서는 공식적으로 재즈가 금지된 상황이었음을 고려해보면, 테레지엔슈타트에서 오히려 맘껏 재즈 연주를 할 수 있었던 것은 재즈 음악가들에게 더할 나위 없는 행운이었다. "우리는 우리의 드림 월드(Dream World)에 만족했고, 독일인들은 그들의 프로파간다를 만들었다"는 포겔의 고백은 오로지 살아남는 것에만 집중했던 젊은 재즈 음악가의 솔직한 고백일 것이다.

음악이 한동안 정신적·육체적 붕괴로부터 인간을 구해낼 수 있었고, 생존의 가능성까지 높여줄 수도 있었지만, 모든 음악가들에게 가스실을 피할 수 있는 생존의 길을 보장하는 것은 아니었다.[183] 나치가 음악가와 수감자들을 위해서나 수용소의 음악적 성취를 위해서 음악 연주를 장려한 것이 아니었기 때문이다. 음악은 그들의 목적을 위한 수단이었고, 목적이 달성되자 수단은 버려졌다. 나치에게 수용소 음악은 철저하게 실용적 수단이었을 뿐이다.

2. 도피처로서의 음악

인간의 존엄성을 철저하게 박탈당하는 수용소 생활에서도 살아남고자 했던 음악가와 청중은 음악이 나치의 선전 목적을 위한 수단임을 알면서도 음악 그 자체에 빠져 들어갈 수밖에 없었다.

음악가들이 온 정신을 몰두하여 연주하고, 수준 높은 청중들도 음악을 통해 허기와 고통을 잊는 순간을 체험하게 되면서, 음악은 일종의 마취 상태 또는 환각의 세계로 인도하는 도구가 되었다. 알리스도 "그림이나 괴테, 셰익스피어가 아니라 음악이 (모든 것을) 잊게 해주었다. 시간은 더 이상 존재하지 않았다. 특히 어려운 상황에서 음악은 현실을 더 나은, 희망에 찬 세계로 둔갑시켰다"고 회고한다.[184] 당시 10대 소녀였던 츠덴카 판틀로바(Zdenka Fantlova)도 알리스가 쇼팽의 에튀드 전체를 연주하는 음악회에서 시공간을 초월하는 경험을 했고, 연주가 진행되는 동안 자신이 '정상적' 시기에 살고 있다는 착각을 할 정도였으며, 연주회가 끝나면 곧 집으로 돌아갈 것만 같은 안온한 기분을 느꼈다고 고백한다.[185]

H. G. 아들러에 따르면, 테레지엔슈타트의 청중들은 연극, 캬바레, 레뷰, 오페라 등의 문화 행사에 매우 높은 관심을 보였다. 캬바레가 대중적으로 매우 인기 높았던 것은 쉽게 이해되지만, 수용소 현실과 전혀 맞지 않는 오페라 공연이 연극보다 더 인기가 있었던 것은 의외이다. 아마도 현실적인 연극보다 비현실적인 오페라가 다른 세계로의 도피를 더 수월하게 도와주었을 가능성이 높다. 사회적 명망을 누렸고, 테레지엔슈타트에 오기 전에 품위 있는 삶의 일부로서 오페라를 향유했던 교양 시민 계층의 수감자들은 소박한 연극보다 화려하고 보다 부르주아적 장르인 오페라를 통해 참혹한 현실에서 벗어나 잠시나마 다른 세계로 도피할 수 있었을 것이다. 〈팔려 간 신부〉 외에도 〈마술피리〉, 〈카르멘〉, 〈아이다〉, 〈라보엠〉, 〈토스

카〉, 〈박쥐〉, 〈호프만의 이야기〉 등 명랑한 분위기의 오페라가 무대 장치 없이 자주 공연되었던 것도 이런 맥락에서 이해할 수 있다.

재즈 음악가 코코 슈만도 음악이야말로 "끔찍한 수용소 일상에서 곧장 편하게 도피할 수 있는 곳"이었다고 증언한다.

> "연주할 때 나는 어디에 있는지 잊었다. 세상은 '정상'으로 보였고, 내 주위 사람들의 고통은 사라졌다. 인생은 아름다웠다. 우리는 '정상 청중'을 가진 '정상적' 밴드였다. 우리는 모든 것(현실)을 알았지만, 몇 마디 음악을 연주하는 순간 이 모든 것을 잊었다. 우리를 위해, 우리의 생명을 구하기 위해 연주했다."[186]

3. 기만과 잔인함의 음악

살아남은 코코 슈만의 뒤늦은 회고는 나치 만행의 전모를 더 많이 알게 된 뒤, 자기 성찰로 이어진다. 그는 테레지엔슈타트에서의 음악 활동에 대해, "제3제국의 활활 타오르는 소각로 앞에" 설치된 "기만적인 무대"에서 생존을 위해 오페라, 카바레, 재즈 등을 열심히 연주하는 음악가의 모습이 담긴 그림으로 상상한다.[187] 츠덴카 판트로바도 자신이 경험한 테레지엔슈타트에서는 매일 평균 200명이 죽었다고 회고하면서 그곳의 문화 활동을 "교수대 아래서 춤추는 것"

에 비유했다.[188]

H. G. 아들러는 테레지엔슈타트를 나치수용소 가운데 희생자가 자신도 모르게 스스로 제 무덤을 파게 하는 데 가장 성공한 수용소라 평가하면서, 그곳의 문화 활동과 동시에 이뤄진 아우슈비츠로의 강제 이송은 동전의 양면을 이루는 '끔찍한 익살극'이라 표현한다.[189]

살아남은 성악가 헤다 그랍 케른마이어도 아우슈비츠의 진실을 들은 이후, "눈에서 비늘이 벗겨지는 듯"한 경험을 했다고 고백한다. 이후 그녀는 테레지엔슈타트에서 더 이상 노래를 부를 수 없었다.[190] "나치수용소에서 음악은 순수함을 잃어버렸다"는 음악학자 엑카르트 존(Eckhard John)의 말처럼,[191] 테레지엔슈타트의 음악에는 기만과 잔인함이 스며들어 있었던 것이다.

반면 음악과 달리 그림에는 이러한 기만과 잔인함이 숨어들기 어려웠다. 테레지엔슈타트에서 그림은 음악보다 모호함이 훨씬 적었다. 화가들은 살기 위해 나치의 대외 선전용 도구로서 그림을 그리는 일에 협력해야 했지만, 화가는 물론 수감자들도 그런 그림은 거짓임을 바로 알았고, 게토 수용소의 진실이 담긴 그림이란 어떤 그림인가를 쉽게 상상할 수 있었다. 나치 선전 그림을 그리면서도 화가들은 수용소의 실상을 몰래 스케치북에 담아 외부로 알리는 위험을 감수했다. 그러나 나치의 물감과 종이로 그들을 폭로한 그림이 발각되는 순간, 그것은 곧 죽음을 의미했다.

반복하지만 테레지엔슈타트의 음악은 매체의 성격상 나치의 선

베드르지흐 프리타, 〈노인들을 위한 임시 거주처〉

전 도구이면서 동시에 수감자 모두에게 위로와 용기를 줄 수 있었고, 생존의 도구도 될 수 있었다. 그러다보니 음악은 순응과 저항, 가해와 피해의 구분을 어렵게 만들어버리기도 했다. 똑같은 연주를 듣고서도 청중은 자신이 속한 위상이나 취향에 따라 전혀 다른 반응을 보일 수 있었다. 더구나 나치수용소에서 음악이 연주된다는 것 자체가 수용소의 실상을 모르는 이들에게 오해와 착각을 불러일으킬 소지가 다분했다. 앞서 언급했듯이, 1943년 7월 프라하에서 테레지엔슈타트로 강제 이송되기 전 알리스 헤르츠-좀머가 생각했던 것처럼 "연주회가 있는 곳이라면 그리 심각한 곳이 아닐 것"이라는 통념은 테레지엔슈타트의 실상과 아무런 관련이 없었다.[192]

4. 저항으로서의 음악

물론 미술처럼 분명하지는 않지만, 그렇다고 음악이 극한 상황에서 적극적으로 메시지를 발신하는 것이 불가능한 일은 아니다. 예를 들면, 라파엘 쉬히터가 지휘하는 수용소 합창단에서 함께 노래했던 베르만은 다음과 같이 회상한다.

> "얼마나 자주 우리가 저항하며 노래했고, 사람들에게 인내할 힘을 주었는지. 스메타나의 〈보헤미아의 브란덴부르크(Braniboři v Čechách)〉에서 '시간이 치고, 문이 열린다'를 노래하거나 체코어로 오페라 〈악마의 벽에서(Čertova stěna)〉를 노래할 때, 우리는 죽음을 각오했다."[193]

직접 가사를 통한 메시지 전달은 물론, 나치가 알아들을 수 없어 사용이 금지된 체코어로 노래하는 것은 이미 죽음을 각오했음을 의미한다. 이 행위는 그 자체로 연주자와 청중들에게 강력한 메시지로 작용했을 것이다. 더욱이 지휘자 라파엘 쉐히터는 베르디의 〈레퀴엠〉의 마지막 단어 '나를 구원하소서(libera me)' 4음절을 베토벤 교향곡 5번의 모티브인 '따따따 딴…'으로 해석하였다. 이 모티브는 제2차 세계대전 당시 레지스탕스에게 '승리의 상징', 즉 '빅토르리 (v)'를 뜻하는 암호로 널리 알려져 있었다.[194]

그런데 아이러니하게도 이 공연을 들은 아돌프 아이히만은 베르디의 〈레퀴엠〉에 대한 쉐히터의 새로운 해석을 매우 칭송했다고 한다.[195]

이런 식으로 음악의 메세지는 수감 음악가들의 의도와 전혀 다르게 이해되기도 했다. 따라서 음악가들이 승리와 희망의 메시지를 은밀하게 전달하고자 했지만, 그 메시지를 제대로 인지한 청중은 정작 소수에 불과했을지도 모른다.

무엇보다 테레지엔슈타트 음악 가운데 저항의 의미가 담긴 대표작이라면, 빅토르 울만의 오페라 〈아틀란티스의 황제 또는 죽음에의 거부〉를 꼽아야 한다. 나치의 금지로 청중 앞에서 제대로 공연되지 못했지만, 죽음이 파업하고 군인들은 싸우지 않으며 오히려 권력자가 죽게 되는 이 오페라의 결말은 나치수용소의 부조리에 대한 적극적인 저항이라 볼 수 있다. 대본의 내용뿐 아니라 울만의

'현대적 음악 언어' 또한 초연 리허설 도중 이 작품이 불허되는 데 한몫했을 것이다. 이런 작품이 게토 수용소에서 탄생했다는 게 놀라울 따름이다.

5. 존재의 생존 방식으로서의 음악

끔찍한 현실에서 벗어나기 위해 연주자나 청중이 도피하듯 음악에 몰두한 것을 부정적으로만 볼 수는 없다. 성악가 카렐 베르만은 테레지엔슈타트에서 "고통과 두려움의 돌발 사이, 기아와 비참함, 시체 사이에서 어른과 아이들이 죽음을 기다리며 충만하고 고귀한 삶을 살았던 것은 하나의 기적"이라 회고했다.[196]

테레지엔슈타트의 작곡가에게 예술적인 음악을 '창작'하는 일은 커리어를 쌓는 일도 될 수 없었고, 초연되는 행운이 보장되는 일도 아니었다. 작곡한다 해도 음악이 살아남을지, 자신이 살아남을지, 또 언제 작품이 초연될지 아무것도 알 수 없는 불안한 상황이었다. 그럼에도 불구하고 왜 그들은 작곡을 멈추지 않았는가.

작곡가마다 대답은 다르겠지만, 근본적으로 '내적 욕구'라는 추상적인 표현 외에는 적절한 말을 찾기 힘들 것이다. 작곡가에게 창작이란 유일한 내적 '생존 방식'이자 그 표현이었다.[197] 울만을 비롯하여 테레지엔슈타트의 작곡들이 20세기 서양 음악사에 남을 훌

룡한 작품을 만들 수 있었던 것은 비참한 환경 속에서도 그 비참함을 초월하기 위해서, 그리고 인간으로 존재하기 위해 창작에 몰두했기 때문이다. 더욱이 재능 있는 음악인들의 높은 밀집도도 서로에게 영향을 주고받는 데 기여했다.

나치는 선전 목적에 따라 음악 활동을 명령했다하더라도 음악가들의 수준이 유행가나 왈츠 정도를 연주하는 수준이었다면, 테레지엔슈타트에서는 다양한 장르가 연주되지 못했을 뿐만 아니라 음악사적으로 수준 높은 작품들이 탄생하지도 못했을 것이다. 수감자들의 작품이 살아남은 것도 음악 자체의 생명력 때문이었다. 다시 말해, 음악의 가치를 아는 사람들이 악보를 귀하게 여겨 잘 보존해주었기 때문이다. 살해된 지 75년이 지난 지금도 테레지엔슈타트의 작곡가가 관심을 받고, 테레지엔슈타트에서 초연되거나 작곡된 음악이 전 세계적으로 연주되고 있는 까닭은 '파벨 하스 현악사중주단'이 표방하는 것처럼, 이들이 희생자이기 때문만은 아니다. 이들의 음악이 스스로 그 가치와 생명력을 발산하기 때문이다.

나치는 선전이라는 그물에 음악인 수감자들을 밀어 넣고, 정해진 시간 분량의 자유만 허락하였다. 시간이 다하자 그물을 끌어 올려 음악인들을 불타는 아궁이에 던져버렸지만, 아이러니하게도 그들의 예술 작품은 놀라운 생명력을 통해 사라지지 않고 오늘까지 전해지고 있다.[198]

테레지엔슈타트의 음악은 한국에도 소개되었다. 2019년 12월 11

광주시향 〈홀로코스트와 음악〉 연주회 프로그램(2019, © 광주시향)

일 광주문화예술회관 소극장에서 광주시향의 특별 프로그램으로 '홀로코스트와 음악: 나치 희생자의 음악'이라는 타이틀 하에 한국 연주자들이 기데온 클라인, 한스 크라사, 파벨 하스의 테레지엔슈타트 작품을 연주하였다.[199] 한국 현대 음악사에서 처음 있는 일이었다.[200] 한국의 역사는 나치가 저지른 홀로코스트와 직접적인 관련이 없지만, 학살이라는 반인륜적 사건은 한국 현대사에서도 여러 번 반복되었다. 5.18민주화운동의 와중에 학살이 자행되었던 광주에서 이 역사적인 연주회가 개최된 것은 남다른 의미가 있었다.[201]

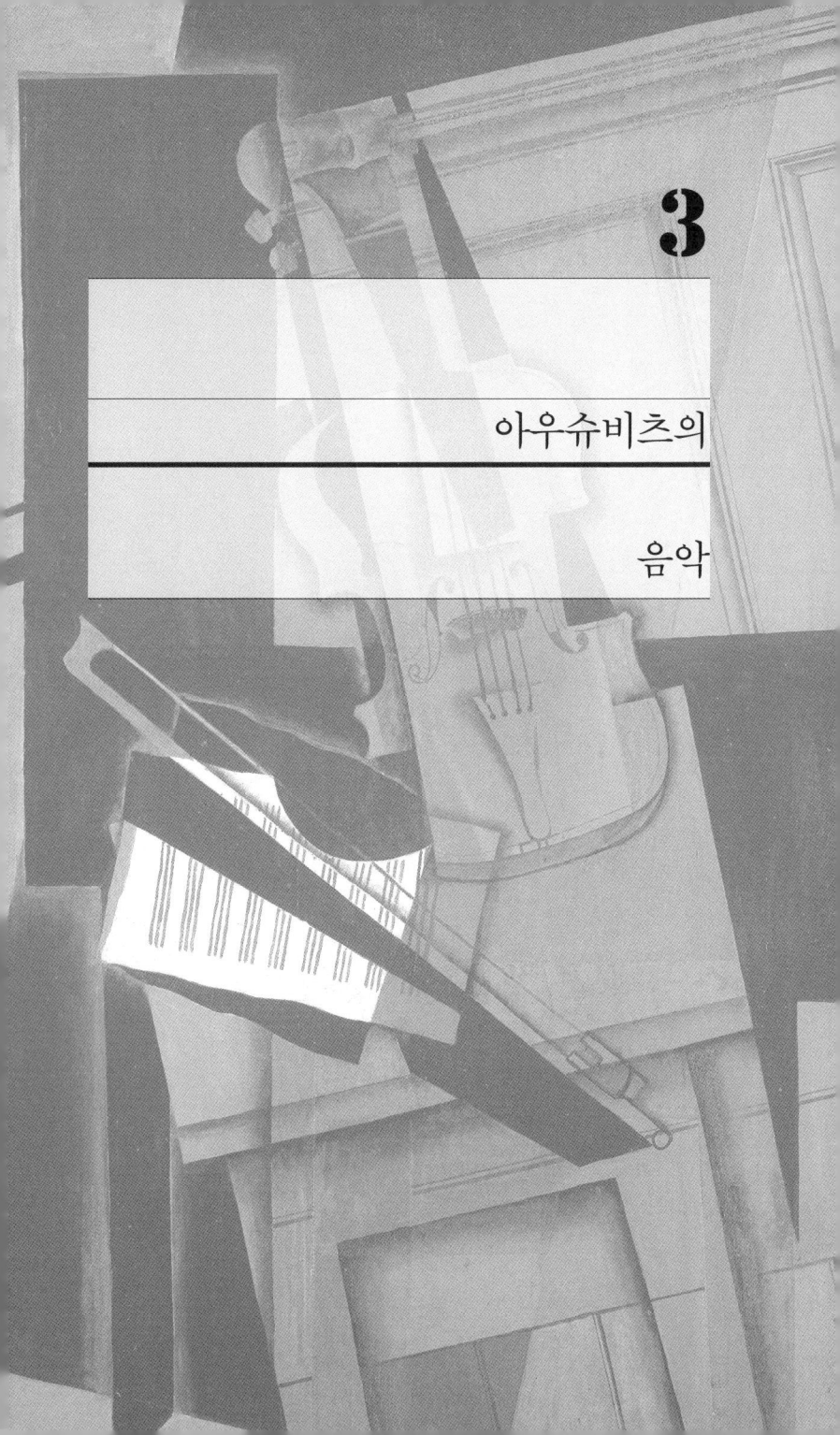

3

아우슈비츠의

음악

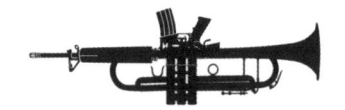

아 우슈비츠는 효율적으로 인간 학살을 자행했던 악명 높은 나치 강제
집단수용소의 대명사가 되었다. '거짓 공장' 테레지엔슈타트에서는
나치의 잔혹함이 기만으로 포장되어 작동했다면, '살인 공장' 아우슈비츠에
서는 인간 학살의 잔인함이 적나라하게 드러났다.

아우슈비츠는 단일 수용소가 아니라, 수용소 복합체였다. 아우슈비츠 제1수
용소는 행정 본부가 있는 중앙 수용소, 아우슈비츠 제2수용소는 대규모 살인
이 이루어지는 비르케나우수용소 단지, 아우슈비츠 제3수용소는 군수공장
단지에 인접한 강제 노역 수용소 모노비츠 그리고 공장과 산업체를 뒷받침하
는 연구소들로 이루어졌다. 수감자들의 노동력을 착취하면서 산업체와 연구
소가 협력하여 최대의 성과를 이끌어내는 경영 시스템이었다. 이런 구조 속
에서 아우슈비츠는 가스로 인간을 살육하는 최대 규모의 '절멸 수용소'의 대
명사가 되었다.

하지만 살인 공장 아우슈비츠에서도 음악은 중요한 역할을 했다. 비르케나우
에서만 최대 네 개의 오케스트라가 있었다. 왜 나치들은 오케스트라를 원했
는가. 제2차 세계대전 중 가장 악명 높은 절멸 수용소 아우슈비츠에서는 음악
이 가해자와 피해자에게 어떤 역할을 했는가. 아우슈비츠가 역사화되어가는
21세기, 살인 공장의 음악이 가졌던 특수성은 무엇인지 추적해보고자 한다.

제 1 장

살인 공장 아우슈비츠

아우슈비츠 생존자들이 남긴 증언은 수도 없이 많지만, 한국어로 옮겨져 책으로 구해볼 수 있는 것은 『이것이 인간인가』나 『가라앉은 자와 구조된 자』, 『죽음의 수용소』, 『아우슈비츠의 여자들』 정도다. 아우슈비츠 생존자들은 영어와 독일어, 프랑스어, 폴란드어, 체코어, 그리스어, 러시아어, 루마니아어, 스웨덴어, 노르웨이어 등 전 유럽 국가의 언어로 자기 경험을 말하기 때문에, 전문가라도 쉽게 파악하기 어려울 정도로 엄청난 인터뷰 자료가 쌓여 있다. 아쉽지만 언어의 한계로 여기서는 영어, 독일어, 한국어로 번역되거나 작성된 자료를 중심으로 아우슈비츠가 어떻게 만들어지고 운영되었으며 그 일상은 어떠했는지, 피해자까지 학살에 연루시켜 공범으로 만들어버렸던 살인 공장의 시스템을 살펴보도록 하자.

1. 살인 공장 및 학문과 산업의 복합체 아우슈비츠

폴란드의 아우슈비츠(폴란드어로 오시비엥침)는 체코의 테레지엔슈타트에서 동쪽으로 약 500킬로미터 지점, 남부 폴란드 중심 도시인 크라쿠프(서쪽으로 약 66킬로미터)와 카토비체(남동쪽으로 약 30킬로미터) 사이에 위치한다. 1940년 아우슈비츠를 건설할 당시 체코와 폴란드는 이미 독일의 점령지였다.

이 '강제 집단수용소(KZ)'는 SS참모총장(Reichsfuehrer)인 하인리히 힘믈러(Heinrich Himmler, 1900~1945)의 명령을 받아 39세의 SS장교 루돌프 회스(Rudolf Höß, 1901~1947)가 설립하고 책임 운영하였다. 아우슈비츠가 끔찍한 살인 공장으로 확장된 것도 회스의 책임 하에서 이루어진 일이다.[1] 1945년 1월 17일 수용소가 해체되기까지[2] 4년 7개월 동안 이곳에서는 역사상 유례 없는 일들이 벌어졌다.

처음에 단일 수용소였던 아우슈비츠는 시간이 감에 따라 수용소와 연구소 그리고 산업체 공장을 포함하는 복합체로 확장되었다. 가장 먼저 설립(1940년 6월 14일)된 것은 아우슈비츠 제1수용소, 즉 '본부' 역할을 하는 중앙 수용소(Stammlager)였다. 초기에는 비유대인 정치범, 폴란드인 저항 세력과 지식인들이 수용되었고, 1941년 6월 독소전쟁 이후에는 소련군 포로들이 수용되었다. 바로 이 소련군 포로들에게 독가스 '치클론 베(Ziklon B)'[3]를 실험한 후 아우슈비츠는 거대한 살인 공장으로의 본질적인 구조 변경을 시작한다. 이전에도

아우슈비츠 복합체 지도(1944)

수감자들을 폭행하고 굶기고 죽였지만, 1941년 가을 이 실험으로 SS는 이전과는 다른 차원에서 '대량 살인'을 신속하게 달성하는 '편리한' 방법을 찾아내는 데 성공했다.[4]

회스는 아우슈비츠 설립 때부터 1943년 11월 그곳을 떠나기 전까지 약 3년 반 동안 아우슈비츠 복합체를 거대한 '죽음의 제국'으로 완성했던 인물이다. 그는 고함치고 매질하는 난폭한 사디스트가 아니라 가톨릭 집안에서 성장한 조용하고 점잖은 보통 사람이었다고 한다. 하지만 그가 다하우와 작센하우젠에서의 수용소 운영 경험을 바탕으로 아우슈비츠에서 이룬 결과는 타인을 괴롭히고 폭력을 일삼는 수준의 사디스트와는 비교가 되지 않는 엄청난 차원이었

치클론 베 가스 용기

다. 그는 백만이 넘는 사람들을 단시간에 죽일 수 있도록 '합리적 시스템'을 연구 개발하여 국가적 테러를 철저하게 집행했던 뛰어난 기술 관료(technocrat)였다.

1943년 11월 회스는 아우슈비츠 살인 공장 시스템의 확립이라는 자신의 임무를 성공적으로 마치고 떠난다. 이를 계기로 아우슈비츠 복합체의 체제는 개편된다. 그동안 중앙 수용소 소장 회스가 여타의 수용소 전부를 자기 휘하에 두고 관할하던 것을, 이제 중앙 수용소(제1수용소), 비르케나우(제2수용소), 모노비츠(제3수용소) 등 세 개의 독립 수용소로 나누어 운영하게 된 것이다. 수용소마다 새로운 소장이 각각 임명되었다.

회스 이후, 제1수용소 소장은 아르투어 리베헨쉘(Arthur Liebehen-schel, 1901~1948)이 6개월간 맡다가 리하르트 베어(Richard Baehr, 1911~1963)가 그 뒤를 이어 1944년 5월부터 수용소 해체(1945년 1월)까지 맡았다. 중간에 회스가 수십만의 헝가리 유대인을 집중적으로 살해하는 '헝가리 작전(Ungarn-Aktion)'을 성공적으로 완수하기 위해 2개월 (1944년 5월~7월)간 아우슈비츠의 총 권력자로 임시 복무하였다.

두 번째로 지어진 아우슈비츠 제2수용소 비르케나우(Birkenau)는 집중적으로 사람을 죽이는 '절멸 수용소'였다. 1941년 가을 약 1만 명의 소련군 포로들의 강제 노동으로 수용소 건설 작업이 시작되었다. 겨울에도 텐트에 기거하며 강제 노역에 시달렸던 소련군 포로들은 1942년 3월 수용소가 완공되었을 때, 겨우 925명이 생존해 있었다. 비르케나우는 아우슈비츠 중앙 수용소에서 약 3킬로미터 떨어져 있었고, 아우슈비츠 복합체에서 가장 규모가 컸으며, 남성 수용소, 여성 수용소, 집시 가족 수용소, 체코 가족 수용소 등 여러 개의 수용소로 나뉘었다. 아우슈비츠로 강제 이송된 유대인 대다수는 여기서 살해당했다.

1943년 11월 조직 개편으로 독자 수용소가 된 비르케나우의 소장은 첫 번째 프리드리히 하르첸슈타인(Friedrich Hartjenstein, 1905~1954), 6개월 후엔 요제프 크라머(Joseph Kramer, 1906~1945),[5] 다시 6개월 후 마지막으로 리하르트 베어가 맡았다. 베어는 제1수용소의 마지막 소장으로 (수용소 해체까지) 제2수용소 소장 직을 겸했다. 소장 아래로

다시 남성 수용소의 구역장과 여성 수용소 구역장이 따로 있었다.[6]
남성 수용소 구역장은 1943년 11월부터 1년간 요한 슈바르츠후버
(Johann Schwartzhuber, 1904~1947)였고, 여성 수용소 구역장은 프란츠
회슬러(Franz Hoessler, 1906~1945)와 마리아 만들(Maria Mandl, 1912~1948)
이 맡았는데, 처음 6개월간 2인 체제였다가 이후 여성 구역장 1인
체제로 운영되었다.

세 번째로 설립된 아우슈비츠 제3수용소 모노비츠(Monowitz)는
우리에게 잘 알려진 이탈리아 유대인 프리모 레비(Primo Michele Levi,
1919~1987)[7]가 수감되었던 강제 노동 수용소였다.[8] 모노비츠의 신설
은 노동력의 효과적 착취를 위한 것이었다. 아우슈비츠 제1수용소
나 제2수용소에서 수감자들은 강제 노역을 위해 산업체가 있는 곳
까지 왕복 두 시간을 걸어서 이동해야 하는 문제가 있었다. 이는 노
동으로 기진맥진한 수감자들의 에너지를 더 많이 소진시켰으므로
비효율성 문제가 제기되었다. 1942년 10월 산업체 근처에 모노비츠
수용소가 건설된 이유다. 부나수용소(Lager Buna)로도 불리는 제3수
용소는 민간 기업이 계획하고 지원한 수용소로서, 기업들이 SS와 협
력하며 수감자의 강제 노동의 질과 양을 직접 관리했다. 나치 집단
수용소 가운데 단일 강제 노동 수용소로서는 가장 큰 규모였다.

독일의 대표적 화학 기업 이게파르벤(IG Farben) 본사가 모노비츠
수용소 건립 비용을 자비로 충당했다.[9] 이게파르벤의 자회사들이
나 부나 공장[10] 외에도 모노비츠에서 노동력을 거의 무상으로 착취

[표-1] 아우슈비츠수용소 복합체의 소장들

수용소	소장	재임 기간	비고
아우슈비츠 전체	루돌프 회스	1940년~1943년 11월	단일 체제 시기의 아우슈비츠
아우슈비츠 제1수용소 (중앙 수용소)	아루투어 리베헨셀	1943년 11월~1944년 5월	
	리하르트 베어	1944년 5월~1945년 1월	부소장: 프란츠 회슬러 (1944년 6월~1945년 1월)
아우슈비츠 제2수용소 (비르케나우)	프란츠 하르첸슈타인	1943년 11월~1944년 5월	남성 수용소 구역장 - 요한 슈바르츠후버 (1943년 11월~1944년 11월) 여성 수용소 구역장 - 프란츠 회슬러 (1943년 8월~1944년 2월) - 마리아 만들 (1943년 8월~1944년 11월) - 엘리자베트 폴켄라트 (1944년 11월~1945년 1월)
	요제프 크라머	1944년 5월~1944년 11월	
	리하르트 베어	1944년 11월~1945년 1월	
아우슈비츠 제3수용소 (모노비츠)	하인리히 슈바르츠	1943년 11월~1945년 1월	부소장: 빈첸츠 쇠틀 (1942년 7월~1945년 1월)

한 공장들은 대개가 무기와 군수 물자를 생산하는 산업체거나 석탄·화학 공장 등이었다.

모노비츠도 1943년 11월부터 독자적인 행정 체계를 갖추었다. 악명 높은 하인리히 슈바르츠(Heinrich Schwarz, 1906~1947)가 1945년 1월 수용소 해체까지 소장 직을 유지했다.

[표-1]에서 언급된 아우슈비츠의 소장과 구역장은 모두 전쟁 후

사형 선고를 받았거나 처형되었다. 다만 리하르트 베어만은 가짜 신분으로 15년간 숨어 살다가 1960년 프랑크푸르트의 아우슈비츠 재판 전에 심장마비로 죽었다.

아우슈비츠수용소 복합체는 강제 집단수용소와 살인을 주 업무로 하는 절멸 수용소, 강제 노동력을 이용하는 산업체 그리고 이 시스템을 뒷받침하는 연구소(학문)가 상호 긴밀하게 연결되어 효율적인 전시 경제를 꾀하였다. 즉, 유대인의 노동력을 거의 공짜로 착취하고 수용소를 최대한 능률적으로 운영하여 최고의 이득을 추구하는 자본주의 실천 시스템이었다. 인간의 존엄성이나 개성은 전혀 고려되지 않는 자본주의적 야만성을 그대로 드러냈다.

이런 시스템 하에서 나치는 노동 가치가 있다고 판단된 수감자만 일정 기간 살려두었다. 모노비츠의 공장에서 강제 노역에 시달리던 유대인 수감자의 평균 생존 기간은 3~4개월 정도였다. 쓸모없게 된 수감 노동자가 가스실로 사라지면, 이를 새로운 수감 노동자가 다시 채웠다. 어린아이, 임신부, 병자, 노인 등 착취 노동력을 아예 기대할 수 없는 부류는 아우슈비츠에 도착하자마자 '선별되어' 가스실로 직행하게 하거나 인체 실험에 쓰였다.[11]

수용소의 이(蝨), 벼룩 등을 죽이는 독가스 살충제 치클론 베는 이게파르벤의 자회사에서 제조하여 아우슈비츠로 조달되었다. 나치 간부들이 가스 살인을 진지하게 고려하게 된 것은 1941년 9월말 키예프 바비 야(Babi Yar)에서의 유대인 학살 이후라고 한다. 당시 나치

SS군과 독일군은 33,771명의 유대인들(대부분 어린아이와 여성 및 노인)을 서른여섯 시간 동안 쉴 새 없이 총살했다.[12] 이 학살에 가담했던 SS 대원 가운데 자살하거나 미쳐버리는 사람이 나올 정도로 총을 쏜 가해자들에게도 심리적 타격이 컸다. 때문에 이후 나치는 직접적인 총살보다 간접적인 가스에 의한 학살 방법을 고안하게 된다. 치클론 베의 첫 실험 대상이 된 이들은 아우슈비츠 중앙 수용소에 감금되어 있던 600여 명의 소련군 전쟁 포로들[13]과 250여 명의 병자들이었다.[14]

아우슈비츠 제1수용소와 제2수용소에는 가스실과 시체를 태우는 화장 시설이 몰려 있었다. 총 7개 동의 가스실이 있었고, 여기서 아우슈비츠에 도착한 유대인 대다수가 죽었다. 그 숫자는 90만 명 이상이었다. 이외에도 약 20만 명이 강제 노동, 기아, 질병, 생체 실험이나 사형 처분으로 죽었다. 각 가스실에는 한 번에 3천 명을 몰아넣을 수 있었고, 들어간 지 20~30분 후에는 사람들이 죽었다고 하는데, 그곳으로부터 퍼져 나오는 울부짖는 소리의 변화로 밖에서도 죽음을 감지할 수 있었다고 한다.[15] 일평균 2만여 명이 죽어나갔는데, 최고 기록은 2만 4천 명이었다.[16]

시체는 크레마토리움(Krematorium)이라는 화장 시설에서 태웠다. 살상 기구가 몰려 있던 비르케나우에는 네 개의 크레마토리움이 있었다. 이곳의 대형 오븐 1번과 2번이 합쳐서 하루에 5천 명, 소형인 3번과 4번은 합쳐서 하루에 3천 여 명의 시체를 태울 수 있었다.[17]

위 아우슈비츠 모노비츠의 이게파르벤 공장 아래 아우슈비츠 가스실

가스실에서 대량으로 살해되는 시체들을 크레마토리움 시설만으로 소각하기 힘들었으므로, 야외에 큰 구덩이를 파서 화장터를 운영하기도 했다.

아우슈비츠의 총책임자 루돌프 회스를 비롯하여 SS사령관들은 학살 업무를 인간성이나 도덕성과는 무관하게 여긴 듯하다. 모든 것을 숫자로 계산했으며, 일일 작업량을 최대한 효과적으로 완수하기 위해 여러 가지 기술적 아이디어를 고안했다. 즉, 기술 관료였던 이들은 효과적으로 많은 사람을 죽이고, 신속하게 시체를 소각하는 시스템을 치밀하게 연구하고 철저하게 운영하여 믿기 어려운 학살 숫자를 만들어냈다. 자신의 업무에 충실했던 회스는 가스실이 제대로 작동하는지 직접 점검했고, 아이와 여인들이 가스실로 가는 것을 가까이서 관찰하였다. 회스는 총으로 살해하는 것을 끔찍하게 여겼던 반면, 가스로 살인하는 것은 (SS대원에게뿐 아니라) 희생자들에게도 좋다고 여겼다.[18]

약 4년 반 동안 아우슈비츠로 이송된 총인원은 유대인이 약 110만 명, 폴란드인 약 14만 명, 집시(신티로마)가 2만여 명, 소련 전쟁 포로가 1만 명 이상, 이밖에도 다양한 나라의 사람들이 약 1만 명으로 총 128여만 명이었다고 한다.[19] 하지만 도착하자마자 죽은 사람들의 카드 기록은 없으므로, 정확한 숫자는 알 수 없다. 학계에서는 아우슈비츠수용소 전체에서 살해된 사람을 대략 110만 명에서 150만 명으로 추정한다. 1945년 1월 27일 소련 군대가 아우슈비츠를 해방시켰을 때, SS의 소개 명령에 따라 '행군'을 할 수 없었던 총 7,500여 명의 병든 수감자들만 남아 있었다.[20]

2. 아우슈비츠의 일상

모순적 서술

아우슈비츠에 대한 회고와 인터뷰를 비롯해 수많은 디지털 자료와 출판물이 있지만, 아우슈비츠의 일상을 이해하기란 쉽지가 않다. 비르케나우의 남성오케스트라 지휘자 시몬 락스(Szymon Laks, 1901~1983)에게 아우슈비츠라는 세계는 "필름의 네거티브(negative)"와 같은 곳이었다.[21]

> "검은 색은 흰색이 되고, 흰색은 검은색이 되며, 가치는 180도 돌아가 있고, 과장해서 말하면, 우리에게는 오로지 두 가지 가능성만 있었다. 동료를 때리고 고문하거나 맞고 고문을 당하는 것뿐이었다. 논리적 생각은 미쳤다는 증상이고, 동정은 병든 심리적, 도덕적 약함의 표시였다. 반대로 (…) 가장 저질적인 밑바닥 인간 본능이 진정한 수용소 미덕으로 발전했고, 생존의 (충분하지 않지만) 필수불가결한 조건이 되었다."[22]

위 소각로 내부 아래 소각장 IV 외부

아우슈비츠에 대한 이해는 언어를 넘어선 불가능의 영역에 있는 것일지 모른다. 언어로 설명되는 아우슈비츠 생존자들의 보고서와 인터뷰 회고도 모순투성이로, 무엇이 진실인지 판단하기 힘든 경우가 많다. 특히 심각한 것은 나치에 대한 서술이다. 폴란드 음악가 시몬 락스는 자신의 회고록을 1950년대와 60년대에 폴란드어로 번역 출판하기 위해 여러 번 시도했지만, 거절당했다. "아첨하듯 과장될 정도로 독일인은 좋게 서술한 반면, 수감자들은 도덕관념이 없고 인간적 위엄조차 없는 미물로 묘사되어 출판에 적당하지 않다"는 이유에서였다.[23] 실제로 락스는 유대인임에도 자신을 지휘자로 임명했던 SS구역장 슈바르츠후버에 대해 직접 경험한 바대로 긍정적으로 서술하고 있다. 반면 자신을 괴롭혔던 수감자 카포(Kapo) 코프카(Kopka)의 비열한 측면을 감정적으로 묘사했다.

여기서 경험과 진실 사이에 모순이 발생한다. 마치 인간의 눈은 태양이 지구를 도는 것을 보지만(경험), 실제로는 지구가 태양을 도는 것이 진실인 것과 같다. 락스가 경험한 것과 달리, 코프카는 몇몇 수감자들을 때리고 건방을 떠는 정도였지만, 슈바르츠후버는 수천 명의 집시와 체코인들을 가스실에 보내어 학살했고, 적어도 수만 명의 유대인 학살에 관여했던 인물이다. 락스는 실제 경험적 사실을 그대로 서술했지만,[24] 경험적 사실(부분)이 진실(전체)에는 모순이 된 것이었다. 이런 예는 많다.[25]

더욱이 '논리적 사고가 비정상'이었던 아우슈비츠를 바깥 세계의 논리로 바라보면 모순투성이로 보일 수밖에 없다. 모순이 바로 아우슈비츠의 주요 요소라는 점을 인정하면서, 아우슈비츠 일상의 한 단면을 상상해보고자 한다.

아우슈비츠 일상의 한 단면

살아남은 첼리스트 아니타 라스커-발피쉬(Anita Lasker-Wallfisch, 1925~) 를 비롯해 여러 생존자의 증언을 종합하여 아우슈비츠의 일상을 롱 쇼트로 바라보았을 때, 아우슈비츠 일상의 이미지는 끊임없이 이어 지는 '희생자들의 행렬'이었다. 이런 일상의 이미지를 만드는 주요 사건은 기차의 도착이었다. 아우슈비츠 역에 기차가 도착한다는 소 식이 전해지는 동시에, SS대원에게 인원수와 특기 사항 등 기차에 대한 정보가 전달되었다. SS보초들은 재빠르게 자신의 업무를 준비 하였고, 당번인 SS의사가 역에 도착한 사람들의 죽음과 생존을 '선 별하기' 위해서 역의 람페(Lampe, 경사로)에 나타난다. SS하사관은 오 토바이를 타고 나와서 대기하였고, 트럭 운전수는 짐 부리는 곳에 서 기다렸다가 '무용지물'로 판정된 노인, 병자, 아이들, 임산부들을 태워 가스실 쪽으로 데리고 갔다. 수용소의 게슈타포(Gestapo) 행정 관료는 서류를 가지고 나와서 기다렸다. 람페에서 줄무늬 수감자 옷을 입은 작업반의 첫 번째 그룹은 짐짝처럼 빽빽이 채워진 화물 기차의 문을 열어주었고, 두 번째 그룹은 사람들이 내리도록 하였 고, 세 번째 그룹은 나무 계단을 설치했다.

화물차의 문이 열린 후, 지치고 목마른 사람들이 나오면서 죽은 시체에 걸려 넘어지기도 하고, 사람들 속에서 친구나 친척을 찾으려 서로 소리를 지르며 울기도 한다. SS는 이들에게 다섯 줄로 서라고 명령하고, 남자와 여자를 나누는데, 아이들은 여자와 함께 서도록 하였다.

아우슈비츠 복합체의 소장 루돌프 회스가 1947년 처형되기 전에 폴란드 형무소에서 쓴 회고록에는 SS대원들이 사람들을 어떻게 가스실로 인도하였는지 묘사되어 있다.

> "[SS는] 가능한 한 사람들과 악의 없이 얘기를 나누고, 그들의 직업 등에 대해 물어보면서 그들을 기만하였다 (…) 또한 동족인 카포의 존재와 이들의 조용한 태도는 뭔가 불안을 느끼는 사람들을 안심시켰다."[26]

아우슈비츠에 도착한 사람들 가운데 거의 90퍼센트가 '목욕실'이라 적힌 가스실로 가야 했던 반면, 나머지 1차 운명의 관문을 통과하여 살아남은 사람들은 자신이 가진 모든 것을 내놓아야 했다. 몸에 있는 털은 모두 다 깎였고, 팔에는 번호가 새겨지는데, 이름 대신 번호가 이제 자신을 대변한다. 예를 들면, 모노비츠의 생존자 프리모 레비는 174517번이 되었다. 그는 마치 가축에게 번호를 새기듯 팔에 문신으로 새겨진 번호를 아우슈비츠가 인간을 동물로 격하시키는 "거대한 장치"[27]의 증거로 보았다. 생존자인 정신과 의사 빅토르 프랑클(Viktor Frankl, 1905~1997)은 번호로만 취급되는 수감자의 목숨이 얼마나 하찮아지는지 경험하지 않으면 상상하기 힘들다고 강조한다.[28]

가스실에서 죽은 사람들의 소지품도 죽기 전에 모두 빼앗아 창고('카나다'로 칭함)에 정리 보관했으므로, "전쟁 기간 중 마지막 몇 년 동안 아우슈비츠는 유럽에서 가장 희한한 곳"으로서 대형 창고에는 금과 은, 다이아몬드를 비롯하여 온갖 물건들이 넘쳐났다.[29]

1차 선별에서 살아남은 자들은 모두 아침 기상 후, 모노비츠의 공장이나 실외에서 강제 노동을 하고 저녁에 귀가하는 과정(일요일 제외)을 매일 반복했다. 새벽 네 시 기상, 밤 아홉 시 취침. 노동 시간은 열두 시간. 중간에 30분의 휴식이 있었을 뿐, 실제로는 더 길게 일했다.[30]

'아우슈비츠는 곧 배고픔'일 만큼 수감자에게 배당되는 음식이 턱없이 부족해서 사람들은 늘 허기에 시달렸고, 노동력 착취로 인해 병이 들면, 따로 골라내어 가스실로 보내졌다. 아우슈비츠의 일상은 수감자들을 '노동을 통해' 생명이 소멸하도록 만드는 시스템이었다. 모든 나치수용소 출입문에 새겨진 비꼬는 듯한 구호, '노동이 자유롭게 하리라(Arbiet macht frei)'는 이런 나치의 속셈을 드러낸다. 나치의 입장에서 유대인이라는 대체 가능한 공짜 노동력이 전 유럽에 풍부하게 대기하고 있었으므로, '쓸모없게 된 인간'은 아무

'노동이 자유롭게 하리라'는 문구의 아우슈비츠 중앙 수용소 출입문

런 거리낌 없이 버려졌다.

　아우슈비츠의 가스실에서 특수 코만도(Sonderkommando, 시체 처리
반) 수감자로 일한 유대인 생존자 모리스 베네치아(Morris Venezia,
1921~2013)의 증언에 의하면, 한 번은 가스실에서 학살이 있은 후, 시
체를 처리하기 위해 문을 열자 그 안에서 울음소리가 들렸다고 한
다. 경이로운 마음으로 자세히 보니, 어린아이가 기적적으로 살아
남아 시체 위에 앉아 울고 있었다. 놀란 그는 SS장교에게 이를 알렸

지만, 그 SS장교는 주저 없이 총을 꺼내 아기를 쏘아 죽였다고 한
다.[31] 기적으로 살아남아도 노동력이 없는 쓸모없는 생명은 제거되
어야 했다.

3. 카포, 권력자의 하수인

SS는 동족으로 하여금 동족의 살인에 연루되게 하고, 수감자가 수
감자를 괴롭히게 하여 이들 간의 연대를 방해함으로써 효율적 수용
소 운영을 꾀하였다. 수감자 가운데 간부 역할을 하는 사람이 '카포
(Kapo)'였다. 일반 수감자들은 모두 노동 코만도(Kommando)에 소속
되어 노역을 하는데, 카포는 각 코만도를 관리·감독하는 십장(什長)
기능을 하면서 자신은 노동에서 제외된다. 이들은 수용소 내 신분
위계상 SS의 하수인으로 일반 수감자들 위에 군림했다.[32] 카포 직
에는 비유대인 정치범이나 범죄자들이 자동적으로 임명되었으며,
폭력적이고 잔인한 인물이 많았다. 살인과 시체 처리를 맡는 특수
코만도의 경우에는 '유대인'이 카포가 되기도 했다. 카포 아래에는
수용소의 가장 밑바닥에서 짐승 취급을 당하는 다수의 일반 유대인
수감자가 있었고, 이들이 수용소의 뼈대를 이루었다.[33]

　또한 수감자들 가운데 SS 사무실의 행정 업무와 같은 특정 임무
를 맡은 비유대인 '기능직'도 특권층에 속했는데, 이 기능직과 카포

는 힘든 노동에서 제외되었고, 더 나은 숙식으로 일반 유대인 수감자보다 살아남을 가능성이 훨씬 높았다.[34]

카포는 "인간의 부정적인 측면을 기준으로 선발"된 사람들로서, 수감자들 중에서 가장 잔인하고 난폭한 사람들이 주로 뽑혔다.[35] 빅토르 프랑클은 나치 대원보다도 카포들이 수감자들에게 더 가혹했고, 악질적인 경우가 많았다고 회고한다. 카포가 되면 금세 SS대원이나 악랄한 감시병들을 닮아갈 수밖에 없었다.[36] 기대했던 것보다 일을 잘 못하는 카포는 즉시 쫓겨나 가스실로 보내지기 때문이었다.

다시 말해 카포는 SS사령관의 명령에 따르지 않으면 자신도 죽임을 당했기 때문에, 동족을 감시하고 괴롭히는 잔혹한 일을 감당해야 했다.[37] 또한 언제든 자신이 대체 가능하다는 사실을 인식했기 때문에, 자기 생명을 연장하기 위해서라도 더욱 가혹하게 행동했다.

나치의 명령은 카포를 통해 전달·수행되었으며, 그 책임은 카포가 져야 했다. 카포의 존재는 나치 입장에서 효과적이고 유리한 수용소 운영 방식이었다. 전후 최초로 나치의 집단수용소 시스템에 대해 방대한 저술을 남긴 사회학자 오이겐 코곤(Eugen Kogon)도 나치의 학살 시스템이 붕괴하지 않고 유지된 배경에 카포가 있다고 보았다.

이렇게 카포들에게 명령을 내리고, 누가 가스실로 가야 하는지 운명을 '선별'하면서, SS는 착오나 방해 없이 살인 시스템이 잘 작동되게 하는 일에 집중하였다.[38] 가스실에 사용될 독가스 치클론 베를 다루는 일은 SS대원의 중요한 업무였다.

전쟁이 끝난 후, 카포의 직접적인 만행에 고통당했던 수감자들은 SS소장뿐 아니라 동족인 카포들도 뉘른베르크 법정에 전범으로 세웠다.

하지만 카포 중에 나치 협력자만 있었던 것은 아니었다. 특히 정치범(주로 공산당과 사회주의자) 출신 카포 가운데 일부는 겉으로만 끔찍한 태도를 취했을 뿐, 실제로 수감자들을 몰래 살려내기 위해 자신의 위치를 이용하여 위험을 무릅쓰고 나치에 저항하기도 했다. 잘 알려진 사례로 부헨발트수용소의 카포였던 발터 크레머(Walter Krämer, 1892~1941)가 있다. 그는 독일 공산당원으로 수용소 내 저항 그룹에 속했고, 수용소 의사로 일하면서 많은 유대인 수감자를 도왔다. 결국 SS에 의해 1941년 처형되고 만다.[39]

아우슈비츠에서의 사례로는 폴란드 지하 저항군(Armia Krajowa) 소속 장교 비톨트 필레츠키(Witold Pilecki, 1901~1948)가 있다. 그는 자발적으로 아우슈비츠에 잠입하여 2년 반 동안 카포로 있으면서 지하 조직을 만들었다. 1942년에는 천 명 이상으로 조직원이 증가했으나 1943년 4월 게슈타포에 검거될 위험을 느끼고 동료들의 도움으로 탈출하여 아우슈비츠의 끔찍한 실상을 런던의 폴란드 망명 정부에 알렸다.[40]

카포에 대한 일반 수감자들의 비난은 카포가 SS를 위해 봉사했고, 대량 학살이 진행되도록 도왔다는 데 있었다. 하지만 카포들은 자신들이 그렇게 하지 않더라도 대량 학살을 중지시킬 수 없었다고 주장한다. 대다수 카포가 나치 범죄에 연루되었다는 사실은 부정할 수 없지만, 생존이 곧 저항이던 그 지옥에서 살아남기 위해 어쩔 수 없었다는 이들의 주장을 비난하기도 어렵다.[41]

4. 특수 코만도와 저항

수용소에서 가장 비참한 일을 하는 유대인은 특수 코만도(시체 처리반) 수감자였을 것이다. 이들은 가스실에서 산더미처럼 엉켜 있는 시체들을 끄집어내 머리카락을 제거하고 금니를 찾아 빼낸 후 다시 화장터로 운반하고 태우는 일을 했다.[42] 이런 일은 건장한 나치 SS도 악몽을 꿀 정도로 심리적으로 부담스러운 일이었다. 이 일을 하는 특수 코만도 유대인은 대가로 술이나 음식 등 여러 가지 특별 혜택을 받았지만, SS의 살인 행위를 자세히 알고 있는 이들은 철저하게 다른 일반 수감자들과 격리되었고, 약 4개월 간격으로 학살당했다. 1942년부터 1945년까지 아우슈비츠에서 특수 코만도의 숫자는 총 2,200여 명이었으나 살아남은 수감자는 약 110명에 불과했다.[43]

때로는 지인이나 가족의 시체를 쓰레기처럼 다루어야 했던 특수 코만도 대원의 고통은 두말할 필요도 없을 것이다. 고압 전류가 흐르는 철조망으로 달려가 자살하거나 시체와 함께 소각로로 뛰어드

특수 코만도가 시체를 태우고 작업하는 모습

는 대원도 있었다. 비르케나우의 생존자인 필립 밀러(Filip Mueller, 1922~ 2013)는 특수 코만도로 배정받고 나서 자신도 동족과 함께 가스실로 들어가 죽으려 계획했다. 하지만 가스실에서 곧 죽을 유대인 여성과의 대화를 통해, 살아서 나치의 만행을 세상에 증언하는 일이 죽는 것보다 더 중요한 일임을 깨닫고, 끝까지 살아남았다. 해방 후,

뮐러는 아우슈비츠 재판에서 특수 코만도에 대한 중요한 증언을 남겼다.

아우슈비츠 저항 조직의 카포 필레츠키는 「아우슈비츠 보고서」덕분에 일찌감치 알려졌지만, 비르케나우의 특수 코만도의 '무력 반란'에 대해서는 오랫동안 묻혀 있었다.[44] 특수 코만도의 반란 계획은 이미 1943년 가을에 시작되었으나 실행된 것은 일 년 후인 1944년 10월 7일이었다. 비르케나우 3번과 4번 크레마토리움의 특수 코만도는 비밀리에 무기를 장만하고 폭탄을 제조하여 SS대원을 공격하였다.[45] 저항 그룹의 여성 네 명도 동참하였는데, 무기 공장에서 폭약을 훔치는 위험한 일을 했다. 그러나 이날 알 수 없는 이유로 네 개 저항 그룹 사이에 소통이 원활하지 않았고, 첫째와 셋째 그룹만이 계획을 행동으로 옮겼다.[46] 이들의 반란은 탈출보다는 살인 공장의 시설을 파괴하는 것에 중요한 목표를 두었다. 하지만 이들의 반란은 몇 시간 내 SS군에 의해 저지되고 말았다. 혼란을 틈타 250여 명의 수감자들이 탈출하려고 했으나, 모두 SS에게 잡혀서 죽임을 당했다. 이 사건으로 저항 운동과 상관없는 수감자를 포함하여 총 451명이 살해당했고, 무기 공장에서 폭약을 훔쳐 온 여성들 네 명은 고문을 당한 뒤, 1945년 1월 5일 모든 수감자들이 보는 앞에서 교수형에 처해졌다.[47]

아우슈비츠 제3수용소에서도 같은 저항 운동과 연관이 있는 한 명의 수감자가 1944년 11월 공개 처형을 당한 사실이 프리모 레비

의 회고록에도 서술되어 있다.[48]

아우슈비츠에서 유일했던 이 무력 저항은 실패로 끝났고, 특수 코만도를 포함한 수감자 450여 명이 죽었지만, 크레마토리움 하나는 완전히 파괴되었고, 또 하나는 일부가 파괴되었다. 반란과 사형 집행으로 인해 나치에게 있어서는 안 될 사태가 벌어졌다. 가스실의 살인 업무가 한동안 중단되었던 것이다. 크레마토리움의 가동률이 떨어졌으므로, 저항 운동이 없었다면 가스실에서 죽어갔을 많은 수감자들이 1945년 1월 27일 소련군이 도착할 때까지 목숨을 부지할 수 있었다. 비록 실패에 그쳤지만, 무력 저항은 노예처럼 일하다 죽어야 했던 수감자들에게 잊지 못할 중요한 사건으로 남았다. 특수 코만도의 이 무력 저항은 톰 블레이크 넬슨(Tom Blake Nelson) 감독이 〈회색 지대(The Grey Zone)〉(2001)라는 제목으로 처음 영화화했다.[49]

특수 코만도의 대원들이 일정 기간 살기 위해 모두 복종한 것은 아니었다. 1944년 7월 특수 코만도로 선정된 그리스 코르푸(Corfù) 섬 출신의 유대인 400명 전원이 작업을 거부하자, 모두 바로 가스실에서 살해된 경우가 있었다. 저항하는 특수대원을 SS는 산채로 소각로에 집어넣은 경우도 있었다. 또한 자살하는 사람도 많았는데, 특수 코만도 대원으로 선정된 직후에 다수가 자살했다.[50]

프리모 레비의 말처럼, 가스실과 시체 처리를 유대인에게 떠맡긴 것은 희생자들을 공범으로 만드는 나치의 "가장 악마적인 범죄"였다.[51] 하지만 전후 법정에 기소된 아우슈비츠의 SS는 가스실에서 사람을 죽이고 화장한 것은 모두 특수 코만도의 짓이지 자신들의 범죄가 아니라고 발뺌하였다. 그러나 비르케나우에서의 무력 반란처럼 특수 코만도의 저항이 나중에 알려졌고, 특수 코만도 대원들이 나치 만행을 적어 몰래 수용소 땅속에 묻어두었던 여러 자료들이 발견되면서 1970년대 이후 이들의 명예 회복이 이루어지고 있다.

5. 아우슈비츠는 독일 역사의 암적 존재인가 현대 사회의 일부인가

아우슈비츠는 인간의 합리적 기술이 야만성과 만났을 때, 폭력과 테러가 어느 수준으로까지 끔찍해질 수 있는지 보여주는 나치수용소의 상징이 되었다. 인간성은 철저하게 배제하고, 기술력과 합리성을 기반으로 한 분업과 조직력, 효율성을 최대치로 끌어올렸던 나치의 살인 공장 시스템은 질적으로나 양적으로 이전에는 상상할 수조차 없었던 특이한 현상이었다. 직접 나치의 강제 수용소를 경험한 지식인들은 아우슈비츠 현상을 독일 역사에서만 나타나는 '특수한' 것으로 보는 경향이 강하다. 오이겐 코곤에 따르면, "독일 강제 집단수용소는 그 자체로 하나의 세계이고 국가"였다. 즉, "권리 없는 질서"로서 상상을 초월하는 야만성 위에 세워진 "완결된 독

특한 조직체"였다.[52]

지옥을 직접 경험한 생존자 프리모 레비도 나치수용소의 체계는 "양적·질적으로 유일무이한 것"이라 확신한다.[53] 언어로는 표현 불가능한 인간성의 철저한 파괴라는 측면에서 보면, 수용소는 전례 없는 절대 권력의 시스템이었고, 기능적으로 수행되는 조직화된 테러였다. 희생자들은 자신의 범법 행위에 의해 벌을 받아 죽는 것이 아니라, 자신의 태생, 즉 유대인이기 때문에 혹은 폴란드인, 집시 또는 러시아인이기 때문에 죽어야 했다. 존재 자체가 죽음의 원인이 되는 기이하고 모순적인 상황이었다. 또한 죽임의 방식도 이전에는 상상조차 하지 못한 것이었다. 빈에서 유대인들을 돕다 발각되어 1942년 2월 아우슈비츠로 강제 이송된 반파시즘 저항 운동가 엘라 링겐스(Ela Lingens, 1908~2002)는 1년 6개월이 지난 후에야 비로소 아우슈비츠에 도착한 수많은 사람들이 '굴뚝 연기'로 나온다는 말을 이해하게 되었다고 증언한다.[54]

나치가 자행한 유대인 학살의 독특함을 이스라엘 역사학자 예후다 바우어(Yehuda Bauer, 1926~)는 세 가지로 정리한다.[55] 첫째, 나치의 유대인 학살처럼 그 동기가 비이성적인 '신화와 환각'에 있었으면서 실제로는 '합리적 방법'으로 자행된 학살은 이전에 없었다. 둘째, 나치의 유대인 학살처럼 '글로벌한 성격'을 지닌 학살이 없었다. 나치는 전 세계 유대인을 살해하려 했으며, 다국적 수감자들은 마치 바벨탑 상황처럼 소통에 어려움을 겪었다. 아우슈비츠에는 적어도 20개국 이상의 언어권에서 온 수감자들이 함께 모여 있었다. 셋째, 나치의 유대인 학살처럼 학살이 '국가 정책'이었던 적이 없었다. 바우어의 분석을 종합해보면, 나치의 학살은 소련의 강제 노동 수용소 굴라크(Gulag)에서 벌어진 학살과도 다르고,[56] 일본군의 중국인 학살과도 차이가 있음을 알 수 있다.

또 다른 한편에선, 아우슈비츠에서 나치의 잔학성이 그 유례를 찾아보기 힘든 것은 사실이지만, 이는 독일만의 특수한 현상이 아니라, 20세기 현대 사회가 가지는 일반적인 성향으로 파악하려는 관점도 있다. 이미 1944년 테오도르 아도르노(Th. Adorno)와 막스 호르크하이머(Max Horckheimer)는 나치즘에서 지배의 합목적성을 추구하는 도구적 이성의 본질이 최종적으로 도달하는 야만성을 간파해냈다.[57] 다시 말해, 아도르노와 호르크하이머는 계몽의 진보가 인간성을 회복하는 방향이 아니라 오히려 새로운 야만성으로 나타나는 것을 설명하고자 했다. 이는 아우슈비츠의 야만성이 갑자기 하늘에서 떨어진 것이 아니라 이전부터 도구적 이성 속에 내재해 있었으며, 어떤 조건과 만나면서 폭발적으로 그 모습을 드러낸 것이라 해석할 수 있다.

자신의 친지를 아우슈비츠 가스실에서 잃었던 아도르노는 테레지엔슈타트와 아우슈비츠에서 살아남은 작가 H. G. 아들러와 마찬가지로 나치수용소의 경험은 사람의 언어로 옮길 수 없고,[58] 아우슈비츠 이후 어떠한 예술 방식도 표현이 불가능한 것으로 보았다.[59]

아우슈비츠를 겪어낸 생존자들의 트라우마적 경험이 생생할 때, 아우슈비츠가 현대 사회의 일부로서, "현대 사회의 구조 속에 들어 있다"[60]는 주장은 널리 수용되기 힘들었다. 그 생생함이 퇴색되어 가던 90년대까지 기다려야 했다. 그러나 능률성과 합리성, 기술의 효과적 사용이라는 측면에서 보면, 인간을 '물질'이나 '재료'로 여기는 나치수용소 시스템의 능률·성과 우선주의는 지금 우리 주위에서도 적나라하게 또는 은밀하게 작동하고 있다.

　소수의 악질 사디스트를 제외한다면, 인간 학살에 무감각한 나치들이었다 해도, 그들은 특별한 인간이 아니라 그저 상관의 지시에 따라 자기 기능을 성실하게 실행하던 직업인일 뿐이었다(그렇다고 그 죄가 사라지는 건 아니다).[61] 이들 대부분은 "(죄에 대한 책임을 묻지 않는다면) 무리 없이 문명화된 사회에 그대로 통합되어 특별히 눈에 띄지 않고 이웃과 정상적인 삶을 꾸릴 수 있는 자들이었다."[62] 문제는 현대 사회 시스템에서 효율성과 경제성의 이름으로 야만성은 곳곳에서 활개를 치지만, 왜 하필 독일에서 유독 '아우슈비츠 현상'이 나왔는지, 그 '집단적 광기'에 대한 설명이 필요하다는 데 있다(이에 대해서는 다양한 가설들이 존재하지만, 이 책의 주제가 아니므로 생략한다).

　무엇보다 현 시점에서 실질적인 문제는 '아우슈비츠의 역사화'이다. 아우슈비츠가 소련군에 의해 해방된 지 75년이 지났고, 상상하기 힘든 야만과 고통을 경험했던 생존자들은 거의 90대의 고령이 되어 (일제하 일본군 위안부 증인들처럼) 하나둘씩 사망하고 있다. 유일무

이하고 비교 불가능했던 아우슈비츠의 참혹함도 이제 역사의 뒤안 길로 사라져가고 있다. '역사'가 된다는 말은 결국 '비교 가능'하게 됨을 의미하고 과거의 한 부분으로 기억됨을 뜻한다.

이런 맥락에서 1990년대 이후 나치 강제 수용소를 배경으로 삼은 상업 영화들이 세계인의 이목을 집중시켰던 현상을 이해할 수 있다. 스필버그 감독의 〈쉰들러 리스트〉(1993)와 로베르토 베니니(Roberto Benigni) 감독의 〈인생은 아름다워(La vita e bella)〉(1997)가 있었고, 2001년 아우슈비츠 생존자의 실화를 바탕으로 한 팀 브레이크 닐슨 감독의 〈회색지대〉가 있었으며, 2002년에는 폴란드 피아니스트 슈 필만의 실화를 바탕으로 한 로만 폴란스키 감독의 〈피아니스트〉가 개봉되었다.

잘 알려지지는 않지만, 예술 음악계에서도 60여 년이 지난 2006 년 아우슈비츠를 주제로 한 오페라 〈아우슈비츠의 여성오케스트라〉 가 슈테판 호이케(Stefan Heucke)의 작곡으로 초연되었다. 또 1968년 에 작곡되었던 미에치스라브 바인베르크(Mieczysław Weinberg)의 오 페라 〈승객(The passenger)〉[63]은 2010년에야 비로소 전작이 온전하 게 초연된 이후, 전 세계 오페라 극장에서 연이어 공연되고 있다. 아 우슈비츠가 역사화된 21세기 예술 문화계에서 아우슈비츠의 예술 적 형상화는 더 이상 낯선 일이 아니다.

하지만 아우슈비츠 생존자들의 표현 불가능한 경험들을 읽어갈 수록 여전히 이해하기 힘든 점 역시 또렷해진다. 대량 학살이 이루어지던 바로 그곳에서 브람스, 차이코프스키, 모차르트 심포니나 오페라 아리아 그리고 재즈 음악이 연주되었다는 사실은 어떻게 이해할 수 있을까. 다음 장에서는 아우슈비츠의 비교 불가능한 '독특한 면'과 역사적 관점에서 '낯설지 않은 면'을 음악을 통해 탐구하고자 한다.

제 2 장

살인자와 음악

1. 아우슈비츠 사령관이 오케스트라를 원했던 이유

이미 언급되었지만, 아우슈비츠에는 여러 개의 오케스트라와 밴드가 있었다. 아우슈비츠의 SS사령관은 왜 공식적인 수용소 오케스트라를 운영하고자 했을까. 이 책의 프롤로그와 제1부에서 중요하게 제시되었던 이 문제의식은 필자가 이 책을 구상할 때 스스로 제기한 중요한 질문 가운데 하나였다. 이 질문은 '제1차 세계대전 시기 일본 포로수용소의 독일·오스트리아 포로들이 오케스트라를 만들어 포로생활 내내 음악을 연주했던 독특한 경험이 제2차 세계대전 시기 나치 강제 수용소 운영에도 흘러들어간 것이 아닐까' 하는 가설로 이어졌다. 하지만 제1차 세계대전 시기 또 다른 서구 포로수용소에서도 독일·오스트리아 포로들은 교향악협회까지 만들어 수준 높은 음악 활동을 전개했으므로, 이는 일본 포로수용소만의 독특한 사건은 아니었다. 그렇다 해도 독일·오스트리아군 중에는 수준 높은 음악 애호가가 많았다는 사실은 충분히 증명되었다.

포로들은 자신들의 음악 활동이 수용소 관리에 유리한 점이 많았음을 자각했다. 또 당시 독일 신문에 포로들의 음악 활동이 긍정적으로 보도되었던 것도 잘 알고 있었다. 제1차 세계대전에 참전한 '애국적' 민족주의자이자 음악 애호가였던 포로들이 귀국한 후 나치당원이나 SS간부가 되었을 가능성이 없지 않으므로, 제1차 세계대전 중 포로수용소에서의 오케스트라 경험이 어떤 식으로든 나치 강제 집단수용소의 오케스트라 운영에 영향을 미쳤을 가능성 역시 충분하다. 하지만 이를 자료로 증명하기 전에는 사실로 주장하기 힘들다.

나치수용소에서 오케스트라가 조직된 배경에 대해서는, 1942년 8월 나치제국 정보국(RSHA)의 하인리히 뮐러(Heinrich Mueller) 부장 (Abteilung IV)[64]이 모든 수용소 소장에게 보낸 공식 조례에 오케스트라의 조직에 대한 언급이 있다고 주장하는 연구가 있다. 기본적으로 모든 주요 수용소에는 일시적인 음악 밴드가 아니라 '상시적인 연주'가 가능한 오케스트라를 만들 것을 권고하는 내용이라고 한다.[65] 하지만 시기적으로 늦은 감이 있는 이 주장도 증거 문서가 남아 있지 않아서 확인이 불가능하다.

이 시기(1942년)에는 이미 독일 내 초기 강제 수용소인 부헨발트

(Buchenwald)나 다하우(Dachau), 작센하우젠(Sachsenhausen), 라벤스부뤼크(Ravensbruek) 등에 수용소 음악대가 존재했다.[66] 특히 제2차 세계대전 발발 이후 수감자 숫자가 급증하고 이와 함께 수용소 설립도 급증하였는데, 이런 경향은 독일 점령지의 수용소로도 확대되었다. 북독일의 노이엔가메(Neuengamme)[67]에서는 1940년 12월 조직된 폴란드의 아우슈비츠 오케스트라를 모방하여 자체 오케스트라를 만들었고, 오스트리아의 마우트하우젠(Mauthhausen), 폴란드의 트레블링카(Treblinka)[68] 등의 수용소에도 공식적으로 음악대 수준의 수용소 카펠레가 존재했다.

여기서 잠시 오해를 피하기 위해 오케스트라(카펠레)의 의미를 짧게 서술하면, '수용소 오케스트라'는 베를린 필이나 빈 필과 같이 모든 악기가 구비되고 실력이 뛰어난 연주자들로 구성된 전문 교향악단이 아니다. 일반적으로 나치수용소의 오케스트라는 중간 규모의 브라스 밴드에다 바이올린, 첼로, 더블베이스 같은 현악기와 아코디언, 만돌린, 기타 등이 합쳐진 것이었다고 할 수 있다.

하지만 오케스트라의 편성과 규모는 각 수용소의 연주자나 악기 사정에 따라 큰 차이가 있었다. 최대 약 150명에 이르렀던 아우슈비츠 중앙 수용소 오케스트라는 단원 대다수가 전문 음악가로 이루어져 일반적으로 사용하는 '오케스트라'의 명칭에 어울리는 단체였다. 반면 폴란드 군악대의 음악가들이 주축이 된 모노비츠의 오케스트라는 관악기 위주의 악대 수준이었고, 비르케나우의 소녀오케스트라는 현악기와 뜯는 악기 위주였다. 생존자들이 다양한 형태의 악대를 총칭하여 오케스트라로 부르고 있고, 홀로코스트 연구에서도 이 용어가 정식 명칭으로 수용되었으므로, 이를 그대로 따르고자 한다.

아우슈비츠 중앙오케스트라의 지휘자였던 아담 코피친스키(Adam Kopycinski, 1907~1982)에 따르면, 아우슈비츠에서 처음 만들어진 오케스트라는 초기에 수감된 비유대인 폴란드 음악가 다섯 명이 자발적으로 조직한 앙상블(바이올린, 트럼펫, 기타, 색소폰, 아코디언으로 구성)에서 시작했다고 한다.[69] 소장이 제시한 두 가지 조건(매일 아침저녁에 행진곡 연주와 노동 시간 후 연습하기)을 받아들인 후, 연주가 허락되었다고 한다.[70] 아우슈비츠의 첫 악대가 SS의 명령으로 조직되지 않은 것처럼 보이지만, 매일 수감자들의 행진을 위한 행진곡 연주의 조건을 볼 때, SS도 이미 악대의 필요성을 느끼고 있었던 것이라 여겨진다. 어차피 악대 조직을 명령하려 했으나, 수감자들의 자발적 조직이 시기적으로 앞섰을 수도 있다. 이후 이 악대가 빠르게 대규모의 전문 오케스트라로 발전했다는 점에서 SS의 적극적인 지원이 있었음을 알 수 있다.

약 80명~120명 규모로 전문 음악가의 풀이 풍부했던 중앙 수용소 오케스트라는 음악 장르에 따라 브라스 밴드, 1942년부터는 클래식 음악을 연주하는 심포니 오케스트라, 또 댄스 악대와 재즈 밴드 등으로 필요에 따라 다양한 조합으로 연주했다.[71]

여러 개의 수용소 단지로 구성된 비르케나우에는 공식적인 오케스트라가 두 개(남성오케스트라, 소녀오케스트라)있었고, 집시 가족 수용소와 체코 가족 수용소에도 각각 비공식적 악대가 있었다. SS는 집시와 체코 수감자들의 자발적 오케스트라를 긍정적으로 여기고 금지하지 않았다. 그 배경에는 국제적십자 시찰단의 방문 가능성이 있었다. 나치는 이를 대비하여 가족 수용소의 수감자들에게 줄무늬의 유니폼을 입히지 않았고, 삭발을 강제하지도 않았으며, 음식도 일반 유대인 수감자보다 좋게 배급했다. 하지만 1944년 6월 테레지엔슈타트를 방문한 국제적십자 대표 마우리체 로셀(Maurice Rossel)이 나치의 거짓 선전에 속아 넘어가 아우슈비츠의 체코 가족 수용소 시찰을 포기하자, 그동안 시찰단의 방문을 대비하여 살려두었던 체코 가족 수용소를 해체해버렸다. 결국 수천 명의 집시 가족[72]과 체코 가족은 가스실로 보내졌고, 이와 함께 악대도 사라져버렸으므로, 1944년 8월 비르케나우에는 두 개의 공식적 오케스트라만 남게 되었다.

또한 강제 노동의 중심지인 제3단지 모노비츠와 산하 지부의 골레샤유(Golleschau)수용소[73]에도 관악 위주의 오케스트라가 있었으므로, 종합하면 아우슈비츠 복합체에는 최대 일곱 개의 오케스트라가 존재했다. 마치 오케스트라가 수용소 소장의 명성을 보여주기라도 하듯이, 아우슈비츠 각 수용소의 사령관들은 경쟁하듯 오케스트라를 육성하고자 했다.[74]

이런 현상은 이탈리아인 수감자 프리모 레비에게는 낯선 것이었다. 그는 인간을 착취하고 살해하는 아우슈비츠의 잔혹한 일상에 배경 음악이 있는 것을 "게르만족의 취향에 따른 거대한 광대극"으로 보았다.[75] 그러나 독일인의 입장에서는 이것이 그리 이상한 일도 모순도 아니었다. 나치 엘리트의 음악 애호가와 아우슈비츠의 SS 음악 애호가들을 살펴보면, 학살과 음악이 그리 멀리 떨어져 있지 않았음을 알 수 있다.

2. 나치 엘리트와 예술 음악

일반적으로 나치 학살자는 보통 사람이 아니라 사회적으로 적응하지 못하는 아웃사이더 또는 정신적으로 모자라는 사디스트, 냉혈 인간이거나 증오를 품은 빈곤한 하층 계급 출신이라는 편견이 있다. 하지만 이와 다르게, 유대인들을 절멸시키는 데 앞장선 고위층 나치 학살자들은 대학을 졸업한 엘리트가 많고, 교양 있는 집안 출신도 많았다. 이들은 출세 지향적 성향을 지녔고, 정신적으로는 지극히 '정상'이었으며, 독일 사회의 중심에서 활동하던 젊은 청장년들이었다.[76] 즉, 교양 시민 계층 집안의 야망 넘치던 젊은 박사들과 기술 관료 출신의 SS는 문화 예술을 교양으로 치장한 경우가 많았다. 나치 엘리트 가운데 음악적 재능이 있거나 수준 높은 음악 애호가들이 많았던 것은 우연이 아니었다.

　독일은 '음악의 나라'라는 특별함을 대내외적으로 선전하였고, 실제로 당시 거의 모든 행사에서 음악 연주가 있었을 정도로 나치 제국 12년간 음악의 전성기가 도래한 듯했다.[77] 히틀러가 바그너의 음악극 〈리엔치〉 등에서 자신의 정치적 비전을 보면서 꿈을 키웠다는 것은 잘 알려진 사실이다.[78] 히틀러를 따라 괴링, 괴벨스 등 나치 엘리트들도 바그너 오페라를 비롯하여 바흐, 베토벤, 모차르트, 브람스, 부르크너 등 독일 고전 음악 연주회에 참석하여 자신의 독일성을 과시하였다. 클래식 음악회에서 유니폼을 입은 SS장교를 보는 것은 매우 흔한 일이었다.[79] 물론 고위급의 눈도장을 받거나 출세를 위해 음악회에 나갔던 나치 간부들도 있었겠지만, 라인하르트 하이드리히(Reinhard Heydrich, 1904~1942)와 한스 프랑크(Hans Frank, 1900~1946)처럼 진심으로 음악을 사랑했던 나치들도 많았다.

게슈타포의 권력자 라인하르트 하이드리히

유대인 절멸 정책의 책임자 가운데 한 명인 라인하르트 하이드리히는 그 누구보다 나치 엘리트와 음악의 친밀 관계를 보여주는 좋은 사례일 것이다. 그의 아버지 부르노 하이드리히는 작곡가 겸 오페라 가수였고, 어머니 엘리자베트 크란츠는 국립드레스덴음악학교 교장의 딸이었다. 독일의 교양 중상층 가정에서 하이드리히는 어릴 적부터 바이올린을 비롯하여 여러 가지 악기를 배웠다. 뛰어난 바이올리니스트였던 그가 나치당원이 되고 SS대원이 되어 아무렇지 않게 사람들을 죽이고 또 그런 시스템에 기여한 것은 음악과 어떤 관련이 있는 것일까.

원래 그의 부모는 적극적 친나치주의자는 아니었지만, 정치적으로 보수적 민족주의 성향이었다. 하이드리히는 그 영향 아래서 엄격한 가톨릭 교육을 받았다. 1931년 열성적 나치 지지자 집안의 여성 리나 폰 오스텐(Lina von Osten)과 결혼한 후, 하이드리히는 근면함, 뛰어난 조직력, 효율적인 업무 처리, 철저한 작업 방식을 몸에 익혀 게슈타포 최고의 모범 인물로 변해 있었다. 블론드 헤어에 훤칠한 키, 독일성을 증명하는 음악성, 스포츠에 능한 아리아인의 전형으로, 젊은 SS대원들에게 그는 선망의 대상이었다.

냉철했던 그는 게슈타포의 정보 보안 업무를 주도적이며 '창의적으로(?)' 철저히 실행하여 최고위 상관인 하인리히 힘믈러의 무한 신뢰를 받았다.[80] 29세에 바이에른 경찰부청장이 되었고, 1934년 30세의 나이로 독일제국 내에서 힘믈러 다음의 권력자가 되었으며, 1941년 10월 체코의 지식인들과 유대인들을 성공적으로 제거하여 37세에 '보헤미아 부총독'으로 임명되었으니, 그의 출세는 초고속, 수직 상승이라 해도 틀린 말이 아니었다.[81] 테러와 살인이라는 전공 분야에서 최고가 되려는 강한 욕망을 지녔던 그는 한계를 모르는 '유대인 학살 매니저'였다.[82]

하이드리히는 적어도 1백만 명의 유대인 학살에 대한 책임이 있

라인하르트 하이드리히의 마지막 연주회 방문

었다. 히틀러가 구상하는 유대인 최종 해결(Endlösung)을 위한 베를린 반제 회의(Wannseekonferenz, 1942년 1월 20일)의 계획안을 마련하고 회의를 주도한 사람도 그였다. 히틀러가 그의 심장이 '강철'로 되었다고 칭찬했을 정도로, 그는 국가 차원에서 조직적·기술적·체계적으로 유대인 말살의 청사진을 냉혹하고 대담하게 제시하였다. 히틀러가 말하는 '더 나은 세상(나치의 입장에서 유대인이 없는 깨끗한 세상)'을 만들기 위해 그는 더 엄격하고 더 잔인해야 한다고 믿었다.

그러나 또 다른 한편으로, 좋은 아버지이자 좋은 남편이었던 하이드리히는 저녁 음악회에 즐거이 참석하는 음악 애호가였다. 1942년 5월 26일 프라하 발트슈타인궁전에서 개최된 프라하 음악 주간(Prager Musikwoche)에 부인과 함께 참석한 사진이 독일연방아카이브에 남아 있다.

이 사진은 하이드리히가 1942년 5월 27일 영국의 체코 망명 정부가 보낸 레지스탕스의 폭탄 테러에 치명적인 부상을 입기 전날 찍은 것이었다. 이 암살의 결과로 하이드리히는 6월 4일 사망하게 되었으므로, 죽기 전 마지막 연주회 사진이 되었다.[83] 프리츠 랑(Fritz Lang) 감독이 미국 망명 중에 있던 독일 작가 베르톨트 브레히트(Bertolt Brecht)의 아이디어로 1943년에 만든 유명한 반나치 영화 〈사형 집행관도 죽는다(Hangmen Also Die)〉가 바로 하이드리히 암살 사건을 바탕으로 한 것이다.[84]

폴란드의 살인마 한스 프랑크

암살당한 하이드리히와 달리, 한스 프랑크는 백만 명의 폴란드인을 독일로 보내 강제 노역을 시켰고, 수백만 명의 유대인이 학살되는 데 기여했다는 죄(전쟁 범죄와 반인륜적 범죄)로 1946년 교수형에 처해진 인물이다. 그는 나치 전범 스물네 명에 속해 그 죗값을 치른다.

변호사 집안에서 출생한 프랑크는 1924년 킬대학에서 법학 박사 학위를 취득하였고, 히틀러가 권력을 잡기 전부터 그에 충성하던 초기 멤버 가운데 한 명이었다. 하이드리히보다 네 살 연상인 프랑크도 1933년 히틀러가 권력을 잡자, 사법부의 획일화를 추진하며 30대에 장관이 되었다. 제2차 세계대전 발발 후 두 달이 채 되지 않은 10월에 39세의 나이로 (독일군 점령 지역) 폴란드 총독에 임명되어 출세 가도를 달렸다.

폴란드 총독으로 그가 한 일은 폴란드의 문화와 유산을 계획적이고 조직적으로 파괴하는 일이었다. 바르샤바대学은 바로 문을 닫아야 했고, 크라쿠프의 대학은 폴란드 학생을 내쫓고, 독일인을 위한 대학으로 만들었다. 수많은 폴란드 지식인, 학자, 교수 등 폴란드의 문화적 정신적 엘리트들을 강제 집단수용소로 보냈고, 그 자리를 독일인들이 차지하게 했다. 폴란드 박물관의 모든 국가적 보물과 문화재뿐 아니라 교회와 개인의 것까지 압류하였다. 프랑크는 나치 핵심 인물 가운데 가장 허약한 인간으로 알려졌지만,[85] 1940년 여름 폴란드 저항 세력, 정치인, 지식인 등 약 7천여 명을 살해하게

하였고, 수백만의 폴란드 유대인을 학살한 공동 책임자였다.[86]

하이드리히와 마찬가지로 중상층 가정에서 자란 프랑크는 문학과 음악과 미술에 조예가 깊었던 지적 교양이 높은 나치였다. 어릴 적부터 클래식 음악에 취향이 있었고, 피아노를 치는 오페라 애호가였다. 나치제국 최고의 작곡가 리하르트 슈트라우스(Richard Strauss)와 한스 피츠너(Hans Pfitzner) 그리고 바이로이트의 여주인 비니프레드 바그너(Winifred Wagner)와 친밀하게 교류할 정도로 음악과 음악가에 대한 사랑이 남달랐다. 특히 유대인의 피가 섞인 며느리와 손자들을 보호하기 위해 손을 내밀었던 슈트라우스를 도와주었고, 〈독일적 영혼(Von deutscher Seele)〉을 작곡할 정도로 민족주의자였던 한스 피츠너의 후원자가 되었다.

프랑크는 한편으로 크라쿠프에서 활발한 예술 문화 사업을 추진했지만,[87] 다른 한편에서는 폴란드의 지식인과 엘리트들을 가스실로 보냈다. 하이드리히처럼 그에게도 불결한 유대인과 폴란드인, 러시아인들을 살해하는 일은 '정화된' 독일의 미래를 위해 불가피한 작업이었고, 음악을 사랑하는 것은 당연한 '독일적' 행위였다.

3. 아우슈비츠의 SS와 음악

나치 핵심 간부로 수준 높은 음악 애호가였던 하이드리히나 프랑크의 사례에서 보듯, '클래식 음악' 선호는 '독일성'을 과시하는 일이었다. 그러나 대다수 SS가 선호하던 음악은 세미클래식, 유행가나 가벼운 오페레타 음악, 영화 히트곡 그리고 댄스곡이나 재즈 등 대중적 취향의 것들이었다. 무엇보다 오락 음악은 전쟁을 심각하게 여기지 않도록 사람의 마음을 흩트리고 기분을 전환시키는 등 유흥으로서 중요한 역할을 담당했다. 취향은 바꾸기 힘들어 재즈나 유대인 음악이 금지되었어도 재즈 음악을 들으려는 SS장교가 있었고, 유대인 노래를 좋아했던 SS대원도 있었다.[88]

생존자들의 증언에 따르면, 악명 높던 비르케나우 SS의사 요제프 멩겔레와 소장 요제프 크라머(Josef Kramer, 1907~1945), 비르케나우 여성 수용소 구역장 마리아 만들(Maria Mandl, 1912~1948)과 프란츠 회슬러, 그리고 남성 수용소 구역장 요한 슈바르츠후버도 열성적인 음악 애호가였다. 너무 잔인해서 '아우슈비츠의 하이에나'라는 별명을 지녔던 젊은 여간수 이르마 그레제(Irma Grese, 1923~1945)도 음악 애호가로 알려졌는데, 그녀는 전범으로 처형되기 전날에도 노래를 불렀다고 한다. 독일 패배 후 도피에 성공한 멩겔레를 제외하고, 이들 모두는 전범으로 사형을 당했다.

당연하게도 일반 SS대원들의 음악 취향은 출신 계층과 교양 수준에 따라 조금씩 달랐다. 증언에 따르면, 두 개의 박사학위가 있었던 멩겔레와 중상층 출신의 크라머는 주로 모차르트, 슈베르트, 푸치니, 그리그 등 클래식을 선호했던 것으로 보인다.[89] 반면 소시민 계층 출신이었던 사진사 프란츠 회슬러, 영업 사원 마리아 만들, 버터 가게 판매원 이르마 그레제, 전문 인쇄공 요한 슈바르츠후버의 음악 취향은 세미클래식에서 유행가 사이의 대중적 취향이었다.[90]

　　나치제국의 고위층 SS들과 달리, 나치제국만 아니었다면 그래서 유대인 박해가 없었다면, 소시민 계층의 SS들은 오히려 수감된 유대인 여성 음악가들의 중상층 신분과 교양을 부러워하며 굽신거렸을 것이다. 클래식 음악 취향이 우세했던 소녀오케스트라의 여성 음악가들 대부분은 수감 전 클래식 음악을 접하며 성장했던 교양 시민 계층 또는 중상류층 가정 출신이었다.[91] 이제 멩겔레와 슈바르츠후버를 통해, 살인 공장 아우슈비츠에서 음악과 살인자의 관계가 어떠했는지 살펴보자.

'죽음의 천사' 요제프 멩겔레

요제프 멩겔레(Josef Mengele, 1911~1979)는 독일 민족주의(보수) 성향의 부유한 공장장의 장남으로, 라인하르트 하이드리히와 마찬가지로 중상류 교양 시민 계층의 음악적 분위기 속에서 성장했다. 의학 박사와 인류학 박사 타이틀 두 개를 가진 지식 엘리트였던 그의 태도는 '인간적이고 친절한 신사' 같은 인상을 주었다고 한다. 그러나 그 이면에는 비인간적이고 욕망에 사로잡힌 출세주의자 멩겔레가 자리하고 있었다. 그는 아우슈비츠에서 생체 실험을 통해 얻은 자료와 정보를 베를린과 빈의 유명 인종주의 학자들에게 제공하여 출세를

왼쪽부터 아우슈비츠 사령관 리하르트 베어, 죽음의 천사 요제프 멩겔레, 전임 사령관 루돌프 회스

도모했다. 특히 쌍둥이 어린이 실험에 관심이 많았다. 전쟁 후 그의 만행을 증언했던 이들도 실험동에서 살아남은 쌍둥이들이었다.[92]

그는 비르케나우에 전염병이 돌면, 바라크 수감자들을 통째로 가스실로 보내 살해하는 것으로 전염병을 퇴치했고, 1944년 봄 일말의 망설임도 없이 신티로마 집시들을 살해하는 결정을 내렸다.[93]

새로 아우슈비츠에 도착한 사람들의 운명을 엄지손가락 치켜드는 방향—오른쪽(가스실)과 왼쪽(노역)—하나로 결정하면서[94] 멩겔레가 〈라 트라비아타〉의 아리아를 흥얼거리는 모습은 생존자들의 증

언을 통해 잘 알려져 있다. 그는 생체 실험이나 선별이 끝난 후, 비르케나우의 음악실에서 소녀오케스트라의 연주에 감동했던 음악 애호가였다. 특히 슈만의 〈트로이메라이〉나 푸치니의 오페라 아리아를 좋아해서 첼리스트 아니타 라스카-발퀴쉬는 언제라도 그가 원할 때면 연주해야 했다.

1945년 독일이 패망하자 멩겔레는 신분을 감추고, 나치 네트워크가 있는 남미로 도피하였다. 그를 법정에 세워 심판을 받게 하려던 이스라엘 정보기관 모사드(MOSSAD)의 노력에도 불구하고, 옛 나치와 지인들의 은밀한 도움으로 그는 끝까지 잡히지 않았다. 아르헨티나, 파라과이, 브라질 등지에서 도피 생활을 하던 중에도 그는 늘 음악을 즐겼다고 한다. 1979년 브라질의 한 해수욕장에서 뇌출혈로 사망하기 전, 그가 남긴 일기에는 살인 행위에 대한 어떠한 후회나 자책감도 없었다.[95]

열광적 음악 애호가 요한 슈바르츠후버

음악에 관한 한 슈바르츠후버(Johann Schwarzhuber, 1904~1947) 역시 멩겔레 못지않는 열성적 애호가였다. 원래 인쇄 기술자였던 그는 1933년 나치당과 SS에 가입한 후, 수용소 보초병으로 새로운 직업을 시작했다. 나치제국의 첫 강제 집단수용소 다하우에서 훈련을 받았고, 1941년 9월부터 아우슈비츠와 근처의 지부 수용소에서 근무했다. 1942년 9월에는 히틀러로부터 학살에 대한 공로로 훈장을 받았다.

전범재판 법정에 선 요한 슈바르츠후버

이는 1942년 7월부터 1943년 10월까지 아우슈비츠에서 멀지 않은 베르체, 소비보르, 트레블링카 등의 절멸 수용소에서 진행되었던 대학살 '라인하르트 작전'[96]에 그가 기여했을 가능성을 암시한다.

1943년 11월부터 그는 아우슈비츠 비르케나우의 남성 수용소 소장(구역장)으로 출세했다.[97] 1944년 2월 비르케나우의 시체 처리반 200명을 마이다넥수용소 가스실에서 죽게 했고, 같은 해 10월 비르케나우에서 무력 반란이 있었을 때, 450여 명의 수감자들을 처형했다. 1944년 11월에는 아우슈비츠를 떠나 다하우수용소, 1945년 1월에는 라벤스부뤼크수용소에서 가스실 학살의 책임자로 근무했다. 그럿가로 1947년 5월 라벤스부뤼크 전범 재판에서 처형당한다.

수많은 사람들을 죽게 만든 전범이지만, 슈바르츠후버는 루돌프 회스와 마찬가지로 잔인하거나 직접 수감사를 학대하는 폭력적인 SS가 아니었다.[98] 그러나 새벽 5시 반부터 매일 어김없이 수용소로 나와 절멸 업무가 차질 없이 진행되도록 철저하게 감시한 꼼꼼한 구역장으로, 자기 구역에서 일어나는 일은 모두 파악하고 있었다고 한다.

시몬 락스의 회고록에는 '열광적 음악 애호가'였던 학살자 슈바르츠후버가 비유대인 범법자 프란츠 코프카보다 긍정적인 듯 묘사되어 있다. 아마추어 지휘자 코프카를 내쫓고, 유대인 바이올리니스트 시몬 락스를 지휘자로 임명한 것은 '지휘자는 비유대인이어야 한다'는 원칙을 깬 사건이었다. 하지만 이는 빈약한 레퍼토리를 개선하고 수준 있는 오케스트라를 유지하기 위해 슈바르츠후버가 내린 합리적 선택이었다.

슈바르츠후버는 개인적으로 음악실에 찾아오지는 않았으나,[99] 음악적 명령은 자주 내렸다. 락스는 명령에 따라 행진곡은 물론, 메들리 곡을 만들거나 유행가 멜로디를 편곡하였고, 그에게 음악적 만족을 줄 수 있도록 최선을 다했다. 이에 보답하듯 슈바르츠후버는 음악적 효과를 위해 예외적 조치도 허용했다.

예를 들면, 슈바르츠후버가 요청한 곡 〈우편마차(Die Postkutsche)〉는 솔로 트럼펫이 피아니시모에서 시작하여 점차 커져나가는 식의 연주 효과가 중요했다. 이를 살리기 위해서는 일단 트럼펫 주자를 수용소 바깥으로 멀리 나가게 해야 했다. 만약 슈바르츠후버가 음악 애호가가 아니었다면, SS보초병의 동행 하에 음악가를 수용소 바깥으로 내보내 트럼펫을 불며 안으로 걸어 들어오게 하는 이벤트를 허락하는 일은 없었을 것이다.[100]

당시 독일에서의 히트송 〈고향, 그대의 별(Heimat Deine Sterne)〉을 좋아하고,[101] 유행가, 영화 주제가, 러시아 집시 음악, 슈베르트의 유명한 선율 그리고 탱고를 좋아했던 슈바르츠후버의 취향은 대다수 SS의 취향과 그리 다르지 않다. 개인적으로 증오심이나 잔인함으로 수감자를 대한 적이 없었던 그는 조용하고 치밀하게 그러나 많은 사람을 죽도록 했다. 개인적으로 자신과 친한 수감자 치과의사의 부탁을 거절하지 않고, 가스실 행이 결정된 치과의사의 형을 리스트에서 빼내 그들의 은인이 되기도 했다.[102] 한편에서는 학살을 자행하면서도, 다른 한편에서는 개인적 친분이 있는 유대인을 살려주기도 했던 그는 나치 시기만 아니었다면, 음악을 사랑하고 꼼꼼하며 성실한 평범한 이웃으로 살아갔을지 모른다.

나치 엘리트들이 중요하게 선전했던 '음악의 독일성'이나 '독일 민족의 음악성' 등의 구호는 대중음악이 대세였던 아우슈비츠의 일상에서 그리 부각되지 못했다. 이는 당연한 일이었다. 매일 처리해야 할 살인 과제의 완성이 가장 중요한 업무였기 때문이다. 이를 위해 음악은 (프로파간다보다) 실질적으로 활용되어야 했다.

제 3 장

━━

아우슈비츠의
수용소 오케스트라들

아우슈비츠의 살인마 가운데 음악 애호가가 많고 아우슈비츠 복합체에 여러 오케스트라가 있었다는 사실은 의아하게 느껴지지만, 음악이 넘쳐났던 나치제국의 상황에서 보면 특별한 게 아니었다. 조금 다른 맥락으로, 제1차 세계대전 중 일본 포로수용소에서도 독일·오스트리아 포로들은 오케스트라를 만들어 연주했다. 차이점이라면, 이들 포로는 '스스로를 위해' 자발적으로 오케스트라를 조직하고 연주했지만, 아우슈비츠에서는 수감자들이 (초기를 제외하고) SS를 위해 SS의 명령에 따라 연주했다는 것이다. 또한 아우슈비츠에서는 제1차 세계대전 당시 포로수용소에서와 달리 말러나 멘델스존과 같은 유대인의 음악은 공식적으로 금지되었다.

이제 살인 공장 아우슈비츠에서 라이브 음악을 생산해낸 오케스트라는 각각 어떤 특징을 가지고 있었는지 각 수용소 별로 존재했던 공식 오케스트라들에 초점을 맞춰 살펴보자.

1. 제1수용소의 남성오케스트라

앞서 언급했듯이, 아우슈비츠에서 최초로 만들어진 중앙 수용소의 남성오케스트라는 아마추어 음악가와 전문 음악가들이 자발적으로 만든 5인 앙상블에서 출발하였다. 1941년 1월부터 연주하기 시작하여 1942년에는 폴란드인, 체코인, 러시아인 전문 음악가들이 다수를 차지하는, 아우슈비츠에서 가장 규모가 크고 수준 높은 오케스트라가 되었다. 하지만 유대인 음악가는 제외되었다. 수용소 소장은 음악 연주를 긍정적으로 여겼으며, 음악가들이 악기, 악보를 지원받을 수 있도록 협조했다.[103] 연습 장소는 사창가 건물과 수용소 부엌 뒤에 위치한 블록24였는데, 그곳엔 그랜드피아노가 있었으며, 무대도 만들어져 있었다.

초기 앙상블의 첫 지휘자는 1910년 카토비츠 출생의 비유대인 헨리 크롤(Henry Krol)이었다.[104] 그가 1942년 5월 12일 아우슈비츠에서 석방되어 나간 후, 슐레지엔 출신의 오보에 연주자였던 카포 프란츠 니리크로(Franz Nierychlo)가 두 번째 지휘자로 임명되었다.[105] 이 시기 오케스트라 단원은 100명 정도로 심포니 편성도 충분한 인원이었다. 비르케나우 남성오케스트라의 조직을 돕기 위해 단원 열여섯 명을 비르케나우로 보내는 일도 있었다.

크롤과 비유대인이던 니리크로는 곧 독일군으로 차출되었으므로, 1942년 7월부터 크라쿠프와 부다페스트에서 활동했던 전문 음악가 아담 코피친스키가 세 번째이자 마지막 지휘자로 임명되었다. 지휘자 자리는 '오케스트라 코만도'의 카포로서 생존 가능성이 상대적으로 컸기에, 코피친스키도 3대 1의 경쟁률을 뚫어야 했다. 코피친스키가 지휘를 맡으면서 규모는 120명의 단원으로 확대되었고, 1944년에 폴란드인 124명, 체코인 12명, 러시아인 7명, 독일인 2명, 집시 1명 등 총 146명으로 정점을 찍었다.[106]

오케스트라 멤버의 증가 외에도 코피친스키는 음악가들이 강제 노동에서 벗어나 음악 연습에만 몰두할 수 있게 했다. 일요일마다 SS를 위한 '일요 콘서트'를 소장 루돌프 회스의 사저인 빌라 근처에서 개최했다. SS의사 요한 파울 크레머(Johann Paul Kremer)의 증언에 따르면, 1942년 9월 20일 일요일 오후 세 시부터 여섯 시 사이 수용소 오케스트라의 연주를 들은 적이 있었는데, 그때 음악가들은 콘서트를 위해 흰 양복을 갖춰 입고 있었다고 한다.[107] 소장과 그의 손님들을 위한 콘서트가 끝나고 나면 음악가들은 바라크로 가서 (허락된 경우에 한해) 동료 수감자들을 위해 연주했다. 일요일 하루 최대 아홉 시간을 연주할 때도 있었다.[108]

오케스트라는 수용소 공식 행사에서도 연주해야 했다. 예를 들면, 1942년 7월 7일 하인리히 힘믈러의 아우슈비츠 방문에 맞춰 80여

[표-2] 아우슈비츠 제1수용소 오케스트라 지휘자들

이름	전공	국적	지휘 기간	유대인 여부
헨리 크롤	바이올린	독일	1940년 12월~1942년 5월	비유대인
프란츠 니리크로	아마추어 음악가	독일-폴란드인	1942년 5월~1942년 7월	비유대인
아담 코피친스키	지휘	폴란드	1942년 7월~1945년 1월	비유대인

명의 수감자 연주자들이 코피친스키의 지휘 하에 연주했다. 단, 비가 내리면 일요 콘서트는 열리지 않고 단원들은 자체 연습을 진행했으며, 이를 기회로 음악가들은 자기 욕구를 채우기 위해 몰래 금지된 폴란드 음악가 시마노브와 쇼팽을 연주하기도 했다.[109] 소규모 앙상블과 개인 연주자가 SS대원의 생일 파티나 술 파티, 특권층 카포나 바라크 고참들을 위해 연주하는 일은 늘 있었다. 1942년 성탄절에는 비르케나우의 여성 수용소 병자들을 위해 연주하는 등 다른 수용소를 위해서 동원되기도 했다.[110] 게다가 소장의 명령으로 '독일 민간 지휘자'가 수용소로 들어와 이 오케스트라를 지휘하는 일도 여러 번 있었다.[111]

원래 유대인은 제외되었지만,[112] 1944년 10월 오케스트라의 폴란드인, 체코인, 러시아인 음악가들이 독일 내 수용소로 강제 이송되어버리는 바람에, 그동안 입단이 금지되었던 유대인 음악가들에게도 기회가 주어졌다. 하지만 약 3개월 후 남성오케스트라는 아우슈비츠 수용소 해체와 함께 1945년 1월 해체되어 약 4년의 활동을 마감했다. 아담 코피친스키는 살아남아서 브로츨라프(브레스라우) 필하모닉 오케스트라의 창립자 겸 지휘자가 되었고, 자신의 아우슈비츠 경험을 증언했다.

2. 제2수용소의 남성오케스트라

제2수용소 비르케나우의 남성오케스트라는 전문 음악가들이 풍성하게 포진해 있었던 중앙 수용소 오케스트라와 사정이 달랐다. 1942년 8월 중앙 수용소 오케스트라의 지원을 받아서야 조직되었을 정도로 음악가가 부족했다. 때문에 비르케나우에서는 유대인도 단원이 될 수 있었다. 물론 지휘자는 아리아인이어야 했다.

비유대인 폴란드인인 첫 지휘자 얀 차보르스키(Jan Zaboroski)는 1942년 11월 병으로 죽는다. 두 번째 지휘자 코프카는 원래 독일인 범법자로 투옥되었다가 폴란드 유대인들이 대거 수감되면서 이들의 감시를 위임받아 아우슈비츠로 함께 오게 되었다. 고함치며 난폭하게 굴었던 아마추어 음악가 코프카는 1942년 11월부터 1943년 말까지 1년 이상 이 오케스트라를 이끌었다.

앞서 언급했듯이, 1943년 말 이 오케스트라의 질적 수준이 향상되는 것은 프랑스에서 체포되어 온 유대인 바이올리니스트 시몬 락스가 지휘를 맡으면서였다. 처음에는 20~25명 규모의 단원으로 시작했던 남성오케스트라는 이 시기 새로 도착한 네덜란드 음악가들을 중심으로 약 40명으로 증원되었고, 1944년 10월 해체될 때까지 락스의 지휘 하에 운영되었다.

오케스트라 단원 가운데 나중에 가장 유명해진 음악가는 1943년 드레스덴에서 마지막으로 강제 이송되어 왔던 젊은 바이올리니스트 헨리 마이어(Henry Meyer, 1923~2006)였다. 그는 여덟 살에 드레스덴 필하모니에서 데뷔할 정도로 재능을 인정받았지만, 1933년 이후 활동이 금지되어 유대인만 연주하는 베를린의 '유대인 문화 연맹'의 오케스트라에서 연주하다가 아우슈비츠로 강제 이송되었다. 모노비츠에서 강제 노역에 시달리며 병이 들었지만, 그가 재능 있는 '바이올리니스트 마이어'임을 알아챈 수감자 의사의 도움으로 비르케나우 남성오케스트라의 멤버가 되어 살아남을 수 있었다. 그는 해방 후 미국으로 망명해 줄리어드음악원에서 공부하였고, 유명한 '라살 현악사중주(Lasalle Quartet)'의 창립 멤버가 되었다.[113]

비르케나우 남성오케스트라가 연주한 악기들은 투바, 트롬본, 트럼펫, 벤틸호른, 색소폰, 클라리넷, 플루트, 피콜로 등 관악기와 바이올린, 비올라, 콘트라베이스 등 현악기 그리고 큰 북, 작은 북, 드럼 등 타악기에 아코디언을 합친 구성이었다. 그리고 가스실로 사라진 음악가들의 악기나 악보를 물려받아 보충될 가능성이 항상 있었다. 예를 들면, 1944년 7월 락스는 가스실로 간 체코 가족 수용소의 음악가들이 남긴 첼로와 바이올린, 트럼펫 그리고 열두 개의 보면대를 물려받았다.[114] 또한 재즈 뮤지션 코코 슈만처럼 음악가들은 수용소 고참(Lagerälteste)의 비위를 맞춰주고, 물품 창고에서 더 좋은 악기를 고를 수도 있었다.[115] 음악가들이 연주할 악보는 주로 시몬 락스의 책임 하에 몇 명의 음악가들이 슈바르츠후버나 SS가 요청하는 멜로디를 받아 악기 사정에 맞게 편곡한 것들이었다. 이 사보가(寫譜家)들은 종일 음악실에서 작업해야 했으므로, 강제 노동에서 제외되었다.

창립 초기에는 중앙 수용소의 남성오케스트라와 마찬가지로, 비르케나우의 남성 연주자들은 매일 아침저녁으로 행진곡을 연주한 후, 모두 강제 노동에 투입되었다. 연습은 일이 끝나고, 저녁이 되어야 할 수 있었다. 초기에는 악보도 제대로 없어서 간단한 행진곡만 연주했으나 지휘자 락스를 비롯한 전문 음악가들이 합류하면서 구역장 슈바르츠후버의 음악적 요구도 점점 높아졌다.[116]

초기 남성오케스트라의 음악가들은 추위나 강우에 상관없이 실외 연주를 해야 했지만, 시몬 락스가 지휘자가 된 이후 우기와 한기에는 (악기 보호를 위해서) 실외 연주가 생략되었다.[117] 1943년 말부터 슈바르츠후버의 높은 음악적 요구에 부응하여 음악가들의 육체노동이 조금 가벼워졌고, 주 2회 3시간씩 오후 연습도 허용되었다. 그만큼 음악가들의 일신을 보호할 수 있었다.[118]

또한 락스 시기에 강제 노동 시간도 단축되었다. 하지만 일요일 오후에는 실외에서 연주회를 해야 했고, SS대원이 원할 때에는 언

[표-3] 비르케나우 남성오케스트라 지휘자들

이름	전공	국적	지휘 기간	유대인 여부
얀 자보르스키	튜바	폴란드	1942년 7월~11월	비유대인
프란츠 코프카	아마추어 음악가	오스트리아	1942년 11월~1943년말	비유대인
시몬 락스	작곡, 지휘	폴란드/프랑스	1943년말~1944년 11월	유대인

제라도 연주해야 하는 '음악 노예'였으므로 전체 노동 시간은 결코 짧지 않았다.

남성오케스트라의 연주가 특별히 좋았을 때 청중석에서 환호가 있기도 했다.[119] SS대원 가운데 음악 연습실을 자주 들락거렸던 브라질 출신의 재즈 애호가 페리 브로드(Pery Broad, 1921~1993)는 음악실에서만큼은 네덜란드인 음악가들과 '동료처럼' 어울려 아코디언으로 즉흥 연주를 하기도 했다.[120]

전세가 기울고 소련군이 점차 다가왔던 1944년 11월, 구역장 슈바르츠후버는 강제 집단수용소 다하우로 전근된다. 이에 대다수 음악가들도 다하우로 강제 이주되면서 비르케나우의 남성오케스트라는 2년 4개월 만에 해체되었다. 아담 코피친스키처럼 시몬 락스도 살아남았다.

3. 비르케나우 여성 수용소의 소녀오케스트라

소녀오케스트라는 여성 수용소의 구역장이었던 마리아 만들의 적극적 개입으로 1943년 4월 조직되었다. 이후 1944년 11월까지 약 1년 반 존속하면서 아우슈비츠 전체에서 가장 유명한 오케스트라가 되었다.

첫 지휘자는 비유대인 폴란드인이었던 조피아 차이코브스카(Zofia Czajkowska)가 맡았다. 그녀는 체포 전에 성악 교사로 일했으며, 나이도 거의 40세로 수용소 고참에 속했다. 남성 음악가에 비해 여성 음악가의 수가 월등히 적었으므로, 오케스트라가 조직된 다음 달부터 유대인 여성들의 입단이 허락되었다. 1943년 5월에 열세 명이던 인원은 8월 초에 스물일곱 명으로 늘어났다. 그중 절반이 넘는 열다섯 명이 유대인이었다.

악기 구성은 바이올린, 첼로, 콘트라베이스, 플루트, 피리, 아코디언, 만돌린, 기타, 타악기 등이었는데, 현악기와 뜯는 악기 숫자가 많았다. 관악기가 많던 남성오케스트라와 확연히 다른 음색을 냈으리라 상상해볼 수 있다.[121] 주로 전문 음악인들로 이루어진 남성오케스트라와 달리 아마추어 음악가들이[122] 대다수를 차지했지만, 이오케스트라는 SS에게 인기가 높았다. 보컬리스트의 존재가 한몫 했거니와 무엇보다 스타 음악가 알마 로제(Alma Rosé, 1906~1944) 덕분이었다.

SS사령관은 연주에 필요한 것들을 구하는 데 적극 협조했다. 아우슈비츠 중앙 수용소에서 악기, 악보, 필기구 등을 얻어오도록 했을 뿐만 아니라, 남성오케스트라를 찾아가 여성 단원에게 주2회 콘트라베이스 레슨을 해달라는 부탁도 해주었다.[123]

여성 단원들은 남성오케스트라와 달리 처음부터 강제 노동을 따로 하지 않았고, 대우도 훨씬 좋았다. 따라서 일반 수감자보다 살아남을 가능성이 훨씬 높았다. 지휘자 조피아 차이코브스카가 음악 실력이 그리 좋지 않더라도 가능한 한 많은 여성들을 오케스트라 멤버로 받아들이려 애쓴 이유다.[124] 1943년 여름까지는 단순한 독일 행진곡들을 중심으로 로자문데, 폴란드 민요, 왈츠, 미뉴에트, 군가 등 가벼운 음악을 연주하는 정도였고, 그 수준은 형편없었다고 한다. 그러다 같은 해 7월 아우슈비츠에 도착한 유명 바이올리니스트 알마 로제가 8월부터 두 번째 지휘자가 되자 모든 것이 달라졌다.[125]

알마 로제는 유럽에서 손꼽히는 바이올린 비르투오스(virtuose)로서 게슈타포에게 체포되기 전에 빈에서 전문 여성오케스트라를 지휘한 경험이 있는 수준급 예술가였다. 그녀는 아우슈비츠에서 가장 유명한 음악가였으므로, 음악 애호가였던 구역장 만들은 처음부터 그녀를 보호하였고, 오케스트라 지도를 위해 필요한 것들을 가능한 한 최대로 지원해주었다. 로제의 요구로 낡은 악기가 새것으로 바뀌었고, 우기와 한기에는 실외 연주도 중단되었으며, 연습실에 난로가 설치되었다.[126]

[표-4] 소녀오케스트라 지휘자들

이름	전공	국적	지휘 기간	유대인 여부
조피아 차이코브스카	성악교사	폴란드	1943년 4월~7월	비유대인
알마 로제	바이올린	오스트리아	1943년 8월~1944년 4월	유대인
소냐 비노그라도바	피아노	소련	1944년 4월~11월	비유대인

알마 로제 자신도 SS로부터 매우 좋은 바이올린을 얻어 연주했다. 연주가 감동적일 때는 눈물을 흘리거나 인간적인 표정을 짓는 SS들이 있었지만, 남성오케스트라와 달리 소녀오케스트라의 경우 박수는 금지되었다. 단원 수는 1943년 말 비르케나우 남성오케스트라와 비슷하게 42명으로, 1944년 11월 해체될 때까지 거의 그대로 유지되었다.

그러나 지휘를 시작한 지 채 1년도 되지 않은 때(1944년 4월 4일), 건강하던 알마가 갑자기 죽고(4장에서 자세히 다룸), 세 번째 지휘자로 소련군 포로였던 피아니스트 소냐 비노그라도바(Sonia Winogradowa)[127]가 임명된다. 그러자 연주 수준은 다시 급속도로 저하되었다. 결국 소녀오케스트라는 1944년 11월 음악 애호가 마리아 만들이 다하우의 외부 수용소로 전근 발령을 받아 떠나고, 또한 아니타 라스커-발피쉬를 비롯한 유대인 여성 음악가들이 베르겐-벨젠수용소로 강제 이송되면서[128] 조직된 지 약 1년 반만에 해체되었다.

4. 제3수용소의 남성오케스트라

소녀오케스트라에 이어 제3수용소 모노비츠에서도 1943년 8월 공식적으로 오케스트라가 만들어져서 1945년 1월까지 약 1년 5개월간 존속했다. 지휘자는 처음부터 끝까지 폴란드 음악가 스타니슬라브 브로네크(Stanislav Bronek)였고, 주축을 이루는 음악가들은 폴란드 기병대의 군악대 출신들이었다.[129] 이런 배경에서 오케스트라에는 트럼펫, 호른, 트럼본 등 관악기의 비중이 매우 높았다. 물론 바이올린, 첼로, 콘트라베이스, 기타, 아코디언 등의 악기도 있었고, 매번 새로 도착하는 음악가에 따라 악기 구성도 변했다. 음악가들은 SS를 위해 연주할 때 흰색 유니폼을 입었는데, 연미복 스타일의 외투와 솔기에 빨간색 줄무늬 장식이 있는 바지를 입었다. 하지만 작업장에서 노동할 때는 다른 수감자와 똑같은 줄무늬 옷을 입었다.

오케스트라 조직 초기에 음악가들은 매일 여덟 시간 연습을 한 덕에 노역에서 자유로웠지만, 어느 정도 훈련이 되자, 곧 이게파르벤의 파이프 다발을 열차에서 하역하는 등 다시 강제 노동에 투입되었다. 열두 시간 노동으로 병들거나 쇠잔해진 음악가들은 가스실로 보내졌다.

모노비츠 남성오케스트라는 최고일 때 단원 수가 약 50명이었다. 대다수가 폴란드 출신이었고, 그 외로 네덜란드, 그리스, 프랑스, 러시아, 노르웨이, 모나코 등 다양한 국적의 직업 음악가들이 있었다. 트럼펫주자 헤르만 사크노비츠(Herman Sachnowitz, 1921~1978) 같은 아마추어는 소수였다.[130] 헤르만 사크노비츠나 프리모 레비의 회고를 분석해보면, 소장 슈바르츠와 부소장 빈젠츠 쇠틀(Vinzenz Schottl, 1905~1946)은 특별한 음악 애호가가 아니었던 것으로 보인다.

다른 곳과 비교해볼 때, 이곳엔 지휘자 위에 음악 전공의 SS장교가 있어서 오케스트라 업무에 관여했다는 게 특이하다. 예를 들면, 유명 바이올리니스트 살로몬 드윙거(Salomon Dwinger, 1906~1945)가 'SS를 위한 특별 연주회'를 명령 받아 리허설을 할 때, SS 장교 그로쉬가 직접 감독하였다.

여기에 또 다른 특징은 남성 보컬리스트의 활약이다. 소녀오케스트라처럼 여기서도 여러 명의 남성 가수가 있었다. 유명 오페라 가수가 유행가나 히트송을 멋지게 노래하면, SS사령관이나 병사는 물론, 음악가들도 넋 놓고 반주하는 것조차 잊어버릴 정도였다고 한다.[131] 하지만 여성 수용소처럼 여기서도 아무리 감동해도 박수는 금지되었다. 박수 대신 음악가들은 스프나 담배를 대가로 받았다.

또한 음악가들은 일요일 오후나 저녁에 행해지는 처형식에서 열병식 음악을 연주해야 했다. 모노비츠에서는 탈출 시도가 많았지만, 거의 실패했다. 탈출 실패자는 가스실이 아니라 공개 처형을 당했다.[132]

아우슈비츠의 전체 오케스트라 지휘자들 가운데 유대인 알마 로

[표-5] 모노비츠오케스트라의 음악가들

직위	이름	국적	비고
책임자	그로쉬	독일	SS장교
지휘자(카포)	스타니슬라브 브로네크	폴란드	비유대인 설립부터 해체(1943년 8월~1945년 1월)까지 지휘자로 재직
음악가들	Alexander, Moishe Angel, Bolek, Chadek, Salomon Dwinger, Giens-burg, Gert Golinsy, Emil Halverstad, Max Huttner, Moritz Kahan, Karl Kipp, Felix Klahr, Moritz Lachame, Jupp Lessing, Marc, Matteisen, Richard Mendrigal, Mjeteck, Ogieva, Padarewski, Poson, Baby Prins, Tadeus Rossvadowski, Herman Sachnowitz, Schimohowitz, Stempin, Stopka, Tadek, Tebaum 등 [133]		

제가 가장 뛰어난 음악가였던 것으로 보인다. 그렇다면 아우슈비츠 내에서만 보면, 음악적으로 뛰어난 민족이 아리아인이 아니라 오히려 유대인이라는 모순이 생긴다. 나치는 일반 유대인 수감자들을 짐승 취급했지만, 뛰어난 유대인 음악가에 대해서는 규칙을 어기면서까지 인간적으로 대우하였고, 장례식까지 치러주었다. 이렇게 모순적이고 예외적인 상황이 가능했다는 데서 아우슈비츠 소장들이 오케스트라를 얼마나 중요하게 생각하고 있었는지 짐작해볼 수 있다.

제 4 장

—

아우슈비츠의
여성 음악가들

아우슈비츠의 음악가란 각 오케스트라의 지휘자와 단원들을 총칭하는 것으로, 전문가와 아마추어 모두를 포괄한다. 그중에서 살아남은 유대인 음악가는 앞서 언급된 지휘자 시몬 락스, 바이올리니스트 헨리 마이어 외에도, 네덜란드 출신 재즈 음악가 루이스 바네트(Louis Bannet, 1911~2002)와 렉스 반 웨렌, 코코 슈만, 많은 노래를 작곡했던 폴란드 음악가 요제프 크로핀스키(Jozef Kropinski, 1913~1970), 락스의 친구 루드빅 주쿠-스카르체브스키(Ludwik Zuk-Skarszewski), 노르웨이 출신의 아마추어 트럼펫주자 헤르만 사크노비츠 그리고 소녀오케스트라의 아니타 라스커-발피쉬, 에스더 베자라노(Esther Bejarano, 1924~),[134] 파니아 페네론(Fania Fenelon), 폴란드 바이올리니스트 헬레나 두니츠 니빈스카(Helena Dunicz Niwińska, 1915~2018) 등이 있다.

아우슈비츠에서 살아남지 못한 유대인 음악가는 알마 로제를 비롯하여 요제프 요아힘(Joseph Joachim)의 제자였던 바이올리니스트 헬레네 크로너(Helene Croner, 1885~1943?), 자살한 바이올리니스트 레오 블로르만, 아우슈비츠에서는 살아남았으나 해방되기 전인 1945년 3월 사망한 네덜란드의 바이올린 대가 살로몬 드윙거 외에도 가스실에서 사라진 수많은 무명의 음악가들이 있다. 아담 코피친스키는 자신의 오케스트라에 들어오지 못한 음악가들만으로도 거대한 규모의 심포니 오케스트라를 만들 수 있었으리라고 고백한다.[135]

여기서는 유대인 음악가들 가운데 아우슈비츠에서 사망한 바이올리니스트 알마 로제와 살아남은 첼리스트 아니카 라스커-발피쉬를 통해 아우슈비츠의 여성 음악가의 운명에 대해 살펴보고자 한다.

1. 살아남지 못한 바이올리니스트 알마 로제

아우슈비츠의 스타 음악가였던 알마 로제(Alma Rose, 1906~1944)는 빈 궁정오페라단 악장이자 세계적 명성의 '로제 현악사중주단'을 창단한 바이올리니스트 아르놀드 로제(Arnold Rosé, 1863~1946)의 딸로 출생했다. 작곡가 구스타프 말러의 조카이기도 했던 그녀는 훌륭한 음악가 집안에서 성장했다. 바이올리니스트로서 성공적인 커리어를 쌓아가던 중 1932년 여성오케스트라 '빈의 왈츠 소녀(Die Wiener Walzmaedeln)'를 창단하고 지휘하였다. 지금은 베를린 필이나

빈 필에 여성 단원이 많지만,
당시는 그런 진지한 심포니 오
케스트라에 남성 단원이 100퍼
센트였다.

경음악의 느낌이 드는 '빈
의 왈츠 소녀'라는 오케스트라
이름이 말해주듯이, 여성들은
대중적이고 가벼운 음악을 연
주하는 오케스트라에 국한되
어 활동하고 있었다. 하지만
수준 높은 음악적 욕구가 강했
던 알마 로제는 '빈의 왈츠 소
녀'를 탁월한 연주 실력을 가

알마 로제 (1925, © Österreichische National-
bibliothek)

진 이색적인 여성오케스트라로 키워냈고, 이로 인해 빈에서 화제가
되었다.

바이올리니스트이자 여성 지휘자로서 유명했지만, 유대인이었
던 알마는 1938년 독일의 오스트리아 합병 뒤, 위험에 처해진다. 그
해 7월 오케스트라는 해체되고, 이듬해 부친과 런던으로 건너가 겨
우 목숨을 건진다.

그러던 중 1939년 11월 콘서트를 위해 네덜란드로 건너온 일이
그녀의 운명을 바꿔놓는다. 그때만 해도 네덜란드는 나치의 침략을

받지 않았고, 또 설마 그러리라고는 예상치 못했기 때문에, 그녀는 1940년 5월까지도 개인적인 연주회를 이어가며 그곳에 체류하였다. 그러나 이후 나치는 순식간에 네덜란드를 점령해버렸고, 다시 위험에 처해진 알마는 지인의 도움으로 약 2년간 네덜란드에서 숨어 지내야만 했다. 1942년 8월 프랑스로 도망갔지만, 12월에 끝내 나치 경찰에 체포되어 파리 근교의 나치수용소 드랑시를 거쳐 1943년 7월 아우슈비츠로 강제 이송되었다.

알마 로제는 소녀오케스트라를 만들기 위해 실력 있는 여성 음악가들을 찾고 있던 마리아 만들에게 저절로 굴러들어온 보물 같은 존재였다. 알마 로제는 아마추어에 불과한 소녀오케스트라를 수준 있는 오케스트라로 만들기 위해 엄격하고 철저하게 연습시켰고, 어떠한 실수도 용납하지 않았다. 잘못 연주하거나 연주가 자신의 기대에 못 미치면, 지휘봉을 내던지고 벌주는 일도 마다하지 않았다. 당시 오케스트라의 성악가로 활동했던 파니아 페네론에 따르면, 알마 로제가 '우리가 나쁜 음악을 연주하면 모두 가스실로 간다'는 위협까지 했다고 한다.[136] 그녀가 늘 강조한 것은 '음악가들의 존재 이유는 연주를 잘하는 것이고, 그렇지 않으면 SS가 너희를 살려줄 이유가 없다'는 것이었다.

알마 로제의 열성적인 지도로 소녀오케스트라의 음악적 수준은 그녀가 지휘를 맡은 지 2~3주만에 달라졌다. 레퍼토리도 단순한 행진곡에서 세미클래식으로 확장되었고, 거의 전문 음악가들로 구성된 남성오케스트라처럼 비르케나우 여성 수용소에서도 일요 콘서트를 개최할 수 있게 되었다.

알마는 기본적으로 오케스트라단에는 좋은 음악가들만 입단시킨다는 원칙을 가졌지만, 유대인 여성들을 살리기 위해 이 원칙을 지키지 않는 경우가 있었다.[137] 그 결과 1943년 10월 시점에서 단원 42명 가운데 30명이 유대인이었고, 12명만이 비유대인이었다.[138]

같은 시기 알마에 대한 소문을 듣고 있었던 시몬 락스는 알마가 여성 음악가들의 삶과 건강을 위하여 SS사령관에게 여러 번 저항하였고, "다른 사람을 죽음에서 많이 구했으나, 스스로는 장티푸스에 걸려 죽어간" 훌륭한 동료였다고 회고한다.[139] 실제로 알마는 자기 편의와 이득을 위해 SS사령관에게 비굴하게 굴지 않았다. 오히려 자신의 유리한 위치를 이용하여 가능한 한 유대인 소녀들을 더 살리고자 했다는 증언이 많다. 그녀는 그 지옥에서도 "온전히 예술가의 영혼을 간직했던" 음악가로 기억되었다.[140]

아우슈비츠에서 유대인은 인간이 아니라 '벌레'로 취급되었지만,[141] 유대인 알마 로제의 음악에 감동한 SS구역장들은 그녀에게만은 예외적으로 '알마 여사(Frau Alma)'라고 칭했다. 번호로만 존재하던 아우슈비츠의 수감자에게 존칭을 부여하는 일이란 예외적이고 특별했다.[142] 유대인임에도 그녀가 1944년 4월 독일군 위문 공연을 위해 전선에 보내질 예정이었다는 사실도 그녀의 음악적 위상이 어떠했는지 말해준다. 이렇게 특별 대우를 받았던 그녀가 4월 4일

갑작스럽게 사망하자 아우슈비츠의 유대인에게는 상상조차 불가능한 장례식이 치러졌다.[143]

　예외적 인간으로 대우받던 그녀의 황망한 죽음에 대해서는 여러가지 소문이 많다. 크게 자살설과 독살설이다. 독살설은 무스케러(Muskeler)라는 여성 카포가 오케스트라 성악가로 입단하지 못한 것에 분을 품고 알마에게 복수했다는 오케스트라 단원 노박(Nowak)의 주장이다. 여기에 알마의 친구이자 카포인 엘제 슈미트(Else Schmidt)가 알마만 아우슈비츠를 살아서 나가는 것에 대한 시기심으로 독살했다는 주장이 추가된다. 하지만 오케스트라 단원 프로레테 페네트(Florette Fenet)는 알마와 엘제의 깊은 우정을 근거로 이 설을 부정한다.

　다른 한편으로, 알마가 수용소 생활을 더 이상 견딜 수 없어 평소 마시지 않던 알코올을 들이켜 자살했다는 주장이 있다. 실제로 알마는 엘제와 함께 1944년 4월 2일 밤 술을 마셨는데, 엘제는 구토 후 살아난 반면, 알마는 의식을 잃고 체온 저하증에 빠졌다. 4월 4일 아침 체온은 회복되지만, 온몸에 푸른 반점이 번지는 뇌막염 증상과 간질 증상을 보이다가 갑자기 숨을 거두었다. 아우슈비츠에 온 지 약 10개월, 그녀의 나이 38세였다.[144]

　오케스트라 코만도의 카포로서 알마는 여성 음악가들을 살리고 인정받는 오케스트라를 만들기 위해서 밤낮으로 일했지만, 오케스트라의 실력이 나아질수록 비르케나우의 '살인 시스템'에 기여하는 자기모순에 빠져 죄책감과 자책감이 컸으리라 짐작된다. 첼리스트였던 이니타 라스커-발피쉬는 알마가 아우슈비츠의 현실을 견디기 위해 스스로 힘이 소진됨을 느낄수록, 더욱 일에 매달리면서 '음악으로 도피'했다고 확신한다.[145] 그녀에게 독일군을 위문하기 위해 전선으로 나가는 행위도 수감자 처형식에서 바이올린 독주를 할 때와 마찬가지로 '살인자들'을 위한 굴욕적인 처사였다. 모두가 부러워했을 아우슈비츠에서의 석방도 정신적으로나 육체적으로 쇠약해진 알마의 생존 욕구에 아무런 힘도 되지 못했다.

2. 살아남은 첼리스트 아니타 라스커-발피쉬

알마 로제의 지휘 하에 첼리스트로 활동하다 살아남은 아니타 라스커-발피쉬는 현재도 살아서 활동하고 있는 거의 유일한 소녀오케스트라 출신의 '전문 음악가'다.[146] 1925년 브레슬라우에서 출생했으며, 부친은 명망 있는 유대인 법률가, 모친은 바이올리니스트였다. 가족끼리 실내악 연주를 할 수 있을 정도로 음악적인 환경에서 성장했다. 부모는 모두 1942년 아우슈비츠의 가스실에서 살해되었다.

아니타는 언니 레나테와 함께 고아원에서 저지른 문서 위조의 형벌로 아우슈비츠가 아닌 형무소에 수감되었다. 당시는 유대인으로 체포되는 것보다 범법자로 체포되는 것이 훨씬 유리한 측면이 있었는데, 이렇게 되도록 한 것은 법률가였던 부친의 지인 덕분이었다.[147] 1943년 12월 아니타는 범죄자들과 함께 아우슈비츠로 이송되었고, 팔목에는 수감 번호 69388이 새겨졌다. 그나마 형무소에서 1년을 보내고, 아우슈비츠에 강제 이송되었던 것이 생존의 기회를 높였다.

또한 비르케나우의 소녀오케스트라 멤버가 된 것도 이후 끔찍한 죽음의 시기를 견딜 수 있게 하였다. 소녀오케스트라 멤버는 숙식에서도 특별 대우를 받았으므로, 아니타는 일반 수감자로 힘든 조건에 놓여 있던 언니 레나테를 도울 수 있었다.

당시 첼로 연주자가 없었던 소녀오케스트라를 두고 아니타는 자신의 존재가 놀랍게도 아우슈비츠에서 '환영'받았다고 회고한다. 하지만 너무나 까다롭고 너무나 엄격했던 알마의 의도를 잘 이해하지 못하여, 당시에는 알마를 미워했다고 고백한다.

아니타는 1944년 여름 헝가리 유대인의 대학살 시기, 헝가리인들이 가스실로 가기 전에 소녀오케스트라가 연주했음도 고백하였다. 게다가 앞서 언급했듯이, 죽음의 '선별' 작업 후 음악실로 와서 음악을 요구하는 멩겔레의 명령에 따라 아니타는 슈만의 〈트로이메라이〉를 연주해야 했다.

소련군이 점점 다가오던 1944년 11월, 나치는 아우슈비츠에서 퇴각을 준비하기 시작했다. 아니타를 포함한 오케스트라의 유대인 여성 음악가들은 베르겐-벨젠수용소로 보내졌다. 그곳에선 먹을 것도 마실 것도 주지 않아 인육을 먹는 일까지 있었고, 끝없이 모여들던 수감자들은 시체가 되어 인산인해를 이뤄갔다. 한마디로 베르겐-벨젠에서 인간은 파리 목숨과 같았다. 하지만 거기서 병든 언니를 돌보며, 아니타는 열한 명의 유대인 오케스트라 소녀들과 연대하여 1945년 4월 15일 영국군이 올 때까지 살아남았다. 이후 아니타는 BBC라디오 방송의 첫 독일어 증언자로서 (아우슈비츠에서 살아 있는 아이들을 불구덩이에 던지는 등) 나치의 만행을 폭로하였다.[148]

해방 후 아니타는 영국 런던에서 결혼한 남편과 함께 '잉글리시 체임버오케스트라'의 창립 멤버로 활동하였다. 하지만 이 오케스트라가 독일로 연주 여행을 갈 때면, 아니타는 연주단과 동행하지 않고 혼자 런던에 머물렀다고 한다.[149] 그러던 그녀가 다시 독일을 방문한 것은 아우슈비츠 해방 후 거의 50년이 지난 1994년이었다. 이후 유대인 학살을 다룬 『진실을 유산으로 상속하라(Ihr sollt die Wahrheit erben)』(2000)를 출판하는 등 반유대주의와 인간 차별을 고발하는 역사 강연에 적극적으로 나서기 시작했다. 부모를 학살한 독일인에 대한 증오로 다시는 독일에 가지 않겠다는 그녀의 오랜 결심이 바뀌기까지 50여 년이 걸린 셈이었다.

사실 그녀가 독일을 기피했던 이유는, 독일인들을 만나면 1940년대에 그들이 무엇을 했는지, 혹시 자신의 부모를 학살하는 데 기여하지는 않았는지 등 끊임없는 의심과 불안감에 사로잡혔기 때문

이었다. 하지만 70대가 된 아니타는 전후에 태어난 독일인에게 조상의 죄를 묻기보다 다시는 그런 일이 일어나지 않게 하는 것이 중요하며, 생존자에게는 진실을 알릴 책임이 있다는 것을 인식하고, 비로소 적극적인 활동을 펴기 시작했다. 이런 공로로 아니타는 히틀러 집권 85년이 되는 2018년 1월 31일, 베를린 독일연방의회에서 아우슈비츠의 얼마 남지 않은 생존자로서 강연하는 영예를 얻는다.[150]

아니타 라스커-발피쉬

필자에게도 아니타 라스커-발피쉬를 직접 만나볼 수 있는 기회가 있었다. 2019년 5월 19일 독일 튀빙겐의 게라(Gera)극장에서 아우슈비츠를 배경으로 한 미치스라브 바인베르크의 오페라 〈승객〉의 공연과 강연회가 있었다. 공연 전 강연회에서 고령의 아니타는 연사로 나와 자신의 아우슈비츠 경험을 청중과 나누었다. 그 지옥에서 살아남아 증언하는 행위 자체가 바로 나치에 대한 저항이고 승리임을 느낄 수 있었다.

뛰어난 음악가였고 특별한 대우를 받았지만, 살아남지 못한 알마 로제는 수많은 재능 있는 음악가들의 죽음을 대변한다. 반면 아니타 라스커-발피쉬는 음악 덕분에 살아남을 수 있었던 소수의 음악가를 대변한다. 특히 유대인 알마 로제와 같이 뛰어난 여성 음악가의 존재는 아우슈비츠 전체에서 보기 드문 사례였다. 무엇보다 그녀는 '독일인은 음악적 민족'이라는 이데올로기를 '아우슈비츠의 철조망' 안에서는 무색하게 만들어버렸다.

제 5 장

———

살인 공장의 레퍼토리,
나치가 원하는 음악

아우슈비츠 생존자 프리모 레비는 매일 수감자들을 몰아붙이는 트럼펫 선율과 드럼의 4박자 행진곡을 '지옥의 음악'으로 여겼다. 그는 음악이 희생자들을 로봇처럼 행진하게 했고, 바람이 마른 나뭇잎을 팔랑거리게 하듯, 죽은 영혼의 노동자들을 자기 의지와 상관없이 움직이게 한다고 생각했다.[151] 레비가 경험한 제3수용소 카펠레의 레퍼토리는 모든 독일인이 좋아할 행진곡과 유행가였고, 그는 이를 강제 수용소의 끔찍한 '목소리'에 비유했다.

아우슈비츠의 오케스트라 음악 레퍼토리를 모두 파악하는 것은 불가능한 일일 것이다. 시몬 락스는 밤낮으로 수용소 오케스트라의 악기 사정에 맞춰 편곡을 했고, 알마 로제도 200곡 이상 편곡했다는 증언이 있다. 하지만 정확한 전체 목록은 남아 있지 않다.[152]

아우슈비츠의 음악은 SS의 명령에 의한 것이었으므로, 레퍼토리

를 결정하는 중요한 요소는 무엇보다 수용소 시스템을 좌우하는 SS
의 요구와 취향이었다.

행진곡

아우슈비츠에서 가장 많이 연주된 곡은 레비의 말대로 수감자들의
귀에 강하게 각인되었던 행진곡이다. 매일 아침저녁으로 수감자들
이 노역하러 나가거나 일을 마치고 귀가할 때 행진곡이 연주되었
다. 아우슈비츠의 모든 오케스트라가 비슷한 행진곡을 연주했으리
라 짐작되지만, 오케스트라마다 독특한 레퍼토리도 없지 않았다.

제1수용소 남성오케스트라의 독특한 행진곡은 첫 지휘자 헨리
크롤이 행진곡 레퍼토리를 확장하는 의미에서 작곡한 〈노동 수용
소 행진곡(Arbeitslager Marsch)〉이었다. 이 곡은 곧 중앙 수용소의 고
정 레퍼토리가 되었다고 하는데, 라데츠키 행진곡 스타일이라는 것
정도만 알려져 있다.[153]

제2수용소 남성오케스트라의 경우 확인되는 행진곡은 독일인에
게 잘 알려진 〈오랜 전우들(Alte Kameraden)〉이다. 1889년 군악대원
카를 타이케(Carl Teike, 1864~1922)가 작곡한 곡으로, 비르케나우뿐 아
니라 다른 나치수용소에서도 자주 불려졌다. 또한 잔인한 SS 블록
퓌러의 명령으로 편곡한 행진곡 〈독일 떡갈나무(Deutsche Eichen)〉와
당시 독일제국에서 유명했던 〈베를린 공기(Berliner Luft)〉도 확인된
다.[154]

특히 〈베를린 공기〉는 흥미로운 일화를 가지고 있다. 초연할 때였는데, 음악가들이 〈베를린 공기〉 연주를 막 시작하자, 갑자기 SS 초소에서 중단하라는 고함소리와 함께 다른 행진곡을 연주하라는 명령이 떨어졌다. 마침 시체 냄새를 풍기며 특수 코만도가 행진하고 있었기 때문이었다. 특수 코만도는 매일 시체의 머리카락을 자르거나 금니를 빼내는 등 시체 속에서 작업을 하였으므로, 그들이 지나가면 시체 냄새가 진동했다. 우연의 일치였지만, '베를린 공기'와 '시체 냄새'가 극적으로 조우한 것은 제국의 수도 베를린에 대한 의도적인 조롱으로 해석되었다. 수감자의 입장에서 이는 나치 범죄의 진실을 보여주는 통쾌한 순간이었지만, 이 일로 지휘자 코프카는 25대의 태형에 처해졌다. 이후 연주자들은 〈베를린의 공기〉를 연주할 때마다 시체 냄새를 풍기는 특수 코만도가 가까이 다가오지는 않는지 먼저 주변을 살펴야만 했다.[155]

비르케나우의 소녀오케스트라도 여러 행진곡을 연주했다. 살아남은 음악가들의 회고에 따르면, 〈로자문데〉, 슈베르트의 〈군대 행진곡〉, 요한 슈트라우스의 〈라데츠키 행진곡〉, 프란츠 리스트의 〈라코치 행진곡〉, 〈에리카〉 등이 확인된다.[156]

제3수용소 모노비츠에서도 〈로자문데〉를 비롯하여 유명한 독일 행진곡인 〈검투사의 이별(Abschied der Glandiatoren)〉(1905), 미 해군 행진곡 〈닻을 올려라(Anchos aweigh)〉(1906) 등 약 열두 곡 정도가 반복되었다.[157] 〈검투사의 이별〉은 독일 '행진곡의 왕'으로 불리는 헤르만 블랑켄부르크(Hermann Ludwig Blankenburg, 1876~1956)가 1905년 영국의 음악 출판사가 주최하는 작곡 콩쿠르에서 수상했던 곡으로, 오늘날까지도 블랑케부르크의 가장 유명한 행진곡으로 알려진 음악이다. 홍미로운 것은 1906년에 작곡되어 세계적으로 유명해진 〈닻을 올려라〉이다. 이 곡은 미군 행진곡이었지만, 1929년 시작되어 매년 개최되는 함부르크 부두콘서트(das Hamburger Hafenkonzert)의 주요 레퍼토리로 자리 잡았을 정도로 독일인에게 익숙한 곡이었다. SS는 이 곡을 독일 행진곡으로 여겼는지 금지하지 않고 연주하게 했다.

SS보초병을 위한 오락 음악

매일 아침저녁으로 연주된 행진곡은 오케스트라 별로 큰 차이 없이 진행된 일상의 공통 레퍼토리였다. 반면 개별 오케스트라만의 특색은 각 수용소마다 점호나 행진 전 대기 시간에 지루해하는 SS보초들을 위해 연주되던 음악에서 잘 드러난다. 비르케나우의 남성오케스트라는 노동 행진이 시작되기 전, SS보초들을 위해 탱고 음악이나 유행가 메들리를 연주했다. 음악 애호가 구역장 슈바르츠후버가 좋아하던 센티멘털한 유행가 〈고향, 그대의 별〉을 오케스트라 버전으로 자주 연주했고, 슈베르트의 유명 멜로디로 편곡된 메들리, 러시아 집시 멜로디로 편곡된 메들리도 SS에게 큰 인기를 얻었다.[158]

특히 히트송 〈고향, 그대의 별〉은 1941년 독일에서 개봉된, 인기

배우 하인츠 뤼만(Heinz Ruhmann) 주연의 코미디 영화 〈난파당한 파일럿 콱스(Quax, der Bruchpilot)〉의 주제곡이었다. 이 노래는 1939년 10월부터 시작된 라디오 프로그램 '소망 콘서트(Wunschkonzert)'에서 전선의 군인들이 자주 신청하는 인기곡이었다.[159] 이렇게 독일제국에서 반응이 뜨거운 히트송을 라디오나 음반이 아니라 수용소 오케스트라를 통해 '라이브'로 청취할 수 있다는 점이 바로 구역장 슈바르츠후버의 자랑이기도 했다.[160]

테레지엔슈타트에서 1944년 가을 아우슈비츠로 강제 이송되어 비르케나우의 남성오케스트라에 합류한 재즈 음악가 코코 슈만[161]은 한스 알베르스(Hans Albers)의 영화 〈위대한 자유 7번(Große Freiheit Nr. 7)〉의 주제가 〈라 팔로마(La Paloma)〉를 자주 연주했다고 한다.[162]

소녀오케스트라도 나치제국의 스타가수 자라 레안더(Zara Leander)의 히트곡 〈사랑 때문에 울지 마세요(Nur nicht aus Liebe weinen)〉나 〈마음으로 느끼며(Ich spuere in mir)〉와 같은 인기곡을 연주했다. 비르케나우 남성오케스트라와 달리 소녀오케스트라에는 이런 유행가를 부르는 페네론, 에바 슈테른(Eva Stern)과 같은 보컬리스트가 있어서 SS에게 더욱 인기가 있었다.[163]

아우슈비츠에서 음악은 진지한 것을 피하며 명랑하고 기분을 좋게 하거나 센티멘털한 느낌을 주는 것이었다. 레하르의 오페레타 〈유쾌한 미망인(Die lustige Witwe)〉과 오펜바하의 〈호프만 이야기〉 중 '바르카롤레(Barkarole)'[164]같은 레퍼토리가 자주 연주되었다.[165]

또한 가수 에바 슈테른은 SS대원들이 좋아하던 로지타 세라노(Rosita Serrano, 1912~1997)의 히트송 〈예스 마담(Oui Madame)〉을 자주 불러야 했다.[166] 또 로지타 세라노의 〈벨 아미(Bel ami)〉, 페터 크로이더(Peter P. Kreuder, 1905~1981) · 한스 프리츠 베크만(Hans Fritz Beckmann)의 〈세상의 지붕에서(Auf dem Dach der Welt)〉[167]도 SS들이 자주 듣고자 했던 인기곡이었다.

일요 콘서트의 레퍼토리

아우슈비츠 각 수용소의 일요 콘서트에서는 오케스트라의 음악적 역량이 보다 잘 드러났다. 현악기 위주로 편성된 소녀오케스트라는 알마 로제를 솔리스트로 하여 사라사테(Pablo de Sarasate, 1844~1908)의 〈치고이너바이젠(Zigeunerweisen)〉과 같은 바이올린 협주곡을 연주했고, 브람스의 〈헝가리 댄스〉, 모차르트의 〈아이네클라이네나흐트무지크(Eine Kleine Nachtmusik)〉 등의 유명한 세미클래식과 오페라 아리아 그리고 오페레타처럼 평균적인 교양 시민 계층의 취향이 느껴지는 레퍼토리를 연주했다.[168] 하지만 알마의 죽음 이후 소녀오케스트라의 프로그램은 다시 단순한 음악에 한정되었다.

중앙 수용소의 남성오케스트라의 경우, 일요 콘서트 프로그램은 클래식 음악, 오페라, 오페레타 3부로 구성되었고, 각 장르마다 1시간씩 연주했다.[169] 지휘자 아담 코피친스키에 따르면, 베토벤, 모차르트, 슈베르트, 바그너를 비롯하여, 이탈리아 음악가 로시니, 러시아 음악가 차이코프스키와 림스키코르사코프, 핀란드의 시벨리우스, 셀림 팜그렌(Selim Palmgren, 1878~1951)을 공식적으로 연주했고, 폴란드의 시마노프스키, 쇼팽은 은밀하게 연주했다고 한다.[170]

그런데 흥미로운 레퍼토리는 바그너 음악이다. 수용소 바깥에서는 바그너 음악이 넘쳐나던 시기였으므로,[171] 아우슈비츠 오케스트라 레퍼토리에도 바그너의 비중이 컸으리라는 기대와 달리 바그너는 거의 언급되지 않는다. 다만 재즈 음악가 헨릭 아이젠만(Henryk Eisenman)이 1944년 초 아우슈비츠에 도착했을 때 "일류 심포니 오케스트라"가 연주하는 바그너의 〈로엔그린〉을 들었다고 회상하는데,[172] 일류 심포니 오케스트라는 아우슈비츠 전체에서 가장 전문 음악가 단원이 많았던, 아담 코피친스키가 지휘하는 중앙 수용소의 오케스트라였으리라.[173] 실제로 앞에서 코피친스키가 언급한 중앙 오케스트라의 레퍼토리에 바그너가 들어 있다.

반면 유대인 시몬 락스와 알마 로제가 지휘하는 비르케나우 오케스트라의 레퍼토리에서 바그너는 전혀 언급되지 않는다. 연주 역량이 충분하지 못해서였는지, 아니면 테레지엔슈타트의 유대인 음악가들처럼 히틀러가 사랑하는 바그너에 대한 거부감이 그들에게 은밀하게 작용하였는지, 또는 SS지도부가 유대인 음악가들에게는 바그너 연주를 금지시키고 비유대인 전문 오케스트라에만 허락했는지 알 수 없다. 이에 대해서는 더 연구가 필요하다.

아우슈비츠의 기본 사운드, 대중음악

시몬 락스가 전문 음악가의 입장에서 아우슈비츠의 음악을 통틀어 소비적인 '대중문화'로 규정했듯이,[174] 아우슈비츠에서 비중 높은 사운드는 행진곡을 포함한 대중적 음악이었다. 더욱이 SS의 최고 권력자 하인리히 힘믈러의 음악적 취향도 하이드리히나 프랑크와는 달리 유행가와 스윙이었다. 따라서 힘믈러가 아우슈비츠를 공식 방문할 때 연주되었던 곡은 당연히 베토벤, 바그너, 부르크너가 아니라 독일의 유명 영화 음악 작곡가 페터 크로이더의 메들리 〈12분〉 처럼 대중적인 음악이었다.[175]

또한 SS고위 간부 시찰단이 음악 블록을 방문했을 때 연주되던 곡도 세미클래식 정도에 해당하는 오페라 〈나비부인〉의 아리아 이중주, 슈만의 〈트로이메라이〉, 주페의 〈가벼운 기병대(Leichte Kavallerie)〉 등 유행가보다는 격이 있지만 일반 대중에게 잘 알려진 음악들이었다.[176]

물론 아우슈비츠의 모든 공식 오케스트라의 입장에서 연주자의 기호는 중요하지 않았다. 장르 고려 없이 SS의 명령에 따라 모든 장르를 넘나들며 연주해야 했기 때문이다.[177] 음악가들도 다른 노동 코만도처럼 요구되는 일을 해야 생존할 수 있었다. 예를 들어, 재즈 음악가 코코 슈만은 나치가 원하는 대로 뭐든 연주해야 했는데, 유행가와 폭스트롯은 물론이고, 세미클래식에 해당하는 아리아나 집시 음악도 연주했다고 한다. (조금 과장해서 말하면) 어떤 곡을 연주할

수 없다고 하면, 바로 가스실로 보내질 수도 있었다.[178]

뿐만 아니라 수용소의 다양한 권력자들을 위한 사적 음악회에서 재즈 음악가들은 금지된 음악도 연주했다. 예를 들면, 렉스 반 웨렌은 재즈 애호가 구역장 프란츠 회슬러를 위해 숄롬 세쿤다가 작곡한 히트송 〈당신은 내게 아름다워요(bei Mir bist schoen)〉나 어빙 벌린(Irving Berlin, 1888~1989)이 작곡한 〈알렉산더의 래그타임 밴드(Alexander's Ragtime Band)〉 같은 유대인 음악가의 유명 재즈곡도 연주했다고 회고한다.[179]

또한 모노비츠에서도 SS병사들의 요청에 따라 〈알렉산더의 래그타임 밴드〉, 〈스위트 수(Sweet Sue)〉, 〈내가 줄 수 있는 건 사랑밖에 없어요(I can't give you anything but love)〉 등과 같은 영어 히트송이 연주되었다.

종합적으로 고려해볼 때, SS의 살벌한 통제 하에서 매일 아침저녁 노동 코만도를 위해 연주되는 행진곡과 SS보초병을 위한 가벼운 오락 음악은 나치 강제 집단수용소의 일상을 청각적으로 각인시키는 사운드였다. 상상을 초월하는 시스템으로 학살이 이루어진 곳의 음악 레퍼토리를 비교하는 것 자체가 모순이 아닐까 하는 생각이 들지만, 테레지엔슈타트에서도 행진곡과 가벼운 오락 음악은 쉽게 접할 수 있는 장르였다. 물론 테레지엔슈타트에서는 아우슈비츠에서처럼 강박적으로 보이지 않았으며, 재즈 음악의 비중이 높았던 차이가 있다.

아우슈비츠와 테레지엔슈타트에는 여러 개의 오케스트라와 앙상블이 있어서 서로 레퍼토리상의 영향을 주고 받았던 것은 비슷하다. 하지만 아우슈비츠에서는 SS사령관이 경쟁적으로 오케스트라를 운영하고자 했던 반면, 음악 엘리트가 집중적으로 모여 있었던 테레지엔슈타트에서는 수감 음악가들이 생존을 위하여 경쟁적으로 앙상블을 조직·운영하였다. 이로 인해 아우슈비츠를 비롯한 다른 일반 나치 집단수용소에는 소비적인 대중음악 문화가 지배했던 반면, 테레지엔슈타트에는 창의적인 음악 문화도 형성될 수 있었다. 체코인이 반 이상을 차지했던 테레지엔슈타트에서는 스메타나, 드보르작, 요셉 숙, 크라사, 하스 등 체코 음악의 비중이 높았으며 멘델스존, 말러 등 유대인 음악가들의 작품이 공식적으로 연주되었다는 사실도 아우슈비츠와 구별되는 점이었다.[180]

무엇보다도 전체 아우슈비츠 음악가 가운데 가장 유명한 음악가가 '유대인 여성' 음악가 (알마 로제)였다는 것은 테레지엔슈타트뿐만 아니라, 여타의 나치수용소에서도 찾아보기 힘든 점이라 생각된다.

희생자들의 입장에서 볼 때, 이런 비교 자체가 불가능한 일이라는 회의가 들지만, 역사화되는 과정에서 어쩔 수 없는 일이 아닐까 자위해본다.

제 6 장

아우슈비츠에서
음악의 역할

아우슈비츠에서 음악 연주는 가해자와 희생자가 얽힌, 모순되고 복잡한 양상을 보인다. 물론 지금까지의 서술이 당시 상황을 재구성한 건 아니다(재구성할 수도 없다). 아우슈비츠의 비인간적이고 처참한 경험은 인간의 언어라는 표현 영역을 넘어서는 것이므로, 어떻게 서술되든 모순되고 부분적인 것에 머물 수밖에 없다.

아우슈비츠 오케스트라들의 역할은 큰 틀에서 대부분 비슷하지만, 음악가에 대한 대우나 레퍼토리 등 세부 사항에서는 각 수용소 소장과 구역장의 취향과 요구에 따라 달랐다. 나치에게 음악이 얼마나 유용하고 다양한 가치를 지닌 것이었는지 분명하게 드러내기 위해, 나치와 수감자의 입장을 나누어 서술해보고자 한다.

1. 가해자 편에 선 음악

청각적 폭력, 채찍으로서의 음악

수용소 출입구는 SS가 철저하게 통제하는 구역으로서, 수감자들이 아침저녁 똑같은 발걸음으로 줄지어 통과해야 하는 곳이다. 이때 SS보초는 수감자들의 머릿수를 정확하게 세야 했고, 그들이 제대로 행진하는지 감시했다. 거의 모든 나치수용소가 이 출입구에서 행진곡을 연주했지만, 일반 수감자와 음악가들의 경험이 달랐고, 일반 수감자들의 반응도 다양했다. 발을 다쳐 모노비츠수용소 병실에 누워 북소리와 심벌즈 소리가 큰 행진곡의 단조롭고 지속적인 사운드를 들어야 했던 프리모 레비는 이렇게 회상한다.

> "북소리 박자가 걸음이 되고 반사적으로 지친 근육을 잡아당긴다. 독일인들은 이 점에서 성공했다. 1만 명의 (수감자) 동료들은 단 하나의 회색 기계다. 그들은 정확할 정도로 결연하다. 생각하지도 원하지도 않는다. 그저 걸을 뿐이다."[181]

그는 행진곡이 수감자들의 생각을 죽이고 고통을 완화시키는 "최면 효과"가 있다고 보았고, 행진 광경은 지친 수감자들에게 연주곡에 맞추어 걷기를 강요하는 독일인들의 "소름끼치는 의식"이었다고 회고하였다.[182]

행진곡을 끔찍하게 여기기는 아우슈비츠의 여성 수감자 마가레타 글라스-라손(Margareta Glas-Larsson)도 마찬가지였다.

"이틀째 또는 3일째, 점호할 때 우리는 음악 소리를 들었는데, 너무나 끔찍했다. 나는 이게 뭐지? 하고 스스로 물었다. 그때 여성 오케스트라가 저쪽에서 오고 있었다. 매일 아침 그들은 나타나서 죽음과 시체 사이를 행진했다."[183]

또 다른 여성 수감자 말리 프리츠(Mali Fritz)도 강제 노동으로 기진맥진하여 돌아올 때 듣게 되는 행진곡을 저주했다.

"죽음의 수용소로의 귀가는 힘들었고, 우리들의 다리는 무거웠다. 너무 피곤해서 한 마디도 입 밖에 낼 수 없었다. (…) 수용소로 들어갈 때 이 정신병원 같은 음악. 그들[음악가들]은 정확하게 박자를 맞추어 연주하고자 노력하는데, 도대체 왜 그래야 하는가? 우리는 마치 땅속에서 기어 나온 귀신같은 무리로 보였을 것이다. 왼발, 왼발, 왼발, 둘, 셋... 두려움의 저주 받은 박자."[184]

힘차고 명랑한 행진곡이 만들어내는 끔찍한 광경은 아우슈비츠만의 것이 아니었다. 부헨발트 강제 수용소에 수감된 오이겐 코곤도 죽은 동료를 옮기는 동안 명랑한 행진곡이 연주될 때, "수감자들

을 채찍질하는 듯한 음악의 효과"를 경험했다.[185]

많은 생존자들은 독일 행진곡의 멜로디가 포로들의 가슴에 '무서운 도장'처럼 박혀서, 마치 '죽음의 행진'처럼 영원히 기억에 남아 있다고 증언한다. 마지막 남은 노동력까지 착취 당하는 일반 수감자들을 바라보는 것은 음악가에게도 고통이었다.

소녀오케스트라의 노박(Zocha Nowak)은 "처음 며칠은 노동하러 가는 수감자들이 박자에 맞춰 행진하지 못했다. 그들은 매질당하고 총살 당했다. 노동 종료 후 돌아올 때도 비슷한 장면이었다"라고 회상한다.[186] 노박은 너무 끔찍해서 바이올린 연주 때 한 박자를 잘못 반복하였고, 더 이상 지휘자를 보지 못했다고 한다.

또 가수 사라 바이스(Sara Weiss)는 "수감자들이 (공장 노동에서) 돌아왔을 때 많은 수가 기진맥진하고 허약해서 동료에 의지해야 할 정도였다. 이를 볼 때마다 나는 내가 여기서 뭘 하고 있는 거지? 하고 생각했다. 너는 연주를 하고 저들은 힘들게 노동해야 한다. (…) 죄책감을 가졌다"라고 고백한다.[187]

할리나 오필카도 "노동에서 귀가하는 사람들이 괴롭혀지고 고통당하는 것을 보면서 음악을 연주하는 것에는 초인적인 힘"이 필요했다고 회고한다.

"우리는 연주에만 집중하고자 했으나 이런 장면을 보지 않는 것은 불가능했다. 노동 중에 매 맞아 죽은 시체, 매질, 발길질, 총성이 들리고 (…) 카포들이 크레마토리움에 던져버릴 뼈만 남은 시체를 옆에서 모으고 있을 때 우리는 음악을 연주했다."[188]

아침저녁으로 울려 퍼지던 행진곡은 노동과 기아로 탈진해가는 수감자들뿐 아니라 곡을 연주하던 음악가들에게도 괴로움을 동반한 청각적 채찍이었다.

기만의 음악

프레모 레비는 "왜 사람들은 기차에서 내리자마자 반항하지 않았는지, 왜 가스실에 들어갈 때까지 몇 시간 동안(며칠 동안) 가만히 죽음을 기다리고만 있었는지"를 묻는 독자들에게 당시 저항 운동을 해본 경험자는 지극히 드물었으며, 더구나 나치가 살인 작업을 완수하기 위해 "악마적일 정도로 빈틈없이 다양한 작전을 펼쳤다"고 대답했다.[189]

여행 도중 이미 반(半)죽음 상태로 아우슈비츠에 도착한 대다수 사람들은 자신들에게 어떤 일이 벌어질지도 모른 채 두려움과 절망으로 혼란을 겪게 된다. 특히 가스실 행(죽음)과 막사 행(강제 노동)이 선별되고 가족이 헤어질 때, 큰 혼란이 발생했다. 앞서 언급되었듯이, 소장 회스의 지침에 따라 산 자와 죽은 자의 '선별' 작업이 잘 진행되도록 SS의사와 보조들은 원칙적으로 정중하고 친절하게 행동해야 했다.

하지만 실제로 이 지침은 잘 지켜지지 않았다. 역에 도착한 사람들 앞에는 시체 태우는 냄새와 굴뚝의 연기 그리고 사람들을 학대하며 소리치는 SS대원들이 기다리고 있었다. 포로들이 공포에 빠지는 상황을 막기 위해 폭력 사용을 제한하고 있었지만, SS보초들은 매끄러운 일의 진행을 위해 자주 폭력을 사용했다. 그렇다 해도 희생자들이 곧바로 죽임을 당하리라는 진실을 알게 해서는 안 되었다. 레비의 증언처럼,

"갓 도착한 사람은 앞으로 어떤 일이 펼쳐질지 전혀 알지 못했다. 샤워하는 거라 믿고 옷을 벗었다. 때로 수건과 비누가 배급되었고, 샤워 후에 따뜻한 커피가 약속되기도 했다. 가스실은 파이프, 수도꼭지, 탈의실, 옷걸이, 의자 등 샤워실로 위장되어 있었다."[190]

소장 루돌프 회스의 회고록에 따르면, 특수 코만도 대원들도 죽음으로 가는 동족이 저항하지 않고 순순히 따르도록 거짓말로 안심시키고, 샤워를 하게 될 것이라며 결정적인 순간까지 옆에서 위로하였다.

아우슈비츠에서 나치들의 빈틈없는 '기만 작전' 중 하나가 바로 음악이었다. 흰 블라우스와 파란 주름치마를 입은 오케스트라 소녀들의 명랑한 음악은 효과적인 기만 도구였다. 밤이든 낮이든 명령이 떨어지면 새로 도착한 사람들의 선별 작업이 이루어질 때, 그녀

아우슈비츠에 도착한 사람들의 '선별'

들은 음악을 연주해야 했다. 아니타 라스커-발피쉬는 소녀오케스트라가 역의 람페에서 여러 번 연주하였다고 증언했다.[191]

1943년 5월 아우슈비츠에 도착해서 소녀오케스트라에 합류했던 에스더 베자라노(Esther Bejarano)의 증언에 따르면, 람페에서 소녀들이 연주하자 사람들은 죽으러 가는 줄도 모르고 음악가들에게 손을 흔들었다고 한다. "음악이 있는 곳이라면 그렇게 끔찍한 곳은 아닐 거야"[192]라는 안도감을 오케스트라는 심어주었으리라.

음악은 새로 도착한 희생자들뿐 아니라 가해자들도 스스로 기만하도록 도와주었다. 테레지엔슈타트에서 SS는 수감자들을 형무소에 가두고 고문하거나 사살하는 경우가 있었지만, 거기서는 가스실 대량 학살이 주된 업무는 아니었다. 따라서 죄책감의 무게도 절멸수용소 아우슈비츠의 SS보다 상대적으로 가벼웠을지 모른다. 아우슈비츠 가스실의 시체 더미와 소각로 작업은 일차적으로 시체 처리반이 담당했지만, 그 관리는 SS가 맡아야 했다. 사람들을 가스실로 보내는 선별 작업도 SS의사나 SS구역장 및 간부 등이 맡았다. SS의사 한스 뮌히(Hans Muench)는 생사를 가르는 업무에 대한 부담을 다음과 같이 합리화했다.

> "저들은 결국에는 죽어야 할 것이다. 기아, 병마, 강제 노동 또는 가스실에서. 그래도 가스실에서의 죽음은 가장 인간적이다."[193]

가볍고 명랑한 음악은 살인자가 느끼는 심적 부담을 가볍게 만들 수 있었다. 자기기만을 통해 죄책감을 날려버리고 살인의 심각함을 잊게 하는 데 음악이 기여한 것이다.

권력에 아첨하는 음악

테레지엔슈타트에서 중립국 시찰단이나 국제적십자 시찰단 등과 같이 외부 시찰단이 방문했을 때, 음악은 그들의 눈과 귀와 판단력을 흐리게 하여 나치수용소 운영의 실체를 가리고 기만하는 역할에 충실했다. 하지만 외부인이 아우슈비츠를 시찰한 경우는 1944년 9월 27일(또는 29일), 로셀(Maurice Rossel) 박사를 대표로 하는 국제적십자 시찰단의 방문이 처음이자 마지막이었다. 그것도 갑작스런 방문이라는 이유로 수용소 내부는 제대로 시찰하지도 않고, 소장과의 대화만으로 끝이 났다. 이후 1944년 11월 국제적십자 시찰단의 재방문 허가 신청을 나치는 거절하였다.[194]

반면 SS 고위 관료의 자체 감찰단은 아우슈비츠를 여러 번 방문했다. 다하우수용소에서는 SS 고위 간부들이 음악으로 환영받지 못했다는 불평이 있었지만, 아우슈비츠에서는 항상 오케스트라 연주가 고위급 SS 손님들을 맞이했다. 그러나 테레지엔슈타트에서와 같이 수용소 미화 작업은 행해지지 않았고, 그럴 필요도 없었다. 아우슈비츠 소장이나 구역장들은 하인리히 힘믈러나 아돌프 아이히만 등 SS 고위 간부가 온다고 해서 시체를 치우거나 숨기는 배려를 보이지는 않았다.[195] 가스실과 소각로 그리고 다 태우지 못한 시체 더미가 그대로 널브러져 있었다. 시체 더미를 그대로 보여주는 것은 오히려 절멸 수용소의 성실한 업무 수행을 시각적으로 홍보하는 효과적 방편이었다.

그렇다 해도 시체 더미가 방치되고 매일 시체 타는 냄새에 찌든 아우슈비츠수용소가 나치 VIP손님에게 좋은 인상을 주기란 힘든 일이었다. 이때 음악은 불쾌한 후각과 끔찍한 시각 환경에서 관찰자들의 관심을 다른 곳으로 돌리고, 분위기를 유쾌하게 바꾸는 데 중요한 역할을 했다. 비르케나우의 공식 행사에 남성오케스트라가 아니라 어여쁜 소녀오케스트라가 연주한 까닭도 시각적 효과가 고려되었기 때문이다.[196]

이미 언급되었듯이, 하인리히 힘플러가 비르케나우를 방문했을 때, 알마 로제의 지휘로 소녀오케스트라가 〈12분〉을 연주했다. 소장은 하인리히 힘플러 같은 SS의 최고 권력자에게 음악 연주로 좋은 인상을 남겨 진급을 노리기도 했다. 적십자 시찰단을 기만하는 게 주목적이었던 테레지엔슈타트에서와 달리 아우슈비츠에서는 음악이 나치 간부에게 아첨하는 도구로 활용되었다.

아첨하는 음악의 역할은 평소 아우슈비츠 내 최고 권력자인 소장과 구역장에게도 적용되었다. 아우슈비츠 SS사령관들도 연설할 때 화려한 팡파르 음악이나 자신을 칭송하는 노래를 작곡해 울려 퍼지게 했다. 음악은 크라머, 슈바르츠후버, 회슬러, 만들과 같이 평범한 인간들에게 수용소 내에서 거의 절대적인 권력을 가진 '특별한 인간'이 된 느낌을 줄 수도 있었다.

또한 관할 수용소가 보유한 수준 높은 오케스트라나 스타 음악가의 존재가 소장의 명성을 높여주기도 했다. 비르케나우 여성 수용소의 구역장들은 아우슈비츠 전체에서 손꼽힐 만한 일류 음악가 알마 로제를 자신들의 권력 하에 두고, 수용소 이미지 상승을 꾀하며 자랑스러워했다. 이런 이유에서 비르케나우에서 수감자 의사로 일했던 독일계 유대인 루시 아델스베르거(Lucie Adelsberger)의 비꼬는 표현대로, SS사령관은 소녀오케스트라를 "애완견"처럼[197] 보호하고 지원했다.

마취제, 소음 희석제로서의 음악

한나 아렌트(Hannah Arendt, 1906~1975)가 나치수용소를 '폭력의 실험실'이라고 칭했다면, 음악은 이 실험실의 '마취제'라 할 수 있을 것이다. 수용소의 일상에서 그저 심심하니 음악이 있으면 좋겠다는 식의, 있으면 좋고 없어도 괜찮은 사치가 아니었다. 음악은 인간을 테러하고 절멸시키기 위해 SS지도부가 유용하게 사용한 수단으로서, 수십만의 사람들을 기만 속에서 '저항 없이' 죽음의 가스실로 걸어 들어가게 했다. 지휘자 시몬 락스는 음악이 사람들을 무기력하게 만들어 "평화롭게 죽음으로 행진"하게 했다고 회상하며, 이를 사람들의 넋을 홀리는 고대 그리스의 '사이렌 음악'에 비유했다.[198]

SS 중에는 오토 몰(Otto Moll, 1915~1946), 페리 브로드,[199] 요제프 멩겔레, 이르마 그레제와 같이 필요 이상으로 직접 사람들을 때려죽이거나, 생사를 가르는 선별 작업을 즐기던 자들만 있는 것이 아니었다. 소수의 사디스트를 제외하면 대다수 SS군은 맨정신으로 일하지 못하고 늘 술을 가지고 다니며 마셨다고 한다.[200] 특히 젊은 SS의사들은 더 이상 업무를 수행할 수 없으니, 전선으로 보내든지 차라리 가스실로 보내달라고 청원했다는 증언도 있다.[201] 산 사람이 들어

가 시체로 나오는 가스실과 화장터에 배치된 특수 코만도 수감자들도 항상 만취 상태였다.[202]

술처럼 음악은 살인자를 정신적으로 마취시키는 역할을 했다. 선별 작업 후에 멩겔레나 크라머가 슈만의 〈트로이메라이〉를 듣고 감동하여 눈물을 보인 것도 이런 맥락에서였다.[203]

학살 장소에서 배경 음악은 자주 흘러나왔다. 1943년 11월 3일 루블린의 마이다네크수용소에서 1만8천 명의 유대인을 학살하는 동안에도, 소비보르수용소 근처 숲속에서의 학살이 계속될 때에도 트럭의 스피커에서는 음악이 쉬지 않고 흘러나왔다고 한다.[204] 음악은 아이와 여자들, 노인들을 죽이는 부담스런 행위에 대해 스스로를 무감각하게 만들어줄 수 있었다. 동시에 폭력으로 인해 발생하는 소음도 희석시켰다.[205]

살인자들의 기분 전환용 음악

기분 전환의 일요 콘서트

SS의 명령으로 매주 개최된 수용소 오케스트라의 일요 콘서트는 폭력과 학대의 살인 공장이 마찰 없이 잘 돌아가게 하는 윤활유 역할을 했다. 일요일은 SS대원들이 기본적으로 휴식을 취하고, 대다수 수감자들도 노동을 하지 않는 날이었다.[206]

일요일 오후 실외에서 개최되는 일요 콘서트에서 맨 앞줄 의자에 앉을 수 있는 청중은 SS였다. 때로는 SS사령관이 다른 구역의 사령관을 특별 손님으로 초청하여 오케스트라를 자랑하고 사교하는 기회로 삼았다. SS대원들 뒤로는 카포들을 비롯하여 '특권층' 수감자들이 걸상에 앉았다.[207] 반면 일반 수감자들은 그 뒤에 서서 음악을 들었다.[208]

SS는 음악이 감동스러울 때 조용하게 '빛나는 얼굴'로 경청했지만, 음악이 맘에 들지 않으면, 음악이 끝나기도 전에 먼저 일어나버리는 행동으로 연주를 방해했다. 연주회에서도 권력자와 음악 노예의 서열은 그대로 유지되었으므로, 음악가들이 SS를 비난하는 일은 생각할 수 없었다. 단 하나의 예외가 지휘자 알마 로제였다. 알마는 SS도 연주회 에티켓을 지키게 했고, 청중석에서 잡담이나 소음 등 방해가 있을 때 연주를 중단하고 다시 시작했다.[209]

수용소 간 문화 교류

일요 콘서트는 수용소 내의 '사회적 사건'으로서 일종의 '문화 교류'로도 이어졌다.[210] 한번은 남성오케스트라가 여성 구역에 와서 연주회를 해주면, 다음번에는 소녀오케스트라가 남성 구역에 가서 연주하고 박수를 받았다고 한다. 마치 지역의 문화 교류와 같은 형태였다.

테레지엔슈타트에서 연주회가 테러를 직접 드러내지 않고, 마치 가해자가 없는 듯 기만적인 '문화의 삶'을 보여주는 것이었다면, 아우슈비츠에서는 가해자 스스로 희생자의 연주에서 위로를 얻고 기분을 전환하는 셈이었다. 이런 의미에서 규칙적인 일요 콘서트는 '수용소 사회의 일부'가 되었다.[211] 평균적인 SS군인이라면 긴장되는 수용소 생활 가운데 휴식 시간에 유흥 욕구를 가졌고, 음악을 통해 살인 공장에서도 '정상 생활'을 한다는 착각을 할 수 있었다. 즉, 살인자들은 일주일 내내 야만적인 일을 해야 했지만, 제국 본토의 독일 시민처럼 휴일에는 연주회의 청중으로서 스스로 '정상적인 독일인'이자 문명사회의 일원이라 자부할 수 있었다.[212]

하지만 종종 일요 콘서트가 진행되는 동안에도 한쪽에서는 폭력을 행사하거나 수감자들을 처형하는 일도 있었다. 이럴 땐 일요 콘서트가 일반적인 독일 시민의 콘서트와 다른 것임을 SS도 인정할 수밖에 없었을 것이다.

살인자들의 개인적 유흥을 위한 음악

살인 공장의 학살자들이 기분 전환을 위해 요구하던 음악은 일요 콘서트에 그치지 않았다. 비르케나우의 SS 음악 애호가는 거의 매일 음악실에 와서 자신이 듣고자 하는 멜로디를 음악 노예들에게 요구했다. 나치 영화에서 자주 보듯이, SS가 음악실에 들어오면 음악가들은 즉시 일어나 차렷 자세를 취해야 했다. 파니아 페네론은 마리아 만들이 밤 세 시에 찾아와서 〈나비부인〉의 아리아를 요청했다고 회고한다.[213] 또한 만들은 파니 비르켄발트(Fanny Birkenwald)의 만돌린으로 똑같은 탱고 연주를 여러 번 명령했고, 이르마 그레제를 위해 에바 슈테른은 프란츠 레하르의 오페레타 〈차레비치(Der Zarewitsch)〉 중 〈왜 봄마다 5월은 한 번뿐인가(Warum hat jeder Fruehling, ach, nur einen Mai)〉를 자주 노래해야 했다. 마리아 만들과 이르마 그레제 외에도 프란츠 회슬러, 요제프 크라머, SS의사 요제프 멩겔레 등이 자주 여성 수감자들의 음악실로 왔다.

비르케나우의 남성오케스트라 음악실에 자주 찾아왔던 SS대원은 아무 음악이나 좋아했던 요하임 볼프, 외국어에 뛰어났던 재즈 애호가 페리 브로드, 유대인 노래를 좋아했는 하인리히 비숍[214] 등이었다. 특히 음악적 재능이 있었던 페리 브로드는 자신도 오케스트라의 재즈 음악가들과 함께 아코디언으로 즉흥 연주를 하며 기분을 전환했다. 제1수용소의 트럼펫주자 렉스 반 웨렌(Lex van Weren)은 음악 애호가 프란츠 회슬러를 위해 유행가와 재즈 음악을 연주한 적이 있는데, 그때 회슬러는 마치 '정상적인 삶' 가운데서 친구에게 말하듯 가족과의 하찮은 일상에 대해 이야기했다고 한다.[215]

SS는 원할 때면 언제든 음악 노예들에게 음악을 요구했고, 피로와 불쾌감을 풀고 기분을 전환해 다음날 다시 살인과 테러 임무를 수행할 에너지를 충전했다. SS 외에도 수용소 고참, 카포 등 여러 가지 물질적·계급적 특권을 가진 수감자들도 기분 전환을 위해서 음악가들에게 개인적으로 연주를 요구했으며, 그 대가로 음식이나 담배, 돈 등 생존에 필요한 것을 주었다.[216]

죽음의 희화화, 희생자를 비웃는 음악

영화 〈쉰들러 리스트〉에는 총을 든 나치가 진흙탕에서 불안에 휩싸여 울상이 된 유대인 노인, 아이들, 여자들에게 명랑한 음악에 맞춰 강제로 춤추게 하고, 이를 바라보며 한바탕 웃는 장면이 나온다. 영화 중반엔 남녀노소 유대인들이 숨어 지내는 건물에 SS군인들이 습격하여 총살하는 장면이 있는데, 총살이 진행되는 동안 한 나치 장교가 그곳 피아노 앞에 앉아 바흐 음악을 연주한다. 다른 SS병사 두 명은 그 음악을 듣고 비난하거나 화를 내지 않고, 바흐인가 모차르트인가를 서로 질문할 뿐이다. 이런 식으로 나치는 상황에 맞지 않는 음악으로 희생자들의 고통을 희화화하곤 했다. 영화에서뿐 아니라 실제로도 수없이 그랬다.

로테르담의 유대인 음악콘서바토리 교수였던 바이올리니스트 레온 블로르만(Leon Bloorman)은 비르케나우에 수감된 후, 프랑스인 수감자를 교수형에 처하는 자리에서 프랑스 국가 〈라 마르세예즈〉를 바이올린 독주로 연주해야 했다. 이때 조롱조로 연주하라는 명령에 블로르만은 어쩔 수 없이 연주해야 했지만, 곧 자괴감에 빠져 고압 전류가 흐르는 철조망으로 몸을 던지고 만다.[217] 알마 로제도 여성 수감자들이 고문을 당하는 동안 바이올린 협주곡을 연주해야 했다.[218]

이런 일은 아우슈비츠 외에 다른 수용소에서도 다양하게 일어났다. 오스트리아의 마우트하우젠수용소에서는 공개 처형이 있을 때,

마우트하우젠수용소에서 붙잡힌 탈옥수 처형 행렬을 이끄는 수감자 오케스트라

동요 〈새들이 다 모였네(Alle Voegel sind schon da)〉나 유행가 〈돌아와 다오(Komm zurueck)〉처럼 상황과 맞지 않는 흥겨운 노래를 부르게 하고는 희생자의 고통과 죽음을 비웃었다.[219] 또한 노이엔가메수용소에서도 시체를 불태울 때 전혀 맞지 않는 명랑한 행진곡 〈오랜 전우들〉을 노래하게 했다.[220] 트레블링카수용소에서 살아남은 사무엘 빌렌베르크(Samuel Willenberg)는 자기 경험에 비추어 죽음 앞에서의 명랑한 음악 연주는 절멸 수용소에서 일어나는 끔찍한 일을 '하찮은 것'으로 만드는 역할을 했다고 주장한다.[221]

이처럼 나치의 사회 시스템이 음악을 사랑하는 독일인들을 비인간적이며 생명을 경시하는 야만적인 인간으로 만들었다. 살인과 폭력과 학대가 자행되고 고함 소리가 넘쳐나던 곳에서의 음악 연주는 그 자체로 그로테스크한 상황을 만들었다. 인간성이 사라진 아우슈비츠에서 (매우 인간적인 행위인) 음악이 연주되는 것은 "게르만족의 취향에 따른 거대한 광대극"이라는 프리모 레비의 표현은 적절해 보인다.[222]

2. 희생자 편에서

생존 도구로서의 음악, "음악 때문에 살았다"

프리모 레비는 아우슈비츠수용소에서 살아남을 가능성이 높은 사람들을 "의사, 재봉사, 구두 수선공, 음악가, 요리사, 매력적인 젊은 동성애자, 수용소 권력자의 친구 또는 동향 사람"으로 나열했다.[223] 음악이 수용소에서 생존 도구가 되는 것은 나치수용소의 특징 중 하나일 것이다. 실제로 '음악 코만도의 카포'라 할 수 있는 지휘자뿐만 아니라 오케스트라 단원도 음악 덕분에 살아남을 확률이 높았다.[224]

중앙 수용소의 트럼펫주자 렉스 반 웨렌을 중심으로 조직된 재즈 앙상블은 1944년 9월부터 다른 수용소로 강제 이송되기 전까지 사적인 음악 연주로 음식을 얻었다. "우리는 여러 바라크로 가서 다른 수감자들을 위해 연주했다. 그 대가로 빵, 소시지, 잼을 특권층 수감자로부터 받았고, 때로는 담배도 받았는데, 담배는 다른 아이템으로 교환했다"고 회고한다.[225] 이처럼 음악은 생존에 필수적인 음식을 얻을 수 있는 '실용적' 가치였다.

여성 음악가들은 남성 음악가보다 더 특별한 대우를 받았다. 남성오케스트라 단원들 다수는 쇠약해져 병으로 죽거나 자살로 죽거나 선별되어 가스실로 보내져 죽었다. 반면 여성 단원은 처음부터 육체노동을 전혀 하지 않았기 때문에 상대적으로 나은 환경에 있었다. 소녀오케스트라가 존재하는 동안 사망한 여성 음악가는 단 세 명이었다. 자살은 없었으며, 가스실로 보내진 단원도 없었다.[226] 여성 음악가들이 남성 음악가들처럼 강제 노동을 하면서 연습과 연주를 해내야 했다면, 사망자 숫자는 순식간에 늘어났을 것이다.

SS지도부가 특별히 여성 음악가들을 보호하였던 것은 여성 음악가의 '품귀 현상' 덕분이었다. 전문 여성 음악가들은 아우슈비츠수용소에서뿐 아니라 나치제국 전체에서도 그리 많지 않았다. 1940년 통계에 따르면, 독일제국 내 여성 음악가 총 2만3천 명 가운데 50퍼센트 이상인 16,790명이 음악 교사였다.[227] 반면 전문 연주자는 극소수였다. 솔로 기악 연주자는 795명, 직업적 작곡가는 여섯 명에 불과했다. 오케스트라 하프 연주자 72명, 오르간 연주자 250명, 오락음악 분야(주로 여성오케스트라) 종사자가 3천 명,[228] 나머지 약 2천5백 명은 성악 분야에서 활동하고 있었다.[229] 물론 유대인 여성 음악가는 이 통계에 들어 있지 않았다. 유대인에게는 공적인 음악 기관에서의 교육이 금지되었으므로, 유대인 여성 음악가의 경우 품귀 현상은 더 심했으리라 추측된다.

따라서 여성 음악가들의 의식주 환경이 일반 수감자에 비해 더 좋았으므로, 생존 가능성은 더 높았다. 여성 음악가들은 대체로 연습실 안에서 일했고, 날씨에 영향 받지 않았으며, 점호에 참석하지 않아도 되었다. 또한 각자 자신의 침구에서 자고, 매일 샤워할 수 있었으며, 위생적으로 더 나은 조건에서 살 수 있었다. 물론 알마 로제의 경우에서 보듯이, 특별 대우를 받았다고 모두 살아남은 것은 아니지만, 여성 음악가들의 생존율은 매우 높았다.

그런데 생존 여성 음악가들의 회고록이 매우 드물고, 늦게 발표되는 이유는 무엇일까. 혹시 SS로부터 특별 대우를 받아 살아남았다는 죄책감과 관련이 있는 것일까.[230] 물론 아우슈비츠 생존자라는 커밍아웃을 주저하게 만든 원인이 죄책감만인 건 아니었다. 코코 슈만이나 렉스 반 웨렌 등 당시 20대였던 남성 재즈 음악가들도 자신의 아우슈비츠 경험을 40여 년 후에야 공개했다. 코코 슈만은 그냥 음악가로서 박수를 받고 싶었지, 아우슈비츠의 희생자로서 사람들의 동정을 받고 싶지 않았기 때문이라고 고백한다.[231]

위로의 음악인가, 죽음을 재촉하는 음악인가

생존자들만 증언을 남길 수 있으므로, 살아남지 못한 대다수 희생자들에게 음악이 어떤 역할을 했는지 알 수는 없다. 아우슈비츠 생존자의 증언과 회고에 의존하여 살펴보면, 나치에게 위로와 기분 전환의 계기로 작용했던 음악이 수감자들에게도 위로가 되었던 경우가 없지 않았다. 짧은 시간이나마 수용소의 끔찍한 현실을 잊게 해주는 음악을 몰래 들으려고 일요 콘서트를 손꼽아 기다리는 수감자 의사도 있었다.

> "연주회 시작 몇 시간 전부터 천 명 또는 그 이상의 수감자들이 사우나로 밀려 들어왔고, 콘서트가 진행되는 동안에는 교회에서처럼 고요함이 지배했다. 콘서트는 수용소에서 가장 화려한 순간이었다. 프로그램은 푸치니, 베르디, 쇼팽, 차이코프스키, 드보르작, 슈트라우스 또는 오페레타의 아리아와 가곡 등이었다."[232]

아우슈비츠 제1수용소에서 은밀하게 저항 운동을 했던 프란츠 다니만(Franz Danimann, 1919~2013)은 1943년 여름 베토벤의 〈레노오레〉 서곡을 들으면서 삶의 의지가 강해지는 경험을 했다고 고백한다.[233] 오페라 〈피델리오〉의 주인공 프로레스탄(Florestan)의 처지에 공감하면서 끝까지 희망을 잃지 말아야 한다는 용기를 음악에서 얻었다고 한다.[234] 또한 당시 13세 소년이었던 토마스 게베(Thomas Geve)에게 음악은 "아우슈비츠 바깥에 인간적인 세상이 있다는 것을 알려주었다."[235]

반면 시몬 락스는 한 번도 자신에게 음악이 힘과 희망을 주었다고 말하는 수감자를 만난 적이 없다고 강조한다.[236] 또 음악이 힘과 위로를 주기보다 오히려 고통을 준 경우도 있었다. 소녀오케스트라는 SS의 명령으로 1943년 6월말부터 매주 화요일과 금요일에 병자 바라크에서 연주했다. 병자들은 대부분 음악을 들을 수 없을 정도로 쇠약해져 있었다. 이런 상황에서 강요되는 음악은 오히려 스트레스였고, '괴롭힘'일 수 있었다. 병자들은 고통으로 짐승처럼 울부짖거나 귀를 막았다. 손을 모으고 기도하는 사람도 있었지만, 전체적으로는 울음과 한탄이 음악과 불협화음을 만들어냈다고 한다. 음악은 허약한 병자들보다 수감자 의사나 간호 돌보미들에게 오히려 더 감동을 주었다. 이들에게 음악은 "한 조각의 자유"였다. 하지만 그 후 "슬픈 현실로 돌아오는 게 더 끔찍했다"고 고백한다.[237]

죽음 직전의 병자들에게 음악은 마지막 위로가 아니라 오히려 죽음을 재촉하는 것이 될 수도 있었다.[238] 시몬 락스에 따르면, 비르케나우의 남성오케스트라도 1943년 성탄절에 슈바르츠후버의 명령에 따라 여성 수용소의 병자들을 위해 연주한 적이 있었다. 바라크의 침상에는 주로 폴란드 여성들이 누워 있었는데, 실내 공기가 너무나 나빴기 때문에 거의 숨을 쉴 수 없었고, 병자들의 소음으로 음악 소리는 거의 들리지 않았다고 회상한다.[239] 또 수감자 의사였던 마르기타 슈발보바(Margita Schwalbova)도 1943년 알마 로제가 지휘하는 성탄절 콘서트에서 병자들이 음악에 대해 별로 기쁜 반응을

보이지 않았다고 회고한다.[240]

음악은 수용소 내에서 수감자가 처한 상황에 따라 다르게 작용했으리라. 위로를 줄 수도 있었지만, 고통도 주었으리라 생각된다. "곤궁한 계층에게 음악은 오히려 우울감을 선사했고, 심리적·육체적 무기력의 만성적 상태를 심화시켰다"는 시몬 락스의 관찰도 신빙성이 없지 않다.[241] 락스는 음악에서 위로를 받았던 수감자는 오히려 음악가들 자신이었다고 주장한다.[242]

저항의 음악

빅토르 울만의 창작 음악과 스메타나 또는 베르디 레퀴엠의 음악 해석에서 저항적 시도가 이루어졌던 테레지엔슈타트와 달리, 아우슈비츠에서 저항적인 의미의 음악 연주는 거의 알려져 있지 않다. 테레지엔슈타트에서는 건물 형태에 따라 다락이나 지하에서 음악가들이 모여서 연주할 수 있었고, 자유시간조직부에 소속된 전문 음악가들은 음악 외에 다른 강제 노역을 하지 않았으므로, 시간적으로나 육체적으로 자유 활동의 여지가 있었다.

하지만 아우슈비츠에서는 여성 음악가를 제외하고 남성 음악가에게도 강제 노동의 비중이 컸고, 일률적인 바라크 구조 안에서 카포나 블록 고참 또는 첩자 등의 감시가 이루어졌으므로, 몰래 연주를 할 수 있는 시간이나 공간이 거의 없었다. 하지만 그럼에도 수감자들을 위로하기 위한 연주회가 개최되었다. 알마 로제는 두세 번

소수의 여성 수감자들을 위해 은밀한 연주회를 개최했다고 한다. 하지만 SS에게 이것이 알려지게 되자 바로 금지되었다.[243]

아우슈비츠에서 음악뿐 아니라 일반 수감자 사이에서조차 조직적 저항 행위가 거의 없었던 이유는 여러 가지다. 우선 프리모 레비는 정치적 저항의 경험이 없는 유대인의 비중이 높았기 때문이라 주장하는데, 일리가 있다. 비유대인 정치범들이 다수를 차지했던 다른 수용소에서는 실제로 여러 저항 운동과 함께 음악적 저항이 있었다.

예를 들면, 나치 정권 초기인 1933년 북독일에 위치한 뵈르거모어(Börgermoor) 강제 집단수용소에서는 노동 운동이나 반파쇼 조직 경험이 있는 독일 사회주의자, 공산주의자 등 반나치 저항자들이 다수 수감되었다. 이들은 자살하거나 병들어 죽지 않을 경우 출소하는 경우도 자주 있었다. 이들을 통해 나치 강제 집단수용소에서 탄생한 대표적인 저항가 〈습지의 군인(Die Moorsoldaten)〉이 외부로 전해지고, 독일을 넘어 전 세계에 알려졌다. 이 노래의 수많은 버전들 가운데 가장 유명한 것은 독일 작곡가 한스 아이슬러(Hanns Eisler, 1898~1962)가 편곡하고 노동자 가수 에른스트 부쉬(Ernst Busch, 1900~1980)가 부른 곡이다. 특히 스페인 내전에서 반파시즘 편에 섰던 에른스트 부쉬 덕분에 이 노래는 반파시즘 노래, 반나치 노래로서 세계적으로 유명해졌다.

또한 나치수용소들 가운데 조직적 저항으로 유명한 부헨발트에서는 SS소장의 명령으로 만들어진 〈부헨발트 노래〉가 오히려 수감

저항가 〈습지의 군인〉 악보

자들에게 생존의 용기와 저항력을 강화시켜주는 동기로 작용하기도 했다. 부헨발트 소장 아루투어 뢰들(Arthur Rödl, 1898~1945)은 다하우수용소의 〈다하우 노래(Dachaulied)〉나 작센하우젠수용소의 〈작센하우젠 노래〉를 부러워하며 자신의 수용소에도 그에 걸맞은 상징적 노래의 작곡을 명령하였다. 그 결과가 1938년 프리츠 뢰너-베다(Fritz Löhner-Beda) 작시, 헤르만 레오폴디(Hermann Leopoldi) 작곡으로 탄생한 〈부헨발트 노래〉다.[244]

부헨발트 수용소를 상징하는 이 노래를 수감자들은 매일 아침저녁으로 행진할 때마다 불러야 했다. 처음에는 강제로 연습해야 했지만, 3절로 되어 있는 이 노래는 오히려 수감자들에게 희망을 주었다. 특히 후렴구 "그럼에도 우리는 삶을 향해 '예'라고 말하리. 언젠가 그날이 오면 우리는 자유니까!(wir wollen trotzdem ja zum Leben sagen, denn einmal kommt der Tag: dann sind wir frei!)"에 SS에 대한 비난의 뉘앙스를 담아 노래하였다. SS가 눈치 채지 못하도록 은밀하게 음절을 바꾸는 방식으로 수감자들은 정신적 저항과 연대 의식을 키워갔다.

반면 수감자들의 조직적 저항 운동이 가장 약했던 아우슈비츠에서는 음악적 저항 역시 아주 미미했다. 비르케나우의 남성 음악가들이 체코 가족 수용소의 음악가들과 은밀하게 SS가 금지한 음악을 연주한 것은 생존한 음악가들에게 중요한 저항의 기억으로 남아 있다. 또한 소녀오케스트라의 바이올리니스트 플로레트 페네트는 프랑스 출신 여성 음악가들이 프랑스 국경일인 1944년 7월 14일에 몰

래 모여 〈라 마르세예즈〉를 불렀다고 고백한다.[245]

　창작에서 저항적 행동으로 여겨질 만한 사례로, 락스가 우연히 바닥에 구겨진 채 버려져 있던 악보 종이에서 18세기 '바르샤바 폴로네즈' 세 곡의 멜로디를 발견하고, 이것을 편곡하여 소앙상블로 연주한 일이 있었다. 수용소에서 폴란드 음악 연주가 금지된 와중에 있었던 일이라는 점에서 락스는 이것이 아우슈비츠에서 행한 유일한 저항이었으며, 나머지는 모두 생존 투쟁이었고 살아남기 위한 수단일 뿐이었다고 고백한다.[246]

　지휘자 알마 로제는 쇼팽의 〈에튀드〉 3번 마장조(E-Dur)(op.10)의 멜로디에 '자유'를 언급하는 자작시에 얹어 노래를 만든 적이 있었다.[247] SS의 금지로 결국 연주를 포기했지만, 죽음을 강요하는 나치에게 자유에 대한 갈망은 저항으로 해석될 수 있다.

위 옛 이게파르벤 본사 건물. 현재 프랑크푸르트대학 본관이다
아래 대학 본관 앞의 비석. 이게파르벤이 아우슈비츠에서 많은 사람들의 노동력을 착취했다는 사실을 밝히고 있다(2018, © 이경분)

제 7 장

―

수용소 제국의 음악

아우슈비츠는 '불필요한' 인간은 없애고 '쓸모 있는' 인간은 최대한 착취하였으며, 마치 '소모품'처럼 소진되면 버리고 새것으로 바꾸듯 간단하게 인간을 교체하는 살인 공장의 시스템이었다. 부나 공장의 독일인 화학자 판비츠 박사가 모노비츠의 유대인 수감자를 바라보던 시선은 인간이 인간을 보는 것이 아니라 "수족관의 유리를 통해서 보는" 듯했다는 레비의 표현[248]이 그곳의 비인간적 관계를 잘 대변해준다. 시몬 락스도 나치는 유대인을 "두 발로 걸어가는 벌레" 정도로 취급했다고 증언하였다.[249]

　제6장에서 보았듯이 이런 시스템 하에서 음악은 희생자들보다 가해자들에게 매우 다양한 기능으로 이용 가치가 높았다. 반면 대다수의 일반 수감자들에게는 그리 유익하지 못했다. 수감자들 가운데 음악 덕분에 생존을 위한 정신적·육체적 혜택을 받은 이는 주로

소수의 음악가들이었다.

테레지엔슈타트에서는 불타는 '지옥 앞'에서 음악이 연주되었다면, 아우슈비츠에서는 가스와 불꽃이 날름거리는 '지옥 안'에서 음악이 연주되었다. 지옥 안에서도 조금 덜 뜨거운 곳에 위치한 오케스트라의 음악은 가스실과 소각로 안으로 끊임없이 이어지는 죽음의 행렬이 끝내 연기로 내뿜어지도록, 이 시스템이 잘 돌아가도록 질서와 생기를 부여하는 역할을 맡았다.

아우슈비츠 SS사령관들이 오케스트라의 조직을 명령한 결과, 오케스트라는 살인 공장이 돌아가는 한 '전체 절멸 시스템의 한 부분'으로서 없어서는 안 될 중요한 요소가 되었다. 늦어도 1942년 비르케나우수용소가 건설된 이후, SS사령관들에게 유대인 절멸이라는 목표 달성을 위해 오케스트라의 다양한 가치는 분명해졌다.

절멸 시스템이 중단 없이 가동되도록 음악은 기만과 살생 업무로 지친 살인자들의 부담과 피로를 덜어주었으며, 일요 콘서트는 시체로 가득 찬 '비정상'의 분위기에서도 '정상'의 문화생활을 누리는 것 같은 착각을 불러일으킬 수 있었다. 그렇게 SS대원들의 업무가 마찰 없이 잘 진행되도록 매끄러운 흐름을 도와주는 이들 음악 노예는 운영 비용도 크게 들지 않았고, 명령만 내리면 언제라도 연주가 가능한 편리한 도구였다.

물론 지옥에서 살아남은 음악가들을 지금의 관점에서 비난할 수는 없다. 오로지 살아남아 자신이 본 것을 증언하는 것이 가해자에 대한 유일한 승리이자 저항이므로.

시몬 락스는 아우슈비츠의 음악을 통틀어 "수용소 음악은 대중문화였다. 그 속에서 청중에게 고상한 천성의 에너지를 펼칠 무언가는 없었다"라고 비판적으로 평가했다.[250] 만약 SS가 음악가들에게 창작 음악을 명령했다면, 아우슈비츠에서도 창작곡이 생산되었을지 모른다. 그러나 SS는 유명 인기곡들에 대한 요구만 컸을 뿐, 새로운 음악에 대한 욕구는 크지 않았다. 더욱이 아우슈비츠에서 명령 받지 않은 창작 행위는 음악가들에게 위험할 수도 있었다. 그들은 음악 노예의 신분으로서 가스실로 끌려가지 않기 위해 SS의 요구를 충족시키는 일에만 몰두해야 했다.

결론적으로 죽음과 기아와 인간 멸시가 일상이었던 수용소 제국에서 살인 시스템의 한 요소로서 음악이 유례없이 다양하게 이용되었던 것은 나치즘과 나치수용소의 특징 중 하나일 것이다. 음악이 이처럼 살인에 깊이 연루되었던 예가 역사상 있었던가. 수많은 인간을 학살했던 SS 살인마가 순간적이지만 음악에 감동하여 인간적으로 변하는 모습도 살인 공장 아우슈비츠에서는 드물지 않았다. 시몬 락스의 관찰은 의미심장하다.

"SS가 음악을 들으면, 특히 자신이 좋아하는 음악을 들으면, 인간 비슷한 존재로 변하기 시작한다. 목소리는 평소의 쉰 목소리가 아니고, 사근사근하게 된다. 그래서 SS는 거의 친구처럼 얘기

한다. 때로는 어떤 선율이 그와 가까운 사람을 생각나게 하면 (…) 눈에는 안개 같은 것이, 인간의 눈물과 비슷한 것이 보인다 (…) 음악을 너무 사랑하여 울 수 있는 인간이 동시에 그 끔찍한 일을 다른 인간에게 할 수 있을까? 그렇다. 쉽게 믿을 순 없겠지만."[251]

에 필 로 그

이 책은 피아노(p)에서 시작하여 포르테시시모(fff)로 끝났다. 나지막했던 포로들의 목소리는 크레센도(crescendo)로 점점 높아져 갔다. 고통의 목소리는 테레지엔슈타트를 지나 아우슈비츠에 다다르자 인간의 귀가 들을 수 없는 주파수로 변해버렸다.

　이 책을 쓰면서 제1차 세계대전 중 일본 수용소의 부자유한 환경 속에서 포로들이 연주했던 음악들을 찾아 들어보았다. 또 제2차 세계대전 중 테레지엔슈타트에서 초연되었던 파벨 하스, 빅토르 울만, 기데온 클라인 등의 뛰어난 작품들을 다시 찾아 들으며 당시 상황을 이해해보려 했다. 시체가 타는 냄새, 쉴 새 없이 뿜어져 나오는 시커먼 굴뚝 연기를 상상하며 아우슈비츠에서 연주되었던 행진곡과 유행가, 탱고와 폭스트롯, 재즈 그리고 알마 로제가 연주했던 〈치고이너바이젠〉을 비롯한 클래식 음악들을 다시 들어보았다. 하지만 텅 비어서 잘 정리된 기념관으로서의 테레지엔슈타트와 아우슈비츠처럼 과거의 흔적을 달고 다니지 않는 음악은 모두 추상적일 뿐이었다.

제1차 세계대전 중 일본에서 시작한 여행이 제2차 세계대전 중 폴란드의 아우슈비츠에서 끝났다. 마지막 아우슈비츠에서의 여행은 너무나 힘든 것이었다. 거짓과 기만으로 사람들을 유인해서 살해하는 시스템과 학살. 거기에 항상 음악이 연루되어 있었다.

나치수용소의 끔찍한 만행만 보면 그런 곳에 음악이 있었다는 사실이 이상하게 보인다. 하지만 독일군 포로가 갇혀 있던 포로수용소에서는 거의 항상 음악이 있었다는 것을 알고 보면 그리 낯선 일도 아니다. 제1차 세계대전 당시 일본 포로수용소에서뿐 아니라, 제2차 세계대전 당시 독일군 포로들 약 40여만 명도 미국 본토의 포로수용소에서 캠프 오케스트라, 브라스 밴드, 댄스 오케스트라, 합창단 등을 조직하여 연주했다.[1]

제2차 세계대전 시기 나치제국에서만 음악이 넘쳐났던 것이 아니라, 독일군 포로들이 억류된 연합군 포로수용소 그리고 나치가 운영했던 강제 집단수용소에서도 거의 항상 음악이 연주되었다. '독일은 음악의 나라'라는 자부심을 가진 독일인의 입장에서 보면 전쟁과 음악, 포로와 음악 그리고 학살과 음악은 전혀 모순되지 않았다.

라인하르트 하이드리히나 한스 프랑크, 요제프 멩겔레, 요한 슈바르츠후버, 마리아 만들 등 학살과 관련하여 책임을 면키 어려운 이들도 연주회에서 음악을 들으며, 눈물을 흘리고, 감동하는 평범한 사람들과 다를 바 없는 인간적인 면모를 보였다.

그러나 여전히 수백만 명을 조직적으로 학살할 수 있었던 그 광기를 이해하기란 쉽지 않다. 관동대지진 당시 일본인들이 수천 명의 조선인을 무작위로 살해했던 광기를 떠올려 봐도 마찬가지다. 인간 존재란 조건이 맞아떨어지면, 언제든 자신과 다르게 보이는 사람을 표적으로 삼아 광기의 학살을 자행할 수 있다는 사실을 기억하고 경계해야 하리라.

이 책을 끝내면서 두려움과 책임감이 느껴진다. 거의 서술이 불가능한 연구 대상을 겁도 없이 서술했다는 생각이 생존자의 증언과 체험을 단순화하거나 왜곡하지는 않았나 하는 두려움으로 이어진다. 더욱이 자료의 늪에 빠져 중요한 역사적 진실을 제대로 보지 못한 것은 아닐까 자문하며, 독자를 향한 책임감을 간직한 채 마침표를 찍는다.

찾아보기

참고문헌

추

프롤로그

1) https://whc.unesco.org/en/tentativelists/1561

2) https://whc.unesco.org/en/list/31

1부

1) 독일·오스트리아군 5천여 명의 구성은 칭다오 자체 독일군인, 독일 군함 '재 규어(Jagua)'의 해군들과 오스트리아 군함 '엘리자베트 여제(Die Kaiserin Elisabeth)'의 해군을 합하여 총 4천여 명, 그리고 이전부터 동아시아에 거주 하고 있던 민간인(예비역) 1천여 명이었다. 독일 측 군함은 순양함 2척, 포함 4척, 구축함 2척이었던 반면, 일본 측 군함은 순양함 25척을 포함하여 총 75척 으로 압도적 우위를 점하였다. 習志野教育委員会編, 『ドイツ兵士の見たニッ ポン 習志野俘虜収容所 1915~1920』, 東京: 丸善ブックス 2002, 12쪽.

2) 정확하게는 4,715명. 外務省外交史料館所蔵 俘虜名簿(5-2-8-0-38_005), 1917, 2쪽 참고. 독일제국 항복 후 귀국 전 포로 수는 총 4,406명이었다. "瑞西公使 に引渡す独逸俘虜", 『東京朝日』, 1919년 11월 7일자.

3) 習志野教育委員会編, 『ドイツ兵士の見たニッポン 習志野俘虜収容所 1915~1920』, 14~15쪽.

4) 垣本せつ子, "第一次世界大戦中の板東俘虜収容所における日本語·ドイツ語 のコミュニケーション状況", 東洋大学国際地域学部, 『Journal of Tourism

Studies』(8), 2009/3, 86쪽.

5) 구루메에는 러일전쟁 후 2,697명의 러시아 포로들이 1906년 2월부터 30개의 바라크에 수용되었던 적이 있고, 1908년 일본 전역에서 육군보병, 기병, 야전포병대, 산악포병대 등이 주둔하면서 구루메는 칭다오교전에 핵심 병력을 보내는 중요한 군사도시가 되었다(Amt für Denkmalschutz der Stadt Kurume, *Ungewöhnliche Begegnungen*, Sprachzentrum für Japanisch e.V., Frankfurt a. M., 2000, p. 1) 독일·오스트리아 포로들이 구루메에 가장 먼저 수용된 것은 이러한 배경이 한몫했다. 엄격한 수용소 정책은 1916년 10월 2미터 높이의 수용소 담장에 철조망을 둘러 입힌 것에서도 잘 알 수 있다. 松尾展成, "久留米「収容所楽団」指揮者オットー・レーマンの生涯", 『岡山大学経済学会雑誌』35(3), 2003, 42쪽.

6) 반도수용소는 최고 1,300여 명까지 수용했으며, 포로의 귀국까지 약 2년 8개월간 존립하다가 1920년 4월 1일 폐쇄되었다. 구루메수용소는 1920년 3월 12일 폐쇄되었다. 山田理恵, "松山俘虜収容所と板東俘虜収容所における体育・スポーツ活動の比較・考察: 俘虜の管理・処遇の違いに着目して", 『体育學研究』37(2), 日本体育学会, 1992, 174쪽.

7) 하지만 포로들은 실제로 반도수용소로 이동할 수 있었는지에 대한 어떠한 보고도 받지 못했다고 한다. Ausschuss für deutsche Kriegsgefangene, "Interner Bericht", 1918. 9. 26., R67/89, Berlin: Bundesarchiv, pp. 8~9. 하지만 반도수용소의 엥겔오케스트라 멤버의 기록에 따르면, 1918년 8월 7일 구루메에서 90명의 포로가 반도에 도착했고, 그중 콘스탄틴 마이어(Constantin Meyer)를 엥겔오케스트라의 첼로연주자로, 슈타이네르트(Steinert)를 제2바이올린 연주자로 영입할 수 있었다. *Das Engel-Orchester 1914~1919. Seine Entstehung und Entwicklung*, gedruckt und gebunden in der Lagerdruckerei des Kriegsgefangenenlagers Bando, 1919(Trankription: Saburo Kawakami 2010), p. 112.

8) "일본 지자체, 독일군 포로수용소 자료에 대한 세계기록유산 등재 추진", 『경

향신문』, 2016년 1월 4일자, http://news.khan.co.kr/kh_news/khan_art
_view.html?artid=201601041827191&code=970203(검색일 2016. 1. 6.); 亀
岡龍太, "板東収容所資料, 記憶遺産登録申請へ県と鳴門市", 『朝日新聞』,
2016년 1월 9일자, http://www.asahi.com/articles/ASJ144QK1J14PUTB006.
html(검색일 2016. 1. 18.). 『아사히신문』에 따르면, 2019년 등재를 목표로 준
비하고 있는 등재신청 대상은 베토벤 9번 초연 프로그램, 수용소신문 『디 바
라케(Die Baracke)』 등을 포함한 수용소 관계자료 298점과 당시 사진 등이다.

9) 1916년 3월 9일자 독일 문서를 보면 도쿄에서 30킬로미터 떨어진 나라시노가
"일본에서 가장 좋은 수용소 중 하나"라고 보고되어 있다. Ausschuss für deu-
tsche Kriegsgefangene, "Interner Bericht", R67/1345, Berlin: Bundesarchiv,
p. 82.

10) 国立公文書館 アジア歴史資料センター, "在「ジェネヴァ」赤十字国際委員会
代表者「ドクトル・パラヴィチニ」俘虜収容所視察ノ件", 청구번호: 5-2-8-0-
38_005(所蔵館: 外務省外交史料館). 이 자료는 http://tsingtau.info→Lager
Bando→Bericht Paravicini(1918. 7. 9.), pp. 13~16에서 재인용. 이로 인해
현재 독일의 뤼네부르크(Lüneburg)시와 나루토시는 시 차원에서 교류하는
관계가 되었다.

11) 구루메수용소에 관해서는 "日独戦争ノ際俘虜情報局設置並独国俘虜関係雑
纂", 第五巻, 청구기호: 5-2-8-0-38_005(所蔵館: 外務省外交史料館); 반도수용소
에 관해서는 山田理恵, "松山俘虜収容所と板東俘虜収容所における体育・スポ
ーツ活動の比較・考察: 俘虜の管理・処遇の違いに着目して", 176쪽 참고.

12) Ausschuss für deutsche Kriegsgefangene, "Bericht Japan, Lager Kurume",
R67/89, p. 8; 1915년 8월 30일 시점의 구루메수용소의 포로는 1,319명이었다.
Amt für Denkmalschutz der Stadt Kurume, *Ungewöhnliche Begegnungen*, p. 47.

13) Adalbert Freiherr von Kuhn (1931), "Kriegsgefangen in Japan. Ernstes und
Heiteres aus meiner 〈Furionenzeit〉". In: Hans Weiland (Hg.), *In Feindeshand.
Die Gefangenschaft im Weltkriege in Einzeldarstellungen*, Wien: Göhl 1931, II.

Band, p. 79.

14) Ausschuss für deutsche Kriegsgefangene, "Bericht Japan, Lager Kurume", R 67/89, p. 9.

15) Ausschuss für deutsche Kriegsgefangene, "Bericht Japan, Lager Kurume", R 67/89, p. 8.

16) 垣本せつ子, "第一次世界大戦中の板東俘虜収容所における日本語・ドイツ語のコミュニケーション状況", 88쪽.

17) Amt für Denkmalschutz der Stadt Kurume, *Ungewöhnliche Begegnungen*, p. 14.

18) Maike Roeder *"Alle Menschen werden Brüder..."*. *Deutsche Kriegsgefangene in Japan 1914~1920. Begleitheft zur Ausstellung der OAG*. Tokyo: PrintX Kabushikigaisha, 2005, pp. 39~40. 이 일과표는 수용소와 시기에 따라 조금씩 차이를 보인다. 반도수용소의 일본 관리의 보고는 아침 6시 기상, 취침 오후 10시, 매일 운동은 오전 7시 반부터 10시, 오후 2시부터 5시 반, 식사는 아침은 오전 7시, 점심 11시 반, 저녁 5시 반으로 기록되어 있다. 山田理恵, "板東俘虜収容所における体育・スポーツ活動", 16쪽.

19) 大津留厚, 『青野原俘虜収容所の世界―第一次世界大戦とオーストリア捕虜兵』, 山川出版社, 2007, 15쪽.

20) 習志野教育委員会編, 『ドイツ兵士の見たニッポン 習志野俘虜収容所 1915~1920』, 51-52. 일본 상인들이 구루메수용소 포로들로부터 가장 많은 이득을 남기는 것은 맥주(24,088엔)와 담배(14,547엔)였는데, 다른 수용소도 크게 다르지 않았을 것이다. Amt für Denkmalschutz der Stadt Kurume, *Ungewöhnliche Begegnungen*, p. 14.

21) 1920년 독일 포로의 귀환이 진행될 때, 총 4,406명 중 170명이 일본에 체류하기로 결정했고, 120명이 칭다오, 또 250명은 네덜란드령 인도차이나 행을 선택하여 총 540여 명이 직업인으로서 동아시아에 남게 되었다. 垣本せつ子, "第一次世界大戦中の板東俘虜収容所における日本語・ドイツ語のコミュニケーション状況", 89쪽.

22) 나라시노수용소의 합창단 지휘자 밸더(Waelder)는 음악수업 시간에 화성학 등 이론적인 것도 가르쳤다(Heinrich Hamm: Tagebuch, 1918. 1. 11, http://tsingtau.info→Gefangenschaft in Japan→Narashino→Heinrich Hamm).

23) 垣本せつ子, "第一次世界大戰中の板東俘虜收容所における日本語·ドイツ語のコミュニケーション狀況", 86쪽.

24) 垣本せつ子, "第一次世界大戰中の板東俘虜收容所における日本語·ドイツ語のコミュニケーション狀況", 86~87쪽. 약 8개월간 35회라는 강의 횟수는 매달 4회 이상 개최되었음을 의미한다.

25) 전투 발발 후, 독일어는 일본군 장교 41명이 그 어학 실력을 갖춰 가장 비중이 높은 외국어가 되었고, 다음이 불어 3명, 영어 2명, 중국어 1명의 순이었다. 반면 하사관의 경우는 영어 치중도가 56명으로 가장 높았고, 그 다음이 중국어 30명, 불어 12명, 러시아어 1명이었다. 垣本せつ子, "第一次世界大戰中の板東俘虜收容所における日本語·ドイツ語のコミュニケーション狀況", 82, 87과 91쪽.

26) 1910년 본대학에서 박사학위를 받았던 하크는 1910년부터 남만주철도회사에서 근무하다가 칭다오전투에 지원하였다. 1933년 나치제국의 독일회(Deutsch-Japanische Gesellschaft)의 총무로 일하였고, 독일의 대표 중공업사 크룹(Krupp AG)과 관련된 군수품 브로커로서 일본 해군의 베를린 사무소와도 깊은 관계가 있던 인물이다. 나치 정부의 외무장관 리벤트롭(Ribbentrop)를 위해 비공식적으로 일본에 접근하는 첫 교두보 역할을 하여 1936년 일독방공협정이 성공적으로 체결되는 데 기여했던 인물이다(習志野教育委員会編, 『ドイツ兵士の見たニッポン 習志野俘虜收容所 1915~1920』, 122~123쪽). 하지만 그 후 동성애자 혐의가 씌워져 나치의 핍박을 피해 일본(1937)과 프랑스를 거쳐 취리히로 망명하였다. http://tsingtau.info→Kurzbiographien→H→Hack, Friedrich(검색일 2020.11.23.)

27) 위버샤르 박사는 라이프치히대학에서 헌법학을 공부하고, 1911년(26세)부터 오사카대학의 독일어 강사를 하다가 칭다오전투에 투입되었는데, 1914년 11월

7일 독일·오스트리아군이 항복할 때 일어와 독일어 통역관 역할을 맡았다(習志野教育委員会編,『ドイツ兵士の見たニッポン 習志野俘虜収容所 1915~1920』, 14~15쪽). 1915년 9월 7일부터 나라시노수용소에서 포로생활을 하고, 석방 후 1925~1932년 도쿄제대에서 강사를 역임했다. 이후 나치당 당원이 되어 라이프치히대학 교수로 재직 중 동성애자라는 비난을 받아 해고된 뒤, 일본으로 망명하여 고베에서 사망하였다. http://tsingtau.info→Kurzbiographien -)U→Überschaar, Johannes(검색일 2020.11.23.)

28) 習志野教育委員会編,『ドイツ兵士の見たニッポン 習志野俘虜収容所 1915~1920』, 59쪽.

29) 하인리히 함은 원래 와인 기사로서 1912년 일본에 초빙되어 야마나시현(山梨県)의 한 마을에서 일을 하고 있다가 1914년 칭다오로 소집된 청년이었다. 나라시노수용소에서 기타 연주와 합창단에서 테너 파트를 맡을 정도로 음악적 재능이 있었다. 習志野教育委員会編,『ドイツ兵士の見たニッポン 習志野俘虜収容所 1915~1920』, 8~9쪽.

30) 垣本せつ子, "第一次世界大戦中の板東俘虜収容所における日本語・ドイツ語のコミュニケーション状況", 86쪽.

31) Amt für Denkmalschutz der Stadt Kurume/Japan, *Ungewöhnliche Begegnungen*, p. 20. 전체 독일·오스트리아 포로의 20퍼센트가 예비역이었지만, 반도수용소의 예비역 비중은 다른 수용소보다 높았다. 垣本せつ子, "第一次世界大戦中の板東俘虜収容所における日本語・ドイツ語のコミュニケーション状況", 86쪽.

32) 수용소에서 흔한 병은 신경쇠약과 우울증이었다. Amt für Denkmalschutz der Stadt Kurume/Japan, *Ungewöhnliche Begegnungen*, p. 58.

33) 구루메에서는 『체조와 스포츠(Turnen und Sport)』라는 스포츠 전문잡지도 발간하였다. Amt für Denkmalschutz der Stadt Kurume/Japan, *Ungewöhnliche Begegnungen*, p. 20.

34) 단체명은 "Tennisverein Bando", "Neue Tennis Vereinigung Bando", "Hallo-

klub", "Hockey Vereinigung Bando", "Sportverein Matsuyama", "Maru-
game Fussball Klub", "Sportverein M.A.", "Lagerturnverein Bando",
"Sprotverein Jugendkraft", "Faustballvereiniung Alte Herren", "Schlagball-
vereinigung Alte Herren" 등이었다. 반도수용소에서는 레슬링 경기(1917년
8월 12일)도 개최되었다. 山田理恵, "板東俘虜収容所における体育・スポーツ
活動の比較・考察", 17쪽과 24쪽.

35) 山田理恵, "松山俘虜収容所と板東俘虜収容所における体育・スポーツ活動の
比較・考察", 178쪽.

36) 예를 들면 '스포츠 주간'은 나라시노수용소에서 1916년 10월 22일, 1918년 6
월 16일, 1919년 5월과 7월, 반도수용소에서는 1917년 10월 2일~20일, 구루메
수용소에서는 1917년 10월 개최되었다. Harmut Walravens, "Nachlese zur
Ausstellung über Fritz Rumpf", *NOAG* 155-156. 1994, p. 125. 반도수용소
에서는 '체조대회'가 1918년 5월 26일, 1919년 6월 1일에 개최되었다. 山田理
恵, 板東俘虜収容所における体育・スポーツ活動, 25쪽.

37) 50명의 일반교사와 체육교사였다. 이로써 반도수용소 포로들의 테니스 경기
를 관람했던 한 아이는 중학교에서 정구부에 들어갔고, 지역민들이 스포츠에
관심을 가지게 되었다고 한다. 山田理恵, "板東俘虜収容所における体育・ス
ポーツ活動の比較・考察", 20쪽.

38) Amt für Denkmalschutz der Stadt Kurume/Japan, *Ungewöhnliche Begegnungen*,
p. 22.

39) 구루메수용소의 한 포로는 매일 두 시간씩 수용소 내를 산책했는데, 시베리아
를 지나 고향 독일까지 왕복한 거리에 해당하는 8천 킬로미터를 걸었다고 한다.
Amt für Denkmalschutz der Stadt Kurume/Japan, *Ungewöhnliche Begegnungen*,
pp. 22-23.

40) 일본군은 소풍을 주민들에게 선전하는 목적으로 이용하였으므로, 포로들 가
운데서 이런 보여주기 행태에 대한 비판의 목소리가 없지 않았다.

41) 山田理恵, "板東俘虜収容所における体育・スポーツ活動の比較・考察", 17쪽.

42) 山田理恵, "松山俘虜収容所と板東俘虜収容所における体育・スポーツ活動の 比較・考察", 177쪽.

43) 일본인 무도가가 배운 내용은 귀가한 후 회원들에게 전수했다. 山田理恵, "板東俘虜収容所における体育・スポーツ活動", 22쪽.

44) Harmut Walravens, "Nachlese zur Ausstellung über Fritz Rumpf", p. 123.

45) 페르디난트 본이 각색한 코난 도일의 4막 탐정 코미디.

46) 코미디 외에 희극(Lustspiel), 해학적 민속극(Schwank), 익살극(Posse) 등이 공연되었다. Harmut Walravens, "Nachlese zur Ausstellung über Fritz Rumpf", p. 125.

47) 오이타수용소에서 인형극 〈도적떼 속의 카스퍼(Kasperl unter den Räubern)〉(1917년 1월 26일)가 공연되었는데, 인형극을 위해 포로들이 직접 인형을 만들었다.

48) 레싱의 연극은 인기가 높아서 구루메(1917년 1월 26일)와 반도에서도 여러 번 (1917년 11월 6일~11일, 1918년 4월 4일~6일) 공연되었다. 포로들은 서로 소식지를 교환하였고, 포로들이 수용소를 옮기는 경우도 있었으므로 다른 수용소의 프로그램 정보에 자극을 받았으리라 추측된다. Harmut Walravens, "Nachlese zur Ausstellung über Fritz Rumpf", p. 126.

49) 입센의 작품은 구루메에서는 거의 공연되지 않았던 반면, 나라시노에서는 자주 공연되었다.

50) 그 외 포로들의 연극 활동이 왕성했던 오이타수용소에서는 괴테의 〈공범자들 (Die Mitschuldigen)〉(1917년 5월 28일)이 공연되었는데, 분장과 소품들을 모두 수용소 내에서 만들었고, 〈폭약고(Das Pulverfass)〉와 〈자연치유법(Die Naturheilmethode)〉 공연(1917년 9월 2일)에는 일본군 장교들과 오이타 시청의 일본인 고위관리들을 특별히 초청하였다. Harmut Walravens, "Nachlese zur Ausstellung über Fritz Rumpf", pp. 128~129.

51) Harmut Walravens, "Nachlese zur Ausstellung über Fritz Rumpf", pp. 131~132.

52) Paul Engel, *Das Engel-Orchester 1914-1919*. P. 1

53) Paul Engel, *Das Engel-Orchester 1914-1919*. PP. 1-2

54) 바이올리니스트 한스 밀리에스(1883~1957)는 베를린에서 유명한 요제프 요하힘과 안드레아스 모지의 문하에서 공부하고 1910년 상하이에 초빙되어 조계 오케스트라의 콘서트마스터 겸 부지휘자로 활약했다. 제1차 세계대전 발발로 소집되어 규슈의 후쿠오카(福岡)와 나라시노에서 포로생활을 하였다. 전쟁이 끝나고 나라시노수용소에서 석방된 후 독일로 귀국하여 킬과 뤼벡 오케스트라에서 활동하다가 부인과 함께 뤼벡의 음악학교를 설립하였고, 제2차 세계대전이 끝난 뒤에도 뤼벡의 중요한 음악가로 활동하였다.

55) 榎本泰子, 『上海オーケストラ物語: 西洋人音楽家たちの夢』, 東京: 春秋社, 2006, 80쪽.

56) 1914년 12월 15일 일본 외무성으로 보낸 상하이 총영사의 전보에는 상하이 조계의 대표가 콘서트마스터 밀리에스와 그의 동료 엥겔, 가라이스, 프뢰페너가 비전투요원이므로 석방시켜 달라는 요청이 있었고, 이에 대해 일본 측은 이들이 군적이 있으므로, 즉 비전투요원이 아니므로, 석방시키지 않는다는 결의가 남아 있다. 외무성 외교사료관에는 「상하이거류지공부국 음악대장 H. Milies 특별석해방청원에 관한 건」이 남아 있다. 習志野教育委員会編, 『ドイツ兵士の見たニッポン 習志野俘虜収容所 1915~1920』, 60쪽 재인용.

57) 가라이스의 활동은 거의 포착되지 않는데, 그 이유는 불분명하다. 프뢰페너는 니노시마(似島)수용소에서 음악 활동을 했으므로, 여기서는 자세한 서술을 생략한다.

58) 레만은 군대 음악가였지만, 뛰어난 음악성과 폭넓은 음악문헌 지식으로 구루메에서 중요한 역할을 했다. 레만에 관한 자세한 사항은 松尾展成, "久留米「収容所楽団」 指揮者オットー・レーマンの生涯", 39~73쪽.

59) 하사관이자 군악대장이었던 니취케(브레스라우 출신)는 칭다오전투에서 부상을 당했고, 전투요원이 아니었으므로 포로 신분에서의 해방을 요청했으나 일본군으로부터 거절되었다. http://tsingtau.info→Kurzbiographien -〉N→

Nitschke, Richard(검색일 2020. 11. 23.)

60) 일본에서 베토벤 9번 교향곡을 초연한 도쿠시마오케스트라는 1918년 9월부터 'MAK(Marine-Artillerie-Kiautschou, 연안포병대 키쵸우)오케스트라'로 불린다. 이 명칭은 전쟁이 끝나가는 시점에 포로 신분에서 해방되는 병사들을 본래 소속으로 귀대시키는 것을 준비하는 차원에서 비롯했으리라 추정된다. 따라서 야마다처럼 오케스트라 명을 사용하는 데 혼선을 빚기도 했다(山田理惠, "板東俘虜収容所における体育スポッ活動", 25쪽). 정확하게 짚어두건대, 베토벤 9번 교향곡의 일본 초연은 1918년 6월 1일이었으므로, MAK오케스트라가 아니라, 도쿠시마오케스트라 때였다.

61) "Das Lager Narashino. Aus dem Bericht von Sumner Welles"(1916. 3. 15.), http://tsingtau.info→Gefangenschaft in Japan→Lager→Narashino→Bericht Welles(검색일 2020.11.23.). 벨더(1894~1958)는 첼로도 연주할 수 있는 음악 애호가였다. Heinrich Hamm, "Tagebuch", 1917. 10. 10.

62) http://tsingtau.info→Kurzbiographien→W→Werner, Willy(검색일 2020. 11. 23.). 1919년 1월 19일 반도수용소 제1바라크에서 있었던 〈엥겔오케스트라의 솔로 연주회(Solistenkonzert des Engelorchesters)〉에서 엥겔이 멘델스존 'E단조' 바이올린협주곡과 부르흐의 'G단조' 바이올린협주곡의 솔리스트로 무대에 섰을 때 베르너가 엥겔오케스트라의 지휘를 맡았다. *Das Engel-Orchester 1914-1919. Seine Entstehung und Entwicklung*, pp. 114~115.

63) 동료 포로들을 괴롭혔던 소음에 대한 기록은 여러 곳에서 찾아볼 수 있다. 국립공문서관 아시아역사자료센터, "在「ジェネヴァ」赤十字国際委員会代表者「ドクトル・パラヴィチニ」俘虜収容所視察ノ件", 청구번호 5-2-8-0-38_005(所蔵館: 外務省外交史料館); Hans Weiland (1931), *In Feindeshand. Die Gefangenschaft im Welt-kriege in Einzeldarstellungen*, p. 86; Petra Kolonko, "Deutsche in Shikoku: Wie die Neunte nach Japan kam", *FAZ*, 2011년 11월 25일자 참고.

64) 영화 〈수염들의 낙원〉(バルとの樂園, 2006)에서는 반도수용소의 지휘자 엥겔

이 여성파트 합창 부분을 남성파트로 편곡하는 장면이 나온다.

65) 도쿄의 지멘스 회사 대표 한스 드렌크한(Hans Drenkhahn)이 아오노가하라 수용소에 현악기 두 점을 보냈다. Amt für Denkmalschutz der Stadt Kurume, *Ungewöhnliche Begegnungen*, p. 56.

66) Tokio Saigami, "Matsuyama Shuyosho", übersetzt von Kurt Meißner, Chu Koronsha 1969, http://tsingtau.info→Gefangenschaft in Japan→Lager→Matsuyama(검색일 2020.11.23.)

67) 마루가메(丸亀)수용소의 포로들은 새 피아노를 매월 15엔으로 임대했다. Paul Engel, *Das Engel-Orchester 1914-1919*. p. 16.

68) Paul Engel, *Das Engel-Orchester 1914-1919*. pp. 98~99.

69) Paul Engel, *Das Engel-Orchester 1914-1919*. p. 99. 하지만 구루메수용소에서는 폭트가 팀파니를 직접 만들었고, 일본인에게 전수하였다.

70) Karl Vogt (1962), p. 123; Heinrich Hamm의 1917년 4월 22일자 일기 참고, http://tsingtau.info/→Gefangenfascht in Japan→Narashino→Heinrich Hamm.(검색일 2020.11.23.).

71) Christian Vogelfaenger, *Tagebuch*, 1915. 7. 19.

72) 구루메수용소에서는 부족한 악기성부를 피아노와 오르간으로 보충했다고 한다. 松尾展成, "久留米「収容所楽団」指揮者オットー・レーマンの生涯", 46쪽.

73) 그러나 구루메에서는 악기 제조에도 조예가 깊은 지휘자 폭트가 팀파니 제작법과 연주법을 구루메 최초의 일본인 관현악단인 '공명(共鳴)음악회'의 단원에게 전수해주었다는 보고도 있다. 또한 구루메수용소에서 직접 도자기로 된 물항아리를 이용하여 팀파니를 제작하여 사용했고, 포로들이 귀국할 때 규슈 제국대학의 학생 관현악단에게 호른과 함께 팔았다고 한다. 松尾展成, "久留米「収容所楽団」指揮者オットー・レーマンの生涯", 43쪽.

74) 반도수용소의 수용소 잡지 『디 바라케』에서는 1919년 5월 18~19일 연주회 리뷰에서 베르너가 지휘한 오케스트라의 연주에 최고의 찬사를 보냈다. Paul Engel, *Das Engel-Orchester 1914-1919*. p. 123.

75) Paul Engel, *Das Engel-Orchester 1914-1919.* p. 95.

76) Paul Engel, *Das Engel-Orchester 1914-1919.* p. 103.

77) Paul Engel, *Das Engel-Orchester 1914-1919.* p. 110.

78) 정신적 풍부함을 주는 음악적 가치에 있어서는 의문이 드는 연주라는 평도 있었다. Paul Engel, *Das Engel-Orchester 1914-1919.* pp. 125~126.

79) Ruth Jaschke, "Einleitung" (Geschichtlicher Hintergrund und Einführung), http://bando.dijtokyo.org/?page=theme_detail.php&p_id=122&menu=1 (검색일 2014. 9. 5.)

80) 이처럼 여러 개의 악단이 병립하게 된 배경에는 마츠야마, 마루가메, 도쿠시마수용소에서 이미 음악 활동을 하고 있던 악단들이 반도수용소로 모이게 되었기 때문이다. 각 악단의 지휘자와 멤버들은 자신의 악단을 반도에서도 보존하고자 했다. 특히 마츠야마에서 온 슐츠악단의 지휘자 슐츠는 엥겔오케스트라에 통합되는 것을 거절하여 반 년가량 힘겨운 긴장관계를 유지했으나, 여섯 명의 단원이 엥겔오케스트라에서 연주하는 것을 막을 수 없었다. 결국 슐츠가 자기 오케스트라를 포기하고 엥겔오케스트라에 편입되는 것으로 문제는 해결되었다(*Das Engel-Orchester 1914-1919.* p. 82, 89, 95). 도쿠시마오케스트라를 이끈 포로는 헤르만 한젠(Hermann Han-sen, 1886~1927)으로 독일해군 포병대 키초우(MAK)의 군악대장(Ober-hoboistenmaat)이었다. http://bando.dijtokyo.org /?page =person_detail. php&p_id=175(검색일 2016. 1. 20.)

81) 1918년 반도수용소를 시찰하고 쓴 파라비치니의 보고서에는 네 개의 수용소 오케스트라가 서로 경쟁하고 있다고 되어 있다. http://tsingtau.info→Lager →Bando→Bericht Paravicini. Original Bericht von Dr. F. Paravicini(1918. 7. 9.), p. 13. 엥겔은 1919년 1월 대중적인 음악을 연주하기 위해 엥겔오케스트라의 단원으로 구성된 '빈편성(Wiener Besetzung)'이라는 별도의 악단을 만들어서 귀국하기 전까지 단 2회(1919년 2월 8~9일, 1919년 5월 4일) 연주하였다. *Das Engel-Orchester 1914-1919.* pp. 131~132.

82) 1917년에서 1920년까지 그 전체를 보아도 프로그램은 비슷하다. 요한 슈트라우스, 바그너, 리스트도 많이 연주되었다.

83) 1917년~1920년 전체 프로그램에 들어있는 이탈리아 작곡가는 롯시니와 베르디, 프랑스 작곡가는 비제와 구노였다.

84) [표-2]에서 *표시된 곳 참조. 1918년 8월 28일에도 탄넨베르크 승리 연주회는 개최되었다.

85) 출처: "Gedichte, Konzertprogramme, Unterrichtsunterlagen und Predigten von Lagerpfarrern aus Gefangenenlagern", Ausschusses für deutsche Kriegsgefangene des Frankfurter Vereins vom Roten Kreuz/Archiv für Kriegsgefangenenforschung, 1914~1921(R 67/1805)의 자료를 바탕으로 정리한 것임. 잘 알려진 음악가 이름은 한글로만, 그 외에는 원어를 함께 기재했다.

86) 막스 부르흐도 〈종의 노래〉를 작곡했으나 롬베르크의 것이 대표적인 곡으로 인정받고 있다.

87) 일본 포로수용소 가운데 실러의 드라마 〈도적떼〉(1917년 7월 10일)와 〈발렌슈타인의 병영〉(1918년 5월)을 공연한 곳은 반도수용소뿐이었다. Harmut Walravens, "Nachlese zur Ausstellung über Fritz Rumpf", p. 125, 129.

88) 독일연방아카이브 문서 BArch R 67/1805, pp. 144~146. 한젠의 지휘로 도쿠시마오케스트라와 80명의 합창단이 공연하였다.

89) 당시 도쿠시마 신문기사 일람표는 山田理恵, "板東俘虜収容所における体育スポッ活動", 23~27쪽 참고.

90) 영화에 대해서 http://www.xn--feinde-brder-llb.de/home.html(검색일 2016. 1. 20.) 참고

91) 2014년 일본과 독일에서는 제1차 세계대전 100주년 행사의 일환으로서 영화 상영과 전시회가 여러 곳에서 개최되었다. 유럽과 미국에서는 영화 〈원수/친구〉가 샌프란시스코 (2014년 10월 12일), 브레멘(2014년 3월 27일), 함부르크(2014년 5월 24일), 베를린(2014년 8월 26일), 쾰른(2014년 10월 10일), 트리어(2014년 11월 6일), 프랑크푸르트(2014년 11월 13일), 자르브뤼켄(2014년 11

월 20~21일) 등지에서 상영되었다.

92) Ausschuss für deutsche Kriegsgefangene, "Interner Bericht", R67/89, pp. 8~9.

93) Amt für Denkmalschutz der Stadt Kurume, *Ungewöhnliche Begegnungen*, p. 48.
이 사건으로 다른 수용소에서도 일본군의 경비 태세가 강화되었고, (1915년 9월
24일~31일자 하인리히 함의 일기에도 기록되었듯이) 구루메의 포로 폭동과
무관한 나라시노의 포로들도 엄하고 부당한 대우를 받았다. http://www.
tsingtau. info→Gefangenschaft in Japan→Kurume→Tagebuch Hamm(검색
일 2016. 1. 20.)

94) Ausschuss für deutsche Kriegsgefangene, "Bericht Japan, Lager Kurume",
R 67/89, pp. 8~9.

95) http://www.tsingtau.info→Gefangenschaft in Japan→Kurume→Ausstellung
1918→Tonkunst(검색일 2016. 1. 20.); 포로들의 귀국이 진행되는 가운데 마
지막 연주회는 레만이 지휘한 수용소 악단의 제144회 연주회(1919년 12월 14
일)였다. Amt für Denkmalschutz der Stadt Kurume, *Ungewöhnliche Begegnu-
ngen*, p. 73.

96) 松尾展成, "久留米「収容所樂団」指揮者オットー・レーマンの生涯", 46쪽.

97) 松尾展成, "久留米「収容所樂団」指揮者オットー・レーマンの生涯", 46쪽.

98) 구루메의 연주 프로그램을 전체 시기로 확대하면, 그리그(Grieg)가 비독일·오
스트리아 음악가 가운데 연주 빈도수가 가장 높다.

99) '제1회 바그너의 밤'은 1916년 2월 7일 개최되었다. Amt für Denkmalschutz
der Stadt Kurume, *Ungewöhnliche Begegnungen*, p. 49.

100) [표-3]에서는 원자료의 의미를 살리기 위해 연주 단체에 대한 설명은 직접 부
기하지 않았다. 폭트가 지휘한 연주회의 연주 단체는 모두 '심포니 오케스트
라'이고, 레만이 지휘한 연주 단체는 '수용소 카펠레', 빌은 '실내악 연주단'
을 지휘했다.

101) 구루메오케스트라는 베토벤 9번 교향곡 1·2·3악장 연주(1918년 7월 9일) 외
에도 1, 5, 6, 7, 8번 교향곡과 피아노 협주곡 5번을 연주했다(Amt für Denk-

malschutz der Stadt Kurume, *Ungewöhnliche Begegnungen*, pp. 55~73). 또
한 1918년 포로들이 만든 전시회 도록에는 부르크너 7번과 리하르트 슈트라
우스의 〈죽음과 정화〉(Tod und Verklärung)를 일본에서 초연했다고 한다.
http://www.tsingtau.info→Gefangenschaft in Japan→Kurum→Auss-
tellung 1918→Tonkunst(검색일 2016. 1. 20.)

102) 작센 지방 출신의 레만은 전문적인 음악 훈련을 받은 바이올리니스트였다.
심포니 오케스트라나 실내악 연주회에서도 연주하였고, 1918년 9월의 연주
회에서는 베리오(Charles Auguste de Bériot) 바이올린 협주곡을 독주했다.
久留米市教育委員会 編, 『ドイツ軍兵士と久留米 -久留米俘虜収容所 II』(久留
米市 文化財調査報告書 第195集), 2003, 47~48쪽; 松尾展成, "久留米「収容
所楽団」指揮者オットー·レーマンの生涯", 50쪽에서 재인용.

103) Kyungboon Lee, "Musik und Krieg: Österreichisches und deutsches
Musikleben in den japanischen Kriegsgefangenenlagern während des Ersten
Weltkrieges", Andreas Kurz/Wei Liu(Hg.): *1914~Ein Jahrhundert entgleist*,
Wien: Praesens Verlag, 2015, pp. 95~96.

104) Paul Engel, *Das Engel-Orchester 1914~1919*. p. 48, 113.

105) 松尾展成, "久留米「収容所楽団」指揮者オットー·レーマンの生涯", 46쪽. 창
작 음악을 구루메수용소의 특징으로 보는 마츠오 노부시게의 주장은 수정되
어야 할 것이다.

106) 이 곡의 작곡일은 1917년 8월 14일이다. 밀리에스는 1919년 9월 28일 제10회
연주회에서 자작곡 〈독일행진곡(Deutscher Marsch)〉을 직접 연주했다.

107) Heinrich Hamm, "Tagebuch", 1917. 10. 10.; 1918. 4. 1.

108) 나라시노수용소의 연주회 프로그램을 제공해준 나라시노시 문화위원회의
호시 마사유키(星昌幸) 씨에게 감사드린다. (1919년 것이 18회, 1918년 5회,
1917년 2회, 1915년 1회로 총 26개임)

109) 1917년 5월 13일 반도수용소에서 개최되었던 엥겔오케스트라의 첫 콘서트
에서는 300명의 청중이 연주회장(제1바라크)을 채웠다고 한다. Paul Engel,

Das Engel-Orchester 1914~1919. p. 86.

110) 예를 들면, 1등급과 2등급의 입장료는 10센과 5센이었다. Hartmut Walra-vens, Kriegsgefangenschaft in Japan. In: *NOAG* 139~142, 1986/87, p. 62. 구루메 시내의 에비수좌에서 개최된 포로들의 공연(1919년 12월 19일)에서 일본 시민들은 50센의 입장료를 지불해야 했다. Amt für Denkmalschutz der Stadt Kurume, *Ungewöhnliche Begegnungen*, p. 73.

111) 山田理恵, "板東俘虜収容所における体育・スポーツ活動", 28쪽.

112) 일본 군인의 참석에 관해서는 Heinrich Hamm, "Tagebuch", 1915. 12. 24. 참고. 다른 한편, 구루메 연주회(1915년 4월 25일)에 수용소 소장 및 일본 장교가 참석했다는 기록이 있다. Amt für Denkmalschutz der Stadt Kurume, *Ungewöhnliche Begegnungen*, p. 46.

113) 일본인을 위한 연주회 프로그램에는 요시모토 작곡의 "일본 인형극(Japan-ische Pupenspiele)"이 들어 있다(일본어 원명은 알 수 없음). Paul Engel, *Das Engel-Orchester 1914~1919.* pp. 111~112.

114) Paul Engel, *Das Engel-Orchester 1914~1919.* p. 111.

115) Paul Engel, *Das Engel-Orchester 1914~1919.* pp. 103~104.

116) 나라시노수용소 프로그램 가운데 1919년의 것이 가장 많이 남아 있는 까닭은 이러한 배경과 무관하지 않다.

117) 프로그램은 음악, 무용, 독창, 코미디, 곡예, 연극 등으로 구성되었다. Amt für Denkmalschutz der Stadt Kurume, *Ungewöhnliche Begegnungnen*, p. 73.

118) 프로그램에는 독일음악(특히 행진곡)뿐 아니라, 일본인이 작곡한 대중적인 음악도 포함되어 있었다. "俘虜演芸会", 『徳島日日新報』, 1919. 10. 8., 山田理恵(1989), "板東俘虜収容所における体育スポッ活動", 21쪽 재인용.

119) 도쿠시마시의 연주회 프로그램에는 〈군함행진곡〉 외에도 〈로쿠단(六段の調)〉도 포함되어 있었다. 또한 독일인 아마추어 음악가 람제거가 일본 소재를 주제로 작곡한 작품 〈추신구라(忠臣蔵)〉의 일부분(서곡과 찻집장면)도 연주되었다. Paul Engel, *Das Engel-Orchester 1914~1919.* pp. 121~122.

120) Heinrich Hamm, "Tagebuch", 1917. 8. 26.

121) Amt für Denkmalschutz der Stadt Kurume, *Ungewöhnliche Begegnungnen*, p. 31.

122) 연주회를 했던 포로들도 매우 기분이 좋았다고 즐겁게 회상한다. Paul Engel, *Das Engel-Orchester 1914~1919*. p. 122. 이 시기 한반도에서는 3.1독립운동이 들불처럼 번져서 제주도를 포함한 전국으로 확대되었지만, 독일·오스트리아 포로들은 이 소식을 듣지 못했으리라 생각된다.

123) BArch R 67/1805, pp. 144~146. 한젠의 지휘로 도쿠시마오케스트라와 80명의 합창단이 공연하였다.

124) 이경분, 「독일제국권에서 일본제국권으로 온 망명 음악가 연구」, 『국제지역연구』 제23집 4호, 서울대 국제학연구소, 2014, 20~22쪽.

125) 자세한 것은 이경분. 「중일전쟁 시기 동아시아 교향악단 교류: 하얼빈 교향악단의 일본 연주 여행과 경성 연주회(1939)를 중심으로」. 『아시아리뷰』 통권 14호. 서울: 서울대 아시아연구소, 2018, 117~118쪽 참고.

126) 榎本泰子, 『上海オーケストラ物語』, 71쪽.

127) 榎本泰子, 『上海オーケストラ物語』, 146~150쪽.

128) 佐野仁美, "明治期の日本におけるフランス音楽受容", 『表現文化研究』 5(1), 神戸大学表現文化研究会, 2005, 6~7쪽.

129) 一記者, 「朝鮮洋樂의 夢幻的 來歷 2」(1922. 12. 10.), 『東明』 15호, 12쪽.

130) 石田一志, 『モダニズム変奏曲. 東アジアの近現代音楽史』, 朔北社, 2005, 201쪽.

131) 중국의 권력자들은 서양식 군대를 만들면서도 처음 10여 년간은 군악대의 필요성을 느끼지 못했다. 장지동의 자강군 군악대는 1897년, 북양신군의 군악대는 1899년에야 신설되었다. 그 이유는 군대와 군악대에 대한 중국인의 부정적인 인식(농민들은 군악을 재앙의 도래를 예고하는 소리로 여겼다)과 관련이 있을 것으로 추정된다. 같은 책, 202~203쪽.

132) 榎本泰子, 『上海オーケストラ物語』, 195쪽.

133) 榎本泰子, 『上海オーケストラ物語』, 84쪽.

134) NHK交響楽団, 『NHK交響楽団40年史』, 日本放送出版協会, 1967, 229쪽.

135) NHK交響楽団, 『NHK交響楽団40年史』, 230쪽. 신교향악단의 9번 교향곡 연주는 그 이후에도 이어지는데, 로젠슈토크 이전 시기만 보면, 정기 연주회에서는 제64회(1930년 2월 23일), 제89회(1931년 5월 10일), 제152회(1935년 3월 13일)에서, 임시 연주회에서는 고노에 히데마로의 지휘로 1928년, 1933년, 1934년, 1935년에 이루어졌다. 올림픽이 개최되는 1936년에는 더욱 자주 연주되었는데, 기시 고이치(貴志康一)의 지휘로 제163회 정기 연주회(1936년 1월 22일)와 1936년 3월 18일과 5월 28일 선수들의 올림픽 출전을 위한 임시 연주회에서 9번이 연주되었다. 이후 전쟁 시기에도 신교향악단은 거의 매년 베토벤 9번을 연주했다. 이경분, 「베토벤 9번 교향곡의 일본화: 일본의 연말 다이쿠(第九) 현상의 비판적 연구」, 『음악과 문화』 제38호, 2018, 58~59쪽 참고.

136) 로젠슈토크는 1936년 8월부터 신교향악단의 상임 지휘자로 영입되어 1936년 9월 30일부터 신교향악단의 정기 연주회를 거의 매회 직접 지휘하기 시작했다. 그는 일본제국의 외국인 지휘 금지령에 따라, 1943년 성탄절 임시 연주회, 1944년 2월 16~17일의 제253회 정기 연주회를 마지막으로 공식 석상에서 물러난다. 이후에도 전쟁 기간 내내 지휘 무대가 아닌 무대 뒤에서 그의 단원 지도는 지속되었다. 1946년 9월 고별 연주회를 마지막으로 로젠슈토크는 뉴욕으로 떠난다.

137) NHK交響楽団, 『NHK交響楽団40年史』, 240쪽. 신교향악단은 전쟁 시기 정기 연주회와 특별 연주회에서 매년 베토벤 9번 교향곡을 연주하였다. 지휘자는 로젠슈토크가 일선에서 물러나자, 야마다 가즈오와 오타카 히사타다가 대신 맡아 무대에 올랐다. 이경분, 「베토벤 9번 교향곡의 일본화: 일본의 연말 다이쿠(第九) 현상의 비판적 연구」, 58쪽.

138) 국내 연주 여행 일정에 대해서는 NHK交響楽団, 『NHK交響楽団40年史』, 307~317쪽.

139) 竹中亨, 「伊沢修二における『国楽』と洋楽─明治日本における洋楽受容の論

理」,『大阪大学大学院文学研究科紀要』40, 2000, 1~27쪽.

140) 그는 피아노 독주와 바이올린 반주 등을 위해 세 번 무대에 등장했다. ニコレ・ケンプケン, 大沼幸雄 監訳,『第九と日本出会いの歴史: 板東ドイツ人俘虜収容所の演奏会と文化の記録』, 彩流社, 2011, 76~77쪽.

141) 鈴木淑弘,『第九と日本人』, 春秋社 1998, 59~61쪽. Eddy Y. L. Chang, "The daiku phenomenon: socail and cultural influences of Beethoven's Ninth Symphony in Japan", p. 97 재인용. 그는 9번 교향곡의 일부분을 들었다고 한다.

142) Japanese prisoners of war camps 1942~1945, https://www.youtube.com/watch?v=ellT7GumWQM(검색일 2016. 1. 20.)

143) 프랑스 작가 피에르 불(Pierre Boulle)이 쓴 소설을 바탕으로 데이비드 린(David Lean) 감독이 만든 것이다.

144) 데이비드 커닝햄(David L. Cunningham) 감독의 1977년 작인 이 영화는 살아남은 영국 포로들의 체험담을 기록한 어니스트 고든(Ernest Gordon)의 『콰이강의 기적(Miracle on the River Kwai)』을 바탕으로 제작되었다. 실제 사건을 그대로 반영했으며, 영어와 일본어 이중 언어로 되어 있다.

145) 영국군 6,540명, 오스트레일리아군 2,710명, 네덜란드군 2,830명, 미군 131명, 그 외 413명의 포로가 죽었다. 또한 한국인을 비롯한 아시아의 강제 노역자도 수만 명이 죽어, 철도 건설에 투입된 인원 가운데 총 4만에서 9만 명이 죽었다고 한다. B. R. Whyte, The railway atlas of Thailand, Laos and Cambodia, White Lotus Press 2010, p. 68.

146) Maike Roeder, "Alle Menschen werden Brüder...", p. 87. 총 4,799명 중 359명이 여러 가지 이유에서 미리 석방되었고, 89명이 사망하여 1919년 11월 5일 현재, 남은 포로는 총 4,351명이었다. Amt für Denkmalschutz der Stadt Kurume, Ungewöhnliche Begegnungnen, p. 72.

147) 전체 일본 포로수용소에서 스페인독감으로 희생된 포로는 총 30여 명으로 추정된다. 習志野教育委員会編,『ドイツ兵士の見たニッポン 習志野俘虜収

容所, 1915~1920」, 88~92쪽. 나라시노수용소의 사이고 도라타로우(西鄕寅太郞) 소장도 이 독감에 걸려 1919년 1월 1일 사망했다. 사이고 소장은 독일에서 13년간 유학한 유학파로서 1914년 11월 11일 도쿄수용소 소장으로 임명되었다가 1915년 9월 7일 나라시노수용소의 소장으로 임명되었다. 적십자시찰단의 보고서에는 그에게 "매우 불행한 일이었다"고 기록되어 있다. 習志野教育委員会編,『ドイツ兵士の見たニッポン 習志野俘虜収容所, 1915~1920』, 20쪽 재인용.

148) Adalbert Freiherr von Kuhn, "Kriegsgefangen in Japan. Ernstes und Heiteres aus meiner 〈Furionenzeit〉", P. 78; Amt für Denkmalschutz der Stadt Kurume, *Ungewöhnliche Begegnungnen*, p. 43과 45; 習志野教育委員会編,『ドイツ兵士の見たニッポン 習志野俘虜収容所 1915~1920』, 176~178쪽.

149) Maike Roeder, "*Alle Menschen werden Brüder…*". pp. 14~15.

150) 習志野教育委員会編,『ドイツ兵士の見たニッポン 習志野俘虜収容所 1915~1920』, 19쪽.

151) Amt für Denkmalschutz der Stadt Kurume, *Ungewöhnliche Begegnungnen*, p. 54, 57.

152) 大津留厚,『青野原俘虜収容所の世界―第一次世界大戦とオーストリア捕虜兵』, 74~78쪽,

153) Gerhard Krebs, "Der Chor der Gefangenen. Die Verteidiger von Tsingtau in japanischen Lagern", Hans-Martin Hinz(ed.) *Tsingtau. Ein Kapitel deutscher Kolonialgeschichte in China 1897~1914*. Berlin: Deutsches Historisches Museum 1998, p. 202.

154) 전쟁터에서 죽지 않고 항복하여 포로가 된 것을 경멸하는 군국주의 교육이 제2차 세계대전 시기 더욱 강화되었던 것도 비인간적 포로 정책의 배경이라 할 수 있다.

155) 러시아 측에 잡힌 동맹국 포로 전체 232만 명 가운데 오스트리아제국 포로는 약 200만 명(장교 5만 명)이었다고 한다. 近藤正憲,「シベリア出兵期日本軍

によるハンガリー人捕虜射殺事件の研究」,『スラヴ研究』(53), 北海道大学スラブ研究センター, 2006, 336쪽.

156) 1920년 5월 11일 육군성 자료는 오스트리아·헝가리 포로의 수를 총 3,195명으로 집계하고 있다, 近藤正憲,「シベリア出兵期日本軍によるハンガリー人捕虜射殺事件の研究」, 337~340쪽. 당시 일본군의 관리 하에 들어온 시베리아의 유럽 포로들은 총 6,440명이었다고 한다. 憲兵司令部,『西伯利出兵憲兵史』, 東京: 國書刊行會, 1976, 46쪽.

157) 일반적으로 시베리아의 독일·오스트리아 포로들의 상황이 매우 나빴다는 사실은 독일 본국뿐만 아니라, 일본 수용소에 있던 독일·오스트리아 포로들에게도 잘 알려져 있었다. 이에 따라 "시베리아 및 블라디보스토크수용소에서 고통 받는 동료 포로를 위한" 자선 연주회 등의 모금 운동이 반도와 아오노가하라를 비롯한 일본 내의 포로수용소에서 전개되었다. 하지만 모금액이 동시베리아의 일본군 관할 수용소의 독일·오스트리아 포로들에게 보내졌는지 여부는 확실하지 않다.

158) 近藤正憲,「シベリア出兵期日本軍によるハンガリー人捕虜射殺事件の研究」, 340쪽.

159) 近藤正憲,「シベリア出兵期日本軍によるハンガリー人捕虜射殺事件の研究」, 340~342쪽. 전쟁 종료와 함께 오스트리아·헝가리제국이 해체되고, 헝가리는 독립국가가 된 상태에서 일어난 사건이었다.

160) 1919년 6월 당시 적십자 통계로 시베리아의 동맹국 포로는 총 16만6천여 명이었고, 그중 31퍼센트가 헝가리인이었다. 近藤正憲,「シベリア出兵期日本軍によるハンガリー人捕虜射殺事件の研究」, 336~337쪽.

161) 일본 선박이 블라디보스토크에서 유럽으로 향하는 포로들의 귀환선으로 투입되었지만, 이것은 독일, 오스트리아, 미국 쪽에서 위탁한 것이었을 뿐, 일본 정부나 일본인이 포로들의 귀환을 돕기 위해 사용한 것은 아니었다. 近藤正憲,「シベリア出兵期日本軍によるハンガリー人捕虜射殺事件の研究」, 339~340쪽.

162) 포로들은 평양, 흥남, 청진, 부산, 인천, 경성에 분산 수용되었다.

163) China, Indochina, Korea camp reports, RG 389, Box 2201(NARA), "Korea report", p. 1.

164) China, Indochina, Korea camp reports, RG 389, "Korea report", pp. 1~4.

165) 하필 경성 시내에 연합군 포로를 수용한 것은 조선인의 "구미숭배관념(歐美崇拜觀念)을 불식"하려는 선전 목적이었다고 한다. 이순우, "식민지 조선에도 난데없이 연합군 포로수용소가 만들어진 까닭은?", 민족문제연구소, 2018. 9. 7, https://www.minjok.or.kr/archives/100128(검색일 2019. 3. 22.)

166) Alexandra Place, Brecton, Douglas, Handforth, Knockaloe, Stobs, Malta, Clucester N.Y. Liverpool NSW, Fort Oglethorpe, Hot Springs 수용소의 자료가 포함되어 있다.

167) Bundesarchiv Berlin, "Mappe: England und Amerika", R67/1803.

168) 자료 순서대로 임. R67/1803.

169) 1917년 11월 7일, 엥겔오케스트라의 운영위원장으로 슈테허(Stecher) 대위가, 문서 및 재정관리 책임자로 베를리너 박사(Dr. Berliner)가 그리고 악보관리자로 마이어(G. Meyer)가 선출되었다. Paul Engel, *Das Engel-Orchester 1914-1919*. pp. 92~93.

170) 더욱이 베토벤 9번 교향곡은 런던심포니협회(London Symphonic Society)가 베토벤에게 위촉한 곡이었다.

171) 이경분, 「전쟁, 살인 그리고 음악~나치제국에서 음악의 역할」, 『역사비평』 80호, 2007, 480쪽.

172) "Ein Berliner Augenzeuge des Erdbebens in Japan. Die Schilderung des Herrn Dr. Burchardt", *Vossische Zeitung* 477, 1923. 10. 9.

173) 희생자의 숫자에 대해서는 다양한 의견이 있다. 한일 양국에서 공식화하고 있는 조선인 피해자는 6,661명인 반면, 요시노 사쿠조(吉野作造)는 14,747명을 주장한다. 반면 강효숙은 독일 외무성 자료를 바탕으로 23,058명을 주장하기도 한다(강덕상 외, 『관동대지진과 조선인 학살』, 동북아역사재단, 2013).

하지만 이 독일 외무성 자료는 상하이임시정부와 관련된 조선인의 증언을 바탕으로 한 것이다. 당시 관동 지역에 거주하던 조선인의 숫자 2~3만여 명에 비해 지나치게 많은 수로서(장세윤, 「관동대지진 시 한인 학살에 대한 『독립신문』의 보도와 최근 연구 동향」, 같은 책, 219쪽), 한국과 일본 학계에서 아직 공식적으로 받아들여지지 않고 있다.

174) 1923년 관동대지진 당시 도쿄에 체류했던 조선인은 약 9천 명으로 노동자가 2/3, 유학생이 1/3 정도였다고 한다. 김인덕, 「한국역사 교육 속의 재일 조선인과 관동대지진 조선인 학살사건」, 강덕상 외, 앞의 책, 193쪽.

175) 장세윤, 「관동대지진 시 한인 학살에 대한 『독립신문』의 보도와 최근 연구 동향」, 215쪽 재인용.

176) 장세윤, 「관동대지진 시 한인 학살에 대한 『독립신문』의 보도와 최근 연구 동향」, 207~246쪽.

177) 習志野市教育委員会編, 『ドイツ兵士の見たニッポン 習志野俘虜収容所 1915~1920』, 121~122쪽.

178) 姜德相・琴秉洞 編, 1963, 『現代史資料6－關東大震災と朝鮮人』, みすず書房, 18쪽 재인용.

179) 원문의 제목은 「한국인의 학살(Massaker unter den Koreanern)」이다.

180) 부르크하르트의 기사에서 중요한 것은 조선인 학살에 군대 개입과 조선인 절멸 의도를 강하게 부각시키고 있는 점이다. 그리고 기사 끝부분에서 일본 시민들이 조선인 희생자를 돕기 위해 용감하게 나섰다고 언급한다. 군대의 악행과 시민의 선행을 대조시키고 있다. 하지만 이 점은 당시 일본인들이 조선인 학살에 적극적으로 가담하였던 사실, 즉 학살이 "관민일체"로 행해졌다는 사실과 차이를 보인다. 물론 조선인을 도우기 위해 실제 위험을 무릅썼던 일본인이 있었던 것은 사실이지만, 지금까지 알려진 바로는 소수에 불과했다. 모리카와 후미토, 「1920~2013년 관동대지진 90년, 우리들은 국가 민족을 극복했는가?」, 강덕상 외, 앞의 책, 255쪽.

181) 그 외에도 조선인은 경시청 관할의 메구로 경마장(642명), 경찰 관할의 요코

하마항 내 정박 중인 선박 가잔마루(703명), 육군 관할의 도치기현 가마루가 하라(471명) 등에 수용되었다. 강덕상(김동수, 박수철 옮김), 『학살의 기억. 관동대지진』, 역사비평사, 2005, 257, 281~282, 406쪽.

182) 이상협, 「명기자 그 시절 회상(2), 동경 대지진 때 특파」, 『삼천리』 제6권 제9호, 1934. 9. 1.

183) 『現代史資料 6』(關東大震災), 265쪽에는 9월 13일 수용 인원 3,050명, 『東京震災錄』에는 9월 15일 3,079명, 『現代史資料 6』에는 9월 15일 3,169명, 『關東大震災 陸軍關係史料』에는 9월 15일 최대 3,200명, 『戒嚴令史料』에는 9월 20일 3,075명으로 기록되어 있다. 강덕상, 『학살의 기억. 관동대지진』, 407쪽 재인용.

184) 法政大學 大原社硏, 『資料室報』, 제138호. 강덕상, 『학살의 기억. 관동대지진』, 275쪽 재인용.

185) 실제 1923년 9월 7일 오전 조사단이 방문했다고 한다. 朝鮮大學校編輯委員會 編, 『關東大震災 朝鮮人虐殺 眞相 實態』(조선에 관한 연구자료 9), 東京, 1963, 143쪽. 강덕상, 『학살의 기억. 관동대지진』, 275~277쪽 재인용.

186) 강덕상, 『학살의 기억. 관동대지진』, 271쪽. 일본 정부의 계엄령이 처음 선포된 것은 9월 2일 오후 6시였다.

187) 강덕상도 1975년 출판한 책에서는 수용소에서의 조선인 '보호' 조치를 그대로 믿고 학살이 끝난 것으로 서술했지만, 오해였다고 고백한다.

188) 강덕상, 『학살의 기억. 관동대지진』, 271~307쪽.

189) 김종수, 「간토대지진 조선인 학살 사건을 규명하는 한국에서의 시민운동」, 강덕상외, 『관동대지진과 조선인 학살』, 263~306쪽.

190) 다나카 마사타카, 「전후 일본의 역사교육과 관동대지진 조선인 학살사건」, 강덕상 외, 『관동대지진과 조선인 학살』, 132쪽.

191) 1923년 9월 15일 수용 인원은 최대 3,200명, 최소 3,079명이었다. 9월 26일부터 1개월간 석방된 자는 총 2,925명이었다. 강덕상, 『학살의 기억. 관동대지진』, 287쪽.

192) 지바 현 조선인 전부가 나라시노수용소에 보내졌는데, 총인원은 455명(거주자 309명, 피난자 146명)이었고 한다(강덕상, 『학살의 기억. 관동대지진』, 279쪽). 나라시노 시 위원회에서 출판한 책에도 이에 대해 짧게 언급되었지만, 강덕상의 1975년 연구를 인용하며 나라시노수용소 막사의 희생자를 13명으로 기술한다.

193) 앞에서 언급된 전호엄처럼 나라시노에서 아오야마수용소로 보내졌던 조선인도 있었으므로, 154명 전부가 학살되었다고 말할 수는 없다.

194) 강덕상, 『학살의 기억. 관동대지진』, 305~306쪽.

195) 다나카 마사타카, 「전후 일본의 역사교육과 관동대지진 조선인 학살사건」, 135쪽.

196) 다나카 마사타카, 「간토(關東) 대지진과 지바(千葉)에서의 조선인 학살의 추이」, 『한국독립운동사연구』 제47집, 2014, 80쪽.

197) 관제 자료에 기재된 군대에 의한 학살 내용에 대해서는 다나카 마사타카, 「간토(關東) 대지진과 지바(千葉)에서의 조선인 학살의 추이」, 87~89쪽.

198) 다나카 마사타카, 「관동대지진 조선인 학살 연구의 과제와 전망~일본에서의 연구를 중심으로」, 『동북아역사논총』 48호, 2015, 89~118쪽. 일본 헌병이 조선인들 학살에 직간접적으로 관여한 것에 대해서는, 이승희, 「關東大地震과 日本軍憲兵隊 : 在日朝鮮人虐殺과의 關聯性을 中心으로」, 한국일본학회, 『일본학보』 91, 2012.5, 365~376쪽.

199) 다나카 마사타카, 「간토(關東) 대지진과 지바(千葉)에서의 조선인 학살의 추이」, 77~89쪽.

200) 조선인의 경우는 쉽게 외부와 차단하고 고립시킬 수 있었다. 강덕상, 『학살의 기억. 관동대지진』, 282~283쪽.

201) Maike Roeder, "Alle Menschen werden Brüder …", p. 19. 이 영화 속의 연주곡은 카라얀 지휘의 베를린 필하모닉 오케스트라가 녹음한 것이다.

202) 松尾展成, 「久留米「収容所楽団」指揮者オットー・レーマンの生涯」, 46과 48쪽.

203) '독일인의 집'은 1993년에 증축되었으며, 1997년에는 베토벤 동상을 세웠다.

나루토 다이쿠 홈페이지(일본어)http://www.naruto-9.com(검색일 2020. 11. 23.)

204) https://www.city.naruto.tokushima.jp/contents/daiku/100th.html(검색일 2019.3.22.)

205) 이경분, 「베토벤 9번 교향곡의 일본화: 일본의 연말 다이쿠(第九) 현상의 비판적 연구」, 31~60쪽.

206) Erich Fischer, "Tagebuch", 1919. 12. 21. http://www.tsingtau.info→Gefangenschaft in Japan→Kurume→Tagebuch Fischer(검색일 2016. 1. 20.)

207) 오스트리아 황제 탄신 축하 연주회는 구루메수용소에서 1915년부터 1917년까지 매년 8월 18일에 개최되었고, 독일 황제 탄신 축하 연주회는 구루메에서 1917년 1월 26일([표-3] 참고), 반도수용소에서는 1918년 1월 27일 개최되었다는 자료가 독일 연방아카이브의 적십자 문서에 남아 있다.

208) 구루메수용소의 일본인 통역자 요시히고 이치키가 수용소를 떠날 때 포로들은 그를 위해 이별 연주회를 개최하였다. Amt für Denkmalschutz der Stadt Kurume, *Ungewöhnliche Begegnungnen*, p. 50.

209) Bundesarchiv Berlin, R67/835. 반도수용소에서는 1919년 9월 23일 러시아 블라디보스토크의 니콜스크 우스리스크에 억류된 독일·오스트리아 포로들을 위한 자선 연주회가 있었고, 1919년 10월 23일~25일에는 동시베리아의 동료 포로를 위한 자선 연주회가 있었다. 이 밖에도 아오노가하라에서도 자선 연주회의 흔적이 있다. Bundesarchiv Berlin, R67/1414, p. 30.

210) 드렌크한은 구루메수용소의 포로 장교들과 대화를 나누는 기회(1916년 5월 31일)도 가졌다. Amt für Denkmalschutz der Stadt Kurume, *Ungewöhnliche Begegnungen*, 50쪽.

211) 엥겔이 지도한 청소년 앙상블의 사진에 대해서 ニコレ・ケンプケン, 大沼幸雄 監訳, 『「第九」と日本出会いの歴史: 板東ドイツ人俘虜収容所の演奏会と文化活動の記録』, 2~53쪽 참고.

212) Tagebuch von Christian Vogelfanger, http://www.tsingtau.info→Gefan-

genschaft in Japan→Narashino→Vogelfänger(검색일 2016. 1. 20.)

213) 習志野市教育委員会編,『ドイツ兵士の見たニッポン 習志野俘虜収容所 1915~1920』, 109~119, 124쪽.

2부

1) 이는 보헤미아-모라비아 보호령의 실제적 책임자 라인하르트 하이드리히 (Reinhard Heydrich)가 제안했다고 한다. Aaron Kramer, "Creative Defiance in a death-camp"(1998), *Journal of Humanistic Psychology* 38/1, 1998/1, p. 13.

2) Karel Margry, "Das Konzentrationslager als Idylle: "THERESIENSTADT"– EIN DOKUMENTARFILM AUS DEM JÜDISCHEN SIEDLUNGSGEBIET", Internet Archive, https://web.archive.org/web/20130427022754/http://www.cine-holocaust.de/mat/fbw000812dmat.html(검색일 2020. 11. 24.)

3) 1942년 9월, 53,004명으로 최고 수감 인원을 기록했다. 볼프강 벤츠,『홀로코스트』(최용찬 옮김), 지식의풍경, 2002, 125쪽.

4) 볼프강 벤츠,『홀로코스트』, 126쪽. 여기서는 마지막으로 '역이송'된 숫자를 제외하였다.

5) 각 수용소의 SS는 건강한 수감자들이 나치 만행의 증인이 될 수 있으므로, 해체시킨 수용소에 남겨두지 않고, '죽음의 행진'을 통해 대다수를 죽게 했다. 그래도 살아남은 수감자들을 테레지엔슈타트로 데리고 왔다.

6) Wolfgang Benz, *Theresienstadt: Eine Geschichte von Täuschung und Vernichtung*, C. H. Beck 2013, pp. 199~200.

7) 볼프강 벤츠,『홀로코스트』, 115쪽.

8) 이것은 라인하르트 하이드리히의 아이디어였다.

9) 나중에는 유대인뿐 아니라, 나치의 적으로 간주되었던 유럽의 공산주의자, 사회주의자, 저항적 기독교인, 집시, 동성애자들도 수감되었다.

10) Aaron Kramer, "Creative Defiance in a death-camp", p.14.

11) Wofgang Benz, *Theresienstadt: Eine Geschichte von Täuschung und Vernichtung*, p. 226.

12) 1944년 6월과 1945년 4월에 국제적십자위원들이 방문하였을 때, 테레지엔슈타트수용소 소장은 칼 람(Karl Rahm 1907~1947)이었다. 그는 1947년 전범으로 체코슬로바키아 법원에 의해 사형에 처해졌다. Wolfgang Benz, *Theresienstadt: Eine Geschichte von Täuschung und Vernichtung*, p. 49.

13) Wolfgang Benz, *Theresienstadt: Eine Geschichte von Täuschung und Vernichtung*, p. 205.

14) 아우슈비츠에서 살아남은 3,500명과 석방되거나 탈출한 사람을 모두 합치면 테레지엔슈타트 수감자 가운데 총 2만3천 명이 살아남았다. Wofgang Benz, *Theresienstadt: Eine Geschichte von Täuschung und Vernichtung*, p. 205. 그래도 이 정도도 양호한 편이었다. 이들이 아우슈비츠로 끌려가지 않을 수 있었던 것은 마지막 대표 무르멜슈타인 덕분이었다. 폴란드에 세워진 게토 로츠(Lodz)의 경우는 더욱 심각해서 1939년에 25만 명이 갇혔는데, 1945년 소련 군대가 로츠 게토를 해방시켰을 때, 수감자는 약 100명 정도밖에 없었다고 한다.

15) 독일군의 프랑스 공격으로 1940년 6월 포로가 된 음악가 올리비에 메시앙은 독일 작센주에 위치한 포로수용소 괴를리츠(Goerlitz)에서 수용소 소장의 지원을 받아 〈시간의 종말 사중주(Quatuor pour la fin du temps)〉를 작곡하였다. 클라리넷, 바이올린, 첼로, 피아노의 기이한 사중주 편성은 포로수용소의 사정이 반영된 것으로, 1941년 1월 15일 수용소에서 초연되었다. 나치는 소련군 포로나 폴란드군 포로는 학살했던 반면, 프랑스군 포로에게는 특별한 대우를 해주었다. 메시앙은 1941년 3월 풀려났고, 1941년 6월 24일 이 곡을 파리에서 초연하였다. 이런 일은 일반적인 나치 'KZ'에서는 일어나기 힘든 일이었다.

16) H. G. Adler, *Theresienstadt 1941~1945: das Antlitz einer Zwangsgemeinschaft*, Tübingen: Mohr, 1960.

17) Everett C. Hughes, "Paradise Ghetto", *Periodicals Archive Online* 22/1 (1956), P. 95.

18) Heidi Tamar Hoffmann und Hans-Günter Klein (ed.), *Musik in Theresienstadt*, [Schriftenreihe Verdrängte Musik. NS-verfolgte Komponisten und ihre Werke, Band1], Berlin: musica reanimata 1991, p. 89. 영미권 학계는 독일 학계보다 이를 수용하지 않는 경향이 있다.

19) 역사학자 볼프강 벤츠(Wolfgang Benz)도 테레지엔슈타트가 음악 활동에 의해 형성된 위험한 '신화'를 경계하기 위해 다른 KZ와 비교되어야 한다고 주장하지만, 테레지엔슈타트를 게토로 칭하고 있다. 음악사학자 기도 파클러(Guido Fackler)도 게토로 칭해야 한다고 주장한다.

20) 볼프강 벤츠, 『홀로코스트』, 118쪽.

21) H. G. Adler, "Kulturelles Leben in Theresienstadt", Stephan Stompor, *Jüdisches Musik- und Theaterleben unter dem NS-Staat*, Hannover: Europ. Zentrum für Jüdische Musik, 2001, p. 202. 키노는 없었다. 도서관은 수감자들이 들고 온 책을 모아 놓은 곳인데, 장서수가 약 4만 권에 달했다. Heidi Tamar Hoffmann und Hans-Günter Klein (ed.), *Musik in Theresienstadt*, p. 86

22) Aaron Kramer, "Creative Defiance in a death-camp", p. 14.

23) 볼프강 벤츠, 『홀로코스트』, 114쪽.

24) Wolfgang Benz, *Theresienstadt: Eine Geschichte von Täuschung und Vernichtung*, p. 66.

25) 노동은 주 6일이었는데, 심할 때에는 주 70~80시간까지도 연장되어 기아에 허덕이는 수감자들이 쓰러져나갔다.

26) 카렐 안체를의 인터뷰: https://www.youtube.com/watch?v=_Rkjyw4003 Q&t=923s(검색일 2020. 4. 30.)

27) Karel Bermann, "Bericht", Stephan Stompor, *Jüdisches Musik- und Theaterleben unter dem NS-Staat*, p. 208.

28) Friederike Haufe/Volker Ahmels, "Begegnung mit Jahrhundertzeuginnen–

Die Pianistinnen Edith Kraus und Alice Herz Sommer", *Neue Musikzeitung* 53, 2004/3. 운모를 돌에서 분리해내는 작업은 눈을 상하게 하는 일인데, 수감자들은 하루 8시간 작업을 해야 했고, 총 20분 휴식을 가졌다. Wolfgang Benz, *Theresienstadt: Eine Geschichte von Täuschung und Vernichtung*, p. 71.

29) 파울 클링의 증언. Viktor Ullmann, *26 Kritiken über musikalische Veranstaltungen in Theresienstadt*, Neumuenster: Bockel, 2011, p. 61.

30) 일제 베버가 작시 작사한 노래 〈테레지엔슈타트를 방황하다(Ich wandere durch Theresienstadt)〉는 안네 소피 폰 오터(Anne Sofie von Otter)가 불러 앨범으로 발매되었다.

31) 케테 슈타르케의 회고에 의하면, 수용소에서는 독일어와 체코어가 공식적으로 사용되었다(전쟁 말기 전). Stephan Stompor, *Jüdisches Musik und Theaterleben unter dem NS-Staat*, p. 200~201. 빈이나 독일 및 프라하에서 교육을 받고 활동했던 대다수 예술가와 음악가, 그리고 프라하의 상류층과 지식인들은 대부분 독일어와 체코어의 이중 언어를 구사할 수 있었다. 체코 작가 프란츠 카프카의 작품이 독일어로 씌어진 것도 이런 배경이었다.

32) Wolfgang Benz, *Theresienstadt: Eine Geschichte von Täuschung und Vernichtung*, p. 119. 마르틴 로만은 바이마르공화국 시기 베를린의 유명한 바인트라웁 싱코페이터스(Weintraubs Synchopators)의 피아니스트였다가 독립하여 자신의 밴드를 만들었다. 1943년 네덜란드에서 나치에게 체포되었고, 여러 대기 수용소를 거쳐 1944년 1월 20일 테레지엔슈타트로 강제 이송되어 왔다. 이후 쿠르트 게론의 캬바레 〈카루셀〉의 음악 감독과 '게토 스윙' 밴드를 이끌었다. 결국 1944년 9월 28일 아우슈비츠로 보내졌으나 살아남았다.

33) Wolfgang Benz, *Theresienstadt: Eine Geschichte von Täuschung und Vernichtung*, p. 119.

34) 에델슈타인은 1941년 12월 4일 테레지엔슈타트에 도착하자 유대인 대표가 되었고, 1943년 1월 말 엡슈타인이 도착한 후에는 엡슈타인이 대표직을 맡게 되었다. SS는 제1부대표가 된 에델슈타인을 1943년 11월 수감자 리스트와 실제

수감자 수가 맞지 않다는 이유로 1943년 12월 아우슈비츠로 강제 이송시켰다. 에델슈타인은 1944년 6월 가스실에서 살해되었다.

35) H. G. Adler, *Theresienstadt 1941~1945*, pp. 191~192.

36) 아들러는 SS가 무르멜슈타인을 바로 공식 임명하지 않았고, 훨씬 뒤에 임명했다고 증언한다. H. G. Adler, *Theresienstadt 1941~1945*, p. 192.

37) 게슈타포와 협력하여 몰수된 책의 카탈로그를 만들도록 하거나, 적십자단이 방문했을 때, SS소장과 거의 같은 위치에서 경례를 받는 등, 생존한 수감자 중에서 무르멜슈타인를 처형해야 한다는 비판의 목소리(특히 게르숌 솔렘(Gershom Solem))가 있었다. H. G. 아들러도 무르멜슈타인을 비롯하여 유대인 대표들이 자신과 자신의 동료들만 구하기 위해 나치와 협력한 것으로 비난한다. H. G. Adler, *Theresienstadt 1941~1945*, p. 192. 하지만 무르멜슈타인은 체코 리토메리체 법정에서 무죄 선고를 받았다. Wolfgang Benz, *Theresienstadt: Eine Geschichte von Täuschung und Vernichtung*, p. 57.

38) 수감자들에게 비정하고 끔찍한 인간으로 비판을 받았지만, SS와 협력하면서 무르멜슈타인이 구한 생명은 2만3천여 명에 이른다.

39) H. G. Adler, "Kulturelles Leben in Theresienstadt", Stephan Stompor, *Jüdisches Musik- und Theaterleben unter dem NS-Staat*, p. 202.

40) 이 밖에도 프랑수아 비용의 발라드가 빅토르 울만의 배경 음악으로 공연되거나 체코 농부극 〈에스터(Esther)〉가 카렐 라이너(Karel Reiner)의 배경 음악으로 공연되기도 했다. 테레지엔슈타트의 수감자였던 페터 킨(Peter Kien)의 〈인형(Die Puppen)〉, 오토 브로드(Otto Brod)의 〈콜럼버스의 성공(Der Erfolg des Kolumbus)〉, 즈데넥 옐리넥(Zdenek Jelinek)의 〈덫 놀이(Das Spiel von der Falle)〉 등은 게토 수용소에서 창작된 작품이다. H. G. Adler, *Theresien-stadt 1941~1945*, p. 590.

41) Aaron Kramer, "Creative Defiance in a death-camp", p. 16.

42) H. G. Adler, *Theresienstadt 1941~1945*, p. 597.

43) H. G. Adler, *Theresienstadt 1941~1945*, p. 597.

44) Wolfgang Benz, *Theresienstadt: Eine Geschichte von Täuschung und Vernichtung*, p. 194.

45) 하지만 "퓌러가 유대인에게 도시를 선물하다"라는 제목은 당시 수용소 내에서 널리 퍼져 있었던 제목으로 추정된다. Karel Margry, "Das Konzentrationslager als Idylle: *THERESIENSTADT*", p. 329.

46) Wolfgang Benz, *Theresienstadt: Eine Geschichte von Täuschung und Vernichtung*, p. 197.

47) Simon Broughton, "The Music of Terezin", BBC, 1993.

48) 당시 어린이였던 한 헝가리 작가는, 특히 국제적십자가 방문할 때, 나치가 아이들에게 특별 요리에 양질의 스프와 송아지 고기, 그리고 초콜릿케이크까지 배식했다고 한다. Simon Broughton, "The Music of Terezin", BBC, 1993; Institut für Film und Bild in Wissenschaft und Unterricht (FWU), "Der Führer schenkt den Juden eine Stadt. Bericht ueber einen Propagandafilm", 1972. http://www.PeriscopeFilm.com(검색일 2020. 8. 15.); https://www.youtube.com/watch?v=_Rkjyw4003Q(검색일 2020. 11. 24.)

49) 나치는 유대인들을 악마로 표현한 영화를 많이 만들어 보급했는데, 영화 〈테레지엔슈타트〉에서 유대인은 독일인들과 별반 다를 바 없는 '보통 사람들'로 표현되어 있어서 모순적이다. 하지만 독일 패망의 시기에 아무도 이에 대해 신경 쓰지 않았다.

50) 베드르지흐 프리타(1906~1944)는 체코의 풍자화 화가, 그래픽 화가로, 테레지엔슈타트에 오기 전 프리츠 타우시히(Fritz Taussig)이라는 예명으로 활동했다. 테레지엔슈타트 화가 그룹의 대표로서 레오 하스(Leo Haas, 1901~1983)와 함께 나치가 명령한 미화 작업 외에 수용소의 비인간적 현실을 그림으로 남겼다. 이것이 1944년 7월 17일 발각되어 나치는 프리타와 하스를 형무소에 가두었고 힘든 노동을 명령했다. 이들은 감독 쿠르트 게론과 같은 날(1944년 10월 28일) 아우슈비츠로 강제 이송되었다.

51) H. G. Adler, *Theresienstadt 1941~1945*, p. 199.

52) 유대인 작곡가 세쿤다는 존 베츠가 불러 세계적으로 유명해진 노래 〈Donna Donna〉의 작곡가이다.

53) Karel Margry, "Das Konzentrationslager als Idylle: *THERESIENSTADT*", p. 343. 돌 다우버의 아들 루돌프 다우버(1922~1945)도 테레지엔슈타트에서 음악가로 활동했는데, 1942년 작곡한 작품 〈세레나타(Serenata Violine und Klavier)〉가 유일하다.

54) 트레블링카 절멸 수용소는 폴란드 바르샤바에서 북동쪽으로 100킬로미터 떨어진 곳에 위치한다. 이 시기 유대인 자치 행정체제의 대표였던 무르멜슈타인은 유능한 예술가와 지식인들이 죽음의 수송 열차에 올라타는 것을 어떻게 해볼 수 없었다고 증언한다. 반면, 인형 만드는 작업을 하던 엄마가 인형을 다 만들어야 한다는 의무감을 내세워 이송 열차에 탈 운명을 피해가기도 했는데, 이 엄마의 꾀로 아이들 두 명이 살아남았다고 한다.

55) 영화 촬영은 유대인 수감자들이 하지 않고, 프라하의 체코 〈주간뉴스〉 영화팀이 맡았다. Wolfgang Benz, *Theresienstadt: Eine Geschichte von Täuschung und Vernichtung*, p. 193.

56) Wolfgang Benz, *Theresienstadt: Eine Geschichte von Täuschung und Vernichtung*, p. 259.

57) Hans Krasa, Gideon Klein, Josef Stross, Pavel Libensky, "Kurzgefasste Abriss der Geschichte der Musik Theresienstadts", Stefan Stompor, *Jüdisches Musik- und Theaterleben unter dem NS-Staat*, p. 206.

58) Hedda Grab-Kernmayer, "Bericht", Stefan Stompor, *Jüdisches Musik- und Theaterleben unter dem NS-Staat*, p. 207.

59) H. G. Adler, *Theresienstadt 1941~1945*, p. 587.

60) Hedda Grab-Kernmayer, "Bericht", p. 207.

61) Hedda Grab-Kernmayer, "Bericht", p. 207. [표-1]의 '다채로운 시간' 프로그램에서 연주했으리라 추측된다.

62) 음악은 자유시간조직부의 엄청난 활동 가운데 일부분일 뿐이었다. Thomas

Mandl, "Gleitwort", Viktor Ullmann, *26 Kritiken über musikalische Veranstaltungen in Theresienstadt*, p. 7.

63) 파울 클링 같이 소수의 풀타임 예술가는 다른 노동에서 면제되었다. Ingo Schultz, "Theresienstädter Musiker in Ullmanns Kritiken. Biographischer Anhang", Viktor Ullmann, *26 Kritiken über musikalische Veranstultungen in Theresienstadt*, p. 133.

64) 승인 전표가 있어야 두 시간 동안 카페에서 유행 음악과 스윙을 들을 수 있었다. Music and Holocaust. "Theresienstadt: The model camp."

65) 카렐 프뢸리히(Karel Froehlich)를 중심으로 멤버는 하인리히 타우식(Heinrich Taussig), 로뮐드 쥐스만(Romuald Sussmann), 프리드리히 마르크(Friedrich Mark)로 모두 젊은 음악가였다.

66) Hans Krasa, Gideon Klein, Josef Stross, Pavel Libensky, "Kurzgefasste Abriss der Geschichte der Musik Theresienstadts", Stefan Stompor, *Jüdisches Musik- und Theaterleben unter dem NS-Staat*, p. 206.

67) 1944년 유명 재즈피아니스트 마르틴 로만이 테레지엔슈타트에 오기 전인 1943년의 상황을 말함. Hans Krasa, Gideon Klein, Josef Stross, Pavel Libensky, "Kurzgefasste Abriss der Geschichte der Musik Theresienstadts", p. 206.

68) Ingo Schultz, "Theresienstädter Musiker in Ullmanns Kritiken. Biographischer Anhang", p. 121.

69) Hans Krasa, Gideon Klein, Josef Stross, Pavel Libensky, "Kurzgefasste Abriss der Geschichte der Musik Theresienstadts", p. 206.

70) 1942년 여름부터 진행되었으나 1943년 2월 중단되었다. Michael Beckerman and Naomi Tadmor, "Lullaby: The Story of a Niggun", *Musik and Politics*, 10/1(2016), Michigan Publishing, p. 2.

71) 성악가로 언급된 사람은 발터 빈트홀츠(Walter Windholz), 헤이 아이젠쉼멜(Hey Eisenschimmel, 1907~1944)과 아다 슈바르츠-클라인(Ada Schwarz-Klein, 1895~?) 세 명이다. 아다는 프라하 출신의 메조소프라노로 1943년 7월

18일 테레지엔에 도착했고, 살아남았다. http://www.ghetto-theresienstadt. de/pages/s/schwarzkleina.htm(검색일 2020. 11. 24). 초기부터 있었던 성악가 헤다 그랍마이어와 1943년 3월에 도착한 카렐 베르만의 이름은 언급되지 않았지만, 빅토르 울만의 비평문에서는 호평을 받았다. Viktor Ullmann, *26 Kritiken über musikalische Veranstaltungen in Theresienstadt*, p. 106, 122.

72) 1943년 4월 테레지엔슈타트에 도착한 파울 클링에 따르면, 자유시간조직부 내에서 기데온 클라인 그룹과 다른 그룹 사이에 긴장감이 감돌았다고 한다. Viktor Ullmann, *26 Kritiken über musikalische Veranstaltungen in Theresienstadt*, p. 67.

73) VIP신분은 SS소장이 정했다. 예를 들면, 엘자 베른슈타인(Elsa Bernstein)처럼 아버지가 프란츠 리스트의 서자였고, 바그너 팬으로 바이로이트의 여주인 비니프레드 바그너와 친분이 있었으며, 유명한 작가 게르하르트 하우프트만(Gerhard Hauptmann, 1862~1946)과는 사돈 관계인 정도의 유명인이 VIP A급이 될 수 있었다. 유대인 장로회의 회원은 VIP B급에 속했다. VIP신분에 속한 작곡가는 한 명도 없었다. Ingo Schultz, "Viktor Ullmann und seine Musikkritiken. Über einen kritischen Begleiter des Theresienstädter Musiklebens", Viktor Ullmann, *26 Kritiken über musikalische Veranstaltungen in Theresienstadt*, p. 24.

74) Ingo Schultz, "Viktor Ullmann und seine Musikkritiken." pp. 29~30.

75) 이 시기(1943년 3월) 도착한 드러머 코코 슈만(Coco Schumann, 1924~2018)이 합세하면서 게토 스윙 밴드는 더욱 활기를 얻었다.

76) 타우베는 빈에서 부소니에게 배웠지만, 나중에 프라하의 카페나 나이트클럽에서 연주하다가 1941년 12월 10일 테레지엔슈타트로 강제 이송되었다. 1942년 4월 테레지엔슈타트의 첫 오케스트라 연주회를 지휘했는데, 여기서 자신이 작곡한 〈테레지엔슈타트 모음곡〉을 초연했다. 1944년 10월 1일 아우슈비츠로 이송되었다. Ingo Schultz, "Theresienstädter Musiker in Ullmanns Kritiken. Biographischer Anhang", pp. 146~147.

77) 카프가 1944년 6월에 무소르그스키의 〈전람회의 그림〉을 연주한 기록이 있다. Viktor Ullmann, *26 Kritiken über musikalische Veranstaltungen in Theresienstadt*, p. 26; Richard Burton, *Prague: A Cultural and Literary History*, Interlink Books, 2003, p.76.

78) 르네 게르트너-가이링어는 1942년 빈에서 테레지엔슈타트로 이송되었고 자유시간조직부에 소속되어 활발하게 연주했다. 1945년 1월 강제 이송 중 사망했다(Hannelore Brenner, *The Girls of Room 28: Friendship, Hope, and Survival in Theresienstadt*, p. 315). 반면 마찬가지로 빈에서 이송된 슬로바키아 출신 줄리엣 아라니는 뛰어난 피아니스트였지만 연주회는 그리 자주 하지 않았다. Viktor Ullmann, *26 Kritiken über musikalische Veranstaltungen in Theresienstadt*, pp. 60~61.

79) 카를 안체를의 오케스트라는 1년 정도 유지되었다.

80) 페터 도이취는 1943년 10월 6일 테레지엔슈타트에 도착하였고, 살아남았다. Ute Martens, *Hans Krása - "Brundibár": Eine Kinderoper in Theresienstadt*, Diplomica Verlag, 1997. p. 37.

81) 이 시기(1944년 초) 유명한 베를린 출신의 재즈 피아니스트 마르틴 로만이 합류한다.

82) 적십자단의 방문 전, 모델 방에 배당된 VIP그룹의 수감자 부부는 시찰단에게 보여줄 커튼을 달고, 화분을 가져오고, 그림을 벽에 붙이고, 양탄자를 까는 작업 등에 시달리며 뜬 눈으로 밤을 지새야 했다. Wolfgang Benz, *Theresienstadt: Eine Geschichte von Täuschung und Vernichtung*, pp. 186~187.

83) SS는 수용소의 선전 가치를 끌어올리기 위해 더 많은 활동을 허락했지만, 금지와 검열은 느슨하지 않았다. 울만의 오페라 〈아틀란티스의 황제〉가 1944년 초연을 앞두고 공연 금지되었듯이, SS는 강연 제목도 검열했다. '독일 문학에서 유대인'이라는 제목의 강연회는 허가하지 않았고, '문학에서 독일어를 사용하는 유대인'으로의 수정을 강요했다. 또한 테마와 연극 대본을 사전에 제출해야 했고, 전쟁 막바지에는 체코어로 된 행사도 금지했다. H. G. Adler,

"Kulturelles Leben in Theresienstadt", p. 202.

84) H. G. Adler, *Theresienstadt 1941~1945*, p. 593.

85) Wolfgang Benz, *Theresienstadt: Eine Geschichte von Täuschung und Vernichtung*, p. 190.

86) 적십자단 방문 때는 시찰단이 들어오면 오페라나 연극을 (마치 처음부터 시작했던 것처럼) 바로 작품 중간부터 진행하다가 시찰단이 5분 정도 듣고 나가면, 공연은 바로 중단되었다고 한다. Hedda Grab-Kernmayer, "Bericht", Stefan Stompor, *Jüdisches Musik- und Theaterleben unter dem NS-Staat*, p. 207. 이는 영화 촬영을 위해 용이하게 활용될 수 있었다.

87) 영화에 대해 자세한 것은 Karel Margry, "Das Konzentrationslager als Idylle: *THERESIENSTADT*", pp. 319~352.

88) 1942년 10월부터는 테레지엔슈타트의 수감자를 아우슈비츠로만 보냈다. 볼프강 벤츠, 『홀로코스트』, 125쪽.

89) 아우슈비츠로 이송되었으나 드물게 가스실의 운명을 비켜간 음악가로 훗날 가장 유명하게 된 사람은 카렐 안체를이다. 그의 부인, 아들, 형제, 부모 모두 살해되었고, 그만 유일하게 살아남은 생존자였으니, 이후 그의 삶이 어떠했을지 상상해볼 수 있을 것이다. 1950년 42세로 체코 필하모닉 오케스트라의 지휘자가 된 그는 1969년 캐나다로 망명가기 전, 동구권에서 최고로 명망 높은 지휘자가 되어 있었다.

90) 헤다 그랍-케른마이어의 보고에 따르면, 나치는 마지막 강제 이송 열차가 떠나고 3일 후 다시 국제적십자 시찰단의 방문을 위해 체코 어린이 오페라 〈개똥벌레〉와 오펜바흐의 〈호프만 이야기〉를 연습하라고 명령했다 한다. Hedda Grab-Kernmayer, "Bericht", p. 207.

91) 무르멜슈타인이 개편된 유대인 자치제의 대표로 임명되었다. H. G. Adler, *Theresienstadt 1941~1945*, p. 197.

92) Simon Broughton, "The Music of Terezin", BBC, 1993.

93) Wolfgang Benz, *Theresienstadt: Eine Geschichte von Täuschung und Vernich-*

tung, p. 198. 이 시기 유대인 대표 무르멜슈타인은 10세부터 노동이 가능한 모든 수감자들에게 살인적 노동을 명령하였고, 그 이용 가치를 근거로 이들이 절멸 수용소로 이송되지 않게 했다.

94) Wolfgang Benz, *Theresienstadt: Eine Geschichte von Täuschung und Vernichtung*, p. 198.

95) 다급해진 테레지엔슈타트의 나치도 자신들의 범죄를 증명하는 SS문서를 소각하고 수용소를 다시 미화하고 조작하는 작업을 명령하였다.

96) Wolfgang Benz, *Theresienstadt: Eine Geschichte von Täuschung und Vernichtung*, p. 205. 역이송 시기 네덜란드의 오케스트라 지휘자 파펜하임(Pappenheim)이 테레지엔슈타트에 왔다. H. G. Adler, *Theresienstadt 1941~1945*, p. 594.

97) 아들과 함께 강제 이송 리스트에 여러 번 이름이 올랐다가 빠지게 되어 살아남은 피아니스트 알리스 헤르츠-좀머는 1945년 4월 25일 자신의 마지막 피아노 리사이틀을 했다고 하니, 음악회는 테레지엔슈타트의 해방 2주전까지도 개최되었음을 알 수 있다. Kellie D. Brown, *The Sound of Hope: Music as Solace, Resistance and Salvation During the Holocaust and World War II*, North Carolina: McFarland 2020, p. 114.

98) 테레지엔슈타트에서 동부 절멸 수용소로 가는 '마지막' 강제 이송(1944년 9월 28일~10월 28일) 전까지 약 1년간의 시기이다.

99) 다큐멘터리 Simon Broughton, "The Music of Terezin"(1993), 20:00′. 피아니스트 알리스 헤르츠-좀머는 자유시간조직부가 콘서트를 조직했고, 매주 월요일 바라크에 가면, 행정실 칠판에 그 주 전체의 프로그램이 나와 있었다고 증언한다.

100) 빅토르 울만은 1944년 2월 15일 25회 비평에서 하이든의 〈천지창조〉를 다루고 있다.

101) Elmar Krekeler, "Alice Herz-Sommer, überlebensgroße Optimistin", *Die Welt*, 2006. 9. 18.

102) Viktor Ullmann, *26 Kritiken über musikalische Veranstaltungen in Theresienstadt*,

pp. 53~112. 울만의 비평문이 '자유시간조직부'의 위촉으로 씌어진 것인지 그의 자발적 행위인지 확실히 알 수 없으나, 종이나 타자기 등 조건을 고려할 때, 자유시간조직부의 지원이 있었으리라 추측된다. Ingo Schultz, "Viktor Ullmann und seine Musikkritiken", p. 12.

103) H. G. Adler, *Theresienstadt 1941~1945*, p. 591.

104) Hans Krasa/Gideon Klein/Rudolf Stoss/Pavel Libensky, "Kurzgefasste Abriss der Geschichte der Musik in Theresienstadts", p. 206.

105) Richard Burton, *Prague: A Cultural and Literary History*, p. 76.

106) 반주는 오케스트라 대신 두 대의 피아노(카렐 라이너와 바흐-피서)가 맡았다. Viktor Ullmann, *26 Kritiken über musikalische Veranstaltungen in Theresienstadt*, pp. 74~75.

107) 독일제국에서 42,345명, 오스트리아에서 15,324명, 그 외 네덜란드인 4,897명, 폴란드인 1,270명, 헝가리 1,074명, 덴마크 466명이 테레지엔슈타트에 수감되었다. Wolfgang Benz, *Theresienstadt: Eine Geschichte von Täuschung und Vernichtung*, p. 205.

108) 지그문트 슐은 독일에서 태어났지만, 20대인 1933년부터 프라하로 옮겨가 하바의 제자가 되었고, 체코 음악계에서 성장하여 독일계 체코 음악가라 해도 과언이 아니다. Viktor Ullmann, *26 Kritiken über musikalische Veranstaltungen in Theresienstadt*, pp. 58~60; Ingo Schultz, "Theresienstädter Musiker in Ullmanns Kritiken. Biographischer Anhang", p. 142.

109) Simon Broughton, "The Music of Terezin"(1993), BBC; Viktor Ullmann, *26 Kritiken uber musikalische Veranstaltungen in Theresienstadt*, p. 82.

110) 에디트 슈타이너-크라우스는 열한 살에 피아니스트로 데뷔한 천재 소녀로, 1927년 알마 말러의 추천을 받아 아르투어 슈나벨의 제자가 되었다. 1930년부터 프라하에서 활동하다가 1942년에 테레지엔슈타트에 도착했다. 해방 후 이스라엘로 가서 음악 교육가로 활동하면서 빅토르 울만과 파벨 하스 등 테레지엔슈타트 작곡가들의 음악을 전문으로 연주하였다. 텔아비브와 프라하

를 중심으로 활동했지만, 독일에는 2002년에 다시(약 70년 만에) 발을 디뎠다. Friederike Haufe/Volker Ahmels, "Begegnung mit Jahrhundertzeuginnen - Die Pianistinnen Edith Kraus und Alice Herz Sommer", *Neue Musikzeitung* 53, 2004/3.

111) 에디트 슈타이너-크라우스와 알리스 헤르츠-좀머의 인연은 일생 동안 이어졌다. 두 사람은 테레지엔슈타트로 오기 전 프라하 시절에 이미 하우스콘서트의 활발한 피아니스트로서 친구였고, 해방 후 이스라엘에서 음악 교육자로 활동하였다. Friederike Haufe/Volker Ahmels, "Begegnung mit Jahrhunder-tzeuginnen, *Neue Musikzeitung* 53, 2004/3.

112) 아라니는 발터 기제킹(Walter Gieseking, 1895~1956)에게 배운 적도 있는 천재 소녀로 알려져 있는데, 1938년에는 빈 필하모닉 오케스트라와 협연했다. 강제 이송 전 프라하에서 알로이스 하바, 울만의 음악계 지인에 속했다. Ingo Schultz, "Theresienstädter Musiker in Ullmanns Kritiken. Biogra-phischer Anhang", p. 116.

113) 에디트 슈타이너-크라우스의 바흐 연주회는 16회 반복했을 정도로 인기가 높았다. Friederike Haufe/Volker Ahmels, "Begegnung mit Jahrhundert-zeuginnen", *Neue Musikzeitung* 53, 2004/3. p. 3.

114) BBC Radio: Alice Herz Sommer Interview 2011. 12. 2(14ʹ), (검색일 2020. 8. 1.)

115) Friederike Haufe/Volker Ahmels, "Begegnung mit Jahrhundertzeuginnen", *Neue Musikzeitung* 53, 2004/3.

116) Viktor Ullmann, *26 Kritiken über musikalische Veranstaltungen in Theresienstadt*, pp. 58~59.

117) 울만의 피아노협주곡(1939)도 아라니에게 헌정되었으나 초연하지 못하고 아라니는 1944년 살해되었다. 이 곡은 작곡된 지 50년이 지난 1992년 슈투트가르트에서 초연되었다. https://www.rbb-online.de/rbbkultur/themen/musik/rezen-sionen/cd/2020/01/viktor-ullmann-klavierwerke.html

118) 독일 앙상블 두 개와 체코 앙상블 한 개가 있었는데, 체코 앙상블은 약 40명

의 솔리스트와 대규모 혼성합창으로 이루어졌다고 한다. Karel Berman, "Bericht", p. 208.

119) 보헤미아 출신의 에곤 레덱은 프라하콘서바토리 졸업 후 체코 필하모닉 오케스트라 제2 콘서트마스트로 활동하다가 1941년 12월 10일 프라하에서 테레지엔슈타트로 강제 이송되었고, 1944년 10월 16일 아우슈비츠로 이송되었다. Ingo Schultz, "Theresienstädter Musiker in Ullmanns Kritiken. Biographischer Anhang", p. 137. 초기 비합법적 시기부터 연주 멤버로 선전 영화의 카렐 안체를 오케스트라의 콘서트마스터로 마지막 모습이 영상에 보존되어 있다.

120) 주간 프로그램에 언급된 콘(V. Kohn)의 오케스트라는 네 개 오케스트라 중 하나인지, 아니면 잠깐 존속했던 오케스트라였는지 분명하지 않다.

121) 모라비아 출신의 프륄리히는 프라하콘서바토리를 졸업하고 1941년 12월 4일 프라하에서 테레지엔슈타트로 강제 이송되었다. 1944년 10월 1일 아우슈비츠에 이송되었으나 살아남았다. 하지만 연주자로 다시 성공하지는 못한 채, 1994년 뉴욕에서 사망했다. Ingo Schultz, "Theresienstädter Musiker in Ullmanns Kritiken. Biographischer Anhang", pp. 123~124.

122) Ingo Schultz, "Theresienstädter Musiker in Ullmanns Kritiken. Biographischer Anhang", Viktor Ullmann, 앞의 책, p. 133. 파울 클링은 테레지엔슈타트수용소에서의 연주가 자신의 연주 생애에서 '하이라이트'였다고 고백한다. Aleeza Wadler, "Paul Kling", Music and Holocaust, http:// holocaustmusic.ort.org/places/theresienstadt/paul-kling(검색일 2020. 11. 23.)

123) Viktor Ullmann, *26 Kritiken über musikalische Veranstaltungen in Theresienstadt*, p. 78.

124) 1944년 여름 재정비한 레덱 사중주단은 파울 힌데미트(Paul Hindemith)의 제자였던 지크문트 슐(Sigmund Schul, 1916~1944. 폐병으로 사망)의 작품 〈디베르멘토 에브라이코(Ebraico)〉를 초연했다.

125) 독일의 젊은 음악가들은 괴벨스의 특별한 증명서(군복무에서 제외됨)가 없

는 한, 모두 군에 입대하게 되어 각 도시의 오케스트라 단원도 크게 축소되었다.

126) 이 당시 테레지엔슈타트의 연주회 개최는 '국제적 수준'에 비교될 정도로 매우 전문적이고 조직적이었다. https://www.nmz.de/artikel/begegn-ung-mit-jahrhundertzeuginnen(검색일 2020. 11. 23)

127) H. G. Adler, *Theresienstadt 1941~1945*, p. 597.

128) 한 주 동안 공개 강연회만 서른세 개가 개최되기도 했다. 또 1944년 8월 14일부터 20일까지 한 주간 강연회는 총 스물다섯 개에 달했다. 강연회의 주제는 게토 수용소의 일상에서 전혀 도움이 안 되는 세금, 여행에 관한 것도 있었다. H. G. Adler, *Theresienstadt 1941~1945*, pp. 598~599.

129) Ingo Schultz, "Viktor Ullmann und seine Musikkritiken. p. 21.

130) https://www.nmz.de/artikel/begegnung-mit-jahrhundertzeuginnen

131) 루돌프 프로이덴베르크는 1943년 7월 5일 테레지엔슈타트에 도착하였고, 1944년 9월 28일 아우슈비츠로 강제 이송되었지만, 살아남아 해방 후에 교사로 활동하다가 1985년 프라하에서 사망했다. Ingo Schultz, "Theresien-städter Musiker in Ullmanns Kritiken. Biographischer Anhang", pp. 121~122.

132) 알리스의 아들 라파엘 좀머는 후에 유능한 첼리스트이자 지휘자가 되었다. 남편 레오폴드 좀머도 음악가(바이올리니스트)였으나 모자보다 먼저 아우슈비츠로 이송되었다. 하지만 살아남아 다른 강제 노동수용소(부헨발트, 플로센뷔르크)로 옮겨졌다가 다하우수용소에서 발진 티푸스로 사망했다. 남편의 유물은 숟가락 하나가 전부였다고 한다. Elmar Krekeler, "Alice Herz-Sommer, überlebensgroße Optimistin", *Die Welt*, 2006. 9. 18.

133) Heidi Tamar Hoffmann und Hans-Günter Klein (ed.), *Musik in Theresienstadt*, p. 87. 여주인공 아니카 역을 맡았던 소녀 (빈 출생의) 그레타 클링스베르크 (Greta Klingsberg, 1929~)도 살아남았다.

134) Jana Mikota, "Jüdische Schriftstellerinnen~wieder entdeckt: Ilse Weber

und ihre jüdischen Märchen", *Medaon, Magazin füer Jüedisches Leben in Forschung und Bildung*, 10, 2012, p. 4. 미코타는 베버와 토미가 1944년 11월에 아우슈비츠로 강제 이송되었다고 하지만, 오류이다. 테레지엔슈타트에서 아우슈비츠로의 강제 이송은 10월 28일 종료된다.

135) 일제 베버의 가족은 미리 큰아들 한스를 영국의 친구를 통해 스웨덴으로 도피하게 하였으므로, 가족 중에 남편과 한스는 살아남았다.

136) Ilse Weber, *Wann wohl das Leid ein Ende hat : Briefe und Gedichte aus Theresienstadt*, München: Carl Hanser, 2008.

137) H. G. Adler, Theresienstadt 1941~1945, p. 619.

138) 안네 소피 폰 오터(Anne Sophie von Otter)가 기타 반주에 부른 CD, https://www.youtube.com/watch?v=vNMziun2QMA; 합창 버전, https://www.youtube.com/watch?v=NB43Sj5Y6R0(검색일 2020. 8. 15.)

139) 안네 소피 폰 오터가 부른 CD가 있다. https://www.youtube.com/watch?v=FJPuFxuopmw(검색일 2020. 11. 23.)

140) 앞서 언급되었듯이, 제1차 세계대전 중에는 일본 나라시노 포로수용소를 비롯해 영국이나 다른 연합국 포로수용소에서 작곡된 곡이 초연되는 경우가 없지 않았지만, 테레지엔슈타트의 경우처럼 20세기 유럽 음악사에 남을 만한 사건은 아직까지 보고되지 않았다.

141) 지그문트 슐은 독일 켐니츠에서 태어나 카셀에서 성장했지만, 1933년 가족과 프라하로 삶의 터전을 옮겼다. 베를린 뮤직호흐슐레에서 힌데미트의 제자로 작곡 공부를 했고, 1937년 다시 프라하에 와서 피델리오 핑케(Fidelio Finke, 1891~1968)와 조지 쉘(Geroge Szell, 1897~1970), 그리고 알로이스 하바에게서 지휘와 작곡 공부를 이어갔다. 프라하 시기에 역시 하바의 제자였던 빅토르 울만과 사귀게 되었고, 울만은 슐의 작품을 높이 평가하였다(Viktor Ullmann, *26 Kritiken über musikalische Veranstaltungen in Theresienstadt*, p. 90). 1941년 11월 11일 테레지엔슈타트로 강제 이주된 후에도 슐은 음악 창작을 이어갔다. 슐과 울만은 수용소에서 현대 음악에 대해 진지

하게 토론했으며, 지그문트 슐의 주요 작품도 현대 음악적 분위기를 풍긴다. 〈바이올린과 첼로를 위한 2개의 하시드 댄스(2 Chassidic Dance)〉는 유튜브 에서도 들을 수 있다. https://www.youtube.com/watch?v=c_OT4nTtgvs(검 색일 2020. 11. 26.) 수용소에서 작곡한 그의 주요작품은 〈바이올린과 비올라 를 위한 듀오(Duo for Violin and Viola)〉(1943)다. 아우슈비츠로 강제 이송 되기 전 테레지엔슈타트에서 결핵으로 1944년 6월 2일 28세의 나이로 사망 한 그를 기리기 위해 1944년 8월 연주회에서 레덱 현악사중주(레덱, 콘, 크라 우스, 다우버)가 슐의 테레지엔슈타트 작품 〈디베르멘토 에브라이코 (Eraico)〉을 연주했다. 레덱 현악사중주단은 1942년 이 작품의 초연을 맡기 도 했다. Viktor Ullmann, *26 Kritiken über musikalische Veranstaltungen in Theresienstadt*, pp. 75~76.

142) 유대교의 칸토르 아들로 차덱에서 출생했던 카렐 라이너는 빈의 콘서바토리 에서 음악을 공부한 후, 프라하에서 법학과 음악을 공부하였고, 알로이스 하 바의 제자가 되었다. 원래는 현대 음악을 전문으로 하는 콘서트피아니스트 로 활동하다가 1939년 3월 15일 독일이 체코를 점령한 후 공개적인 활동은 하지 못하고 비합법적 하우스콘서트에서만 연주할 수 있었다. 1943년 7월 5 일 테레지엔슈타트로 강제 이송되어 온 라이너는 테레지엔슈타트의 작곡가 그룹에서 유일하게 아우슈비츠에서 살아남았고, 죽음의 행진에서도 살아남 아 1945년 뮌헨 근처의 KZ 다하우(Dachau)에서 미군에 의해 해방되었다. 해 방 이후 프리랜서 작곡가로, 체코작곡가협회의 간사로 적극적인 활동을 전 개했다. 일생 동안 약 300곡의 음악을 작곡하였는데, 테레지엔슈타트에서 작 곡되고 초연된 작품으로 가장 유명한 것이 오페라 〈에스터(Esther)〉다. 라이 너는 해방 이후에 작곡가로서 본격적으로 이름을 떨친 경우라 할 수 있다.

143) 1880년 베를린 출생의 제임스 시몬은 막스 부르흐에게 작곡, 콘라드 안조르 게(Conrad Ansorge)에게 피아노를 배운 뒤, 1904년 뮌헨에서 음악학 박사학 위를 취득하고, 『음악에서 파우스트(Faust in der Musik)』(1906) 연구로 리하 르트 슈트라우스의 인정을 받았다. 1907~1919년경에는 베를린의 클린드보르

트 샤르벤카(Klindworth-Scharwenka) 콘서바토리 교수로 재직하며 가곡 작곡에도 열중하였다. 미학적으로 부소니와 리하르트 슈트라우스에 가깝고, 쇤베르크나 그 추종자들과는 일정한 거리를 유지하였다. 그가 작곡한 가곡은 100여 곡에 달하지만, 오페라는 〈돌로 된 여인(Frau im Stein)〉(1925)이 유일하고, 단 한 번 연주되었다. 그는 1933년 스위스로 망명을 갔다가 이스라엘로 들어갔으나 정착하지 못하고 1938년 암스테르담으로 왔다. 〈심포니적 춤(Symphonische Taenze)〉을 콘서트게바우 오케스트라가 연주하기로 결정했으나, 제2차 세계대전이 발발하자 유대인의 작품이라는 이유로 연주가 금지되었다. 이후 시몬은 그 유명한 알마 로제(Alma Rose, 1906~1944)와 함께 연주하거나 방송하면서 겨우 살아갔다. 1944년 4월 초 테레지엔슈타트에 이송되었는데 빨리 적응하여 강연과 작곡 활동을 이어나가기도 했다. 성악곡 〈시편 126〉은 일곱 번이나 재연주되었지만, 그의 작품은 모두 분실되었고, 그 또한 1944년 10월 12일 아우슈비츠로 이송되어 살해되었다. Georg Günther, Ulrich Drüner, *Musik und "Drittes Reich". Fallbeispiele 1910 bis 1960 zu Herkunft, Hohepunkt und Nachwirkungen des Nationalsozialismus in der Musik*, Wien: Boehlau, 2012, pp. 260~261; 빅토르 울만의 비평문에는 쇤베르크 추종자에게 거리를 둔 시몬의 이름이 전혀 언급되지 않았다. Viktor Ullmann, *26 Kritiken über musikalische Veranstaltungen in Theresienstadt*, pp. 53-112.

144) 에밀 우티츠는 자유시간조직부의 강연 분야 책임자이기도 했다. H. G. Adler, *Theresienstadt 1941~1945*, p. 589.

145) 파벨 하스 사중주단은 파벨 하스의 작곡가로서의 중요성에 더 주목해 달라고 강조한다. 30년 역사 동안 지금까지 여섯 개 팀이 우승할 정도로 세계적 권위를 자랑하는 'Premio Paolo Borciani' 국제 현악사중주 콩쿠르에서 2005년 콩쿠르 역사상 네 번째 팀으로 우승하였다. 이를 계기로 발매된 첫 앨범(Supraphon)에는 야나첵의 현악사중주 2번과 파벨 하스의 현악사중주 2번이 수록되어있다.

146) Ingo Schultz, "Theresienstädter Musiker in Ullmanns Kritiken. Biographischer Anhang", p. 127.

147) 파벨 하스는 테레지엔슈타트로 오기 전에 부인과 아이를 보호하기 위해 형식적으로 이혼했다고 한다.

148) 당시 10대의 소년으로 바이올린을 연주했던 토마스 만들(Herbert Thomas Mandl, 1926~2007)은 지휘자 안체를이 수프를 배급할 때, 파벨 하스의 〈현악 오케스트라를 위한 습작〉의 푸가 테마를 휘파람으로 불어서 수프를 한 국자 더 얻었는데, 이 경험이 자신이 살아남는 데 도움이 되었다고 회고한다. Viktor Ullmann, *26 Kritiken über musikalische Veranstaltungen in Theresienstadt*, p. 70.

149) https://holocaustmusic.ort.org/places/theresienstadt/the-music-of-terezin (검색일 2020. 11.26)

150) Lubomir Peduzzi, "Pavel Haas", *Musik in Theresienstadt*, p. 13.

151) 거짓영화 중 카페에서 파벨 하스의 작품연주가 끝나자 하스가 인사하는 장면이 나온다. Simon Broughton, "The Music of Terezin", 42:30′.

152) H. G. Adler, *Theresienstadt 1941~1945*, p. 622.

153) Blanka Cervinkova, "Hans Krasa", *Musik in Theresienstadt*, p. 37.

154) 비테슬라브 노박은 안톤 드보르작의 제자로 국제적 명성을 가진 체코의 작곡가이다.

155) 인지학은 학자 루돌프 슈타이너가 창시한 직관과 영감을 중시하는 철학으로 발도프슐레나 바이오다이내믹 농업 및 자연 치유법과 같은 실천으로 더 잘 알려져 있다. 현재 스위스 도르나흐의 괴테아눔에 그 센터가 있다. https://www.goetheanum.org(검색일 2020. 5. 5.)

156) 〈반그리스의 추락〉은 1936년 빈에서 초연될 예정이었으나 무산되고, 1995년 독일 빌레펠트에서 초연되었다.

157) 울만은 자신의 악보뿐 아니라, 지그문트 슐의 악보도 함께 프라하의 친구들에게 맡겼으므로, 두 사람의 프라하 악보는 살아남아 스위스의 괴테아눔에

보관되었다. 또 슐의 테레지엔슈타트 악보 일부도 살아남아 1993년에 모두 이스라엘로 이관되었다. Hans-Günter Klein, "Viktor Ullmann", *Musik in Theresienstadt*, p. 65.

158) 울만이 조직한 그의 현대 음악콘서트에 기데온 클라인의 작품이 초연되었다. Simon Broughton, "The Music of Terezin", 50:30′

159) 울만은 자유시간조직부의 간부는 아니지만, 특혜를 받았던 것으로 추측된다. Ingo Schultz, "Viktor Ullmann und seine Musikkritiken", p. 21.

160) Simon Broughton, "The Music of Terezin", 49:25′

161) 울만은 쇤베르크악파에서 중시되는 12음기법에 대해 나름대로 통찰력을 얻었으리라 추측된다. Hans-Günter Klein, "Viktor Ullmann", *Musik in Theresienstadt*, p. 64.

162) 클링과 같은 나이의 바이올리니스트로 수용소오케스트라에서 연주했던 토마스 만들(Herbert Thomas Mandl, 1926~2007)은 〈아틀란티스의 황제〉가 히틀러로 상징되어 금지되었다는 점에 대해 이의를 제기한다. 울만이 의도하지 않은 것을 SS가 오해했다는 것이다(인터뷰 Herbert Gantschacher/Thomas Mandl, https://www.youtube.com/watch?v=fyN-oAby5VI, 검색일 2020.11.26.). 테레지엔슈타트에서 시각 장애자인 작곡가 한스 노이마이어 (Hans Neumeyer, 1887~1944, 수용소 형무소에서 사망)의 제자가 되었다. 1944년 당시 18세였던 만들은 아우슈비츠로 강제 이송되었으나 살아남았다.

163) Herbert Gantschacher, *Viktor Ullmann~Zeuge und Opfer der Apokalypse*, ARBOS(Gesellschaft fur Musik und Theater) Edition: Wien, Salzburg und Klagenfurt, 1998, p.95

164) 페터 킨도 다른 예술가들과 함께 1944년 10월 16일 아우슈비츠로 이송되었고, 25세의 젊은 나이였지만, 바로 전염병에 걸려 죽었다.

165) 카렐 베르만의 인터뷰: Simon Broughton, "The Music of Terezin", 46:50′

166) 테레지엔슈타트에서 〈아틀란티스의 황제〉의 초연에 참가했던 성악가 카렐 베어만은 이 음악의 "강한 반전 경향 때문에 나치가 금지했다"고 증언한다.

Karel Berman, "Bericht", Stefan Stompor, 앞의 책, p. 208.

167) Ingo Schultz, "Viktor Ullmann und seine Musikkritiken. p. 13.

168) Hans-Günter Klein, "Viktor Ullmann", *Musik in Theresienstadt*, p. 65. 울만이 작성한 비평문은 1999년 암스테르담의 네덜란드연구소(Rijksinstituut vor Oorlogsdocumentatie)에 기증되었다.

169) 기데온 클라인보다 세 살 연하인 루돌프 다우버(Rudolf Dauber)가 테레지 엔슈타트에서 단 한곡을 작곡했던 것과 비교할 수 있다. 유명한 재즈 음악가 인 돌 다우버(Dol Adolf Dauber, 1894~1950)의 아들이었던 루돌프 다우버 는 1945년 다하우에서 장티푸스에 걸려 23세의 나이로 사망했다.

170) Ingo Schultz, "Viktor Ullmann und seine Musikkritiken.", pp. 132~133.

171) 1944년 봄에 작성된 자유시간조직부 간부 리스트에 기데온 클라인의 이름이 들어 있다. Ingo Schultz, "Viktor Ullmann und seine Musikkritiken.", p. 30.

172) 수용소 내 어떤 다락방에서 몇 명이 모여서 피아노 연주를 했는데, 이때 기 데온 클라인은 베토벤 소나타 31번 (op. 110)을 모두 외어서 연주했다.

173) Heidi Tamar Hoffmann und Hans-Gunter Klein(ed.), *Musik in Theresienstadt*, p. 26.

174) 수용소 이전 시기에 탄생한 작품은 여섯 곡인데, 강제 이송되기 전에 친구 에 드아드 헤르촉(Edward Herzog)에게 악보를 맡겼으므로 보존되었다.

175) 현악삼중주는 〈현을 위한 파르티타〉로 재구성되고 편성되었다.

176) 유튜브에서 들을 수 있다. https://www.youtube.com/watch?v=3tvRSMzB _4E(검색일 2020. 11. 26)

177) 알리스 헤르츠-좀머는 연주한 대가로 마가린을 받아서 아이에게 줄 수 있었다.

178) Hedda Grab-Kernmayer, "Bericht" p. 207.

179) Aaron Kramer, "Creative Defiance in a death-camp", p. 15.

180) Elmar Krekeler, "Alice Herz-Sommer, Überlebensgrosse Optimistin", *Die Welt*, 2006. 9. 18. 물론 이것은 110세를 살아낸 '긍정주의자' 알리스가 수용 소에서 했던 자신의 연주에 대해 '나중에' 의미를 부여한 증언으로 볼 수 있

지만, 실제 그녀의 연주에서 정신적 위로를 받았다는 수감자가 있었던 것도 사실이다.

181) Eric Vogel, "Jazz im Konzentrationslager". Ritter, Franz (ed.): *Heinrich Himmler und die Liebe zum Swing*. Leipzig: Reclam, 1994, p. 237

182) Eric Vogel, "Jazz im Konzentrationslager". p. 237

183) 테레지엔슈타트에서 살아남은 재즈 음악가는 에릭 포겔, 마르틴 로만, 코코 슈만 등 극소수였다.

184) Friederike Haufe/Volker Ahmels, "Begegnung mit Jahrhundertzeuginnen", *Neue Musikzeitung* 53, 2004/3.

185) Caroline Stoessinger, *A Century of Wisdom: Lessons from the Life of Alice Herz-Sommer, the World's Oldest Living Holocaust Survivor*, Random House 2012, p.193.

186) Max Christian Graeff/Michaela Haas, *Coco Schumann. Der Ghetto-Swinger. Eine Jazzlegende erzählt*, München 1997, p. 65.

187) Max Christian Graeff/Michaela Haas, *Coco Schumann*. p. 65.

188) Simon Broughton, "The Music of Terezin", 15:30′.

189) Everett C. Hughes, "Paradise Ghetto", p. 95.

190) H. G. Adler, *Theresienstadt 1941~1945*, p. 594. 그녀는 수용소에서 해방되어 미국으로 망명했는데, 이후에도 노래는 다시 하지 않았다고 한다.

191) Heidi Tamar Hoffmann und Hans-Günter Klein (ed.), *Musik in Theresienstadt*, p. 89.

192) Elmar Krekeler, "Alice Herz-Sommer, überlebensgroße Optimistin", *Die Welt*, 2006. 9. 18.

193) Aaron Kramer, *"Creative Defiance in a death-camp"*, p. 15.

194) 모르스 무전기로 '따따따 딴-'을 치면 암호 '빅토르리(V)'가 된다. 1941년 벨기에 방송이 빅토르리 캠페인을 벌이면서 베토벤 5번의 첫 모티브를 승리의 상징으로 암호화했다. 이경분, "베토벤 수용을 통해 본 나치의 음악 정책",

『음악이론연구』 제6집, 서울대 서양음악연구소 2001, 47~48쪽.

195) Aaron Kramer, "*Creative Defiance in a death-camp*", p. 17.

196) Karel Berman, "Bericht", p. 208.

197) Vojtech Saudek, "Gideon Klein", Heidi Tamar Hoffmann und Hans-Gunter Klein(ed.), *Musik in Theresienstadt*, p. 32.

198) 1944년 전쟁 말기 폐허가 된 유럽 어디에서도 보기 힘든 수준 높은 음악 문화가 거짓 공장 테레지엔슈타트에서 조성되었다. 나치의 명령으로 인해 음악을 육체적·정신적 생존 수단으로 삼았던 음악가들 가운데 소수만이 끝까지 살아남았다. 하지만 나치의 반인륜적 범죄를 알릴 생존자 중, 21세기까지 살아 있는 증언자는 이제 얼마 되지 않는다.

199) 연주된 곡목은 파벨 하스의 〈현악 오케스트라를 위한 습작〉, 한스 크라사의 〈실내 오케스트라를 위한 서곡〉, 기데온 클라인의 〈현을 위한 파르티타〉와 〈자장가〉, 그리고 나치 강제 수용소에서 탄생한 저항가 〈습지의 군인들〉이었다. 광주시립교향악단이 연주했고, 솔리스트는 소프라노 김혜선이었다.

200) 2009년 3월 30일 서울의 주한독일문화원에서 개최한 〈음악과 권력〉이라는 강연회에서 당시 통영국제음악제 감독이었던 알렉산더 리브라이히(Alexander Liebreich)와 필자가 발표를 하였는데, 강연 사이에 독일 연주자들이 기데온 클라인의 테레지엔슈타트 작품인 〈현악삼중주〉(1944)를 한국에서 초연한 적이 있다.

201) 박용덕, 「광주시립교향악단 TALK, '홀로코스트와 음악: 나치 희생자의 음악」, cnbnews, 2019년 12월 5일자, http://www.cnbnews.com/news/article.html?no=429746(검색일 2020. 8. 15.); 조덕진, 삶·예술에 질문 던진 문제적 무대 GSO토크 '홀로코스트와…' 리뷰, 『무등일보』, 2019년 12월 13일자, http://honam.co.kr/ detail/EHdc4G/589266(검색일 2020. 8. 15.)

3부

1) 회스는 전범으로 폴란드 법정에 기소되어 1947년 아우슈비츠 중앙 수용소의 교수대에서 처형되었다. 그의 계급은 중령에 해당하는 SS 오버슈투름반휘러(Obersturmbannführer)였다.

2) 프리모 레비는 1945년 1월 18일 SS가 퇴각했다고 회고한다. 프리모 레비, 『이것이 인간인가』(이현경 옮김), 돌베개, 2007, 237~238쪽.

3) '치클론 베'는 살충제로 독일의 화학자 프리츠 하버(Fritz Haber, 1864~1934)가 만들어낸 독가스였다. 하버는 노벨화학상을 수상했지만, 유대인이었으므로 1933년 나치들에게 쫓겨 영국으로 망명했다. 1934년 사망했으므로, 자신이 만든 독가스로 자신의 동족이 살해되는 불행은 보지 않았다.

4) 아우슈비츠의 SS는 가스(치클론 베)에 의한 살인 실험을 회스의 명령 없이 1941년 가을 처음 시도했다(날짜는 불분명). 아우슈비츠 제1수용소는 공식적으로 학살을 위한 장소가 아니었으나 실제로는 총7만여 명을 죽인 수용소가 되었다.

5) 뮌헨 출생의 요제프 크라머(1906~1945)는 나치 집단수용소 시스템에서 높은 성과를 올려 출세한 케이스이다. 1944년 5월 아우슈비츠 비르케나우 소장으로 발령받아 소위 '헝가리 작전' 하에 수십만 명의 헝가리 유대인 학살에 직접 관여했다. 1944년 12월부터는 베르겐-벨젠 수용소 소장으로 수많은 사람들을 죽게 내버려두었으며, 나츠바일러-슈트루트호프(Natzweiler-Struthof)수용소에서 86명의 유대인을 가스로 죽게 했다. 1945년 12월 13일 전범으로 처형되었다.

6) 비르케나우의 여성 수용소에는 1942년 8월부터 약 4만 명, 1943년 10월 1일 32,066명, 1944년 1월에는 27,053명, 4월에는 21,000명, 6월에는 31,406명, 8월에 19,234명의 여성이 수용되었다. 비르케나우의 전체 수용 인원 6만여 명의 30~50%가 여성 수감자였다. Gabriele Knapp, *Das Frauenorchester in Auschwitz*, Hamburg: von Bockel Verlag 1996, p. 139.

7) 레비는 아우슈비츠에서 귀환하자마자 자신의 아우슈비츠 경험을 생생하게 기록한 『이것이 인간인가(Se questo è un uomo)』(1947)를 출판하였다.

8) 모노비츠에는 약 1만2천 명의 포로가 수감되어 강제 노동을 했다. 기진하거나 병들어 쓰러지는 포로들은 가스실로 보내졌고, 그 자리는 새로 도착한 포로들로 채워져서 수감자 수가 계속 변했다. 프리모레비, 『이것이 인간인가』, 282~283쪽.

9) Bernd C. Wagner, *IG Auschwitz. Zwangsarbeit und Vernichtung von Häftlingen des Lagers Monowitz 1941~1945*. München 2000, p. 10.

10) 부나 공장은 이게파르벤의 자회사 암모니아베르크 메르제부르크(Ammonia-kwerk Merseburg GmbH)의 하청 공장이었다.

11) 나치들은 시체를 화장한 후 나오는 유골 가루를 도로 정비 공사에 사용할 정도로 철저하게 착취하였다. http://www.spiegel.de/einestages/kz-auschwitz-holocaust-ueberlebende-berichten-a-1015080.html(검색일 2020. 2. 20.)

12) Florian Harms,"Die Opfer haben Namen. Massaker von Babi Jar", *Spiegel*, 2016. 9. 29.

13) 아우슈비츠에서 사망한 소련군 포로는 총 14,000여 명이었다. Peter Longerich, *Der ungeschriebene Befehl. Hitler und der Weg zur Endlösung*. München 2001, p. 124.

14) Robert Jan van Pelt, "Auschwitz". Günther Morsch(ed.), *Neue Studien zu nationalsozialistischen Massentötungen durch Giftgas*. Berlin 2011, pp. 201~203; Oliver Dietrich, "Auschwitz-Geschichte einer Todesfabrik", *NDR.de*. https://www.ndr.de/geschichte/auschwitz_und_ich/Auschwitz-Geschichte-einer-Todesfabrik,auschwitzgeschichte105.html (검색일 2020.11.20.)

15) Oliver Dietrich/Chrisitian Spielmann, "Man kommt nie wirklich raus aus dem Krematorium", *NDR.de* https://www.ndr.de/geschichte/auschwitz_und_ich /Auschwitz-Audioslideshow-Hoess-Venezia-Kr ematorium-Gaskammer, auschwitzundich170.html(검색일 2020.11.20.)

16) Joerg Plenio/Ralf Lange, "Noten Der Not, Das Frauenorchester von Auschwitz. Die Oper und ihr Komponist", *Rundfunk Berlin-Brandenburg*, 2006. 프리모 레비, 『이것이 인간인가』, 286쪽.

17) "Zeugnis geben über Auschwitz", *arte France*, Michkan World Production 2009. https://www.youtube.com/watch?v=q17UcVrQDOw(검색일 2020. 11. 20.)

18) 그는 집에서 자신의 아이들에게 자상한 아버지였다. Malte Herwig, "Der Schatten ihres Vaters, Tochter von Auschwitz-Kommandant", *Stern*, 2015. 5. 9. https://www.stern.de/panorama/auschwitz—tochter-von-kommandant -rudolf-hoess-spricht-ueber-ihre-kindheit-6202476.html(검색일 2020. 11. 20.)

19) Franciszek Piper, *Auschwitz: How Many Perished: Jews, Poles, Gypsies*. First Edition edition, 1992, p. 52.

20) 퇴각하던 SS는 '죽음의 행진'을 통해 건강한 수감자들을 죽이고자 했다. 이런 속셈을 알 턱이 없던 레비의 친구 알베르토는 들뜬 기분으로 떠났지만, 오히려 살아남은 사람은 병이 들어 수용소에 남았던 레비였다. SS는 최후까지 수감자들을 기만했다. 프리모 레비, 『이것이 인간인가』, 236~237쪽.

21) Szymon Laks, *Musik in Auschwitz*, p. 22.

22) Szymon Laks, *Musik in Auschwitz*, p. 26

23) Szymon Laks, *Musik in Auschwitz*, pp. 13~14.

24) Szymon Laks, *Musik in Auschwitz*, p. 39.

25) 수많은 생명의 학살에 관여한 슈바르츠후버도 유대인 치과의사의 형이 가스실로 가지 않도록 이름을 빼내 생명의 은인이 되었고, 체코 가족 수용소의 아이들 78명을 구했다고 한다.

26) 루돌프 회스의 회고록은 『아우슈비츠의 소장. 자서전적 기록(*Kommandant in Auschwitz: autobiographische Aufzeichnungen*)』이라는 제목으로 1958년 출판되었다. Gideon Greif, *Wir weinten tränenlos: Augenzeugenberichte der jüdischen*

"Sonderkommandos" in Auschwitz, Frankfurt /M.: Fischer, 1999, p. 307.

27) 프리모 레비, 『이것이 인간인가』, 57쪽.

28) 빅터 프랭클, 『죽음의 수용소에서』(이시형 번역), 청아출판사, 2005, 100쪽. 그는 이 순간에 마주하는 것은 "자신의 벌거벗은 실존뿐"이었다고 한다. 같은 책, 43쪽.

29) 빅터 프랭클, 『죽음의 수용소에서』, 36쪽.

30) KZ 부헨발트(Buchenwald)의 강제 노동 시간이지만, 다른 KZ도 비슷하게 운영되었다고 한다. Gabriele Knapp, *Das Frauenorchester in Auschwitz*, p. 75.

31) Maurice Philip Remy: *Holokaust Teil 4: Mordfabrik*, MPR Film und Fernseh Produktion GmbH. https://www.youtube.com/watch?v=70oPnpqNSa4(검색일 2020. 11. 20.)

32) 비르케나우의 카포 중에서도 카포 대장(Oberkapo)이었던 독일인 쿠르트 라인홀드(Kurt Reinhold)는 자유만 없었을 뿐, 수용소에서 모든 것을 누리는 특권을 가졌다. Szymon Laks, *Musik in Auschwitz*, pp. 95~96.

33) 프리모 레비는 아우슈비츠의 신분 질서를 "사악하고 어리석은 SS대원, 카포, 정치범, 범죄자, 특권층, 노예 같은 수감자"의 상하 순으로 서술한다. 프리모 레비, 『이것이 인간인가』, 187쪽.

34) 기능직과 카포는 수용소의 사창가에도 출입이 허락되었다.

35) 빅터 프랭클, 『죽음의 수용소에서』, 28~29쪽. 주로 독일인 죄수나 정치범들, 다양한 국적의 비유대인들이 카포의 직책을 맡았다.

36) 빅터 프랭클, 『죽음의 수용소에서』, 26쪽.

37) 이들 모두는 정신적으로 병들 수밖에 없었다. 해방 후에도 아우슈비츠에서 죽었던 사람들과 시체를 눈앞에서 보듯이 늘 악몽을 꾼다고 할 정도로 그 심리적 영향력은 지속적이었다. 아우슈비츠에서 수감자 의사였던 기젤라 펄의 자서전에도 잘 묘사되어있다. *Gisella Perl, Ich war eine Ärztin in Auschwitz*, marix Verlag ein Imprint von Verlagshaus Römerweg, 2020.

38) 아우슈비츠 생존자인 첼리스트 아니타의 언니 레나테 라스커-하르프레히트

(Lasker-Harpprecht)는 아우슈비츠에서 가장 많이 사용하는 말은 "빨리빨리"라는 단어였다고 회상한다. SS는 항상 사람들을 몰며 급한 일이 아니라도 "빨리빨리"를 외쳤는데, 이는 사람들로 하여금 잠시도 생각하지 못하도록 만드는 의도였다고 한다. Sibylle Basler, "Die letzten Zeuginnen-Vom Überleben in Auschwitz", Dokumentation 2015.

39) "Kapo", *Enzyklopadie des Holocaust* Bd. II, München/Zürich: Piper, 1998, pp. 737~738.

40) *Carolin Ströbele*, "Der vergessene Aufstand", *Tagesschau,de*. 2007. 8. 27. https://www.tagesschau.de/inland/meldung201918.html

41) 프리모 레비, 『이것이 인간인가』, 95쪽.

42) 만약 수감자가 카포로 업무 배정을 받았으나 거절하면 바로 죽임을 당했다. 슈로모 베네치아(Shlomo Venezia)의 증언. "Jewish Survivor Morris Venezia Testimony". https://www.youtube.com/watch?v=P-IinMCbdJA(검색일 2020.11.20.)

43) *Carolin Ströbele*, "Der vergessene Aufstand", *Tagesschau,de*. 2007. 8. 27. https:// www.tagesschau.de/inland/meldung201918.html(검색일 2020.11.20.) 특수 코만도에 대한 설명은 프리모 레비, 『가라앉은 자와 구조된 자』(이소영 옮김), 돌베개 2014, 56~64쪽 참고.

44) 아우슈비츠 외에도 트레블링카와 소비보르수용소에서도 비슷한 반란이 있었다. 소비보르의 성공적 반란에 대한 자료는 클로드 란츠만의 다큐멘터리 〈1943년 10월 14일〉이다. 절멸 수용소 소비보르의 가스실에서 총 25만여 명의 유대인이 학살되었다. 반란이 가능하게 된 것은 이곳에 소련군 장교였던 알렉산더 페체르스키가 포로로 이송된 이후, 저항 운동을 조직하였기 때문이다. 1943년 10월 14일, 16세의 폴란드 유대인 소년이 SS장교를 때려 죽였는데, 이를 신호탄으로, 저항 조직은 12명의 SS대원 등을 살해한 후, 365명의 수감자가 탈출하였다. 하지만 탈출 수감자는 거의 붙잡혔고, 마지막까지 살아남은 자는 47명이었다. 이 저항 운동이 있은 후, 나치는 소비보르수용소를 해체했다.

45) 늘 죽음의 공포에 휩싸여 있었던 특수 코만도의 반란이 1년이나 늦어지게 된 이유는 수용소 내의 여러 저항 그룹과 접촉을 하면서 의견의 일치를 보지 못했기 때문이었다. Carolin Ströbele, "Der vergessene Aufstand, Haftlingsrevolte in Auschwitz." *tagesschau. de*, 2007. 8. 27.

46) Szymon Laks, *Musik in Auschwitz*, p. 122.

47) Shmuel Krakowski. "Der unvorstellbare Kampf", Barbara Distel (Hrsg.): *Frauen im Holocaust*, Gerlingen 2001, pp. 289~300.

48) 프리모 레비, 『이것이 인간인가』, 226~227쪽. 처형된 이 수감자의 죄목은 비르케나우의 '반역자들'과 접촉하였고, 모노비츠에도 무기를 옮겼으며, 반란을 일으킬 음모를 꾸민 것이었다고 한다.

49) 이 영화는 아우슈비츠의 생존자였던 헝가리 의사 미클로스 니즐리(Miklos Nyiszli, 1901~1956)의 책 『아우슈비츠, 한 의사의 목격(*Auschwitz: A Doctor's Eye-witness Account*)』(1946)을 토대로 제작되었다.

50) 프리모 레비, 『가라앉은 자와 구조된 자』, 67쪽.

51) 프리모 레비, 『가라앉은 자와 구조된 자』, 60쪽.

52) Eugen Kogon, *Der SS-Staat: Das System der deutschen Konzentrationslager*, München: Wilhelm heyne verlag 1974, p.6. 이 책은 코곤이 부헨발트에서 수용인으로 살아남은 자신의 경험을 바탕으로 나치수용소의 시스템을 분석한 것으로, 상세하고도 정확한 서술로 인해 지금까지도 나치수용소에 관한 대표적인 책으로 여겨진다.

53) 프리모 레비, 『가라앉은 자와 구조된 자』, 21쪽. 그는 또 아우슈비츠를 거대한 "하나의 수용소 제국"으로 칭한다. 프리모 레비, 『이것이 인간인가』, 282쪽.

54) *Holokaust Teil 4.: Mordfabrik*, MPR Film und Fernseh Produktion GmbH (2000).

55) Jan Oltmanns, "Dimensionen des Völkermords", 2012. 1. 20. https://www.tagesschau.de/inland/meldung64616.html(검색일 2020. 11. 20.)

56) 프리모 레비, 『이것이 인간인가』, 286쪽.

57) 막스 호르크하이머, 테오도르 아도르노, 『계몽의 변증법』(김유동 옮김), 문예출판사, 1995 참고.

58) Jan Oltmanns, "Dimensionen des Völkermords". *tagesschau.de*, 2012. 1. 20.

59) 이상빈, 『아우슈비츠 이후 예술은 어디로 가야 하는가』, 책세상, 2001. 15~16쪽.

60) Wolfgang Sofsky: Analyse des Schreckens. Eugen Kogons *Der SS-Staat und die Perspektiven der KZ-Forschung*, Polis, *Analysen Debatten*, Eine Schriftenreihe der Hessischen Landeszentrale für politische Bildung 15, p. 5.

61) 1940~1945년 아우슈비츠와 40개의 지부수용소를 통틀어 약 8천 2백명의 젊은 독일 남녀가 '직업인'으로 일했다. Sybille Steinbacher(ed.), *Der Frankfurter Auschwitz-Prozess(1963~1965): Kommentierte Quellenedition*, Frankfurt/M.: Campus Ver lag, 2013, p. 10.

62) Wolfgang Sofsky, *Die Ordnung des Terrors: Das Konzentrationslager*. S. Fischer, Frankfurt am Main 1993, p. 315.

63) 쇼스타코비치도 오페라 〈승객〉을 높이 평가했지만, 당시 소련에서는 나치의 KZ가 굴라크(Gulag)를 연상시킨다는 이유에서 작품은 '추상적 휴머니즘'으로 비판되어 전체 작품의 초연이 성사되지 못했다.

64) 게슈타포 하인리히 뮐러도 라인하르트 하이드리히와 함께 반제 회의에 참석했던 나치의 유대인 학살 책임자였다.

65) Gabriele Knapp, *Das Frauenorchester in Auschwitz*, p. 43 재인용.

66) 부헨발트의 예를 들면, 1938년 말에 소장 뢰들러의 명령으로 집시 악대가 조직되었고, 1940년에는 제대로 된 브라스 밴드가 소장의 명령에 의해 조직되었다. Eugen Kogon, *Der SS-Staadt*, pp. 133~134.

67) 노이엔가메 KZ 소장은 아우슈비츠를 방문하고, 그곳 오케스트라를 보고 난 후, 노이엔가멘수용소 오케스트라를 만들게 했다고 한다. 체코 공산당원이며 음악가였던 에밀 부리안(Emil F. Burian, 1904~1959)도 이 오케스트라 단원이었다.

68) 트레블링카 KZ 소장은 1942년 도착한 유명한 폴란드인 재즈 음악가 아르투어

골트(Arthur Gold, 1897~1943)에게 오케스트라를 만들 것을 명령하여 운영
했다.

69) Adam Kopycinski, "Bericht", p. 271.

70) Adam Kopycinski, "Bericht", p. 271.

71) Gideon Fackler, "Official Camp Orchestras in Auschwitz", http://holocaust-music.ort.org/places/camps/death-camps/auschwitz/camp-orchestras(검색일 2020. 11. 11)

72) SS는 1944년 5월 16일 모든 집시를 살해하려고 밖으로 나오도록 명령을 내렸지만, 집시들은 저항의 의미로 꿈쩍도 하지 않아서 집시들을 가스실로 이송하려던 SS가 일단 철수하는 일도 있었다.

73) 골레샤유는 1942년 7월에 아우슈비츠에서 6킬로미터 남서쪽에 세운 모노비츠 산하의 외부 수용소로, 1943년에 약 450명의 수감자가 강제 노동에 동원되었고, 최고 수용 인원은 1,059명이었는데, 주로 헝가리 유대인이었다.

74) Stephan Stompor, *Jüdisches Musik- und Theaterleben unter dem NS-Staat*, p. 274.

75) 프리모 레비, 『이것이 인간인가』, 39쪽.

76) 나치제국의 지도자들은 히틀러가 1933년 정권을 잡았을 때, 거의 모두 30-40대 또는 20대의 젊은이들이었다. 1897년생이었던 선전부 장관 요제프 괴벨스는 36세, 1893년생의 헤르만 괴링은 40세였고, 하인리히 힘믈러와 마틴 보어만 그리고 한스 프랑크(Hans Frank)는 모두 1900년생으로 33세에 불과했다. 또 히틀러의 비서 루돌프 W. R. 헤스(1894년생)는 39세, 아우슈비츠 복합체의 소장 루돌프 F. F. 회스(1901년생)는 32세, 게슈타포 정보국장 라인하르트 하이드리히(1904년생)는 29세였으며, 1943년 하이드리히의 후임이 된 에른스트 칼텐부룬너(Ernst Kaltenbrunner, 1903~1946)는 30세, 나치 건축가 알버트 슈페어(Albert Speer, 1905~1981)는 28세, 히틀러 유겐트의 총책임자 발두어 폰 쉬라흐(Baldur von Schirach, 1907~1974)는 26세, 아우슈비츠의 SS의사 요제프 멩겔레(1911년생)는 겨우 22세였다. 이들이 전쟁을 일으키고 인종 학

살을 감행했을 때는 약 7~8년 후인 1940년대이므로 나치의 유대인 절멸 시스템은 30~50대의 야심찬 남성들이 고안하고 실행한 것이었다.

77) 이경분, 「베토벤을 통해 본 나치제국의 음악 정책」, 『음악이론연구』 6, 서울 대서양음악연구소, 2001 참고.

78) 히틀러가 베를린 지하 벙커에서 자살한 다음 날인 1945년 5월 1일, 라디오에 서 그의 죽음을 알린 음악은 바그너의 〈지그프리드 장송곡〉이었다. 바그너의 음악극에서 신의 세계가 무너지고 지그프리드가 불에 타죽듯이, 히틀러의 죽음이 바그너적 세계와 겹쳐지는 의미를 가진다.

79) Enrique Sanchez Lansch, *Das Reichsorchester*, 2007, DVD 26:30, 노동자들을 위한 연주회와 히틀러 생일 축하 연주회 39:00.

80) 헤르만 괴링이 '힘믈러의 뇌'라고 말할 정도로 치밀하게 계획하고 행동했던 하이드리히는 힘믈러에게 중요한 인물이었다. 실제로 하이드리히가 아니었 으면, 힘믈러는 나치 간부들 사이의 암투에서 자신의 지위를 지켜내지 못했으 리라는 평가도 있다.

81) 1939년 9월 27일 나치제국의 모든 정보 기관이 제국정보본부(Reichssicher- heitshauptamt, RSHA)로 통합되는데, 하이드리히가 초대 본부장이 되어 막 강한 권력을 행사했다.

82) 하이드리히의 별명은 "살인마", "블론드의 짐승", "악의 사신" 등이었다.

83) 하이드리히의 죽음은 국가적 장례식을 통해 나치 컬트가 되었다. 1945년 독일 이 패전하고 유대인 학살에 책임을 지고 나치 고위 권력자들이 사형에 처해졌 지만, 하이드리히는 전쟁 중에 국가를 위해 싸우다가 희생된 '전사자'로서 부 인 리나는 일생 동안 남편의 연금(장교급)을 받을 수 있었다. 하이드리히가 1945년 살아서 체포되었다면, 뉘른베르크 법정에서 전범으로 사형에 처해지 고 연금을 받지 못했을 것이 확실했다. 패전 후 처음에는 부인 리나에게 연금 이 거부되었으나, 나치의 입김이 여전히 생생했던 독일 보수 법정은 하이드리 히를 '국가 유공자'로 인정하였던 것이다.

84) 1943년 미국에서 개봉했던 이 반나치 영화의 음악은 망명 음악가 한스 아이슬

러가 작곡하여, 오스카상에 노미네이트되었다.

85) 노베르트 레버르트 등, 『나치의 자식들』(이영희 옮김), 사람과사람, 2001, 59쪽. 프랑크는 유명한 화가들의 그림을 사유화하는 등 부패하여 나치 내부에서도 비판받았다.

86) 미하엘 빌트(이진일 옮김), 「나치의 민족 공동체-새로운 정치 질서」, 임지현 외, 『대중독재』, 책세상, 2004, 198쪽.

87) 한스 피츠너는 프랑크에게 1944년 칸타타 〈크라쿠프의 인사(Krakauer Begrüßung)〉를 헌정했다. Sabine Busch, *Hans Pfitzner und der National-sozialismus*. Stuttgart: Metzler, 2001, p. 249.

88) 비르케나우의 SS 하인리히 비숍은 몰래 네덜란드계 유대인 음악가들에게 유대인 노래 연주를 요청해서 듣다가 소문이 나서 전선으로 차출되었다. Szymon Laks, *Musik in Auschwitz*, p. 76.

89) 소녀오케스트라의 할리나 오필카(Halina Opilka)는 고위층 SS가 하위층 SS보다 음악을 더 잘 이해했다고 회고한다.

90) Szymon Laks, *Musik in Auschwitz*, p. 50

91) 여성 음악가들은 아우슈비츠의 대다수 SS대원들의 대중적 음악 취향에 대해 속으로 경멸했다고 한다. Gabriele Knapp, *Das Frauenorchester in Auschwitz*, p. 298.

92) 멩겔레는 생체 실험을 하기 전, 실험 대상 아이들에게 친절한 삼촌처럼 대해주면서 안심시켰다고 한다.

93) 1964년 프랑크푸르트에서 개최된 아우슈비츠 재판에서 목격자의 증언에 따르면, 여자들과 아이들이 멩겔레 앞에서 무릎을 꿇고 빌었지만, 아무 소용이 없었다. 볼프강 벤츠, 『홀로코스트』, 지식의풍경, 2001, 135~136쪽.

94) 막스 만하이머의 보고에 따르면, 왼쪽이 쓸모 있는 노동력을 의미하고, 오른쪽은 가스실 행을 의미했다. 볼프강 벤츠, 『홀로코스트』, 144쪽.

95) Erich Wiedemann/Jens Glüsing, "Josef Mengele in Brazil. 'Angel of Death' Diary Shows No Regrets", *Spiegel international*, 2004. 11. 29.

96) '라인하르트 작전'의 라인하르트는 하이드리히의 이름에서 따온 것으로, 폴란드 점령지에서 유대인과 집시를 절멸하는 학살 프로그램의 위장 명칭이다. SS는 1942년 7월부터 1943년 10월까지 약 1백만 명 이상의 유대인과 5만 명 이상의 집시를 살해했다.

97) 1944년 11월까지 그의 정식 직책은 'Schutzhaftlagerführer'이었다. 이 SS명칭이 의미하는 것은 수용소 소장의 직속 부하이고, 부소장의 역할도 할 수 있었다.

98) Hermann Langbein, *People in Auschwitz*, The University North Carolina Press, 2004, p.323.

99) Szymon Laks. *Musik in Auschwitz*, p. 85.

100) Szymon Laks, *Musik in Auschwitz*, pp. 76~77. 슈바르츠후버의 생일 축하 연주회에는 가족도 함께했다. 같은 책, pp. 86~87.

101) 소련군이 점차 아우슈비츠로 다가오고 독일의 패망이 확실해지자, 이전의 권력자 모습은 알아보기 힘들 정도가 되고 술에 엉망으로 취한 채로 지휘봉을 빼앗아 들고 이 애창곡을 지휘했다는 일화도 전한다. Szymon Laks, *Musik in Auschwitz*, pp. 113~114.

102) 슈바르츠후버가 체코 가족 수용소의 78명의 아이들을 가스실로 보내지 않고, 남성 수용소로 이송하여 살 수 있게 했다는 증언도 있다.

103) 첫 연주는 차이코프스키의 〈이탈리안 카프리치오〉와 〈백조의 호수〉의 일부였다. Stephan Stompor, *Jüdisches Musik- und Theaterleben unter dem NS-Staat*, p. 271.

104) 헨리 크롤은 초기에 석방되었고, 이후 음악가로 활동하지도 않았으므로, 그에 대해 자세한 것은 알 수 없다. 프랑스어 인터넷 사이트에 그가 정비 기술자이자 바이올리니스트였다는 정보가 있을 뿐이다. http://www.musiques-regenerees.fr/GhettosCamps/Camps/KrolHenryk.html(검색일 2020. 11. 23.)

105) 니리크로는 SS대원 에거즈되르퍼(Egersdoerfer)와 함께 1941년 크리스마스 때 부엌에 잠입한 일곱 명의 수감자를 죽였고, 크리스마스트리 아래에 시체

를 두었다. 니리크로가 단원들에게 인기가 없었음은 당연했다. Hermann Langbein, *People in Auschwitz*, p.160

106) Gabriele Knapp, *Das Frauenorchester in Auschwitz*, p. 56.

107) 모노비츠수용소 카펠레도 그러했다. Herman Sachnowitz, "Die Lager-kapelle im KZ Auschwitz", Stephan Stompor, *Jüdisches Musik- und Theater-leben unter dem NS-Staat*, p. 277.

108) Adam Kopyzinski, "Bericht", p. 271. 음악 연주와 여타의 문화 활동이 시작된 후, 전기 철조망에 뛰어드는 사람들이 줄었다고 한다.

109) 단원이 될 수 없었던 헝가리 유대인 피아니스트는 음악 블록이 비었을 때 혼자 모차르트, 베토벤, 슈베르트, 바흐 그리고 쇼팽을 연주했다. Hermann Langbein, "Musik und Spiele in Auschwitz", Stephan Stompor, *Jüdisches Musik- und Theaterleben unter dem NS-Staat*, p. 274.

110) Gabriele Knapp, *Das Frauenorchester in Auschwitz*, pp. 55~57.

111) Adam Kopyzinski, "Bericht", p. 272.

112) 유대인이라도 유명한 음악가는 SS, 특권층 수감자, 카포대장 등의 사적인 축하연에서 연주했다.

113) 락스의 회고에 마이어의 이름은 등장하지 않는다. 락스가 언급하는 음악가는 러시아 유대인으로 프랑스에서 체포되어 왔던 레온 바인트라웁(Leon Weintraub)과 독일 할레 출신의 유대인 하인츠 레빈(Heinz Lewin) 등이다. 바이올린과 색소폰을 연주했던 바인트라웁은 1944년 말 작센하우젠의 오라니엔부르크 수용소로 이송된 직후 사망했다(Szymon Laks, *Musik in Auschwitz*, p. 55). 플루트, 클라리넷, 바이올린과 색소폰, 콘트라베이스 등 다수의 악기를 연주하는 놀라운 능력을 지니고 있던 레빈은 바이올린과 시계 제조 기술도 가지고 있어서 SS와 수감자들에게 인기가 많았다. 레빈은 또 비르케나우 소녀오케스트라의 요청으로 여성 단원들에게 콘트라베이스 레슨을 해주기도 했다. Szymon Laks, *Musik in Auschwitz*, p.102. 레빈은 마트하우젠으로 강제 이송된 후 그곳에서 사망했다.

114) Szymon Laks, *Musik in Auschwitz*, p. 93.

115) Katja Iken, "Dass ich hier sitze, habe ich der Musik zu verdanken", *Spiegel Geschichte*, 2015년 1월 18일자, https://www.spiegel.de/geschichte/jazz-musiker-coco-schumann-ueber-den-holocaust-a-1012887.html(검색일 2020. 11. 20)

116) 단원들을 괴롭혀서 인기가 없었던 코프카는 1943년 말에 동부 전선으로 보내질 예정이었으나, 출발 전날에 병으로 사망한다. Szymon Laks, *Musik in Auschwitz*, p. 69.

117) Szymon Laks, *Musik in Auschwitz*, p. 71.

118) Szymon Laks, *Musik in Auschwitz*, p. 53.

119) Gabriele Knapp, *Das Frauenorchester in Auschwitz*, p. 60와 136.

120) 페리 브로드는 브라질 출생으로 다섯 살 때 독일인 모친과 독일에 와서 1931년 히틀러유겐트에 참여하였고, 1940년 베를린 TU대학에 입학하였으나, 전선 투입으로 학업을 중단한 뒤, 1941년 SS가 되었다. 1942년 아우슈비츠 SS대원으로 비르케나우의 집시 가족 3천 명의 학살에 관여했다. 살인을 즐기는 듯했던 그는 음악실에서는 인간적인 면을 보였다고 한다. Szymon Laks, *Musik in Auschwitz*, pp. 82~83.

121) 락스와 같은 남성 음악가들은 소녀오케스트라의 부드럽고 약한 음색에 얼굴을 찌푸렸다. Szymon Laks, *Musik in Auschwitz*, p. 102.

122) 소녀오케스트라 단원들 중엔 아마추어가 많았지만, 음악적 환경에서 자란 덕에 알마의 엄격한 훈련으로 급속도로 음악적 수준이 높아졌다고 한다.

123) Szymon Laks, *Musik in Auschwitz*, p. 102.

124) Gabriele Knapp, *Das Frauenorchester in Auschwitz*, p. 67.

125) 알마가 소녀오케스트라의 지휘자가 된 경위에 대해 두 가지 설이 있다. 하나는 그녀가 아우슈비츠 중앙 수용소에서 의학 실험용으로 선별되었는데, 그녀의 존재를 알아 본 수감자가 SS의사에게 보고하자, 실험에서 제외되어 오케스트라로 보내졌다는 설이다. 다른 설은 의학 실험동에서 SS대원의 사적

생일파티에서 연주할 바이올리니스트를 찾고 있다는 소식에 알마가 스스로 음악가임을 알렸고, 그녀의 연주에 감동한 여성 SS가 비르케나우 구역장 마리아 만들에게 알렸다는 것이다. Gabriele Knapp, *Das Frauenorchester in Auschwitz*, p.72; Hermann Langbein, "Musik und Spiele in Auschwitz", p. 274.

126) 밤에는 수용소의 모든 바라크가 소등했지만, 락스나 알마에게는 특별히 편곡 작업을 위해 예외적으로 전등 사용이 허락되었다.

127) 알마 로제는 소냐 비노그라도바의 음악적 능력을 높이 평가하였고, 일요 콘서트에서 피아노 솔로로 연주하게 했다. Gabriele Knapp, *Das Frauenorchester in Auschwitz*, p. 86.

128) 이때 비유대인 여성 음악가들은 제1수용소로 이송 조치되었다.

129) 폴란드 음악가들은 연습 때에도 금지된 폴란드어를 사용하여 다른 언어권의 음악가는 소외되었다. Hermann Sachnowski, "Die Lagerkapelle im Auschwitz", Stephan Stompor, *Judisches Musik- und Theaterleben unter dem NS-Staat*, p. 277

130) Hermann Sachnowitz, "Die Lagerkapelle im KZ Auschwitz", p. 277.

131) Hermann Sachnowitz, "Die Lagerkapelle im KZ Auschwitz", p. 278

132) 프리모 레비는 1년 남짓한 모노비츠 생활에서 공개 처형식을 13회 목격했다고 한다. 프리모 레비, 『이것이 인간인가』, 226쪽.

133) 사크노비츠의 회고록에 등장하는 모노비츠오케스트라의 음악가들을 알파벳순으로 정리한 것임.

134) 1943년 4월 아우슈비츠에 왔던 에스더 베자라노(Esther Bejarano, 1924~)는 비르케나우 소녀오케스트라에서 아코디언을 연주했다. 얼마 후 병이 들어 위험한 상황이었는데, 잔인하기로 유명한 SS 오토 몰(Otto Moll, 1915~1946)의 도움으로 회복하였고, '4분의 1 아리아인'이라는 이유로 라벤스부뤼크로 이송되어 살아남았다. 해방 후 이스라엘로 갔다가 그곳 우파들의 행동에 좌절하고, 다시 유럽으로 돌아와 1980년대에 반파쇼 뮤직 그룹 '코인시던스

(Coincidence)'를 창단하여 반파시즘 노래 운동을 전개했다. 게토에서 만들어진 노래와 유대인 노래, 반파시즘 노래를 부르며 끔찍했던 아우슈비츠 역사의 증인으로 현재도 활동하고 있다.

135) "Adam Kopycinski". http://holocaustmusic.ort.org/places/camps/death-camps/auschwitz/kopycinskiadam(검색일 2020.11.20)

136) Gabriele Knapp, *Das Frauenorchester in Auschwitz*, p. 77.

137) 알마는 예외적으로 체코 유대인이자 공산주의자인 마르고트 안첸바허(Margot Anzenbacher)를 바이올리니스트로 입단시켰는데, 강제 노동으로 손가락이 무디어져 연주를 제대로 하지 못했으므로, 기타리스트 및 악보 필사가의 임무를 주었다. 또한 음악 실력이 좋지 못해서 첫 지휘자 조피아 차이코브스카에게 바이올리니스트로 입단이 거절되었던 프로레테 페네트를 살리기 위해 단원으로 받아들였다. Gabriele Knapp, *Das Frauenorchester in Auschwitz*, p. 74.

138) 수감자 의사 마르기타 슈발보바에 따르면 1943년 겨울에 만들은 알마 로제가 연주도 잘 못하는 "유대인을 선호했다고 비난"했고, 비유대인 여성을 허락 없이 맘대로 해고하는 것을 금지했다고 한다. Gabriele Knapp, *Das Frauenorchester in Auschwitz*, p. 47.

139) Szymon Laks, *Musik in Auschwitz*, p. 103.

140) Hermann Langbein, "Musik und Spiele in Auschwitz", p. 274.

141) Szymon Laks, *Musik in Auschwitz*, p. 103.

142) 알마의 번호는 50381이었다.

143) 이 장례식은 아우슈비츠에서 알마의 특별한 존재를 말해주는 사건이다. 장례식에 대한 회고는 과장된 면이 없지 않지만, 여성 음악가들뿐 아니라 다른 수감자들도 장례식에서 마지막으로 알마의 얼굴을 볼 수 있었다고 한다. 이때 마리아 만들도 울었다고 전한다. Gabriele Knapp, *Das Frauenorchester in Auschwitz*, pp. 84~85.

144) Gabriele Knapp, *Das Frauenorchester in Auschwitz*, pp. 84~85.

145) Jörg Plenio and Ralf Lange. *Noten der Not*. "*Das Frauenorchester von Auschwitz*". *Die Oper und ihr Komponist*. DVD. Berlin: Plenio Filmproduktion im Auftrag des RBB [Rund-funk Berlin-Brandenburg] 2006. https://www.youtube.com/watch?v= tYCRJ963IUM(검색일 2019. 2. 25.)

146) 유대인 음악가로 살아남았던 헬레나 니빈스카는 2018년 사망했고, 현재 생존하는 에스더 베자라노는 초창기 2~3개월간 아코디언을 연주했던 아마추어 음악가였다.

147) 유대인의 경우는 재판도 없이 바로 가스실로 보내지지만, 범법자가 되면 재판 과정이 있고, 형을 집행하는 과정이 있으므로, 형무소에 앉아 있는 것이 아우슈비츠와 같은 강제 집단수용소보다 훨씬 인간적이었다고 한다.

148) 아니타의 증언에 대해서는 Sybille Bassler, "Die letzten Zeuginnen - Vom Überleben in Auschwitz"(document), *zdf*.de 2014.

149) Hans Riebsamen,"Das Cello rettete ihr Leben. Mädchenorchester von Auschwitz", *FAZ*. 2011. 9. 13.

150) "Remembering the victims of National Socialism with Anita Lasker-Wallfisch", *Deutscher Bundestag*, 2018. 1. 31.

151) 프리모 레비, 『이것이 인간인가』, 73쪽.

152) 소녀오케스트라 단원(하리나 오필카, 프로레테 페네트, 파니아 페네론)들이 기억에 의존해서 공개한 곡목은 여섯 개의 범주로 나눌 수 있다. 즉, 행진곡, 유행가, 민요, 유흥 음악, 오페레타, 오페라, 오케스트라 음악, 솔로곡 등이었다. 특히 새로 도착한 희생자들의 국적에 따라 그들에게 친밀한 민요가 연주되었는데, 헝가리, 체코, 우크라이나 민요 등 전 유럽의 월드 뮤직이 연주되었다. Gabriele Knapp, *Das Frauenorchester in Auschwitz*, pp. 77-78.

153) 1941년 3월 1일에는 심포니도 연주했다. 하지만 〈에그몬트 서곡〉, 〈코리오란 서곡〉, 슈베르트의 〈미완성 심포니〉 등 심포니 음악을 제대로 연주할 수 있는 편성이 된 것은 1942년이었다. Adam Kopycinski, "Bericht", p. 271.

154) 이 곡은 파울 링케(Paul Lincke)가 1904년에 발표한 곡으로, 베를린의 비공

식적 찬가로 여겨진다. 군악대에서 자주 연주하며, 매년 베를린 필하모닉 오케스트라가 개최하는 베를린 발트뷔네의 마지막 연주회 후 청중과 함께 노래하는 전통이 있다. 20세기 독일의 100대 유행가로 선정될 정도로 널리 알려진 곡이다.

155) Szymon Laks, *Musik in Auschwitz*, pp. 55~56.

156) Gabriele Knapp, *Das Frauenorchester in Auschwitz*, p. 78.

157) 프리모 레비, 『이것이 인간인가』, 39쪽.

158) Szymon Laks, *Musik in Auschwitz*, p. 58.

159) 이경분, 『프로파간다와 음악』, 서강대학교 출판부 2009, 85쪽. '희망콘서트'에 대해서는 83~87쪽 참고.

160) 아우슈비츠에서 다른 수용소로 이송되던 시몬 락스와 음악가들이 퇴각하는 SS장교 중에 슈바르츠후버를 만났을 때, 그는 다른 장교들에게 자랑과 슬픔이 섞인 깊은 한숨을 내쉬며 "나의 멋진 카펠레!"라고 외쳤다고 한다. Szymon Laks, *Musik in Auschwitz*, p. 124.

161) 테레지엔슈타트의 게토 스윙 밴드 열여섯 명 가운데 슈만을 포함해서 네 명만이 살아남았다. Christinae Renye, "1944.10.4. Jazzer Coco Schumann macht Musik in KZ Auschwitz", *SWR* 2019년 10월 4일자 방송.

162) Michael H. Kater, *Different Drummers: Jazz in the Culture of Nazi Germany*, p. 181

163) 에바는 전문 오페라 가수 훈련을 받은 성악가로 SS들이 높이 평가하는 음악가였다. Gabriele Knapp, *Das Frauenorchester in Auschwitz*, p. 268.

164) 바르카롤레는 베네치아 곤돌라를 타고 부르는 8분의 6박자 또는 12분의 8박자의 이탈리아 뱃노래다.

165) 테레지엔슈타트에서도 오펜바흐의 〈호프만 이야기〉나 프란츠 레하르의 유명 오페레타 〈유쾌한 미망인Die lustige Witwe〉처럼 명랑한 음악이 연주되었다. 그러나 아우슈비츠에서와 달리 SS군에게 즐거움을 주기 위한 것은 아니었다.

166) 로지타 세라노는 칠레 가수로, 나치 독일에서 매우 인기가 높았지만, 1943년 스파이 의심을 받은 후 독일을 피했고, 그녀의 노래는 금지되었다.

167) Gabriele Knapp, *Das Frauenorchester in Auschwitz*, p. 128.

168) 지휘자 알마 로제는 연주에 방해가 되는 행동을 매우 싫어했다. SS라도 잡담을 하거나 거슬리는 행동을 하면, 연주를 중단하고 곡을 다시 처음부터 시작하곤 했다. 이런 행동은 소장이 벌을 내릴 수도 있었지만, 그녀는 신경 쓰지 않았고, SS도 알마의 지침을 따랐다고 한다. Gabriele Knapp, *Das Frauenorchester in Auschwitz*, p.124.

169) Adam Kopycinski, "Bericht", p. 271.

170) Adam Kopycinski, "Bericht", p. 272.

171) 1941년부터 전선에서 싸운 독일 군인들을 위문하기 위해 바이로이트축제에 대규모로 초청하여 바그너 음악을 듣게 하였고, 1944년 푸르트벵글러는 바그너의 〈트리스탄과 이졸데〉를 빈에서도 지휘했다. 헤르베르트 하프너, 『푸르트벵글러』(이기숙 옮김), 마티, 2007, 440~441쪽.

172) Michael H. Kater, *Different Drummers: Jazz in the Culture of Nazi Germany*, p.180.

173) 중앙 수용소의 오케스트라는 소장의 명령에 따라 독일 작곡가 에두아르드 퀴네케(Eduard Kunneke, 1885~1953)의 오페레타를 독일 민간인 지휘자의 지휘로 연주해야 했는데, 이는 중앙 수용소 오케스트라의 연주 역량을 암시한다. Adam Kopycinski, "Bericht", p. 271.

174) Szymon Laks, *Musik in Auschwitz*, p. 119.

175) Fania Fenelon, "Bericht", Stefan Stompor, 앞의 책, p. 281. 힘믈러는 1944년 봄에, 아돌프 아이히만은 1944년 8월에 아우슈비츠를 방문했다. 힘믈러는 소녀오케스트라의 연주를 끝까지 듣지 않고 일어섰지만, 나중에 "음악이 맘에 들었다"고 지휘자 알마 로제에게 전하게 했다고 한다. 다른 강제 집단 수용소에서도 힘믈러는 수용소 오케스트라에게 연주하라고 했다. 마우트하우젠 시찰에서 나빠진 힘믈러의 기분은 음악 연주로도 좋아지지 않았다고

한다. Gabriele Knapp, *Das Frauenorchester in Auschwitz*, pp. 206-208.

176) Fania Fenelon, "Bericht", p. 281.

177) 대체로 SS가 음악을 사랑하는 것은 사실이었지만, 그 대다수가 선호했던 것
    은 그리 수준 있는 음악이 아니었다. 마르타 골드슈타인은 비르케나우의 소
    녀오케스트라가 연주한 것은 가끔 괜찮은 음악 작품이 들어있는 정도였지,
    최고의 음악이 아니었다고 주장한다. 에바 슈테른도 자신이 불러야 하는 곡
    은 대체로 시시한 작품이었다고 기억한다.

178) Katja Iken, "Dass ich hier sitze, habe ich der Musik zu verdanken", *Spiegel
    Geschichte*, 2015년 1월 18일자.

179) Steven Brown, Ulrik Volgsten (ed.), *Music and Manipulation: On the Social
    Uses and Social Control of Music*, Berghan 2005, p. 274.

180) 테레지엔슈타트 레퍼토리와 달리 아우슈비츠 레퍼토리에는 창작 음악, 체코
    음악, 유대인 음악이 빈약하였다. 알마 로제가 작곡가의 이름을 밝히지 않은
    채 멘델스존 바이올린 협주곡을 연주한 적이 있는데, 나치들이 눈치채지 못
    했다는 증언이 있다. Fania Fenelon, "Bericht", p. 281.

181) 프리모 레비, 『이것이 인간인가』, 74쪽.

182) 프리모 레비, 『이것이 인간인가』, 74쪽.

183) Gabriele Knapp, *Das Frauenorchester in Auschwitz*, p. 133.

184) Gabriele Knapp, *Das Frauenorchester in Auschwitz*, p. 114.

185) Eugen Kogon, *Der SS-Staat*, p. 133.

186) Gabriele Knapp, *Das Frauenorchester in Auschwitz*, p. 291.

187) Gabriele Knapp, *Das Frauenorchester in Auschwitz*, p. 291.

188) Gabriele Knapp, *Das Frauenorchester in Auschwitz*, pp. 291~292.

189) 젊고 군사 훈련을 받고 정치적 의식도 충만하던 러시아 전쟁 포로 300명도
    저항하지 않았다. 프리모 레비, 『이것이 인간인가』, 280-281쪽.

190) 프리모 레비, 『이것이 인간인가』, 281쪽.

191) 알마 로제가 지휘했던 시기에 여성 음악가들은 람페에서 연주를 하지 않았

다고 한다. 반면 로제가 지휘자가 되기 전인 1943년 여름과 그녀의 사망 후인 1944년 여름에 람페에서의 연주가 확인되었다. Gabriele Knapp, *Das Frauenorchester in Auschwitz*, p. 87.

192) Claudia Leonhard, *Das Unaussprechliche in Worte fassen. Eine vergleichende Analyse schriftlicher und mündlicher Selbstzeugnisse von weiblichen Überlebenden des Holocaust*, Kassel university press, 2013, p, 106.

193) Gabriele Knapp, *Das Frauenorchester in Auschwitz*, p. 122.

194) Andrea Rudorff, *Das KZ Auschwitz 1942~1945 und die Zeit der Todesmärsche 1944/45*, De Gruyter Oldenbourg, 2018, p. 53.

195) 아우슈비츠에서 살아남은 공산주의 저항 조직원 시몬 랑바인에 따르면, 아우슈비츠의 SS들은 책상에서 종이와 숫자로 일하는 상관인 나치 관료들에게 가능한 한 끔직하게 묘사했다. 아돌프 아이히만마저도 시체 더미를 보며 무기력증에 빠질 정도였지만, 자기 부하인 루돌프 회스 소장 앞에서는 아닌 척해야 했다는 증언이 있다. Gabriele Knapp, *Das Frauenorchester in Auschwitz*, pp. 129-130

196) Gabriele Knapp, *Das Frauenorchester in Auschwitz*, p. 136.

197) Stephan Stompor, *Jüdisches Musik- und Theaterleben unter dem NS-Staat*, p. 274.

198) Szymon Laks, *Musik in Auschwitz*, p. 87.

199) 브로드는 새디스트로서 살인을 즐겼다는 증언이 있다. F.C. DeCoste/Bernard Schwartz(ed.), *The Holocaust's Ghost: Writings on Art, Politics, Law and Education*, The University of Albert press, 2000, p. 80.

200) 비르케나우 구역장 슈바르츠후버도 '선별'할 때 자주 술에 취해 있었던 것이 목격되었다.

201) Gabriele Knapp, *Das Frauenorchester in Auschwitz*, p. 122.

202) 빅터 프랭클, 『죽음의 수용소에서』, 37쪽.

203) Gabriele Knapp, *Das Frauenorchester in Auschwitz*, p. 131.

204) 볼프강 벤츠, 『홀로코스트』, 148쪽.

205) 이런 행위는 세르조 네오네(Sergio Leone) 감독의 영화 〈석양의 무법자〉(1966)에서도 볼 수 있는데, 북부군에 포로가 된 남부군에게 폭력을 가할 때 포로 음악 밴드들의 연주가 폭력의 소음을 희석한다.

206) 물론 1944년 아우슈비츠 제3수용소 모노비츠에서는 격주로 일요일에 쉬었지만, 쉬는 일요일에는 수용소 막사의 유지보수 작업을 해야 했으므로 실제로는 일요일에도 일을 했다고 한다. 프리모 레비, 『이것이 인간인가』, 49쪽.

207) 특별 계층 수감자는 "수용소 고참들, 행정 업무직, 카포, 블록 고참 그리고 수용소에서 특별한 임무를 가진 이들"이었다.

208) 일반 여성 수감자들도 때로는 강제로 참석해야 하는 때가 있었다. 아우슈비츠에서 살아남은 말리 프리츠(Mali Fritz)는 "어느 날 우리는 연주회에 동원되었다. 오케스트라는 유행가를 연주했다. 〈세상의 지붕 위에서, 그곳에 황새 둥지가 있었네(Auf dem Dach der Welt, da ist ein Storchennest..)〉(Kreuder/Beckmann의 노래, 1939)와 비슷한 가사였는데, 내게는 끔직했다"고 회상한다. Gabriele Knapp, *Das Frauenorchester in Auschwitz*, pp. 119-120.

209) 이것은 위험한 일이었지만, 여성 SS들은 알마에게 이의를 제기하지 않았다.

210) Szymon Laks, *Musik in Auschwitz*, p. 102.

211) 가브리엘레 크납은 이를 "사회적 사건"이라 칭한다. Gabriele Knapp, *Das Frauenorchester in Auschwitz*, p. 126.

212) 나치 독일의 공식적 음악 정책에 따르면 독일인은 연주회를 방문하여 공동체의 좋은 느낌을 알게 되고, 고귀한 예술과 문화 보존을 지원하는 기쁨을 얻을 수 있다. 나치는 음악을 전쟁의 중요한 요소로 인식했고, 군대 위문에도 이용했다. 헤르베르트 게리크(Herbert Gerigk)는 1940년 "가벼운 음악은 전쟁 시기에 특별한 과제가 있다. 내부 전선의 강화를 위해 문화 작업은 중요한 비중을 가져야 한다"고 주장했다. BA Koblenz, NS 15/189.

213) Fania Fenelon, "Bericht", p. 280.

214) SS하인리히 비숍(Heinrich Bischoff)은 유대 음악을 애호한다는 사실이 발각되어 전선으로 차출되었다. Szymon Laks, *Musik in Auschwitz*, p. 76.

215) Steven Brown/Ulrik Volgsten, *Music and Manipulation: On the Social Uses and Social Control of Music*, p. 274.

216) Katja Iken, "Dass ich hier sitze, habe ich der Musik zu verdanken", *Spiegel Geschichte*, 2015년 1월 18일자.

217) 블로르만이 철조망에 닿기 전에 총으로 쏘아 죽인 SS보초는 다음 날 그의 시체를 오케스트라 연습실 의자에 매어두고 그의 죽음을 조롱했다고 한다. Kellie D. Brown, *The Sound of Hope: Music as Solace, Resistance and Salvation During the Holocaust and World War II*, p. 41.

218) Gabriele Knapp, *Das Frauenorchester in Auschwitz*, p. 139.

219) Klaus Stanjek, "Musik und Mord – Ein Berufsmusiker in Mauthausen", *Der Geist ist frei*. Bd 2, Wien, p. 93.

220) Music and the Holocaust, "Neuengamme". http://holocaustmusic.ort.org/places/camps/central-europe/neuengamme (검색일 2020. 11. 20)

221) Samuel Willenberg, *Treblinka Lager. Revolte. Flucht. Warschauer Aufstand*. Münster: Unrast Verlag 2018, p. 223.

222) 프리모 레비, 『이것이 인간인가』, 39쪽.

223) 프리모 레비, 『이것이 인간인가』, 135쪽.

224) 시몬 락스는 지휘자가 되자 요리와 신발 서비스를 받았다고 고백한다. Szymon Laks, *Musik in Auschwitz*, p. 66.

225) Guido Fackler, "official camp orchestras in Auschwitz", *Music and Holocaust*, http://holocaustmusic.ort.org/places/camps/death-camps/auschwitz/camp-orchestras

226) Gabriele Knapp, *Das Frauenorchester in Auschwitz*, pp. 132~133.

227) 제국문화협회 회원수는 총 25여만 명이고(Christina Hoor, "Das Reichskulturkammer", https://www.dhm.de/lemo/kapitel/ns-regime/kunst-und-kultur/reichskulturkammer.html 검색일 2020.11.22.), 그중 제국음악협회 회원수는 총 17여만 명이었으니 음악 회원 수가 압도적이었다. 제국음악협회 회원 중

예외에 속하는 비아리아인 회원은 약1천 명이었다. Claudia Fridel, *Komponierende Frauen im Drit ten Reich*, Münster: LIT Verlag, 1995, p. 123.

228) 대중적인 '문화오케스트라(Kulturorchester)'는 나치제국의 문화 정책에서 사용된 새로운 개념의 오케스트라 형태인데, 독일민족주의적 이데올로기에서 탄생한 것이다. 음악 장르적으로는 주로 대중적 집회에서 정기적으로 오페라 음악을 연주하고, 진지한 클래식 음악을 연주하였다.

229) Claudia Fridel, *Komponierende Frauen im Dritten Reich*, p. 123. 남성의 경우 음악 교사는 9,511명에 불과했다.

230) 죄책감은 여성 음악가들이 자신의 경험을 오랫동안 공개하지 않고, 익명의 인터뷰어로 남고자 하는 심리적 배경이라 할 수 있다. Gabriele Knapp, *Das Frauenorchester in Auschwitz*, p. 136. 파니아 페네론은 1976년, 에스터 베자르노가 1989년, 아니타 라스커-발피쉬는 1996년 인터뷰를 시작했고, 바이올리니스트 헬레나 두니츠 니빈스카는 2013년『밴드 소녀 중 한 명. 비르케나우 바이올리니스트의 회고(*One of the Girls in the Band. The Memoirs of a Violinist from Birkenau*)』를 출판하였다.

231) Katja Iken, "Dass ich hier sitze, habe ich der Musik zu verdanken", *Spiegel Geschichte*, 2015년 1월 18일자.

232) 마르기타 슈발보바(Margita Schwalbova)의 증언. Gabriele Knapp, *Das Frauenorchester in Auschwitz*, p. 125.

233) 사회주의자로 오스트리아 파시즘에 저항하는 그룹에 속했던 다니만은 1939년 1월 게슈타포에 체포되었고, 1940년 4년형을 받아 빈의 형무소 복역하던 중 1942년 아우슈비츠 제1수용소로 이송되었다. 아우슈비츠(32635번)에서도 나치에 저항하는 그룹에 속해 죽을 고비가 있었지만, 끝까지 살아남았다.

234) Guido Fackler, "Official Camp Orchestras in Autschwitz", http://holocaustmusic.ort.org/places/camps/death-camps/auschwitz/camp-orchestras (검색일 2020. 11. 11.)

235) Hermann Langbein, "*Musik und Spiele in Auschwitz*", p. 274.

236) Szymon Laks, *Musik in Auschwitz*, p. 119.

237) Gabriele Knapp, *Das Frauenorchester in Auschwitz*, p. 118.

238) 수용소의 환자 구역(BIa)은 비르케나우 여성 구역 전체 면적의 4분의 1정도를 차지했다. 병든다는 것은 대부분 사형을 의미했다. 하지만 여성 음악가들은 예외적으로 의료 혜택을 받을 수 있었다.

239) Szymon Laks, *Musik in Auschwitz*, p. 100.

240) Gabriele Knapp, *Das Frauenorchester in Auschwitz*, p. 117.

241) Szymon Laks, *Musik in Auschwitz*, p. 119.

242) Szymon Laks, *Musik in Auschwitz*, p. 118.

243) 1944년 초여름 (알마 로제 사망 후) SS가 일요 콘서트는 중단시켰지만, 비르케나우수용소의 여성들을 위한 연주회는 지속되었다.

244) 프리츠 뢰너-베다(Fritz Lohner-Beda, 1883~1942)는 유명한 프란츠 레하르의 대본 작가였다. 1942년 아우슈비츠 모노비츠로 강제 이송되어 〈부나 노래〉도 작사했으나, 노동성과가 저조하다는 이유로 살해되었다. 헤르만 레오폴디(Hermann Leopoldi, 1888~1959)는 오스트리아 작곡가, 캬바레티스트로 가족의 도움으로 부헨발트에서 해방되어 미국으로 망명하였다.

245) Gabriele Knapp, *Das Frauenorchester in Auschwitz*, p. 211.

246) Szymon Laks, *Musik in Auschwitz*, pp. 69~70

247) Gabriele Knapp, *Das Frauenorchester in Auschwitz*, p. 72

248) 프리모 레비, 『이것이 인간인가』, 162쪽.

249) Szymon Laks, *Musik in Auschwitz*, p. 103.

250) Szymon Laks, *Musik in Auschwitz*, p. 119.

251) Szymon Laks, *Musik in Auschwitz*, p. 74.

에필로그

1) Jeff Roberts, "POW Camps in World War II", Tennessee Encyclopedia, https://tennesseeencyclopedia.net/entries/pow-camps-in-world-war-ii (검색일 2020.11.11.); "German POWs in North Amer ica", https://uboat.net/men/pow/recreation.htm(검색일 2020.11.11.)

참고문헌

1. 1차 자료

Ausschuss für deutsche Kriegsgefangene, "Bericht Japan", Berlin-Lichterfelde: Bundesarchiv, BArch, R67/89, pp. 8-9.

Ausschuss für deutsche Kriegsgefangene, "Interne Bericht", Berlin—Lichter-felde: Bundesarchiv, BArch, R67/1345, p. 82.

Ausschusses für deutsche Kriegsgefangene des Frankfurter Vereins vom Roten Kreuz/Archiv für Kriegsgefangenenforschung (1914-1921), "Gedichte, Kon-zertprogramme, Unterrichtsunterlagen und Predigten von Lagerpfarrern aus Gefangenenlagern", Berlin—Lichterfelde: Bundesarchiv, BArch, R 67/1805.

China, Indochina, Korea camp reports, RG 389, Box 2201(NARA), Korea report, pp. 1-4.

Mappe: England und Amerika, [Alexandra Place, Brecton, Douglas, Handforth, Knockaloe, Stobs, Malta, Clucester N.Y. Liverpool NSW, Fort Oglethorpe, Hot Springs camp] Berlin-Lichterfelde: Bundesarchiv, BArch, R67/1803.

2. 2차 자료

강덕상 외, 『관동대지진과 조선인 학살』, 동북아역사재단, 2013.

강덕상, 『학살의 기억, 관동대지진』(김동수, 박수철 옮김), 역사비평사, 2005.

김종수, 「간토대지진 조선인 학살사건을 규명하는 한국에서의 시민운동」, 강덕상 외, 『관동대지진과 조선인 학살』, 263~306쪽.

나카무라 마츠오, 니시타니 게이치 외, 『태평양전쟁의 사상, 좌담회〈근대의 초극〉과〈세계사적 입장과 일본〉으로 본 일본정신의 기원』(이경훈 외 옮김), 이매진, 2006.

노베르트 레버르트 등, 『나치의 자식들』(이영희 옮김), 사람과 사람, 2001.

다나카 마사타카, 「관동대지진 조선인학살 연구의 과제와 전망~일본에서의 연구를 중심으로」, 『동북아역사논총』 48호, 2015, 89~118쪽.

다나카 마사타카, 「전후 일본의 역사교육과 관동대지진 조선인 학살사건」, 강덕상 외, 『관동대지진과 조선인 학살』, 129~151쪽.

다나카 마사타카, 「간토(關東)대지진과 지바(千葉)에서의 조선인 학살의 추이」, 『한국독립운동사연구』 제47집, 2014. 75~114쪽.

데이비드 웰시, 『독일 제3제국의 선전정책(원제 The Third Reich: Politics and Propaganda)』(최용찬 옮김), 혜안, 2000.

데틀레프 포리케르트, 『나치시대의 일상사』(김학이 옮김), 개마고원, 2006.

미하엘 빌트, 「나치의 민족 공동체-새로운 정치질서」(이진일 옮김), 임지현 외, 『대중독재』, 책세상, 2004.

볼프강 벤츠, 『홀로코스트』(최용찬 옮김), 지식의풍경, 2002.

빅터 프랭클, 『죽음의 수용소에서』(이시형 옮김), 청아출판사, 2005.

이경분, 「독일제국권에서 일본제국권으로 온 망명 음악가 연구」, 『국제지역연구』 제23집 제4호, 서울대학교 국제학연구소, 2014, 1~31쪽.

이경분, 『망명 음악, 나치 음악』, 책세상, 2005.

이경분, 「베토벤 수용을 통해 본 나치의 음악 정책」, 『음악이론연구』 제6호, 서울 대학교 서양음악연구소, 2001, 39~64쪽.

이경분, 「베토벤 9번 교향곡의 일본화: 일본의 연말 다이쿠(第九) 현상의 비판적 연구」, 『음악과 문화』 제38호, 세계음악학회, 2018, 31~60쪽.

이경분, 「전쟁, 살인 그리고 음악-나치제국에서 음악의 역할」, 『역사비평』 제80

호, 역사비평사, 2007, 479~493쪽.

이경분, 「아놀드 쇤베르크의 〈바르샤바의 생존자〉」, 『낭만음악』 제45호, 1999.
5~38쪽.

이경분, 『잃어버린 시간 1938~1944』, 휴머니스트, 2007.

이경분, 『프로파간다와 음악』, 서강대학교출판부, 2009.

이상협, 「명기자 그 시절 회상(2), 동경대진재 때 특파」, 『삼천리』 제6권 제9호.
1934. 9. 1.

이순우, 「식민지 조선에도 난데없이 연합군포로수용소가 만들어진 까닭은?」, 민
족문제연구소, 2018년 9월 7일자.

　　　https://www.minjok.or.kr/archives/100128(검색일 2019. 3. 22.)

이승희, 「關東大地震과 日本軍憲兵隊: 在日朝鮮人虐殺과의 關聯性을 中心으로」,
한국일본학회, 『일본학보』 91, 2012, 365~376쪽.

장세윤, 「관동대지진 시 한인 학살에 대한 『독립신문』의 보도와 최근 연구동향」,
강덕상, 『관동대지진과 조선인 학살』, 207~246쪽.

"푸른 눈의 국악원로 해의만②", 출처 SBS 뉴스.

　　　https://news.sbs.co.kr/news/endPage.do?news_id=N1000928376&plink=
OLDURL&plink=COPYPASTE&cooper=SBSNEWSEND(검색일 2019. 9. 23.)

프리모 레비, 『가라앉은 자와 구조된 자』(이소영 옮김), 돌베개, 2014.

프리모 레비, 『이것이 인간인가』(이현경 옮김), 돌베개, 2007.

헤르베르트 하프너, 『푸르트벵글러』(이기숙 옮김), 마티, 2007.

*

榎本泰子, 『上海オ-ケストラ物語: 西洋人音楽家たちの夢』, 東京: 春秋社, 2006.

近藤正憲, 「シベリア出兵期日本軍によるハンガリー人捕虜射殺事件の研究」, 『ス
ラヴ研究』(53), 北海道大学スラブ研究センター, 2006. pp. 333-353.

ニコレ・ケンプケン, 大沼幸雄 監訳, 『「第九」と日本出会いの歴史: 板東ドイツ人
俘虜収容所の演奏会と文化活動の記録』, 東京: 彩流社, 2011.

大津留厚，『青野原俘虜収容所の世界: 第一次世界大戦とオーストリア捕虜兵』，
　　山川出版社, 2007.

大津留厚，『捕虜が働くとき』，昭和堂, 2013.

藤井浩基，『音楽にみる植民地期朝鮮と日本の関係史―1920~30年代の日本人に
　　よる活動を中心に―』，大阪芸術大学 博士学位論文, 2000.

鈴木淑弘，『第九と日本人』，春秋社, 1998.

福本康之，"日本におけるベートーヴェン受容 IV - 戦時体制(第二次世界大戦)下
　　の状況"，国立音楽大学 音楽研究所年報 16, 2002, pp. 183~198.

山田理恵，"板東俘虜収容所における体育スポッ活動"，『体育学研究』34(1), 日本
　　体育学会, 1989. pp. 15-30.

山田理恵，"松山俘虜収容所と板東俘虜収容所における体育・スポーツ活動の比較
　　・考察: 俘虜の管理・処遇の違いに着目して"，『体育學研究』37(2), 日本体育学会,
　　1992. pp. 173-181.

松尾展成，"久留米「収容所楽団」指揮者オットー・レーマンの生涯"，『岡山大学経
　　済学会雑誌』35(3), 2003, pp. 39~73.

松本善三，『提琴有情 日本のヴァイオリン音楽史』，東京: レッスンの友社, 1995.

石田一志，『モダニズム変奏曲. 東アジアの近現代音楽史』，東京: 朔北社, 2005.

習志野教育委員会, 特別資料展『ドイツ兵の見たNARASHINO―習志野俘虜収容
　　所, 1915~1920』("パンフレット"), 2001年 1月 15日~1月 30日: 会場: ザ・クレス
　　トホテル津田沼, 2001.

習志野市教育委員会編，『ドイツ兵士の見たニッポン 習志野俘虜収容所, 1915~1920』，
　　東京: 丸善ブックス, 2002.

NHK交響楽団，『NHK交響楽団40年史』，東京: 日本放送出版協会, 1967.

垣本せつ子，"第一次世界大戦中の板東俘虜収容所における日本語・ドイツ語の
　　コミュニケーション状況"，東洋大学国際地域学部, Journal of tourism
　　studies(8), 2009/3, pp. 81~93.

佐野仁美，"明治期の日本におけるフランス音楽受容"，『表現文化研究』5(1), 神

戸大学表現文化研究会, 2005. pp. 1~20.

竹中亨, "伊沢修二における『国楽』と洋楽—明治日本における洋楽受容の論理", 『大阪大学大学院文学研究科紀要』40, 2000, pp. 1~27.

*

Aaron Kramer, "Creative Defiance in a death-camp", *Journal of Humanistic Psychology* 38/1, 1998/1, pp. 12~24, https://doi.org/10.1177/00221678980 381003.

Adam Kopycinski, "Bericht", Stephan Stompor, *Jüdisches Musik-und Theater-leben unter dem NS-Staat*, Hannover: Europ. Zentrum für Jüdische Musik, 2001, p. 271.

H. G. Adler, *Theresienstadt 1941~1945: das Antlitz einer Zwangsgemeinschaft; Geschichte, Soziologie, Psychologie.* Tubingen: Mohr, 1960.

H. G. Adler, "kulturelles Leben in Theresienstadt", Stefan Stompor, *Jüdisches Musik-und Theaterleben unter dem NS-Staat*, p. 202.

Ahmels, Haufe/Volker, "Begegnung mit Jahrhundertzeuginnen-Die Pianis-tinnen Edith Kraus und Alice Herz Sommer", *Neue Musikzeitung* 53, 2004/ 3, https://www.nmz.de/artikel/begegnung-mit-jahrhundertzeuginnen (검색일 2020. 4. 5.)

Amt für Denkmalschutz der Stadt Kurume/Japan, *Ungewöhnliche Begegnungen*, Sprachzentrum für Japanisch e.V., Frankfurt a. M.. 2000.

Aster, Misha, *"Das Reichsorchester". Die Berliner Philharmoniker und der Nationalsozialismus*. Siedler, Munchen, 2007.

Beckerman, Michael/Tadmor, Naomi, "Lullaby": The Story of a Niggun, *Musik and Politics*, 10/1(2016), Michigan Publishing, p. 2. https://quod.lib.umich.edu/m/mp/9460447.0010.101/—lullaby-the-story-of-a-niggun?rgn=main; view=fulltext (검색일 2020. 5. 4.)

Bejarano, Esther, *Erinnerungen. Vom Mädchenorchester in Auschwitz zur Rap-Band gegen Rechts*. Hrsg.: Antonella Romeo. Hamburg Laika Verlag, 2013.

Benz, Wolfgang, *Theresienstadt: Eine Geschichte von Tauschung und Vernichtung*, Müenchen. C.H. Beck, 2013.

Benz, Wolfgang, *Der Ort des Terrors: Die Ort des Terrors: Geschichte der national-sozialistischen Konzentrationslager. Band 1: Die Organisation des Terrors*, Müenchen Beck C. H., 2005.

Berman, Karel, "Bericht", Stefan Stomper, *Jüdisches Musik-und Theaterleben unter dem NS-Staat*. p. 208.

Beyer, Susanne/Martin Doerry, "Die Überlebenden: 70 Jahre Befreiung von Auschwitz", *Spiegel.de*, 2015. 1. 27. http://www.spiegel.de/einestages/kz-auschwitz-holocaust-ueberlebende-berichten-a-1015080.html(검색일 2019. 3. 14.)

Bohr, Felix/Cordula Meyer and Klaus Wiegrefe, Interview with an Auschwitz Guard. 'I Do Not Feel Like a Criminal'. *Spiegel.de*, 2014. 8. 28, http://www.spiegel.de/international/germany/spiegel-interview-with-a-91-year-old-former-auschwitz-guard-a-988127html(검색일, 2020. 5. 5.)

Brenner, Hildegard, *Die Kunstpolitik des Nationalsozialismus*, Reinbek bei Hamburg, 1963.

Brown, Kellie D., *The Sound of Hope: Music as Solace, Resistance and Salvation During the Holocaust and World War II*, North Carolina: McFarland 2020.

Brown, Steven/Volgsten, Ulrik(ed.), *Music and Manipulation: On the Social Uses and Social Control of Music*, Berghan, 2005.

Burton, Richard D. E., *Prague: A Cultural and Literary History*, Interlink Books, 2003.

Busch, Sabine, *Hans Pfitzner und der Nationalsozialismus*. Metzler, Stuttgart, 2001.

Cervinkova, Blanka, "Hans Krasa", Hoffmann, Heidi Tamar/Klein, Hans-Gunter (ed.), *Musik in Theresienstadt*, pp. 34~43.

Chang, Eddy Y. L., "The daiku phenomenon: social and cultural influences of Beethoven's Ninth Symphony in Japan", *AEJ(Asia Europe Journal)* 5, 2007/11, pp. 93~114.

Cooke, Mervyn Britten: *War Requiem* (Cambridge Music Handbooks) Cambridge: Cambridge University Press, 1996.

DeCoste, F.C./Schwartz, Bernard(ed.), *The Holocaust's Ghost: Writings on Art, Politics, Law and Education*, The University of Albert press, 2000.

Dümling, Albrecht(Hg.), *Entartete Musik. Dokumentation und Kommentar*, Düsseldorf: der Kleine verlag 1993.

"Ein Berliner Augenzeuge des Erdbebens in Japan. Die Schilderung des Herrn Dr. Burchardt", *Vossische Zeitung* 477, 1923. 10. 9.

Eldredge, Sears A., *Captive Audiences—Captive Performers. Music and Theatre as Strategies for Survival on the Thai—Burma Railway 1942~1945*. St. Paul, MN: Macalester College, 2014.

Engel, Paul(1919): *Das Engel—Orchester. Seine Entstehung und Entwicklung 1914~1919*, Bando: Lagerdruckerei, Transkription von Saburo Kawakami, 2010.

Fackler, Guido, "official camp orchestras in Auschwitz", *Music and Holocaust*, http://holocaustmusic.ort.org/places/camps/death-camps/auschwitz/camp-orchestras(검색일 2020. 8. 1.)

Fénelon, Fania, *Das Mädchenorchester in Auschwitz*, Müenchen: Deutscher Taschenbuch verlag, 2005.

Fénelon, Fania, "Bericht", Stefan Stompor, *Jüdisches Musik-und Theaterleben unter dem NS-Staat*, p. 281.

Finkelstein, Norman, *Die Holocaust Industrie*. Müenchen: Piper, 2001.

Firme, Annemarie/Ramona Hocker(Hrsg.): *Von Schlachthymnen und Protest-songs. Zur Kulturgeschichte des Verhältnisses von Musik und Krieg*. Bielefeld: transcript, 2006.

Fridel, Claudia, *Komponierende Frauen im Dritten Reich*, Münster: LIT Verlag, 1995.

Friedlander, Saul/Rüsen, Jörn, *Richard Wagner im Dritten Reich*, Müenchen, 2000.

Gantschacher, Herbert, *Viktor Ullmann-Zeuge und Opfer der Apokalypse*, ARBOS (Gesellschaft für Musik und Theater) Edition: Wien, Salzburg und Klagenfurt, 1998.

Geiger, Friedrich/Thomas Schäfer(ed.), *Exilmusik während der NS-Zeit*, Hamburg: Bockel, 1999.

Grab-Kermayer, Hedda, "Bericht", Stefan Stomper, *Jüdisches Musik-und Theaterleben unter dem NS-Staat*, p. 207.

Graeff, Max Christian/Haas, Michaela, Coco Schumann. *Der Ghetto-Swinger. Eine Jazzlegende erzählt*, München, 1997.

Günther, Goerg/Drüner, Ulrich, *Musik und "Drittes Reich". Fallbeispiele 1910 bis 1960 zu Herkunft, Höhepunkt und Nachwirkungen des Nationalsozialismus in der Musik*, Wien: Boehlau, 2012.

Hanheide, Stefan: Pace. *Musik zwischen Krieg und Frieden*. Vierzig Werkportrats, Kassel/New York: Bärenreiter, 2007.

Harms, Florian, "Die Opfer haben Namen. Massaker von Babi Jar", *Spiegel Online*, 2016. 9. 29, http://www.spiegel.de/einestages/massaker-von-babi-jar-opfer-haben-namen-kommentar-a-1114350.html(검색일 2019. 3. 5.)

Hartmann, Karl Amadeus: *Komponist zwischen den Fronten und zwischen den Zeiten*, Groote, Inga Mai/Schick, Hartmut (ed.), Tutzing: Schneider, 2010.

Heilbut, Anthony: *Kultur ohne Heimat. Deutsche Emigranten in den USA nach*

1930, Reinbek: Rowohlt, 1991.

Heister, Hanns-Werner, *Musik und Musikpolitik im faschistischen Deutschland*, Frankfurt a. M.,: Fisher 1984.

Hilberg, Raul, *Die Vernichtung der euröpaischen Juden*. Frankfurt a.M. Fischer Taschenbuch, 1991.

Hoffmann, Heidi Tamar / Klein, Hans-Günter(ed.), *Musik in Theresienstadt*, [Schriftenreihe Verdrängte Musik. NS-verfolgte Komponisten und ihre Werke, Band1], Berlin: musica reanimata, 1991.

Höss, Rudolf, *Kommandant in Auschwitz: autobiographische Aufzeichnungen* (Hrsg. von Martin Broszat), München: Dt. Taschenbuch-Verl, 1992.

Hughes, Everett C., "Paradise Ghetto", *Periodicals Archive Online* 22/1(1956), pp. 94~96.

Iken, Katja, "Dass ich hier sitze, habe ich der Musik zu verdanken", *Spiegel Geschichte*, 2015. 1. 18, https://www.spiegel.de/geschichte/jazz-musiker-coco-schumann-ueber-den-holocaust-a-1012887.html(검색일 2020. 8. 15.)

Institut für Film und Bild in Wissenschaft und Unterricht (FWU), "Der Fuehrer schenkt den Juden eine Stadt. Bericht ueber einen Propagandafilm", 1972. http://www.PeriscopeFilm.com(검색일 2020. 8. 15.)

Jäschke, Ruth (2005), "Einleitung"(Geschichtlicher Hintergrund und Ein-führung)', http://bando.dijtokyo.org/?page=theme_detail.php&p_id=122&menu=1(검색일 2014. 9. 5.)

"Kapo", *Enzyklopädie des Holocaust* Bd. II, Piper, München/Zürich 1998, pp. 737~738.

Kater, Michael H., *Gewagtes Spiel. Jazz im Nationalsozialismus*, Köln: Kiepenheuer & Witsch 1995.

Kater, Michael H., *Different Drummers: Jazz in the Culture of Nazi Germany*, Oxford University Press, 2003.

Klein, Hans-Guenther, *Verdrängte Musik, NS-verfolgte Komponisten und ihre Werke*. Bd.1, Berlin, 1991.

Knapp, Gabriele, *Das Frauenorchester in Auschwitz. Musikalische Zwangsarbeit und ihre Bewaeltigung*, Hamburg, 1996.

Koch, Hans-Jörg, *Das Wunschkonzert im NS-Rundfunk*, Böhlau: Köln Weimar Wien, 2003.

Kogon, Eugen, *Der SS-Staat: Das System der deutschen Konzentrationslager*, München: Wilhelm heyne verlag 1974.

Koehler, Otto, "Vom Land des Laechelns nach Auschwitz", *DIE ZEIT* 1996/30, 1996. 7. 19.

Kolonko, Petra, "Deutsche in Shikoku: Wie die Neunte nach Japan kam", *Frankfurter Allgemeine Zeitung*, 2011. 11. 25.

Kopyzinski, Adam, "Bericht", Stephan Stompor, *Jüdisches Musik-und Theaterleben unter dem NS-Staat*, p. 271.

Krasa, Hans/Klein, Gideon, "Kurzgefasste Abriss der Geschichte der Musik in Theresienstadts", Stefan Stompor, *Jüdisches Musik-und Theaterleben unter dem NS-Staat*, pp. 206~207.

Krause, Brigitte, *Feinde/Brüder(Film)*, 2003, http://www.xn–feinde–brder–llb.de/home.html(검색일 2019. 4. 15.)

Krebs, Gerhard, "Der Chor der Gefangenen. Die Verteidiger von Tsingtau in japanischen Lagern", Hans-Martin Hinz/ Christoph Lind(ed.), *Tsingtau-Ein Kapitel deutscher Kolonialgeschichte in China 1897~1914*, Berlin: Deutsches Historisches Museum, 1998, pp. 196~202.

Krekeler, Elmar, "Alice Herz-Sommer, überlebensgroße Optimistin", *Die Welt*, 2006. 9. 18, https://www.welt.de/print-welt/article153480/Alice-Herz-Sommer-ueberlebensgrosse-Optimistin.html(검색일 2020. 8. 15.)

Kroebel, Emma, *Wie ich an den Koreanischen Kaiserhof kam-Reiseeindrucke und*

Erinnerungen, Berlin-Schöneberg, Jacobsthal & Co., 1909.

Kuhn, Adalbert Freiherr von, "Kriegsgefangen in Japan. Ernstes und Heiteres aus meiner ⟨Furionenzeit⟩", Hans Weiland(ed.), *In Feindeshand. Die Gefan-genschaft im Weltkriege in Einzeldarstellungen*, Wien: Gohl 1931, Zweiter Band.

Laks, Szymon: *Musik in Auschwitz*. Düsseldorf, Droste Verlag, 1998.

Lammel, Inge(Hrsg.): *Lieder aus den faschistischen Konzentrationslagern*. Leipzig, Hofmeister, 1962.

Langbein, Hermann, *People in Auschwitz*, The University North Carolina Press, 2004.

Lasker-Wallfisch, Anita, *Ihr sollt die Wahrheit erben: Die Cellistin von Auschwitz—Erinnerungen*, Hamburg: Rowohlt Taschenbuch Verlag, 2001.

Lee, Kyungboon, "Musik und Krieg: Österreichisches und deutsches Musikleben in den japanischen Kriegsgefangenenlagern während des Ersten Weltkrieges", Andreas Kurz/Wei Liu(ed.): *1914–Ein Jahrhundert entgleist*, Wien: Praesens Verlag, 2015.

Leibman, Ludmilla: *Teaching the Holocaust through music*. UMI, Ann Arbor MI, 1999(=Boston MA, Boston Univ., Diss., 1999).

Longerich, Peter, *Der ungeschriebene Befehl. Hitler und der Weg zur Endlösung*. München, 2001.

Margry, Karel, Das Konzentrationslager als Idylle: "THERESIENSTADT"—EIN DOKUMENTARFILM AUS DEM JÜDISCHEN SIEDLUNGSGEBIET, Inter-net Archive, https://web.archive.org/web/20130427022754 (검색일 2020. 4. 5.)

Marion Bruck, "Alma Rose", https://mugi.hfmt-hamburg.de/Artikel/Alma_Ros%C3%A9.pdf(검색일 2020. 4. 5.)

Martens, Ute, *Hans Krása-"Brundibár": Eine Kinderoper in Theresienstadt*,

Diplomica Verlag, 1997.

Maul, Heinz Eberhard, "Japan und die Juden. Studie über die Judenpolitik des Kaiserreiches Japan während der Zeit des Nationalsozialismus 1933~1945". Dissertation, University Bonn, 2000.

Meyer, Ahlrich, "Ein Kafka-Roman mit umgekehrten Vorzeichen". Notizen anlässlich des Reprints von H. G. Adlers Buch Theresienstadt 1941~1945, *Sozial.Geschichte Online*, Heft 24, 2018, pp. 37~66.https://duepublico2.uni-due.de/receive/duepublico_mods_00047938(검색일 2020. 4. 28.)

Mikota, Jana, "Jüdische Schriftstellerinnen- wieder entdeckt: Ilse Weber und ihre jüdischen Märchen", *Medaon, Magazin für Jüdisches Leben in Forschung und Bildung*, 10, 2012.

Moynahan, Brian, Leningrad: *Siege and Symphony*(Eastbourne, UK: Quercus Publishing, 2013).

Muller, Melissa/Piechocki, Reinhard, *A Garden of Eden in Hell: The Life of Alice Herz-Sommer*, London: Pan Books, 2010.

"Musik und Gender im Internet"(Hamburg): https://mugi.hfmt-hamburg.de (검색일 2020. 4. 15.)

Muxeneder, Therese(ed.): *Arnold Schönberg. A Survivor from Warsaw op. 46. Faksimile des Particell-Autographs*. Mit ausgewählten Dokumenten und Skizzen von Schönbergs Hand. Laaber-Verlag, Laaber, 2014.

Peduzzi, Lubomir, "Pavel Haas", Hoffmann, Heidi Tamar/Klein, Hans— Günter (ed.), *Musik in Theresienstadt*, pp. 11~22.

Pekar, Thomas(ed.), *Flucht und Rettung. Exil im japanischen Herrschaftsbereich (1933~1945)*. Berlin Metropol-Verlag, 2011.

Pelt, Robert Jan van, "Auschwitz". Günther Morsch(ed.), *Neue Studien zu nationalsozialistischen Massentötungen durch Giftgas*. Berlin: Metropol-Verlag 2011.

Petersen, Peter(ed.), *Zündende Lieder-Verbrannte Musik. Folgen des Nazifaschismus für Hamburger Musiker und Musikerinnen*, Hamburg: VSA, 1995.

Prieberg, Fred K., *Musik im NS-Staat*, Frankfurt a. M: Fischer, 1982.

Raab Hansen, Jutta: *NS-verfolgte Musiker in England. Spuren deutscher und östereichischer Flüchtlinge in der britischen Musikkultur*, Hamburg: Bockel, 1996.

Riebsamen, Hans, "Das Cello rettete ihr Leben. Mädchenorchester von Auschwitz", *FAZ*. 2011. 9. 13, https://www.faz.net/aktuell/rhein-main/frankfurt/maedche-norchester-von-auschwitz-das-cello-rettete-ihr-leben-11167321.html(검색일 2020. 4. 15.)

Rode-Breymann, Susanne(ed.), *Krieg und Frieden in der Musik*. Hildesheim: Olms, 2007.

Roeder, Maike (ed.), *"Alle Menschen werden Brüder ..."*. *Deutsche Kriegsgefangene in Japan 1914~1920*. Begleitheft zur Ausstellung der OAG. Tokyo: PrintX Kabushikigaisha, 2005.

Rudorff, Andrea, *Das KZ Auschwitz 1942~1945 und die Zeit der Todesmärsche 1944/45*, Oldenbourg De Gruyter: 2018.

Sachnowski, Hermann, "Die Lagerkapelle im Auschwitz", Stephan Stompor, *Jüdisches Musik-und Theaterleben unter dem NS-Staat*, pp. 277~278.

Saigami, Tokio(1969), Matsuyama Shuyosho, übersetzt von Kurt Meißner, Chu Koronsha, http://www.tsingtau.info/index.html?lager/kur-ausst.htm(검색일 2016. 1. 20.)

Saudek, Vojtech, "Gideon Klein", Hoffmann, Heidi Tamar/Klein, Hans-Günter (ed.), *Musik in Theresienstadt*, pp. 23~33.

Schauwecker, Detlev, "Musik und Politik, Tokyo 1934~1944", Gerhard Krebs/Bernd Martin(ed.), *Formierung und Fall der Achse Berlin- Tokyo*, München, 1994, pp. 211~253.

Schmidt, Hans-Joachim, "Die Verteidiger von Tsingau und ihre Gefangenschaft in Japan(1914 bis 1920)", http://www.tsingtau.info(검색일 2019. 4. 5.)

Schultz, Ingo, "Viktor Ullmann und seine Musikkritiken. Über einen kritischen Begleiter des Theresienstädter Musiklebens", Viktor Ullmann, *26 Kritiken uber musikalische Veranstaltungen in Theresienstadt*, Bockel 2011, pp. 9~50.

Schultz, Ingo, "Theresienstädter Musiker in Ullmanns Kritiken. Biographischer Anhang", Viktor Ullmann, *26 Kritiken uber musikalische Veranstaltungen in Theresienstadt*, pp. 113~150.

Senghaas, Dieter, "Frieden und Klassische Musik", Hans J. Giessmann /Bernhard Rinke(ed.), *Handbuch Frieden*, Wiesbaden: VS Verlag für Sozialwissenschaften, 2011.

Sofsky, Wolfgang, *Analyse des Schreckens. Eugen Kogons Der SS-Staat und die Per-spektiven der KZ-Forschung, Polis, Analysen Meinungen Debatten*, Eine Schriftenreihe der Hessischen Landeszentrale für politische Bildung 15, 1995.

Sofsky, Wolfgang, *Die Ordnung des Terrors: Das Konzentrationslager*. Frankfurt am Main, S. Fischer, 1993.

Stanjek, Klaus, "Musik und Mord-Ein Berufsmusiker in Mauthausen", Baumgartner, Andreas(ed.), *Der Geist ist frei*. Bd 2, Wien: Edition Mauthausen, 2008; Stefan Schmoe, "Die Trivialisierung des Holocaust". http://www.omm.de/veranstaltungen/musiktheater20062007/MG-das-frauenorchester-von-auschwitz.html(검색일 2019. 4. 20.)

Stoessinger, Caroline, *A Century of Wisdom: Lessons from the Life of Alice Herz—Sommer, the World's Oldest Living Holocaust Survivor*, Random House, 2012.

Stompor, Stephan, *Jüdisches Musik-und Theaterleben unter dem NS-Staat*, Hannover: Europ. Zentrum für Jüdische Musik, 2001.

Stompor, Stephan, *Künstler im Exil, in Oper, Konzert, Operette, Tanztheater, Schauspiel, Kabarett, Rundfunk, Film, Musik-und Theaterwissenschaft sowie*

Ausbildung in 62 Ländern, Frankfurt am Main u.a.: Peter Lang, 1994.

Tewinkel, Christiane, "Gedenkkonzert für Opfer des Holocaust: So achtsam wie nie", *Der Tagesspiegel* 2015. 1. 29, http://www.tagesspiegel.de/kultur /geden-kkonzert-fuer-opfer-des-holocaust-so-achtsam-wie-nie/11295344. html(검색일 2018. 1. 5.)

"The Birkenau Men's Camp Orchestra", https://www.facinghistory.org/ music-memory-and-resistance-during-holocaust/birkenau-mens-camp-orchestra(검색일 2020. 8. 30.)

Ullmann, Viktor, 26 *Kritiken über musikalische Veranstaltungen in Theresienstadt*, Hamburg, Bockel, 2011.

Vogel, Eric, "Jazz im Konzentrationslager". Ritter, Franz(ed.): *Heinrich Himmler und die Liebe zum Swing*. Leipzig: Reclam, 1994.

Vogt, Karl, *Aus der Lebenschronik eines Japandeutschen 1897~1941*, Deutsche Gesellschaft für Natur–und Völkerkunde Ostasiens(OAG), 1962.

Wagner, Bernd C., *IG Auschwitz. Zwangsarbeit und Vernichtung von Häftlingen des Lagers Monowitz 1941~1945*. München: Saur, 2000.

Walravens, Hartmut, "Kriegsgefangenschaft in Japan", *Nachrichten(NOAG)* 139~142, Hamburg 1986/87.

Walravens, Hartmut, "Nachlese zur Ausstellung uber Fritz Rumpf", *Nachrichten(NOAG)* 155~156. 1994.

Weber, Ilse, *Wann wohl das Leid ein Ende hat: Briefe und Gedichte aus Theresienstadt*, München: Carl Hanser, 2008.

Weiland, Hans (Hg.), *In Feindeshand. Die Gefangenschaft im Weltkriege in Einzeldarstellungen*, Zweiter Band, Wien: Göhl 1931.

Wiedemann, Erich/Glusing, Jens, "Josef Mengele in Brazil. 'Angel of Death'. Diary Shows No Regrets", *Spiegel international*, 2004. 11. 29, https://www. spiegel.de/international/spiegel/josef-mengele-in-brazil-angel-of-deathdiary-shows-no-regrets-a-330311.html(검색일 2019. 2. 27.)

Willenberg, Samuel, *Treblinka Lager. Revolte. Flucht. Warschauer Aufstand*, Münster: Unrast Verlag, 2018.

Whyte, Brendan R., *The railway atlas of Thailand, Laos and Cambodia*, White Lotus Press, 2010.

Wulf, Joseph, *Musik im Dritten Reich. Eine Dokumentation*, Gütersloh, 1963.

3. 3차 자료

"이제는 말할 수 있다-86회 한국전쟁과 포로 3부 철조망의 안과 밖", MBC, 2004, https://www.youtube.com/watch?v=TZ3C9JnergM(검색일 2018. 3. 30.)

"Auschwitz-Erinnerungen des Häftlingsnummer 1327", Dokumentarfilm: copyright Fact Film, https://www.youtube.com/watch?v=iZ2iG4uaOQc (검색일 2019. 3.7.)

Bassler, Sybille, "Die letzten Zeuginnen-Vom Überleben in Auschwitz" (document), *zdf.de*, 2014, https://dokustreams.de/die-letzten-zeuginnen-vom-ueberleben-in-auschwitz(검색일 2019. 2. 27.)

Broughton, Simon, "The story of Terezin", *BBC*, 1993, https://www.youtube.com/watch?v=GeDXPGU1Cx4&t=1112s(검색일 2020. 3. 3.)

Brügger, Jürgen/Jörg Haaßengier/Gerhard Schick, "Inside Auschwitz in 360 Grad"(아니타 라스커-발피쉬 인터뷰), https://www.youtube.com/watch?v=QwC5d75iTcA(검색일 2019. 3. 25.)

Dietrich, Oliver, "Auschwitz-Geschichte einer Todesfabrik", *NDR.de*, https://auschwitzundich.ard.de/auschwitz_und_ich/geschichte/ index.html (검색일 2019. 2. 20.)

Dietrich, Oliver/Christian Spielmann, "Man kommt nie wirklich raus aus

dem Krematorium", *NDR.de*, https://auschwitzundich.ard.de/auschwitz_
und_ich/geschichte/zitate-Hoess-Venezia-Auschwitz, auschwitzcollage
100. html(검색일 2019. 2. 25.)

Hillesheim, Holger/Wolfgang Schoen, "Die Gestapo. Hitlers scharfste Waffe",
https://www.youtube.com/watch?v=vZ688WByFsg(검색일 2019. 3. 15.)

"Holocaust–Überlebender(Israel Yaoz) erinnert sich an seine Gefangenschaft
im KZ Bergen-Belsen", https://www.youtube.com/watch?v=9WExU-
Hy6gk(검색일 2019. 3. 10.)

"Interview mit Zofia Posmysz zu ≫Die Passagierin≪", Semperoper Dresden
https://www.youtube.com/watch?v=uKzDoq0SPm0(검색일 2019. 4. 20.)

Karl Fruchtmann, "Zeugen in Auschwitz"II, 1981, https://www.youtube.com
/watch?v=YCXAlPIX3Jk(검색일 2019. 3. 5.)

Lewit, Aba: "Versteckt im KZ uberlebt". Sendung: Die letzten Zeitzeugen Teil
3. Interviews mit Uberlebenden des Holocaust. Interviewerin: Sabrina
Peer, https://www.youtube.com/watch?v=7BlYUf7fDWk(검색일 2020.
3. 4.)

Morris Venezia 증언, Maurice Philip Remy: *Holokaust Teil4: Mordfabrik*, MPR
Film und Fernseh Produktion GmbH, https://www.youtube.com/ watch?v
=70oPnpqNSa4(검색일 2019. 3. 1.)

Oltmanns, Jan, "Dimensionen des Völkermords". *tagesschau.de*(2012. 1. 20.),
https://www.tagesschau.de/inland/meldung64616.html(검색일 2020. 4. 23.)

Plenio, Joerg/Ralf Lange, "Noten Der Not, Das Frauenorchester von Aus-
chwitz. Die Oper und ihr Komponist", *Rundfunk Berlin-Brandenburg* 2006,
https://www.youtube.com/watch?v=tYCRJ963IUM(검색일 2019. 2. 25.)

"Rap gegen Nazis mit Esther Bejarano", *Kulturjournal NDR*, https://www.
youtube.com/watch?v=gl9xwtNWPdE(검색일 2019. 4. 23.)

Remy, Maurice Philip, "Holokaust Teil 4: Mordfabrik", MPR Film und

Fernseh Produktion GmbH(2000), https://www.youtube.com/watch?v=
70oPnpqNSa4 (검색일 2019. 3. 5.)

Silvesterkonzert des Rundfunk-Sinfonieorchesters Berlin. "Gegen den Motor
dunkler Mächte", https://www.deutschlandfunk.de/silvesterkonzert-
des-rundfunk-sinfonieorchesters-berlin.1988.de.html?dram:article
_id=398869(검색일 2019. 3. 14.)

Sonderkommando Auschwitz-Birkenau, https://www.youtube.com/watch?v=
DFPVeaSEyS4(검색일 2019. 4. 5.)

Strobele, Carolin, "Der vergessene Aufstand, Haftlingsrevolte in Auschwitz."
tagesschau.de, 2007. 8. 27, https://www.tagesschau.de/inland/meldung
201918.html(검색일 2019. 3. 23.)

Sybille Bassler, "Die letzten Zeuginnen-Vom Überleben in Auschwitz", zdf.de
2014.

"1945: Das Mädchen im KZ-Orchester. Mit 17... Das Jahrhundert der Jugend"
(Esther 인터뷰), https://www.youtube.com/watch?v=uTfjV8pH7fw&t=
222s(검색일 2019. 4. 5.)

4. 아카이브, 뮤지엄

Deutsche Nationalbibliothek(GND): https://d-nb.info/gnd/122169018

"Die Ermordung von Ungarischen Juden", Yad Vashem International Holocaust Gedenkstaette: https://www.yadvashem.org/de/holocaust/about/fate-of-jews/hungary.html#narrative_info

Dokumentationsarchiv des österreichischen Widerstands: http://www.doew.at

Homage to Szymon Laks 1901~1983/2018/08/04/homage-to-szymon-laks-1901~1983

Library of Congress(LCCN): https://lccn.loc.gov/nr95011401

http://www.musiques-regenerees.fr/GhettosCamps/Camps/KrolHenryk.html

Music and the Holocuast: http://holocaustmusic.ort.org/places/camps/death-camps/auschwitz/camp-orchestras

Viktor Ullmann Foundation: https://viktorullmannfoundation.com

Virtual International Authority File(VIAF): https://viaf.org/viaf/59959386

찾아보기

가

가믈란 음악 64
가스실 101, 106~107, 110, 117, 120,
    127, 136, 140, 152, 158, 161, 164, 167,
    169~170, 172~173, 179, 184, 186,
    208~ 209, 211, 214~216, 218, 220,
    223, 225~ 226, 236, 243, 246, 248,
    256, 262~263, 268, 271~272, 285,
    291, 292~295, 297, 305, 316~317
강덕상 86~87
강제 집단수용소(KZ, Konzentration-
    slager) 7, 9, 94, 98, 101, 108, 110, 129,
    199, 202, 208, 220, 226, 233, 242,
    247, 258, 285~286, 310, 320
게슈타포 103, 105, 215, 221, 238~239,
    260
게토 수용소 101, 108~109, 111~112,
    114, 116~117, 119~121, 126, 129~130,
    133, 135, 137~138, 145~146, 153, 157,
    178, 180~181, 183, 189, 193

〈게토 스윙〉 117, 133~134, 136, 153,
    185
골레샤유(Golleschau)수용소 236
관동대지진 21, 81~82, 91, 94, 321
구루메(久留米)수용소 20~22, 24~25,
    30, 32~34, 39~40, 44, 47~53, 57, 64,
    66, 69, 85, 92~94, 97
군악대장 39~40, 52
굴라크(Gulag) 228
기데온 클라인(Gideon Klein) 132, 136
    ~137, 142, 147, 149, 152~153, 168~169,
    171~172, 179~182, 195, 319
기술 관료 204, 211

나

나고야(名古屋)수용소 20, 39
나라시노(習志野)수용소 20~21, 27~
    29, 39~41, 44, 47, 53~55, 57, 66, 71,
    81~83, 85~91, 94~95, 98

나치 친위대(Schutzstaffel, SS) 7, 10, 98,
　　105, 108, 111, 113, 117, 119, 121,
　　123, 126~129, 133, 138~140, 142~
　　145, 154~ 156, 160~161, 169, 178,
　　183, 202~203, 206, 209, 211~212,
　　214~216, 218~222, 224~226, 232
　　~233, 235~239, 243~245, 247, 249
　　~251, 253~254, 257~264, 268~ 269,
　　277~286, 288, 291~302, 305~307,
　　309~310, 312~313, 316~317
나치제국 138, 185, 233, 243, 245, 247,
　　251, 281, 320
나치즘 228, 317
노컬로(Knockaloe)수용소 76~77
뉘른베르크 전범 재판 221
니노시마(似島)수용소 20

다

다나카 히로시(田中博) 64
다이쿠(第九) 현상 93, 97
다하우(Dachau)수용소 203, 234, 247~
　　248, 258, 261, 295
대기 수용소 105, 108
더글라스(Douglas)수용소 76~77
도쿠가와 요리사다(德川賴貞) 64

『독립신문』 83
독일포로위원회(Ausschuss fuer deuts-
　　che Kriegsgefangene, Hamburg) 22
드로브작 51, 55, 147~149, 286
드뷔시 64
『디 바라케(Die Baracke)』 32, 43

라

라벤스부뤼크(Ravensbruek)수용소 234,
　　248
라인하르트 하이드리히(Heinrich Hey-
　　drich) 105, 238~243, 245, 284, 320
라파엘 쉐히터(Rafael Schachte) 122, 132,
　　135~136, 142, 147, 167, 175, 180,
　　191~192
러일전쟁 59, 70
레온 블로르만(Leon Bloorman) 266,
　　302
렉스 반 웨렌(Lex van Weren) 265, 285,
　　301, 304, 306
루돌프 회스(Rudolf Hoß) 202~205,
　　207, 211, 216, 249, 253, 291~292
르네 게르트너-가이링어(Renee Gaert-
　　ner-Geiringer) 137
리스트 46, 76, 279

리하르트 니취케(Richard Nitschke) 39

리하르트 베어(Richard Baehr) 205, 207~208, 246

리하르트 슈트라우스(Richard Strauss) 38, 45~46, 51, 54~55, 243

264, 279, 285, 288, 315

모리스 베네치아(Morris Venezia) 218

모차르트 17, 46~47, 50~51, 54, 136, 143, 148, 150, 231, 238, 244, 282

몰타(Malta)수용소 76

문화정치 83

마

마르틴 로만(Martin Roman) 117, 185

마리아 만들(Maria Mandl) 206~207, 244~245, 259, 261, 268, 296, 300~ 301, 320

마우리체 로셀(Maurice Rossel) 140, 236, 294

마우트하우젠(Mauthhausen)수용소 234, 302~303

마즈다넥(Majdanek)수용소 103, 140, 144

마츠에 도요히사(松江豊寿) 22

막스 호르크하이머(Max Horckheimer) 228

말러 134, 148, 155, 175, 251, 266, 286

멘델스존 45~46, 50, 54, 77, 128, 148, 251, 286

모노비츠(Monowitz)수용소 199, 204, 206~208, 216~217, 234, 236, 262~

바

바그너 40, 50~51, 54, 59, 61, 77, 80, 148, 231, 238, 283~284

바이로이트(Bayreuth) 축제 148

바흐 10, 54, 148, 150, 155, 181, 238, 302

반도(板東)수용소 9, 17, 20~22, 25, 27, 29, 30, 32~34, 38~40, 42~47, 49~50, 52, 55~57, 59, 63~64, 66, 73, 81, 85, 92~94

반제회의(Wannsee Konferenz) 106

발터 크레머(Walter Kramer) 221, 253

베드르지흐 프리타(Bedřich Fritta) 104, 112, 126~127, 130, 134, 140, 151, 160, 172, 190

베르나르트 카프(Bernard Kaff) 137, 171

베르톨트 브레히트(Bertolt Brecht) 124, 241

베토벤 17, 37~40, 42, 45~47, 50~51, 54~55, 57, 59~64, 80, 92~93, 148, 151, 153, 192, 238, 282, 284, 307

베토벤 교향곡 제9번 합창 17, 37~39, 42, 47, 59, 62~64, 80, 92~93

벤야민 무르멜슈타인(Benjamin Murmelstein) 117, 119

『보시세 자이퉁(Vossische Zeitung)』 82

보호감금(Schutzhaft) 82

부나수용소(Lager Buna) 206

〈부룬디바르(Brundibar)〉 107, 137, 142, 155~161, 174~175

부헨발트(Buchenwald)수용소 221, 223~224, 289, 310, 312

브람스 40, 147~148, 150, 153, 181, 231, 282

브리기테 크라우제(Brigitte Krause) 48

〈비갈라(Wiegala)〉 161~163, 182

비르케나우(Birkenau)수용소 199, 204~205, 207, 209, 212, 223~224, 226, 234, 236, 244, 246, 248, 252~256, 258~259, 261, 269~270, 272, 278~281, 283, 295~296, 300~302, 312

빅토르 울만(Viktor Ulmann) 147, 149~150, 152, 155, 160, 167~168, 176~180, 192, 309

빅토르 프랑클(Viktor Frankl) 220, 217

빈젠츠 쇠틀(Vinzenz Schottl) 207, 263

사

살인 공장 9, 109, 120, 199, 201~202, 204, 224, 226, 245, 251, 277, 298, 300, 315~317

상하이오케스트라 21, 39, 44, 54, 60, 62

생상스 44~45

"서류철: 영국과 미국(Mappe: England und Amerika)" 75~76

소냐 비노그라도바(Sonia Winogradowa) 261

쉰베르크 155, 176

쇼팽 147~148, 150~151, 187, 254, 283, 307, 313

숄롬 세쿤다(Sholom Secunda) 128, 285

〈수염들의 낙원(バるとの樂園)〉 48, 92

수용소 카펠레(die Lagerkapelle) 39~40, 51, 56, 277

슈만 40, 51, 54, 148, 150, 247, 272, 284, 298,

슈베르트 40, 43, 50~51, 54, 77, 148, 150, 244, 250, 279~280, 282

슐츠오케스트라 45

스메타나 136, 148~150, 155, 185, 191, 286, 309

스타니슬라브 브로네크(Stanislav Bronek) 262, 264

스톱스(Stobs)수용소 37, 78

〈습지의 군인(Die Moorsoldaten)〉 310

시몬 락스(Szymon Laks) 212, 214, 249, 256~258, 265, 269, 277, 283~284, 297, 307~309, 312~313

시체 처리반(특수 코만도) 218~219, 222~226, 248, 279, 292, 297

아

아니타 라스커-발피쉬(Anita Lasker-Wallfisch) 215, 265~266, 271, 275~276, 293

아담 코피친스키(Adam Kopycinski) 235, 253~255, 258, 266, 282~283

아돌프 다우버(Dol Dauber) 128

아돌프 아이히만(Adolf Eichmann) 139, 160, 192, 295

아들러(H. G. Adler) 109~110, 120, 131, 148, 187, 189, 228

아르민 티롤러(Armin Tyroler) 135

아르투어 리베헨쉘(Arthur Liebehenschel) 205, 207

아오노가하라(青野原)수용소 20

「아우슈비츠 보고서」 224

아우슈비츠(Auschwitz)수용소 7, 9~10, 101, 103~111, 117, 120, 122, 127~128, 136, 139, 142, 144, 150~152, 155~156, 159, 161, 164, 167, 169~170, 172~173, 179, 189, 199, 201~218, 221~232, 234~237, 243~248, 250~256, 259~260, 263~266, 268~278, 281~287, 289, 291~296, 302~309, 312~313, 315~320

아우슈비츠 현상 226, 229

안톤 부르크너(Anton Bruckner) 38

알렉산드라 팰리스(Alexandra Palace)수용소 37, 80

알마 로제(Alma Rose) 259~261, 265~269, 271, 276~277, 282~283, 286, 296, 299, 302, 306, 308~309, 313, 319

야콥 에델슈타인(Jakob Edelstein) 117

얀 차보르스키(Jan Zaboroski) 255

에디트 슈타이너-크라우스(Edith Steiner-Kraus) 116, 135, 137, 143, 147, 150~151, 155~156

에리히 포겔(Erich Vogel) 117, 134, 185~186

엑카르트 존(Eckhard John) 189

엘라링겐스(Ela Lingens) 227

엥겔오케스트라 37, 42~43, 56, 58, 80

예후다 바우어(Yehuda Bauer) 227~
228

오라니엔부르크(Oranienburg)수용소
104

오이겐 코곤(Eugen Kogon) 220, 226,
289

오토 레만(Otto Lehmann) 39, 52

오토 몰(Otto Moll) 297

오토 부르크하르트(Otto Burchardt)
82~83, 85

요제프 로젠슈토크(Joseph Rosenstock)
60, 62

요제프 멩겔레(Josef Mengele) 244~
247, 272, 301, 320

요제프 슈트로스(Dr. Josef Stross) 130,
136

요제프 요아힘(Joseph Joachim) 266

요제프 쾨니히(Joseph Koenig) 62

요제프 크라머(Josef Kramer) 205, 207,
244

요하네스 위버샤르(Johannes Ueber-
schaar) 28

요한 슈바르츠후버(Johann Schwartz-
huber) 206~207, 247~248, 296

유네스코 세계기록유산 9, 21

유대인 자치 행정제 113, 117, 130, 132~
133

『육전 법규 관례에 관한 조약』 24

음악 노예 258, 299, 300~301, 317

이게파르벤(IG Farben) 206, 210

이르마 그레제(Irma Grese) 244~245,
297, 300~301

일과표 25

일본제국 49, 56, 59

일제 베버(Ilse Weber) 116, 161~162,
164, 167~168, 182

자

자경단 83~84, 86~87, 89

자유시간조직부(프라이차이트게슈탈
퉁, Freizeitgestaltung) 132~133, 135
~136, 152, 159, 183~184, 309

작센하우젠(Schsenhausen)수용소 203,
234, 310

적십자사 시찰단 69, 86, 124, 128, 130,
138~141, 143, 155, 158, 160, 236,
294~296

절멸 수용소 107~108, 110, 142, 144~
145, 162, 172, 185, 199, 205, 208,

248, 294~295, 303

제1차 세계대전 5~8, 17, 19, 45, 66, 68,
  70~73, 75, 98, 106, 109, 170, 232
  ~233, 251, 319

제2차 세계대전 7, 11, 70, 98, 101, 109,
  149, 192, 199, 232, 242, 319~320

제3제국 188

조선인 학살 21, 86~87, 89, 94

조피아 차이코브스카(Zofia Czajkowska)
  259~261

줄리엣 아라니(Juliette Aranyi) 150~
  152

『진실을 유산으로 상속하라(Ihr sollt die
  Wahrheit erben)』 273

집시 가족 수용소 205, 236

차

철조망 병(Stacheldraht-Krankheit) 30

체코 가족 수용소 205, 236, 256, 312

즈덴카 판틀로바(Zdenka Fantlova)
  187

치클론 베(Ziklon B) 202, 208, 220

칭다오전투 19~20, 22

카

카렐 베르만(Karel Berman) 116, 150,
  173, 185, 191, 193

카렐 피셔(Karel Fischer) 135

카를 폭트(Karl Vogt) 39

카를로 타우베(Carlo Taube) 137, 147

카페하우스 126, 129, 132~1333, 153, 172

카포(Kapo) 214, 219~222, 224, 252~
  254, 264, 270, 291, 298, 301, 304

코코 슈만(Coco Schumann) 188, 257,
  265, 281, 284, 306

쿠르트 게론(Kurt Gerron) 124, 127~128

크라스나야 레치카(Krasnaja Rechka)
  수용소 70, 96

크레마토리움(Krematorium) 209, 211,
  224~225, 291

타

태평양전쟁 66, 68, 72~73

테레지엔슈타트(Theresienstadt)수용
  소 7, 9~10, 101, 103~140, 142, 144
  ~145, 148~157, 160~162, 164~165,
  168~194, 199, 281, 283, 285~286,
  293~296, 299, 309, 319

『테레지엔슈타트 1941~1945』 120

〈테레지엔슈타트, 유대인 거주지의 다큐멘터리(Theresienstadt. Ein Dokumentarfilm aus dem judischen Siedlungsgebiet)〉 107

〈테레지엔슈타트를 방황하다(Ich wandre durch Theresienstadt)〉 161~162, 164

테오도르 아도르노(Th. Adorno) 228

트레블링카(Treblinka)수용소 107, 110, 248, 303

파

파벨 리벤스키(Pavel Libensky) 130, 136

파벨 하스(Pavel Haas) 107, 128, 141~142, 149, 152, 167~168, 170, 173, 176, 180, 194~195, 319

파울 엡슈타인(Paul Eppstein) 117

파울 엥겔(Paul Engel) 39, 46

파울 클링(Paul Kling) 153

포로 칼리지 27~28

〈퀴러가 유대인에게 도시 하나를 선물하다(Der Fuhrer schenkt den Juden eine Stadt)〉 124

프란츠 니리크로(Franz Nierychlo) 252~254

프란츠 다니만(Franz Danimann) 307

프란츠 에케르트(Franz Eckert) 61

프란츠 회슬러(Franz Hoessler) 206~207, 245, 285, 296, 301

프로파간다 73, 110, 124, 140, 186, 250

프리드리히 하르첸슈타인(Friedrich Hartjenstein) 205, 207

프리드리히 하크(Friedrich Hack) 28

프리모 레비(Primo Levi) 206, 224~225, 227, 237, 263, 277, 288, 304, 309

필립 뮐러(Filip Mueller) 223

하

하얼빈오케스트라 60

하이든 46~47, 50~51, 54, 147

하인리히 뮐러(Heinrich Mueller) 233

하인리히 슈바르츠(Heinrich Schwarz) 207

하인리히 힘믈러(Heinrich Himmler) 135, 202, 239, 253, 284, 295~296

한나 아렌트(Hannah Arendt) 297

한스 밀리에스(Hans Millies) 39, 53~54

한스 크라사(Hans Klasa) 128, 135~

136, 142, 149, 155~157, 159, 167~169,
174~175, 177, 180, 195, 286

한스 프랑크(Hans Frank) 238, 242,
320

향토사연구회 89

헤다 그랍-케른마이어(Hedda Grab-
Kemmayer) 131, 139, 143, 189

헤르만 사크노비츠(Herman Sachno-
witz) 263, 265

헤르만 한젠(Hermann Hansen) 39, 52

『헤이그 육상전 법규』 24, 56, 96

헨리 마이어(Henry Meyer) 256, 265

헨리 크롤(Henry Krol) 252, 254, 278

헬레네 크로너(Helene Croner) 266

홀로코스트 11, 119, 195~169, 235

화양대연예회(和洋大演藝會) 63

〈환희의 송가〉 42, 47

기타

5.18민주화운동 196

총서 🏛 知의회랑 을 기획하며
arcade of knowledge

대학은 지식 생산의 보고입니다. 세상에 바로 쓰이지 않더라도 언젠가는 반드시 인류에 필요할 지식을 생산하고 축적하며 발전시키는 일을 끊임없이 해나갑니다. 오랫동안 대학에서 생산한 지식은 책이란 매체에 담겨 세상의 지성을 이끌어왔습니다. 그 책들은 콘텐츠를 저장하고 유통시키며 활용하게 만드는 매체의 차원을 넘어, 인간의 비판적 사유 능력과 풍부한 감수성을 자극하는 촉매의 역할을 충실히 해왔습니다.

이와 같은 '책을 읽는다'는 것은 단순히 지식과 정보를 습득하는 데 멈추지 않고, 시대와 현실을 응시하고 성찰하면서 다시 그 너머를 사유하고 상상함을 의미합니다. 그러므로 '세상의 밑그림'을 그리는 책무를 지닌 대학에서 책을 펴내는 것은 결코 가벼이 여겨선 안 될 일입니다.

이제 우리는 다양한 방식으로 존재하는 지식과 정보, 그리고 사유와 전망을 담은 책을 엮어 현존하는 삶의 질서와 가치를 새롭게 디자인하고자 합니다. 과거를 풍요롭게 재구성하고 미래를 창의적으로 기획하는 작업이 다채롭게 펼쳐질 것입니다.

대학의 심장부에 해당하는 도서관이 예부터 우주의 축소판이라 여겨져 왔듯이, 그곳에 체계적으로 배치된 다양한 책들이야말로 이른바 학문의 우주를 구성하는 성좌와 다름없습니다. 우리는 그 빛이 의미 없이 사그라들지 않기를, 여전히 어둡고 빈 서가를 차곡차곡 채워가기를 기대합니다.

앎을 쉽게 소비하는 시대를 살고 있지만, 다양한 앎을 되새김함으로써 학문의 회랑에서 거듭나는 지식의 필요성에 우리는 공감합니다. 정보의 홍수와 유행 속에서도 퇴색하지 않을 참된 지식이야말로 인간이 가야 할 길에 불을 밝혀줄 수 있기 때문입니다. 앞으로 대학이란 무엇을 하는 곳이며, 왜 세상에 남아 있어야 하는 곳인지 끊임없이 되물으며, 새로운 지의 총화를 위한 백년 사업을 시작하겠습니다.

총서 '知의회랑' 기획위원

안대회 · 김성돈 · 변혁 · 윤비 · 오제연 · 원병묵

지은이 이경분

음악과 문학을 함께 공부할 수 있는 독일 마르부르크대학에서 「나치 시기 독일의 망명 음악
과 문학」이라는 논문으로 음악학 박사학위를 받았다. 제2차 세계대전 중 독일 음악가들이 나
치를 피해 전 세계로 도피할 때 오히려 독일로 들어가 지휘했던 안익태의 활동을 예사로이 여
기지 않고, 독일 연방아카이브에서 조사·연구한 끝에 '일본 지휘자' 안익태 자료를 발굴하
여 『잃어버린 시간 1938~1944』(2007)이란 책으로 발표했다.
2010년 서울대학교 일본연구소 HK연구교수로 재직하면서 안익태와 일본의 관계뿐 아니라
한국·일본·독일의 음악 문화 교류 전반으로 연구의 지평을 넓혀나갔다. 제1차 세계대전 중 일
본의 포로가 된 독일·오스트리아 군인들의 놀라운 음악 활동에 주목하게 된 것은 이때부터다.
이후 수용소 음악에 대한 관심은 한국전쟁 시기 거제도 포로수용소로 옮겨 갔고, 현재 한국학
중앙연구원의 학술연구교수로 재직하면서 거제 포로수용소의 음악에 대해 연구하고 있다.
주요 저술로 나치제국의 음악 정책에 관한 『망명 음악, 나치 음악』(2004), 『프로파간다와 음
악』(2009) 등이 있으며, 주요 논문으로 「6.25전쟁기 거제 포로수용소의 음악, 냉전 이데올로
기와 노래」, 「베를린의 한국 음악 유학생 연구」, 「독일제국권에서 일본제국권으로 온 망명
음악가 연구」, 「일본에서의 윤이상」, 「북한의 망명 음악가 정추 연구」 등이 있다.

𝄢 知의회랑
arcade of knowledge
017

수용소와 음악
일본 포로수용소, 테레지엔슈타트, 아우슈비츠의 음악

1판 1쇄 인쇄 2021년 3월 20일
1판 1쇄 발행 2021년 3월 31일

지 은 이   이경분
펴 낸 이   신동렬
책임편집   현상철
편   집   신철호·구남희
마 케 팅   박정수·김지현

펴 낸 곳   성균관대학교 출판부
등   록   1975년 5월 21일 제1975-9호
주   소   03063 서울특별시 종로구 성균관로 25-2
전   화   02)760-1253~4 팩스 02)762-7452
홈페이지   http://press.skku.edu

ISBN 979-11-5550-467-3 93900

⊙ 이 책은 2016년 대한민국 교육부와 한국연구재단의
  지원을 받아 수행된 연구임(NRF-2016S1A6A4A01020073).